21世纪经济管理类精品教材

（第4版）

财政学

林致远／著

Public Finance

清华大学出版社
北京

内容简介

财政学是大学本科经济学专业和公共管理专业的核心课程，同时也是财政学专业的主干课程。本书内容包括四个方面：一是财政基础理论，包括财政与财政学概述、财政的目标与评价标准、财政的起因及其职能、财政决策与政府失灵、公共产品、外部性及其矫正等；二是财政支出，包括政府支出的规模与结构、社会救助支出、社会保险支出、成本—收益分析等；三是财政收入，包括政府收入概述、税收原则、税收的转嫁与归宿、税收制度、财政赤字与政府债务等；四是专题，包括公共企业、政府间财政关系、财政政策与经济稳定等。

本书适合经济管理类和公共管理类的本科生使用，也可以作为相关人员的参考读物。

图书在版编目（CIP）数据

财政学 / 林致远著. —4 版. —北京：清华大学出版社，2019.10
21 世纪经济管理类精品教材
ISBN 978-7-302-53999-5

Ⅰ.①财…　Ⅱ.①林…　Ⅲ.①财政学-高等学校-教材　Ⅳ.①F810

中国版本图书馆 CIP 数据核字（2019）第 230337 号

责任编辑： 杜春杰
封面设计： 康飞龙
版式设计： 文森时代
责任校对： 马军令
责任印制： 宋　林

出版发行： 清华大学出版社
网址： http://www.tup.com.cn，http://www.wqbook.com
地址： 北京清华大学学研大厦 A 座　**邮编：** 100084
社总机： 010-62770175　**邮购：** 010-62786544
投稿与读者服务： 010-62776969，c-service@tup.tsinghua.edu.cn
质量反馈： 010-62772015，zhiliang@tup.tsinghua.edu.cn
印 装 者： 三河市君旺印务有限公司
经　　销： 全国新华书店
开　　本： 185mm×260mm　**印　　张：** 20.25　**字　　数：** 468 千字
版　　次： 2005 年 2 月第 1 版　2019 年 11 月第 4 版　**印　　次：** 2019 年 11 月第 1 次印刷
定　　价： 49.80 元

产品编号：070524-01

第4版前言

在本书第 3 版发行至今的七年间，财政在中国社会经济中的地位已经上升至相当显著的位置上。从 2013 年 11 月党的十八届三中全会提出“财政是国家治理的基础和重要支柱”的重要论断以来，原《预算法》的修正、全口径政府预算的建立、中期财政规划的试行、地方政府债务的规范、营业税改征增值税、个人所得税制的改革、基本公共服务领域中央与地方共同财政事权和支出责任的划分、养老保险基金的全国统筹、政府财务报告制度的建立、全面绩效预算管理的推行等，财政领域的一系列改革举措接踵而至。这些措施背后的深意是：一个适应于社会主义市场经济体制之要求的现代财政制度正呼之欲出。

作为一本立足于中国实践和中国案例的现代财政学教科书，在中国财政领域发生如此深刻变革的背景下，很有必要在内容和体系上进行相应的更新和调整，《财政学》的第 4 版就此应运而生。

本次修订主要做了以下几个方面的工作。

（1）原第 1 章“导论”更名为“财政与财政学概述”，增加了“中国财政概览”一节，以便读者一开始就对中国当前的财政体系有一个基本的了解。

（2）原第 15 章“政府债务”更名为“财政赤字与政府债务”，增加了“财政赤字”一节，以反映财政赤字与政府债务形成之间的逻辑关系。

（3）将各章的“本章学习目标”放置于该章的“引例”之前。

（4）更新了大部分的案例。

（5）更新了政策、事实、数据、图表等。

（6）订正了第 3 版中的一些错漏之处。

相对于纷繁芜杂的实践来说，理论的进展通常是相对缓慢的。尽管本书在第 3 版的基础上做了大量的调整，但在基础理论和内容体系上却基本上维持了原有的格局。囿于作者的学识和能力，一些错漏之处恐怕在所难免，恳请各位读者在使用本书时多提出一些宝贵的意见和建议，以便我们及时加以改善。

林致远

2019 年 6 月

第 3 版前言

本书第 2 版面世至今已有四年。在这期间，中国经济凭借其强劲的增长势头，已然成为世界上的第二大经济体。工业化、城市化进程的加速，居民之间贫富差距的加大，使得国家财政对民生领域给予了前所未见的关注。新型农村社会养老保险制度的推进，城市居民基本养老保险制度的完善，新型农村医疗合作制度的实施，以及教育财政投入力度的加强等，这些举措表明，一个覆盖全民、惠及多数人的社会保险保障和教育体系正在公共财政的理念之下得以建立和完善。与此同时，由公共财政预算、政府性基金预算、国有资本经营预算和社会保险基金预算共同组成的新型财政预算体系已见雏形，这表明政府的财政透明度有了显著的改善。

然而，从总体上说，财政领域存在的问题是严峻的。一方面，尽管目前我国税收占 GDP 的比重不足 20%，但若按政府总收入的口径衡量，2011 年财政收入占 GDP 的比重已经超过 35%，该比重大体相当于中等高收入国家的水平。我国高税收、低福利的独有模式，已经在社会上引致了一场关于"中国税负是否全球第一"的大讨论。另一方面，2008 年年末出台的为期两年、规模达 4 万亿元之巨的政府投资计划，虽然让遭受全球金融危机冲击的我国经济迅速摆脱了快速下行的风险，但也加剧了政府债务，尤其是地方政府债务的风险。2010 年年末高达 10 万亿元的地方政府债务余额，从 2011 年起即已进入还债的高峰期，如何解决这一重大风险问题，正受到各方的广泛关注。

本书第 2 版的修订工作正是在上述背景下进行的。总体来说，由于本书的创作从一开始就是在沿着现代财政理论的基本脉络进行的，因此在本次修订中，关于基础理论方面的内容基本上未做调整，而是力图添加我国丰富的财政实践的诸多元素。具体表现在以下几方面。

（1）第 2 版开始在各章开头设置的引例，收到了良好的反馈意见。本次修订更换了多章的引例，以便与时俱进。

（2）第 7 章大量增加了我国当前财政支出结构的内容，相应地，该章标题也由原来的"财政支出增长"更名为"财政支出的规模与结构"。

（3）第 8 章加入了关于农村最低生活保障制度的介绍。

（4）第 11 章增加了对我国现行财政收入体系的介绍。

（5）第 14 章增加了对我国现行税收制度的介绍。

（6）第 18 章重新概括了我国经济周期性波动的典型事实。

（7）对多章涉及的政策、事实、数据、图表等进行了更新。

（8）订正了上一版中的一些错漏之处。

写书也好，改书也罢，无论投入多少的时间和精力，最后所呈现出的永远是带有诸多遗憾的作品。尽管作者力图紧跟形势的发展，但形势的变化总是那么令人应接不暇。囿于自身的学识和能力，本次修订所可能引申出的诸多问题，还是由读者来加以评判吧。

林致远　邓子基

2012年5月

第2版前言

近两三年来，我国政府经济管理思想变革的显著表现之一是解决民生问题逐步进入各级政府的议事日程，并且开始全方位付诸实施。这一令人欣喜的变化表明，适应社会主义市场经济要求的公共财政体系建设正在思想和实践的双重层面上获得最具实质性的支持。在此背景下，对本书原版进行修订，以更好地反映我国公共财政理论和政策领域的新变化，自然成为一件迫切的事情。

基于上述理解，本次修订不仅仅是事例、图表、数据等方面的简单更新，而是涉及理论体系、政策内容、篇章结构、编写体例等各个方面的重大调整。具体表现在以下几方面。

（1）考虑到公共财政理论的建立主要是思想试验，而非自然历史演进的结果，这与原版介绍财政历史起源与发展的第 4 章“财政的本质”存在分析视角上的冲突。为了凸显理论体系的严谨性与自洽性，新版删去了“财政的本质”一章。

（2）购买性支出和转移性支出的划分对于公共支出政策的经济分析具有重要意义，然而，一方面，考虑到将国防和教育作为公共产品理论的组成部分有助于充实公共产品理论的内容，另一方面，为了凸显社会救助制度和社会保险制度在现实经济中的重要地位，本次修订全面整合了原版第 5 章“公共产品”、第 8 章“购买性支出”和第 9 章“转移性支出”的内容。

（3）尽管经济的繁荣带动了各级政府财政状况的好转，然而，规模庞大、种类繁多、数量不清的地方各级政府债务问题依然是我国当前财政必须直面的财政风险。同时，原版第 15 章“公债”所介绍的公债制度和公债市场等内容置于金融学教材中似乎更为合适些。为此，本次修订对该章进行重新编写，并更名为“政府债务”。

（4）全面改写了原版第 18 章“财政政策”的内容，以反映财政政策理论与实践的新进展。

（5）各章开头分别设置了“引导案例”。

（6）对各章涉及的政策、事实、数据、图表等进行了更新。

（7）书后新增了“词汇表”。

（8）订正了原版中的一些错误和遗漏之处。

（9）根据新版本，对幻灯片等教辅材料进行相应的更新。

从总体上说，本次修订不仅涉及内容和体例上的重大调整，而且尝试在各章引入“引导案例”等内容，希望这些变化能够更好地体现本书坚持的贴近读者的写作风格。

由于水平有限，加之时间匆促，本次修订可能会衍生出诸多新的问题，恳请读者提出宝贵意见，以便我们做进一步的修改。

邓子基　林致远

2008 年 3 月

第1版前言

财政学是研究政府收支活动及其效应的经济学分支，是经济学中最具活力、最为引人入胜的领域之一。掌握好财政学，对于理解和制定公共政策、认识和探讨现代经济社会的运作，都是不可或缺的。

尽管同类教材已不下百种，其中不乏优秀之作，但我们仍觉得有撰写这本《财政学》的必要。主要原因在于：

首先，在理论上，财政学对于政府支出、税收、公债等基本范畴的分析，已经与现代经济理论更加紧密地结合在一起。其密切度之高，以至于我们可以将财政学视为微观经济学的一种自然的延伸。事实上，如果我们把验证“看不见的手”的原理视为微观经济学所要解决的核心问题的话，那么，正是以“充分竞争的市场是有效率的”这一命题所隐含的假设前提、概念体系和衡量标准为出发点，当代财政学沿着“市场有效→市场失灵→政府干预→财政介入→政府失灵”这一分析思路，确立了一套完整的基本理论体系。而如何用既通俗易懂又合乎规范的经济学语言将这一体系展现给读者，是目前国内多数财政学教材有待改进的地方。

其次，在实践上，我国二十多年来的经济改革历程，一方面是市场经济不断给人以惊喜的过程，另一方面则是政府及其财政不断调整和重新定位的过程。在最近几年里，伴随着市场经济在我国的初步建立，财政变革中引人注目的一个方面是政府支出领域的公共化改革，政府在社会救助和社会保险项目中的支出大幅度增加。此外，税费改革、政府间财政关系等诸多问题也引发了广泛的争论和探讨。本书在描述当代财政学基本概念和原理时，力图将对这些问题的探讨融入其中，以充分反映当代财政理论对于我国政府及其财政变革现实的解释能力。

本教材除导论外共设置 17 章。导论主要介绍财政学的研究对象、分析视角及其研究方法。17 章的内容大体分为四个部分。第一部分，第 2～6 章，阐述财政学的基本理论问题，分别介绍财政的目标与评价标准、财政的起因与职能、财政决策与政府失灵等内容，同时还介绍公共产品、外部性这两个财政学中的核心范畴。第二部分，第 7～10 章，属于财政支出部分，首先分析财政支出规模及其控制，然后将财政支出项目分为购买性支出和转移性支出，分别进行具体探讨；最后介绍评价公共项目的一般方法。第三部分，第 11～14 章，属于财政收入部分，首先分析财政收入的形式和税收的基本概念，而后重点分析税收原则、税收的转嫁与归宿、税收制度。第四部分，第 15～18 章，属于财政学专题部分，分别介绍公债、公共企业、政府间财政关系、财政政策等四个重要概念及相关原理。

本书为大学本科通用教材，既适用于财政学专业作为专业课教材，也可供经济类其他专业和工商管理类专业以及公共管理类专业作为核心课教材。在学习本书前，读者需具备现代经济学的基础知识。不过，由于我们在写作中力图照顾到具有不同背景知识的读者，因此本书是自成一体的。也就是说，即使是那些缺乏现代经济学训练的读者，也能够学好本书的绝大部分内容。而那些接受过现代经济学训练的读者，则可以跳过第 1 章、第 2 章和第 18 章的大部分内容。

为方便使用本教材的教师和学生，我们邀请了郭宏宝、蔡娟娟、吴黄鹭、冯金淼、欧阳德云和张新怿等 6 位研究生，帮助设计了本书的幻灯片。您可以登录厦门大学经济学院财政系网站（http://czx.xmu.edu.cn）下载，路径为“下载→课件下载：林致远→财政学”。该网址还提供了本教材的其他教辅材料。

尽管我们已经在财政学的教学岗位上耕耘多年，也积累了相当数量的写作素材，但由于本书力图比较全面地展现当代财政学的分析体系，同时反映我国财政实践的最新进展，因此本书的写作实际上成为一个甘苦互现的漫长过程。从开始动笔到最后完成，历时约一年半。尽管这已经大大超乎最初的想象，但我们依然是在“写一部好教材太难”的感慨声中收笔的。即便如此，本书的错漏和不足之处在所难免，恳请读者提出宝贵意见，以便我们做进一步的修改。

本书的写作得到厦门大学经济学院财政系的大力支持，在此表示感谢。同时，我们还要感谢清华大学出版社的编辑杜春杰和陈仕云女士。在本书诞生的过程中，她们付出了不同寻常的努力。

邓子基　林致远

2004 年 12 月

目　录

第1章　财政与财政学概述

本章学习目标

- 掌握财政学的概念；
- 理解混合经济中的财政运行；
- 了解财政学的基本研究方法。

引例

现实生活中的财政问题

在现代社会中，每个人的生活都无时无刻不受到政府经济活动的影响。一早醒来，开灯照明，用的电是政府兴建的供电厂提供的；刷牙洗脸，用的水是由政府投资的自来水公司供应的；烧菜做饭，用的煤气是由政府创办的煤气供应公司提供的；上班下班，走的是市政部门投资修筑的道路，乘的是市政部门提供的公共汽车；晚餐之后，既可以待在家里看看政府创办的电视台的节目，也可以到政府兴建的公园散散心。可见，我们每天的起居住行都与政府有着相当密切的关系。

从每个人的一生看，啼哭落地的那一天，我们中的多数人是在政府经营的医院里度过的。伴随时光的流逝，我们渐渐成长，开始接受应有的教育，而我们就读的幼儿园、小学、中学、大学等，多半是由政府开办的。在完成学业的过程中，如果经济方面出现困难，我们可以申请政府提供的助学贷款。当我们走上工作岗位后，受伤生病，可以享受政府提供的医疗保障服务；万一失业，可以按规定领取失业保险金。而当我们年老退休之时，可以获得社会养老保险金。此外，政府还专门针对穷人、老人和老兵们提供了相应的扶贫、补贴或抚恤计划。

当然，天底下没有免费的午餐。我们在享受政府所提供的各种产品和服务时，也需要付出相应的代价。与消费其他产品相似，我们在用水、用电、用气，或者在收看有线电视、乘坐公共汽车时，需要向相应的城市公用事业部门缴纳一定的使用费。同时，尽管像公园、广场、国防、治安等各种服务往往由政府向公众免费提供，但实际上，我们在享受政府所提供的各种服务的同时，也以纳税义务人的身份为政府的各方面开支缴纳各种税收。例如，在买卖各种商品的过程中，我们所支付的价格中已经包含了一定数量的税款；而当我们的收入达到一定水平后，就要向政府缴纳个人所得税；如果我们拥有一定数量的动产或不动产，就要为此而缴纳不同形式的财产税；此外，作为劳动者，我们之所以能够享受到社会医疗保险、失业保险和养老保险等各种服务，也主要是因为我们的收入所得中有一部分要以社会保险税（费）的形式上缴给政府部门。

可见，我们每个人的一生都时时、处处受到政府经济活动的影响。由于财政是政府经济活动的核心，因此，它也就成为我们所生活的现实社会中最为普遍的经济现象之一。

资料来源：作者自撰。

经济的运行，可以在政府指令的直接控制下进行，重要的经济决策都由集体做出，比如计划经济；经济的运行，也可以基于自由个人的决定，基于私营企业和私有产权，或者说基于市场，比如市场经济。在市场经济中，在改善人民生活方面，政府和市场的作用就会产生一系列问题。从广义上说，财政学的主题就是研究市场和政府之间的相互作用，这是经济学中最重要的问题，因为关于这个问题的回答决定了要在多大程度上用集体决策取代私人决策、多大程度上政府可以限制个人在经济活动上的自由选择。本书将集中探讨这一基本问题。

为了使读者对财政学以及中国财政有一个初步的认识，本章首先介绍现代财政学的基本概念及其研究方法，随后对中国财政的现状进行概览式的介绍。

1.1 财政学的概念与研究方法

1.1.1 财政学的概念

人类有着无穷的欲望，但是能够满足人类欲望的资源却是有限的，因此，探讨如何用有限的资源来满足无穷的欲望，就逐步发展成为一门重要的学科——经济学。在现代经济学的分析视野中，人类的欲望大致可以分为两类：一类是私人欲望；另一类是公共欲望。**私人欲望**指的是个人希望独自拥有、独自享用的欲望，如获得并享用食品、衣服等物品的愿望。**公共欲望**指的是能够与别人共同享用而不是独自享用的欲望，如道路与公园的使用、警力与国防的保护等欲望。一般来说，私人欲望的满足可以经由市场的活动，凭借价格机制的运作来达到圆满的解决，这是**私人部门经济学**（private sector economics）研究的核心；公共欲望的满足则很难借助市场机制的运作达成，它一般需要通过政府预算决策来实现。在现代政体中，政府预算的编制须经议会的同意，而议会代表则由公众投票选举产生，因此追根溯源，公共欲望的满足一般经由投票过程达成。这是公共部门经济学或公共经济学研究的核心。上述分析如图 1-1 所示（吴家声和张永河，1996）。

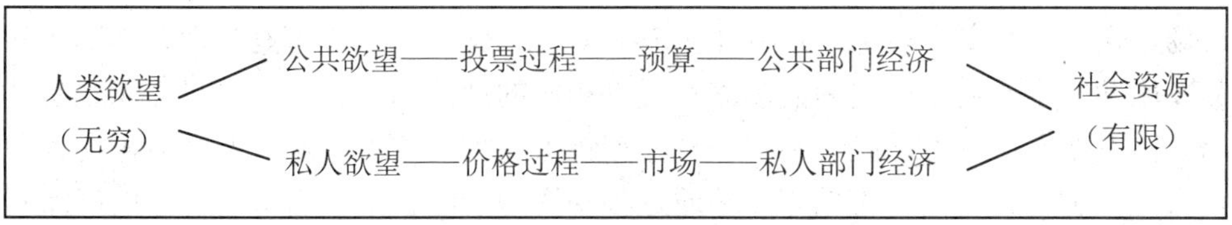

图 1-1　私人部门经济与公共部门经济的异同

由图 1-1 可知，尽管私人部门经济和公共部门经济有着各自的活动范围和方式，但就其本质来说，二者的目的都在于如何利用社会上有限的资源来满足人类的无穷欲望。从这个意义上说，二者之间的差别仅仅是手段上的。

我们知道，作为社会公众利益的代表者，政府是实现公共欲望的当然“人选”。因此，公共部门的经济活动实际上就是指政府的经济活动。而为了满足公共欲望，政府需要向公众提供道路、公园、治安、国防等各种公共产品和服务，此时，政府免不了要承担成本、耗费资金，这就形成了政府支出。政府要开支，就要有相应的收入来源，税收、收费和公债等是政府融资的主要渠道，它们共同形成政府收入。所谓**财政**，指的是政府的收支活动及其管理，而**财政学**（public finance）就是研究政府收支活动及其对经济运行所产生的影响的经济学分支。由于财政活动是政府从事各种经济、社会和政治活动的基础，因此，在更为广泛的意义上，财政学就是研究政府经济活动及其对经济运行所产生的影响的经济学分支，也称**公共部门经济学**（public sector economics）或**公共经济学**（public economics）。

1.1.2　混合经济中的财政

当今世界，绝大多数国家的经济是由私人部门经济和公共部门经济共同组成的，这就是所谓的**混合经济**。在混合经济中，私人部门由追求自身利益（self-interest）的居民和企业组成，私人欲望的满足通过市场价格机制达成；公共部门由追求公共利益（public interest）的政府组成，公共欲望的满足由政府预算决策机制实现。为了描述混合经济运行的基本轮廓和总体面貌，先考察一个仅由家庭和企业组成、没有政府存在的私人部门经济的框图。然后，在框图中加入公共部门，看看现代经济运行的大体情况。

先来考察纯粹私人部门经济的运行。在这个经济系统中，基本决策单位只有两个，即家庭和企业。对家庭来说，它需要进行两方面的决策。首先，出于生存和发展的需要，家庭需要消费一定数量的产品，这些产品可以是自有的，也可以是他人生产的。当家庭需要消费他人生产的产品时，该家庭通常就成为一位购买者。随之而来的另一个决策就是，为了获得购买产品所需要的支出，家庭必须拥有可供支配的财富，这就需要家庭出卖他们所拥有的一定数量的资源。企业是两部门经济中的另一基本决策单位，它的基本功能就是把各种资源投入转换为特定的产出。尽管不同的企业可能会有各种不同的目标追求，但大多数企业是以利润作为其首要目标的。在利润动机的驱使下，企业进行着使自身利润最大化的生产经营决策。

在私人部门经济中，家庭和企业通过两个有着不同性质的市场——产品市场和要素市场，从事各种交易活动。如图 1-2 所示，在产品市场上，家庭为消费而购买各种商品和服务，企业为牟取利润而向家庭提供相应的产品和服务，并获得由家庭支付的费用。而在要素市场上，企业利用从产品市场上得到的收入，购买生产所需的各种资源投入，如劳动、资本、土地等，并通过各种资源的组合生产出市场所需的产品；而家庭也需要向企业售出他们所拥有的各种资源，并获得相应的回报，如工资、利润、租金等。于是，通过要素市场，企业购买资源所支付的费用就再次转移到家庭手中。至此，家庭部门和企业部门完成了一次交易上的循环。而对于两部门经济来说，这一过程将周而复始。

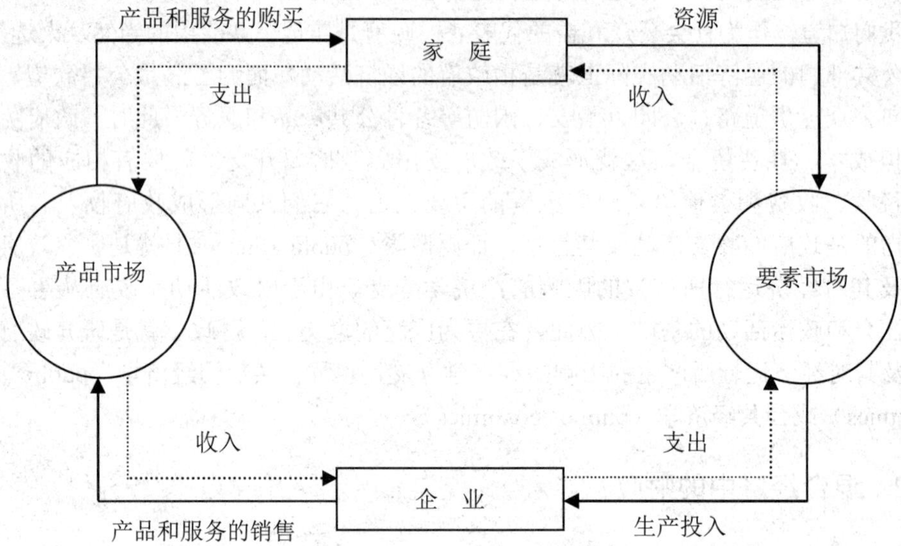

图 1-2　纯粹私人部门经济循环图

可以看出，纯粹私人部门经济的运行由两方面的运动构成——产品运动和货币运动。首先，家庭借助要素市场向企业提供各种资源，企业通过产品市场向家庭提供产品和服务，这是产品运动的过程（图 1-2 中的实线部分）。其次，在家庭通过要素市场向企业提供各种资源时，企业需要向家庭支付相应的报酬；而企业通过产品市场向家庭提供各种产品和服务时，家庭需要向企业支付货币，这是货币运动的过程（图 1-2 中的虚线部分）。

纯粹私人部门经济循环图实际上描绘了经济运行处于无政府状态下的自由市场经济运作的基本图景。在这一系统中，家庭和企业的经济决策机制是自主而分散的。也就是说，在产品市场上，家庭买什么、买多少、怎么买，以及企业生产什么、生产多少、如何生产、为谁生产等决策，都是出于自身的某种动机而自主做出的，社会上没有哪个人在指挥家庭和企业应该怎样行事。要素市场的情况则大抵相同。鉴于家庭和企业的经济决策是自主做出的，而产品市场和要素市场的运作则是自发进行的，因此，我们习惯上将由家庭和企业这两个部门形成的经济称为私人经济。

不过，在现代经济中，政府作为一个决策单位，已经在经济运行中扮演着日益重要的角色，它不仅为社会公众提供了相当数量的产品和服务，而且还对私人经济活动进行一定程度的干预和管理。与分散性的私人决策相比，政府决策往往具有集中性。为了把握现实经济的运作，我们有必要了解私人部门和公共部门共同起作用的混合经济循环图，如图 1-3 所示。

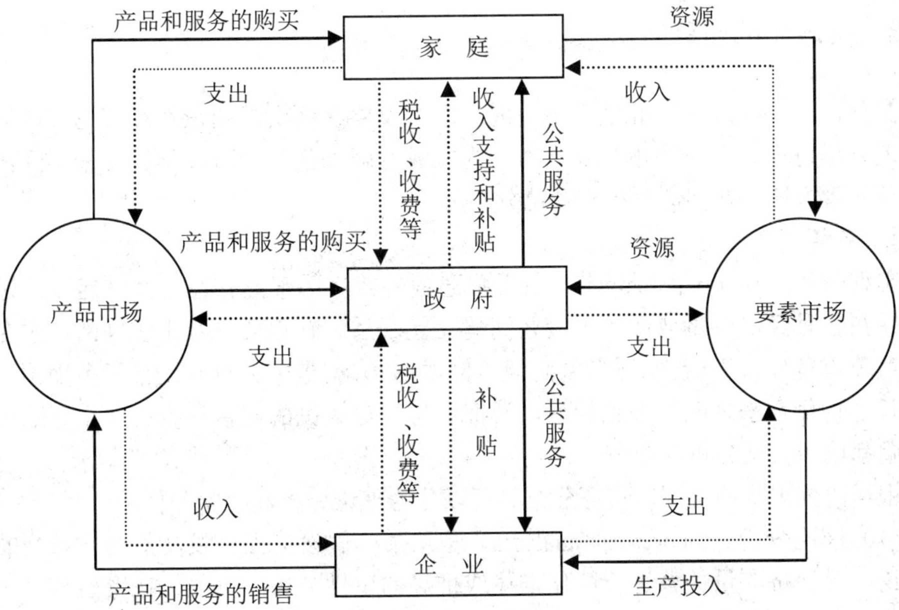

图 1-3 混合经济循环图

在混合经济中，政府作为产品和服务的购买者参与市场。图 1-3 的中心部分代表政府及其财政活动。在要素市场上，政府向家庭购买劳动、资本、土地等资源；在产品市场上，政府向企业购买纸张、桌椅、计算机、汽车等产品。政府利用这些资源和产品向社会提供各种公共服务，包括国防、治安、道路、学校、消防、水利设施等。这些产品和服务经常免费向社会公众供给，有时则可能按照低于实际市场价格的方式提供。不过，在有些时候，政府的确还拥有并且运营邮局、铁路、航空、烟厂、酒厂和福利彩票等公共企业。和私人企业类似，这些公共企业往往从事着各种营利性活动。

为了维持本部门的正常运转和应付购买各种产品和资源的开支，政府一般要求企业和家庭支付各种税款和费用。我们知道，在市场上，没有人会强迫消费者购买他们并不需要的产品。但是，政治决策通常迫使家庭或企业为政府的服务和项目提供资金，而不管家庭和企业是否愿意。

与纯粹私人部门经济循环图相比，不难看出，在政府介入经济生活后，经济系统的运行相应地发生了一些变化。在图 1-3 中，家庭不仅可以通过向企业提供各种资源而获得收入，而且有时还可以从政府那里获得一定数量的收入支持和补贴。另外，家庭获得的收入除用于商品和服务方面的开支外，有一部分必须以税收、收费等方式交给政府。企业则通过向家庭和政府提供产品和服务取得收入，在某些场合可以获得政府的一些补贴；在支出方面，企业需要向提供各种生产资源的家庭支付报酬，并向政府缴纳各种税收和费用。此外，家庭和企业可以享受政府提供的公共服务。而政府一方面以税收、收费等方式获取收入，另一方面又通过向社会公众提供公共服务，以及向某些家庭和企业提供补助或补贴而安排其支出。

1.1.3 财政学的研究方法

在分析政府经济活动的过程中，财政学不仅要解释实际政策对经济运行的影响，而且还要尽可能为政府决策提供指南。为完成这两项任务，财政学经常采用经济分析的两种基本方法，即实证分析和规范分析。

1. 实证分析

实证分析（positive analysis）旨在描述各种经济因素的存在与经济运行的过程，并试图在各种经济变量或政策手段之间建立起联系。它主要涉及事实判断，重在回答研究对象“是什么”“会怎样”的问题。例如，2018 年中央政府发行了多少国债，经济增长与物价水平之间的关系如何，开征利息税对居民的储蓄行为有什么影响……这些问题都属于实证分析的范畴。

根据研究工具的不同，实证分析又可以分为理论分析和经验分析。

（1）**理论分析**（theoretical analysis）是从某些假设前提出发，借助一系列的假说和推论，对经济变量关系进行简化描述或推导的定性分析。例如，在考察劳动所得课税对工人劳动供给行为的影响时，我们以工人的行为动机在于谋求自身满足或效用的最大化为假设前提，进行相应的逻辑推理。对工人的劳动所得进行课税，将对工人的劳动供给产生两方面的影响：一方面，课税降低了工人在单位劳动时间内的报酬，相应地，闲暇的代价变得较轻，这将使工人倾向于减少工作时间，增加闲暇时间。换句话说，由于课税，工人倾向于用闲暇替代劳动。在经济学中，这一过程称为替代效应。另一方面，课税使工人的实际收入水平下降，为了维持原有的效用水平，工人又需要增加工作时间；这一过程被称为收入效应。这样，劳动所得课税对工人劳动供给时间的实际影响，就要看替代效应和收入效应综合作用的结果。

那么，上述分析是否合乎事实呢？未必，因为现实的情况可能要复杂得多。例如，工人的劳动供给行为可能取决于其他家庭成员在劳动供给上的决策，而这种可能性并没有在上述分析过程中体现出来。此外，该分析也没有考虑工人是否能够按照自己所意愿的时间而工作。然而，构建理论的要点在于尽可能简化。正如文艺批评家斯特雷奇（L. Strachey）所说的“省略是所有艺术的开始”那样，省略也是良好经济分析的开端。理论的目的在于它能够使我们集中思考那些可能会影响某种行为的关键因素，从而更好地理解真实世界的复杂情形（罗森，2003）。

不过，尽管理论分析有助于我们形成有关人们如何对其经济环境的变化做出反应的各种思想，但它往往不能告诉我们这种反应的程度到底有多大。例如，在上文所讨论的例子中，工人的劳动供给行为既受替代效应的影响，又受收入效应的影响；同时，这两种效应对劳动供给的影响又是反方向的。这样，在两种效应中，如果替代效应居于主导地位，那么课征劳动所得税将导致工人减少劳动时间；反之，如果收入效应居于主导地位，那么课征劳动所得税又会使工人增加劳动供给。至于最后的结果到底是什么，理论本身并没有提供明确的答案，这一任务通常交由经验分析来完成。

（2）**经验分析**（empirical analysis）指的是通过调查或实验取得实际资料而进行的定量分析。进行经验分析的方式主要有三种：访谈、实验和计量经济分析。

① 访谈（interview）是通过直接向人们发问的方式，调查某一政策对人们经济决策的影响。例如，为了考虑劳动所得课税对劳动供给的实际影响，有人曾经对一部分英国律师和会计师做了细致的访谈调查——他们如何决定工作时间，是否知道他们所面临的生产率，这些税率对工作是造成了激励还是抑制……这些被采访者的回答是：总体来说，他们的工作时间几乎不受税收的影响。访谈方式的最大缺陷是，人们所说的可能并非他们实际所做的，而这一点将影响到经验分析的质量。

② 实验（experiment）的方式可以在实验室内进行，也可以在社会上进行。在实验室实验的最大问题是，人们在人为控制环境下所做出的经济决策往往与实际情形相背离。社会实验是使社会上的一部分人受某一政策的影响，而另一部分人则不受该政策影响，并在此条件下，比较两类人的行为。这一方式的最大问题是：首先，实验本身可能影响人们的行为；其次，随机样本难以获得；最后，实验成本高昂（罗森，2003）。

③ 计量经济分析（econometric analysis）是当前在经济学中最为流行的经验分析方法。该方法利用经济理论、数学、统计推断等工具对经济现象进行分析，对构建于数理经济学基础之上的经济理论模型提供经验支持，并得出数量结果（古亚拉提，2000）。目前，在经济学和商学的学习和培训中，计量经济分析已经成为不可或缺的一部分。由于计量经济学科的专业性较强，这里不做过多介绍，读者可以阅读相关的计量经济学教材。

2. 规范分析

在现实生活中，我们经常要对各种各样的政策建议或行动做出反应并加以评判。例如，电信资费是否偏高，对汽油消费是实行收费为好还是征税为好，增加国债发行是利还是弊，类似的问题可谓不胜枚举。在经济学中，像这类对经济行为或政策手段的后果加以优劣好坏评判的研究方法被称为**规范分析**（normative analysis）。

规范分析确认什么是有利的结果，或者应该采取什么行动来实现有利的结果。它往往从预先确定的标准出发，用于描述实现上述标准的最优政策。因此，规范分析能够提出实现何种经济目标的政策建议。与旨在描述事实、不涉及结果好坏的实证分析方法相比，规范分析方法基于基本的价值判断，所以它并不是客观的方法。也就是说，只有在基本价值判断的基础上，规范分析才能对各种政策建议或行动加以评价。如果你对规范分析的基本价值判断存有异议，那么，规范分析的描述对你来说就几乎没有多大用处。

从财政学所承担的两大研究任务来看，解释政府活动如何影响经济运行的问题，主要由实证分析来完成；而为政府决策提供指南，即探讨“政府应该采取什么政策”之类的问题，则有赖于规范分析。不过，这样的区分并不是绝对的，尤其是对“政府应该采取什么政策”这一问题来说，尽管其分析和判断属于规范分析的范畴，但该问题的良好解决必须建立在实证分析的基础上。原因在于，只有通过实证分析，才能了解政策对经济行为的影响，否则，即便确认了好坏标准，一些出发点良好的政策也可能导致与原先意图背道而驰的结果。

例如，假如你支持住房租金控制立法，该法案能够使租金降到贫困家庭可以承受的程度，你相信此举有助于贫困家庭获得更好的居住条件。但是，如果实证分析表明上述立法控制不仅会导致住房变得紧张，而且还会使市场上出租房屋的质量下降，那么，某些贫困家庭的生活境况可能趋于恶化。在此情况下，你可能会重新考虑是否支持将租金控制作为向穷人提供帮助的一种手段。

值得注意的是，无论是在实证分析领域，还是在规范分析领域，经济学家们都难免出现意见上的分歧。但相对来说，由于实证分析倾向于用数据和事实说话，因此争议程度相对较小，同时即便有争议，也比较容易达成不同程度的共识。而规范分析则较多地受到人们的立场、感情、信念等因素的影响，争议往往较大，并且难以达成共识。

由于现实经济系统的复杂性和人类认知上的局限性，经济学迄今为止的发展仅仅为人们提供了观察和理解现实世界经济运行的各种可能有用的视角，其本身尚不具备充分解释现实经济运作的能力，更谈不上具备充分预测未来社会经济运行的能力。正因如此，经济学的研究应集中于利用已有的手段和工具，从某些分析视角入手，尽可能对社会经济现实做出客观的描述和解释上。同时，在财政研究过程中，即便我们经常需要对某些政策建议或行动的后果加以评判，这样的评判也应建立在严格的实证分析的基础上。就极端的情形而言，一位经济学家可以根本不提出任何规范判断，但只要他进行了很好的实证性研究，仍有可能是优秀的经济学家。反过来说，如果一个人从来不进行实证分析，而仅仅热衷于提出规范性建议，那么，即便他的工作可能也有价值，但在职业属性上却称不上是经济学家（卢锋，2002）。

1.2 中国财政概览

1.2.1 中国财政体系

为了更好地将现代财政学知识运用于分析中国的财政实践，或者从中国财政的实践中反观现代财政学知识体系和研究方法的功用，这里先对中国当前财政体系进行一番概览，以便从总体上初步把握中国财政的大致面貌，从而为后续课程的学习提供知识上的准备。

图 1-4 显示了中国财政体系的基本轮廓。该图以财政资金的流动为主线，围绕着“资金来源与使用—资金分配方式—资金计划与核算—资金流动结果”四个环节，从政府收支分类、分税制财政体制、政府预算体系、财政赤字或盈余四个方面反映了中国财政体系的基本组成。

下面分别介绍这四个方面。

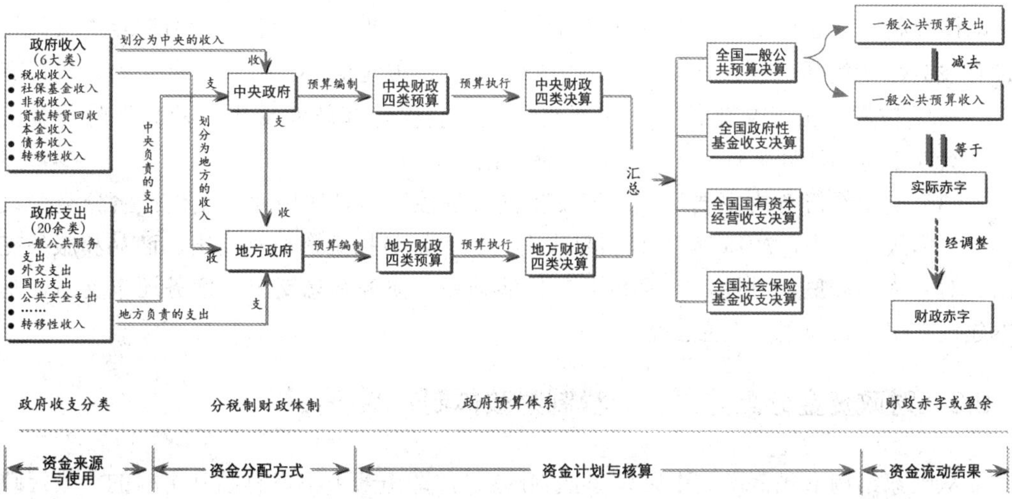

图 1-4 中国财政体系的基本框架

资料来源：贺骁束（2017），作者整理。

1.2.2 财政资金来源与使用：政府收支分类

政府收支分类是对政府收入和支出进行类别和层次上的划分，以全面、准确、清晰地反映政府收支活动。2007 年，中国政府参照国际通行做法，在原有的政府预算收支科目的基础上，建立了新的政府收支分类体系。新体系由“收入分类”“支出功能分类”“支出经济分类”三部分构成。

（1）收入分类主要反映政府收入的来源和性质。根据目前中国政府收入构成情况，结合国际通行的分类方法，将政府收入划分为类、款、项、目四级。根据《2019 年政府收支分类科目》（财政部，2018），类、款两级科目的设置情况介绍如下[①]。

① 税收收入。分设增值税、消费税、营业税、企业所得税、个人所得税等 20 款。

② 社会保险基金收入：分设企业职工基本养老保险基金收入、失业保险基金收入、职工基本医疗保险基金收入等 11 款。

③ 非税收入：分设专项收入、行政事业性收费收入、罚没收入、政府性基金收入、国有资本经营收入等 9 款。

④ 贷款转贷回收本金收入。分设国内贷款回收本金收入、国外贷款回收本金收入等 4 款。

⑤ 债务收入。分设中央政府债务收入、地方政府债务收入 2 款。

⑥ 转移性收入。分设 12 款：返还性收入、一般性转移支付收入、专项转移支付收入等。

（2）支出功能分类主要反映政府活动的不同功能和政策目标。根据中国政府职能

[①] 自 2007 年以来，财政部每年都会根据实际情况的需要，在其公布的《政府收支分类科目》中对若干科目进行调整。因此，这里所介绍的类、款科目设置不是固定不变的。尤其是款级科目，往往每年都会有所不同。至于更深级次的项、目两级，则变动得更为频繁些。

活动情况和国际通行做法，将政府支出分为类、款、项三级。其中，2018 年类级科目设有 28 个，包括一般公共服务支出、外交支出、国防支出、公共安全支出、教育支出、科学技术支出、文化体育与传媒支出、社会保障和就业支出、社会保险基金支出、医疗卫生和计划生育支出、节能环保支出等。

（3）支出经济分类主要反映政府支出的经济性质和具体用途。支出经济分类分设类、款两级。其中，2018 年类级科目设有 12 个，包括工资福利支出、商品和服务支出、对个人和家庭的补助、对企事业单位的补贴、债务利息支出、债务还本支出、基本建设支出、其他资本性支出等。

1.2.3 财政资金分配方式：分税制财政体制

从国家结构形式上说，中国是单一制国家[①]，即由若干不享有独立主权的一般行政区域单位组成的统一主权国家。从中央与地方的权力划分看，实行中央统一集权，地方政府的权力由中央政府授予，接受中央政府的统一领导，但同时也实行某种程度的地方自治。

和多数实行单一制的国家（如英国、法国、日本等）一样，中国采取多层级政府结构，如图 1-5 所示，在行政区划上确立了中央—省（自治区、直辖市）—地级市（自治州、地区行政公署）—县（自治县、县级市、市辖区）—乡（镇、民族乡、民族镇）五级行政管理体制为主的行政结构。2016 年，全国共有省级行政建制 34 个（23 个省、5 个自治区、4 个直辖市和 2 个特别行政区）[②]；地级行政建制 334 个，其中地级市 293 个；县级行政建制 2 851 个，其中县 1 366 个，县级市 360 个；乡镇级 39 862 个。

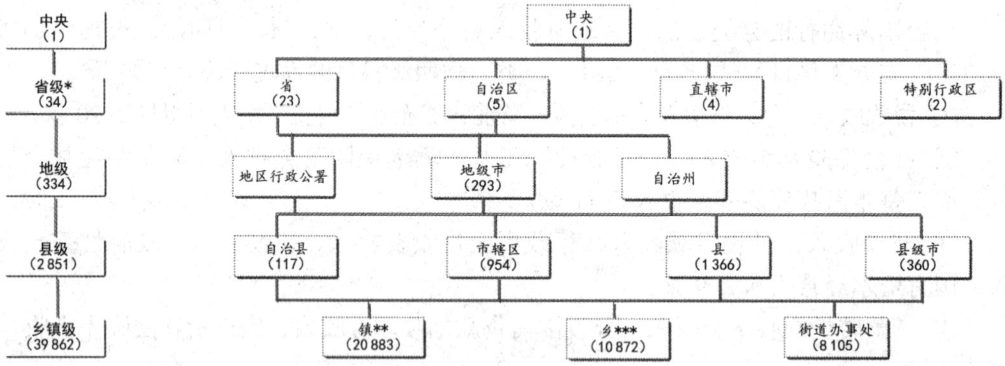

图 1-5 中国政府层级结构（2016 年）

注 1：*未包括新疆生产建设兵团；**含民族镇；***含民族乡。

注 2：因行政区划的复杂性，图中县级和乡镇级单位数与对应级次的分类单位数总和并不一致。

资料来源：国家统计局（2017），作者自行绘制。

---

① 与复合制国家相对。所谓复合制国家，指的是由几个国家或若干相对独立的政治实体，通过一定的协议联合组成的统一国家或国家联盟。复合制分为邦联制和联邦制两种形式，实行邦联制的有独联体、欧盟等；实行联邦制的有美国、加拿大、澳大利亚、印度、巴西等。

② 不包括新疆生产建设兵团。

在多层级的政府结构中，各级政府基本上按照“一级政府、一级财政”的原则来处理上下级之间（即纵向）和同级之间（即横向）的财政关系，以保证各级政府都有各自相对独立的财力和支出责任。在中国，处理中央政府和地方政府之间财政关系的基本框架是由 1994 年开始实施的分税制财政管理体制（简称分税制）确立的。二十多年来，原有的分税制方案进行过一些调整，这里介绍当前分税制的基本情况。

一般来说，政府间的财政关系包含三个方面：一是政府间支出责任划分；二是政府间收入划分；三是政府间转移支付制度。就中国当前的分税制而言，这三个方面的大致安排如下。

（1）中央与地方的事权和支出责任划分。根据中央政府与地方政府的事权，即各级政府在公共事务和服务中所应承担的任务和职责划分，中央财政主要承担国家安全、外交和中央国家机关运转所需经费，调整国民经济结构、协调地区发展、实施宏观调控所必需的支出，以及中央直接管理的事业发展支出。地方财政主要承担本地区政权机关运转所需支出以及本地区经济、事业发展所需支出。表 1-1 显示了目前中国中央与地方的事权和支出责任划分情况。

表 1-1 中国中央与地方的事权和支出责任划分

层　级	基 本 内 容	支 出 项 目
中央财政	主要承担国家安全、外交和中央国家机关运转所需经费，调整国民经济结构、协调地区发展、实施宏观调控所必需的支出，以及中央直接管理的事业发展支出	国防、武警经费、国家安全支出、外交和援外支出、中央国家机关行政管理费、中央统管的基本建设投资、中央直属企业的技术改造和新产品试制费、资本金支出、地质勘探费、中央安排的农业支出、中央负担的国内外债务的还本付息支出，以及中央本级负担的公检法支出和文化、教育、卫生、科学等各项事业费支出
地方财政	主要承担本地区政权机关运转所需支出以及本地区经济、事业发展所需支出	地方行政管理费，公检法经费，民兵事业费，地方统筹安排的基本建设投资，地方企业的改造和新产品试制经费，农业支出，城市维护和建设经费，地方文化、教育、卫生等各项事业费，以及其他支出

资料来源：谢业轩和周岳（2017）。

图 1-6 显示了 1990—2017 年中央和地方财政支出的规模及其在全国财政支出中所占的比重。

（2）中央与地方的收入划分。在税收收入方面，按税种划分中央与地方收入，将维护国家权益、实施宏观调控所必需的税种划分为中央税；将同经济发展直接相关的主要税种划分为中央与地方共享税；将适合地方征管的税种划分为地方税，并充实地方税税种，增加地方税收入，如表 1-2 所示。

此外，在政府性基金收入方面，同样划分为中央收入、地方收入以及中央与地方共享收入。在国有资本经营收入方面，则由各级政府对归属于本级的国有资本产生的收益进行管理。

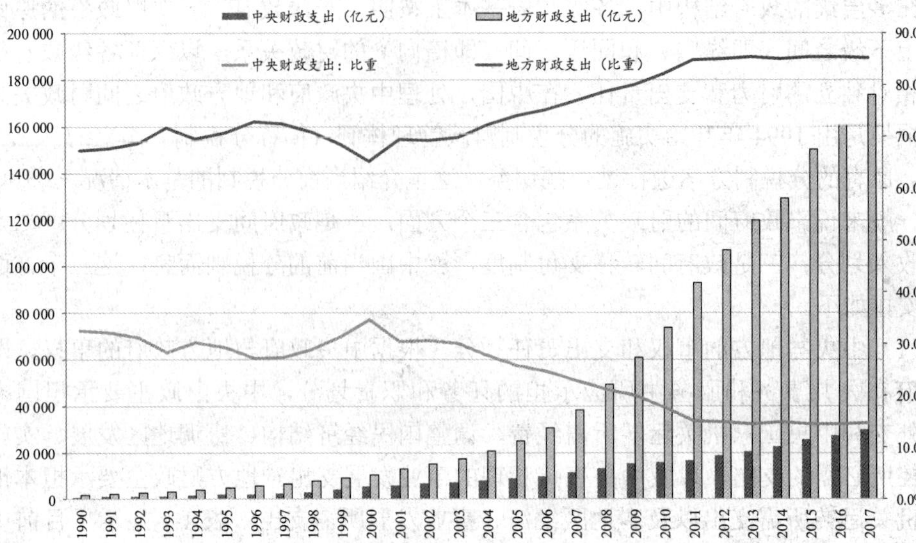

图 1-6　中央和地方财政支出及其比重（1990—2017 年）

注：这里的财政收入是指一般公共预算支出，中央和地方财政收入是指中央本级和地方本级支出。

资料来源：CEIC、作者整理。

表 1-2　中央与地方收入划分

收入划分	税收收入	政府性基金收入	国有资本经营收入
中央收入	关税，海关代征消费税和增值税，各银行总行、各保险公司总公司集中缴纳的收入（包括利润和城市维护建设税），未纳入共享范围的中央企业所得税、中央企业上交的利润等	铁路建设基金、民航发展基金、旅游发展基金、农田水利建设基金、中央特别国债经营基金财务收入等	由各级政府对归属于本级的国有资本（企业）产生的收益进行管理
中央与地方共享收入	增值税中央分享 50%，地方分享 50%；纳入共享范围的企业所得税和个人所得税中央分享 60%，地方分享 40%；资源税按不同的资源品种划分，除海洋石油资源税外，其余资源税为地方收入；证券交易印花税中央分享 97%，上海、深圳分享 3%	文化事业建设费、新增建设用地土地有偿使用费、彩票公益金、水利工程建设基金等其他政府性基金	
地方收入	城镇土地使用税，城市维护建设税（不含各银行总行、各保险公司总公司集中缴纳的部分），房产税，车船税，印花税（不含证券交易印花税），耕地占用税，契税，烟叶税，土地增值税，地方企业上交利润等	国有土地使用权出让收入、国有土地收益基金、农业土地开发资金、政府还贷道路收费权收入、政府住房基金收入、城市公用事业附加等	

资料来源：贺骁束（2017），作者整理。

图 1-7 显示了 1990—2017 年中央和地方财政收入的规模及其在全国财政收入中所占的比重。

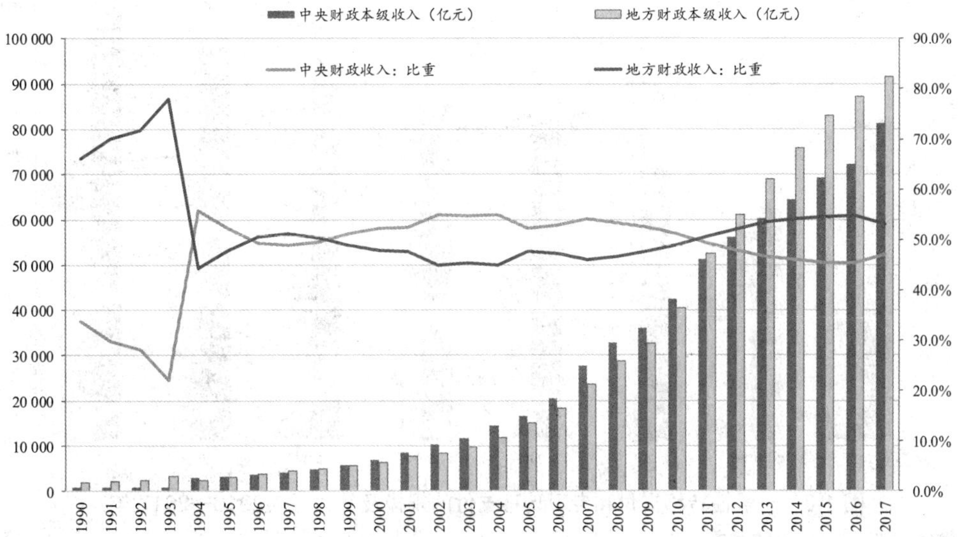

图 1-7　中央和地方财政收入及其比重（1990 —2017 年）

注：这里的财政收入仅指一般公共预算收入，中央和地方财政收入仅指中央本级和地方本级收入。

资料来源：CEIC，作者整理。

（3）中央对地方转移支付。中央和地方进行收支划分后，为解决财力不均衡问题，中央对地方实施转移支付。中央对地方的转移支付由一般性转移支付和专项转移支付构成。一般性转移支付是对地方的财力补助，不指定用途，地方可以自主安排支出，由均衡性转移支付、民族地区转移支付等组成。专项转移支付服务于特定的宏观经济政策与事业发展目标，或者对中央委托地方事务、中央地方共同事务按其相应资金进行补偿，地方政府应当按照中央政府规定的用途使用资金。目前，专项转移支付重点用于“三农”、教育、医疗卫生、社会保障和就业等领域。

图 1-8 显示了 2010—2017 年一般性转移支付和专项转移支付的规模及其比重。

（4）税收返还和地方上解。税收返还是为保障地方既得利益、顺利推进相关改革设立的，包括增值税返还、所得税基数返还、成品油价格和税费改革税收返还三项。地方上解主要是指地方按有关法律、法规或财政体制规定上解中央的各项收入，主要包括 1994 年分税制改革时保留的地方原体制上解收入和出口退税专项上解收入。2009 年，为简化中央与地方财政结算关系，中央财政将地方上解与中央对地方税收返还做对冲处理，相应取消地方上解中央收入科目。

（5）省以下财政管理体制。根据分税制的安排，中央政府仅与省级政府进行收支划分和转移支付，省以下财政管理体制由省级政府在中央指导下，结合本地实际情况确定。

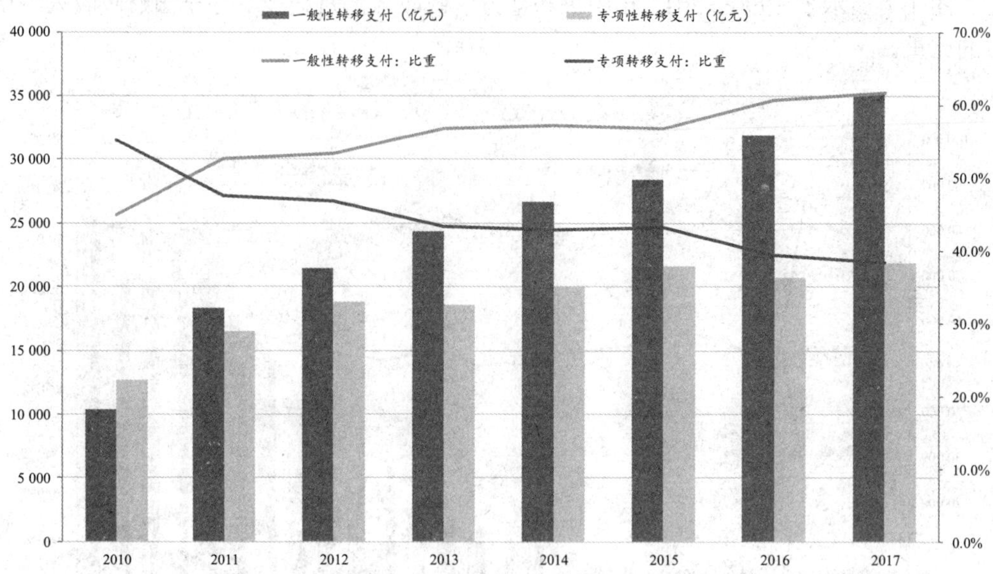

图 1-8　一般性转移支付和专项转移支付的规模及其比重（2010—2017 年）

资料来源：CEIC，作者整理。

1.2.4　财政资金计划与核算：政府预算体系

政府预算是经过法定程序审核批准的具有法律效力的政府财政收支计划。一般来说，一个完整的政府预算过程需要依次经过预算编制、预算执行、预算调整和决算四个环节。在会计核算方法上，中国政府预算目前以现金收付制为基础。

中国当前的政府预算体系由一般公共预算、政府性基金预算、国有资本经营预算、社会保险基金预算等四部分组成。其中，一般公共预算是以税收为主体的财政收入，安排用于保障和改善民生、推动经济社会发展、维护国家安全、维持国家机构正常运转等方面的收支预算。政府性基金预算是政府通过各社会征收以及出让土地、发行彩票等方式取得收入，专项用于支持特定基础设施建设和社会事业发展等方面而发生的收支预算。国有资本经营预算是政府以国有资本所有者身份依法取得国有资本收益，并对所得收益进行分配而发生的收支预算。社会保险基金预算是对社会保险缴款、一般公共预算安排和其他方式筹集的资金，专项用于社会保险的收支预算。

在政府预算体系中，一般公共预算是基础，政府性基金预算、国有资本经营预算和社会保险基金预算保持相对独立，各预算之间可以适当进行调剂。

中央与地方政府依据预算安排的计划从事经济活动，并且遵照预算会计制度对政府收支情况执行会计核算，最终对外公布四张政府收支决算表，即一般公共预算收支决算表、政府性基金收支决算表、国有资本经营收支决算表和社会保险基金收支决算表，如表 1-3 所示。

表 1-3　四类决算表的科目构成（2017 年）

项　　目	收 入 科 目	支 出 科 目
一般公共预算收支决算表	税收收入：增值税、消费税、企业所得税等 非税收入：专项收入、行政事业性收费收入、罚没收入等	主要包括教育支出、社会保障和就业支出、农林水支出、城乡社区支出、一般公共服务支出、交通运输支出等 24 项
政府性基金收支决算表	非税收入：国有土地使用权出让金收入、车辆通行费收入、彩票公益收入、城市基础设施配套费收入等 30 项	国有土地使用权出让金收入相关支出（包括征地和拆迁补偿支出、土地开发支出、城市建设支出等）、车辆通行费相关支出、彩票公益金相关支出等 30 项
国有资本经营收支决算表	非税收收入：国有资本经营收入（含利润收入、股利股息收入、产权转让收入等）	国有企业资本金注入、解决历史遗留问题及改革成本支出等 5 项
社会保险基金收支决算表	社会保险基金收入：社会保险费收入、财政补贴收入等	社会保险待遇支出等

资料来源：财政部（2017，2018），作者整理。

图 1-9 和图 1-10 分别显示了 2017 年四类预算收入和支出的比例构成。

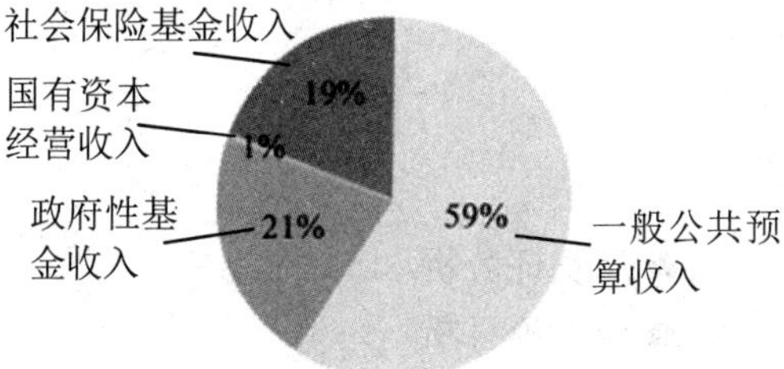

图 1-9　四类预算收入的比重（2017 年）

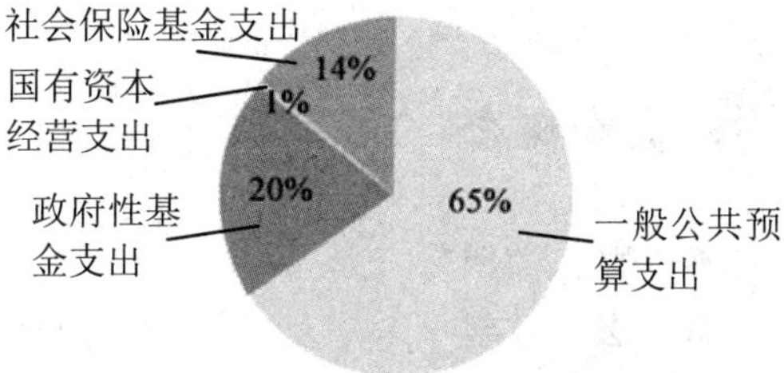

图 1-10　四类预算支出的比重（2017 年）

资料来源：CEIC，作者整理。

1.2.5　财政资金流动结果：财政赤字或盈余

从财政资金流动的结果看，政府收入与政府支出之间的差额有三种可能的情形：超出、相等或不足，分别对应于财政盈余、财政平衡和财政赤字。在中国当前的政府预算体系中，一般公共预算是基础和核心组成部分，因此，如果从决算看，一般公共预算收入不足以弥补一般公共预算支出，则其中的缺口就构成实际赤字。不过，在计算财政赤字时，中国官方的做法是在实际赤字的基础上进行一些调整，其计算公式为

财政赤字=（全国一般公共预算支出+补充预算稳定调节基金+结转下年支出的资金）−（全国一般公共预算收入+结转结余资金及调入资金）

财政赤字率=财政赤字/名义 GDP

以 2017 年为例，全国一般公共预算收入为 17.25 万亿元，结转结余及调入资金

1.01 万亿元；全国一般公共预算支出为 20.33 万亿元，补充中央预算稳定调节基金 0.32 万亿元，名义 GDP 为 82.7 万亿元，因此官方财政赤字率为 2.9%，小于官方给出的预算赤字目标 3%。[①]

当然，在以上算法中，由于考虑了结转结余项和调入项，因而常常为人所诟病；同时，仅仅考虑一般公共预算似乎范围过窄，尤其是在政府性基金收支成为（地方）政府收支的重要组成部分的情况下。

本章小结

- 财政学，也称公共经济学或公共部门经济学，是研究政府收支活动及其对经济运行所产生的影响的经济学分支。它把经济社会划分为私人部门和公共部门，并以此为分析视角考察现实中的各种财政问题。
- 现代经济一般是混合经济，财政在混合经济的运行中充当重要角色。
- 实证分析涉及事实判断，重在回答研究对象“是什么”“会怎样”的问题。规范分析确认什么是有利的结果，或者应该采取什么行动来实现有利的结果。规范分析方法基于基本的价值判断。实证分析可以分为理论分析和经验分析，计量经济分析是当今最流行的经验分析方法。

基本概念

- 私人欲望
- 公共欲望
- 私人部门经济学
- 财政
- 财政学/公共部门经济学/公共经济学
- 混合经济
- 实证分析
- 理论分析
- 经验分析
- 计量经济分析
- 规范分析

复习题

1. 简述私人部门经济和公共部门经济的异同。
2. 试借助图形描述混合经济的运行。
3. 从事经济分析的基本方法有哪些？
4. 概述中国财政体系的基本组成。

---

① 数据来源：CEIC，作者整理。

练习题

1．请列举现实中政府经济活动的若干例子。

2．下列论述中哪些是实证分析，哪些是规范分析？为什么？

（1）实行累进的个人所得税对中等收入家庭是不公平的。

（2）如果限制小汽车进口，国内消费者就需要支付更高的价格。

（3）治理通货膨胀比增加就业更重要。

（4）利率上升有利于增加储蓄。

（5）经济发展过程中出现收入差距扩大是正常的。

第 2 章　财政的目标与评价标准

本章学习目标

- 掌握帕累托效率的含义及其实现条件；
- 掌握关于公平的各种理论；
- 了解效率与公平之间的冲突与协调。

引例

中国的贫富差距到底有多大

2015 年，一位外国摄影师拍摄的一组照片在网上热传。照片中展示了复杂多样的北京，既有鳞次栉比的高楼大厦，也有破败低矮的城中村；既有在儿童游乐场快乐玩耍的“中产阶层小花朵”，也有跟随父母卖菜、蹬三轮车的孩子……虽然这场景不止北京有，也不止中国独有，但仍令观者震撼、深思——中国的贫富差距现状到底如何？

衡量一个国家的收入差距，国际上通用的指标是基尼系数。根据国家统计局公布的数据，中国居民收入的基尼系数 2003 年为 0.479，2008 年达到最高点 0.491，这之后逐年下降，2014 年的基尼系数是 0.469。而在 20 世纪 80 年代初，全国收入差距的基尼系数是 0.3 左右。一般来说，接近 0.5 的基尼系数可以说是一个比较高的水平，世界上基尼系数超过 0.5 的国家只有 10%左右。

在收入差距扩大的同时，我们还面临财产差距扩大的问题，而且这一问题正变得越来越严重。数据表明，中国的财产差距扩大速度远远要超过收入差距扩大的速度，个人财富积累速度非常快。在过去大约 10 年的时间内，人均财富的年均增长率达到 22%，特别是房产价值的年均增长率达到了 25%。而农村的财富积累速度年均增长率只有 11%，相当于全国水平的一半。

未来几年，中国的收入差距可能仍会处在高位徘徊状态，既不会出现明显扩大的趋势，也不会出现明显缩小的趋势，基尼系数预计将在 0.45～0.50 波动。

资料来源：冯华（2015），作者整理。

人类从事经济活动的目的是满足自身的需要，或者说增进社会福利。这实际上包含两方面的内容：一是如何生产出尽可能多的产品和服务，二是产品和服务如何在社会各成员之间恰当地进行分配。不难想象，即使一个社会的物质财富如泉涌流，但如果这些财富只为少数人所享有，而多数人生活在贫困线下，就不能说该社会的福利水平很高；反之，如果一个社会的物质财富匮乏，那么即使平均享用，也只能说该社会的福利水平很低。可见，社会福利是效率与公平的函数，由此产生了评价一切经济活动（包括财政活动）的两个基本准则：一是效率；二是公平。

效率的含义是清楚的，它一般采用经济学上帕累托效率的定义。而公平的定义则有点棘手，它往往是在伦理学或政治哲学上加以探讨的。效率与公平之间的关系经常被形象地称为“做蛋糕”和“切蛋糕”的关系。这一比喻生动但不贴切，因为就切蛋糕问题而言，不仅难以清楚“如何切割”才称得上是公平，而且有时连“该不该切割”都无法达成一致意见。不过，尽管人们对公平的认识还存在诸多分歧，但还是基本认同针对某些社会不公平问题采取公共政策措施的重要性。

本章的安排如下：第一节介绍效率，第二节阐述公平，第三节探讨效率与公平之间的关系。

2.1　效　　率

2.1.1　效率的含义

人类的生存和发展离不开食品、衣服、住房等物质产品和交通、通信、音乐等服务或精神产品。如果人类所需的各种产品和服务都像阳光一样取之不尽、用之不竭，就无须为有限的收入而发愁，因为我们可以拥有自己想要的任何东西；企业也不必为劳动或医疗的高成本而烦恼，因为企业从事生产所需的任何资源都应有尽有；政府也不必为税收或开支而绞尽脑汁，因为没有人在意政府该怎么收支。同时，由于每个人想要什么就有什么，想要多少就有多少，因此也没有人会关心人们的收入分配状况。

然而，迄今为止，还没有哪一个社会的产品和服务已经达到如此丰裕的程度。其根本原因在于，在给定的时期内，社会用以提供这些产品和服务的各种资源（包括水、土地、矿藏、森林等自然资源，以及劳动、时间等）是相对有限的。资源的相对有限性通常称为**稀缺性**。由于稀缺性的存在，人们不得不仔细考虑如何能够利用有限的资源来满足人类无穷的欲望。这样，如何在既定技术条件的限制下，充分利用有限的资源，生产出尽可能多的产品，以最大限度地满足人类的需要，就成为人类社会的一个永恒主题，这就是所谓的效率问题。

在经济学中，判别效率的严格标准最早是由 19 世纪意大利经济学家帕累托（V. Pareto）提出的，因此习惯上称为帕累托效率。所谓**帕累托效率**（Pareto efficiency），指的是不可能通过资源的重新配置，达到使某个人的境况变好而不使其他任何人境况变差的结果。例如，你有一本书，他有一个梨，如果你喜欢吃梨，而他喜欢看书，那就意味着现有的配置状态不符合帕累托效率标准。因为如果你们两个人把书和梨交换一下，双方就都会感到比原来更好。这说明，存在一种重新配置资源的方法，它能够在不使任何人的境况变糟的情况下使某些人的境况变好。假如他喜欢书，而你也喜欢书，那么书、梨交换的结果就将是：他的境况变好，而你的境况却变糟。如果只存在这样一种重新配置资源的方式，那么，原先的情形——你持有书，他拥有梨，就符合帕累托效率标准。

与帕累托效率密切相关的概念是帕累托改善。所谓**帕累托改善**（Pareto improvement），指的是可以通过资源的重新配置，达到使某个人的境况变好而不使其他任何人的境况变差的结果。显然，如果一个社会能够实现帕累托改善，社会福利就可以得到提升；反之，如果社会福利已经没有进一步提升的可能，那就说明该社会的资源配置已经达到帕累托效率状态。

当然，即便做了上述分析，帕累托效率这一概念依然显得十分抽象。为此，本章从三个相关问题入手，考察帕累托效率在各种特定经济条件下的表现，并说明实现帕累托效率所需满足的条件。这三个问题具体如下。

（1）**生产效率**问题：在现有资源和技术条件的限制下，如何将各种资源用于不同产品的生产，才能使产出最大？

（2）**产品组合效率**问题：在产出给定的条件下，什么样的产品组合才能最大限度地满足社会的要求和愿望？

（3）**交换效率**问题：在产出给定的条件下，不同的产品应怎样被各个人所利用才最为理想？

2.1.2 生产效率

首先探讨生产效率问题。为了分析方便，我们来看一个简单的经济社会：该社会只有两个人——牛郎和织女，他们使用两种生产要素——劳动和资本，生产两种产品——大米和衣服。

首先分析要素投入与产量之间的关系。假如牛郎和织女使用劳动和资本种植水稻，他们计划每年生产 1 000 斤大米。那么，他们可以花费较多的劳动时间，也可以选择较多的资本投入，具体数字如表 2-1 所示。

表 2-1 资源组合与水稻产量

要素组合	劳动投入量	资本投入量	产量
A	1	6	1 000
B	3	5	1 000
C	4	4	1 000
D	5	3	1 000
E	6	1	1 000

对应于表 2-1，在劳动 L 和资本 K 所构成的坐标平面中，将点 A、B、C、D 和 E 用光滑曲线 Q_1 连接起来，如图 2-1 所示。曲线 Q_1 称为**等产量曲线**，它描述了在给定

技术条件下，可以生产相同产品产量的各种要素组合的轨迹。[①]

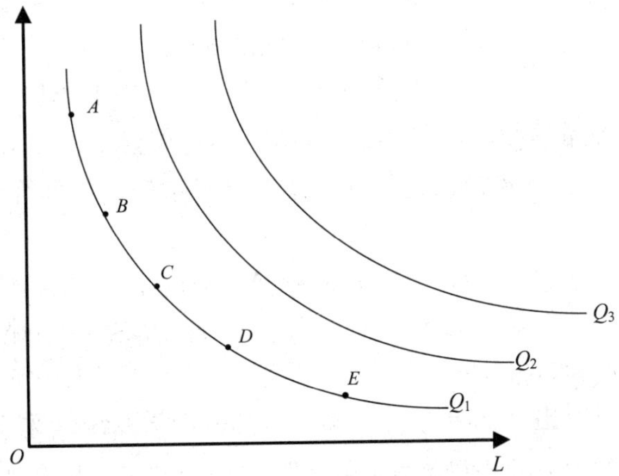

图 2-1　等产量曲线

给定一种要素的投入不变，如果另一种要素的投入增加，产量就会增加。因此，一种产品的等产量曲线有无数多条，每一条代表一个产量值，而且离原点越远，产量水平越高。

假设在现有条件下，可供牛郎和织女支配的资源——劳动和资本的总量是有限的，那么，应当怎样配置资源，才能使大米和衣服的产量最为理想呢？我们可以用**埃奇沃斯框图**（Edgeworth box）来说明这一问题，如图 2-2 所示。

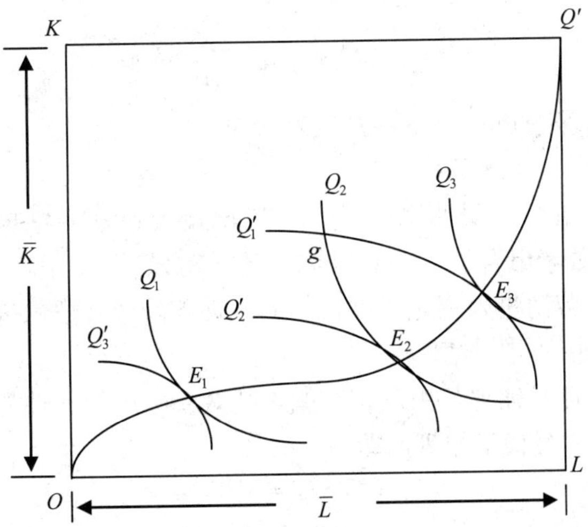

图 2-2　埃奇沃斯框图：生产效率

在图 2-2 中，横轴代表劳动 L 的数量，纵轴代表资本 K 的数量，并且长方形的长

① 等产量曲线一般具有以下特征：① 有无数多条，每一条代表一个产量值，而且离原点越远，代表的产量越大；② 任意两条不相交；③ 向右下方倾斜；④ 凸向原点。等产量曲线的形状特征所代表的经济含义，可参阅标准的《微观经济学》教材，如平狄克和鲁宾费尔德（2000）。

和宽恰好就是社会所拥有的劳动和资本的总量$\overline{L}$和$\overline{K}$。生产大米所需的要素投入量以离原点O的距离来度量，生产衣服所需的要素投入量则以离原点O'的距离来度量。这样，对于大米和衣服来说，要素投入和产量之间的关系就可以用等产量曲线来表示。具体来说，在以O点为原点的坐标平面中，劳动和资本的不同投入量形成了反映大米产量的一系列等产量曲线，如图 2-2 中的Q_1、Q_2和Q_3；而在以O'点为原点的坐标平面中，劳动和资本的不同投入量则形成了衣服产量的一系列等产量曲线，如图 2-2 中的Q_1'、Q_2'和Q_3'。

对于资源的任意配置，如图 2-2 中的g点，反映了分别用于生产大米和衣服的要素投入量，与此相对应的是，大米产量为Q_2，衣服产量为Q_1'。那么，g点所代表的产量水平符合帕累托效率标准吗？

从图 2-2 中可以看出，如果g点沿着衣服的等产量曲线Q_1'移动，就可以在不影响衣服产量的条件下使大米的产量增加，这意味着仍存在帕累托改善的可能。[①]而当g点在曲线Q_1'上移动到与大米的等产量曲线Q_3相切的E_3点，社会就不可能在影响一种产品产量的条件下增加另一种产品的产量。此时，生产达到帕累托效率状态。

根据上述分析，当大米和衣服的等产量曲线相切时，生产处于帕累托效率状态。而从数学意义上说，两条曲线相切意味着它们在切点处有共同的切线，从而有相同的切线斜率。在经济学中，等产量曲线的斜率的绝对值表示，在保持产量不变的条件下，增加一个单位的某种要素可以替代另一种要素的数量，即所谓的**边际技术替代率**（marginal rate of technical substitution，MRTS）。例如，劳动对于资本的边际技术替代率可以表示为

$$\mathrm{MRTS}_{L,K}=-\frac{\Delta K}{\Delta L} \tag{2-1}$$

式中：ΔL表示劳动投入的变化量；ΔK表示对应于劳动的变化，在产量保持不变的条件下资本的变化量。

如图 2-3 所示，在等产量曲线Q_0上，当劳动投入量增加ΔL时，资本投入数量相应减少ΔK。此时，要素组合从A点移动到B点。可以看出，由于A点和B点位于一条等产量曲线上，在劳动投入变化幅度很小的条件下，边际技术替代率反映了等产量曲线Q_0在A点附近斜率的绝对值。[②]

根据以上分析，可以知道，生产符合帕累托效率标准的条件是，任意两种要素生产两种产品的边际技术替代率相等，即

$$\mathrm{MRTS}_{L,K}^{米}=\mathrm{MRTS}_{L,K}^{衣} \tag{2-2}$$

式中：$\mathrm{MRTS}_{L,K}^{米}$表示生产大米时劳动L对资本K的边际技术替代率；而$\mathrm{MRTS}_{L,K}^{衣}$表示生产衣服时劳动L对资本K的边际技术替代率。

---

① 如果g点沿着等产量曲线Q_1移动，意味着可以在保持大米产量不变的条件下使衣服的产量增加，这仍是帕累托改善的情形。

② 即当$\Delta L\to 0$时，$\mathrm{MRTS}_{L,K}=\lim\limits_{\Delta L\to 0}\left(-\frac{\Delta K}{\Delta L}\right)=-\frac{\mathrm{d}K}{\mathrm{d}L}$。

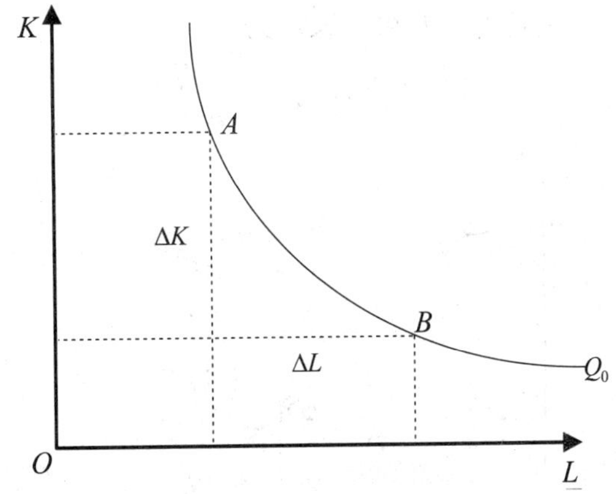

图 2-3　边际技术替代率

从图 2-2 还可以看出，只要是大米和衣服的等产量曲线的切点，就一定满足帕累托效率标准。这就意味着，生产满足帕累托效率标准的资源配置有无数多种。如果将这些等产量曲线的切点用光滑曲线连接起来，就形成一条**生产契约曲线**，该曲线上的任何一点都是帕累托效率点。

2.1.3　产品组合效率

生产效率所要解决的是一个社会在既定技术水平的约束下，如何充分利用稀缺资源，实现产出最大化的问题。它回答的是“怎样生产”的问题。下面分析一个社会在实现生产效率的条件下，如何使社会的满足程度达到最大的问题，即产品组合效率问题。

首先，有必要用另一种形式反映社会实现生产效率的情形。为此，重新观察图 2-2 中的生产契约曲线。我们已经知道，生产契约曲线上的任何一点都是帕累托效率点，而这些点又都代表着对应于一定的劳动和资本投入的两种产品——大米和衣服的数量组合。这样，如果以横轴表示大米的产量，纵轴表示衣服的数量，我们就可以把生产契约曲线上的所有点所代表的大米和衣服的产量在图 2-4 中标出，由此形成的曲线称为**生产可能性曲线**（图 2-4 中曲线 *PP*）。由于生产可能性曲线是由满足帕累托效率标准的生产契约曲线演变而来的，因此，生产可能性曲线上的任何一点都具有生产效率。同时，生产可能性曲线以外的点（如 *M* 点）是不可能存在的，因为它们超出了现有资源和技术条件下可能达到的生产能力；而生产可能性曲线之内的点（如 *N* 点）则是不具有生产效率的，因为它们所代表的产品组合没有达到最佳水平。

在图 2-4 中，生产可能性曲线 *PP* 呈现出向右下方倾斜的特征。该特征表示在既定的资源和技术条件下，沿着生产可能性曲线，增加大米的产量会导致衣服的产量下降。这一反向变动关系说明了两种产品产量之间此消彼长的转换关系，因此，生产可能性曲线也称为**产品转换曲线**。假如大米的产量增加 ΔQ_1，衣服的产量相应减少 ΔQ_2，那么 ΔQ_2 与 ΔQ_1 的比率的绝对值就被称为**边际转换率**（marginal rate of transformaition，MRT）。用计算公式可以表示为

$$\text{MRT}_{\text{米，衣}} = -\frac{\Delta Q_2}{\Delta Q_1} \tag{2-3}$$

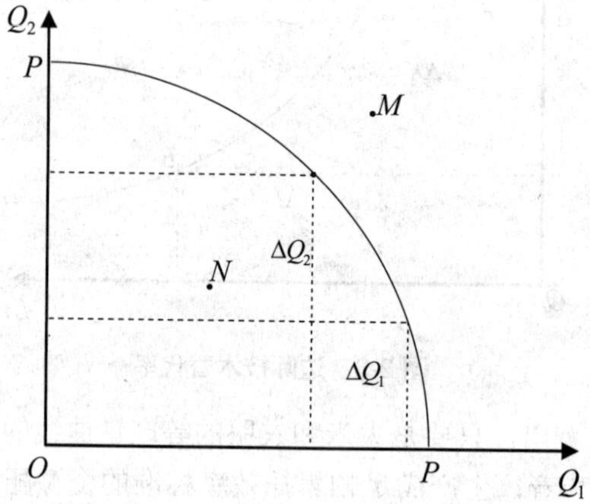

图 2-4 生产可能性曲线

式（2-3）表明，边际转换率反映的是在资源既定的条件下，增加一单位大米而需要放弃的衣服的产量。从数学角度看，当大米产量变化幅度极小时，边际转换率度量的是生产可能性曲线的斜率的绝对值。[①]

接下来描述社会的满足程度或称效用水平。仍然考虑由牛郎和织女所组成的简单社会，对大米和衣服的不同偏好使他们在大米和衣服的不同数量组合中做出选择。假定有两种组合能给牛郎和织女带来相同的效用水平，那么这两种组合对牛郎和织女来说就是无差异的。**无差异曲线**所要反映的就是能给人们带来相同效用水平的不同产品组合的轨迹。

先来看一下表 2-2，该表描述的是能给牛郎和织女所组成的简单社会带来 20 个单位效用水平的大米和衣服的不同数量组合。

表 2-2 产品组合与效用水平

产 品 组 合	大 米	衣 服	效 用 水 平
a	15	1	20
b	11	2	20
c	8	3	20
d	6	4	20
e	5	5	20

对应于表 2-2，在大米和衣服所构成的坐标平面内，将点 a、b、c、d、e 用光滑曲线 U_1 连结起来，曲线 U_1 就是无差异曲线，如图 2-5 所示。

① 即当 $\Delta Q_1 \to 0$ 时，$\text{MRT}_{\text{米，衣}} = -\frac{dQ_2}{dQ_1}$。

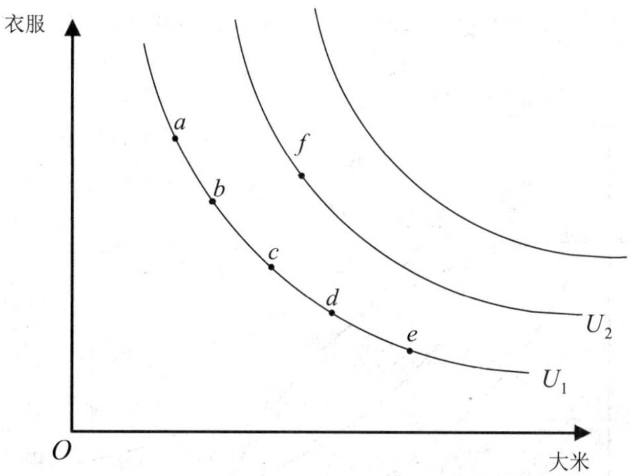

图 2-5　无差异曲线

一般来说，给定两种产品组合，由于数量较大的产品组合通常会给人们带来更大的满足，因此人们通常倾向于偏好数量较大的产品组合，这就使其位于较高的效用水平上。这样，只要可供人们选择的产品数量是无限的，无差异曲线就会有无数多条，其中的每一条都代表着人们消费产品组合的一个效用水平。同时，离原点越远的无差异曲线，代表的效用水平越高。例如，在图 2-5 中，f 点所在的无差异曲线 U_2 比 a 点所在的无差异曲线代表更高的效用水平。①

无差异曲线上某一点处的切线斜率的绝对值被称为产品的**边际替代率**（marginal rate of substitution，MRS），它表示的是在保持效用水平不变的条件下，增加一单位某种产品的消费可以代替的另一种产品的消费量。例如，对牛郎和织女来说，边际替代率 $MRS_{米，衣}$ 表示的就是在保持效用水平不变的条件下，增加一单位大米的消费所能替代的衣服的消费量。

无差异曲线借助图形方法反映人们的偏好，它既可以用来表示某个人的偏好，也可以用来表示一个社会的偏好。由于我们所要考察的是产品组合效率，即怎样的产品组合对社会来说才是最好的问题，因此需要借助社会无差异曲线进行分析。

有了以上的知识准备后，下面就可以考察在生产效率条件下如何实现产品组合效率的问题了，如图 2-6 所示。

由牛郎和织女所组成的简单社会，用既定的资源生产大米和衣服，他们又消费这两种产品。社会生产两种产品的最优状态可以用生产可能性曲线 PP 表示，牛郎和织女消费这两种产品所获得的效用水平则由社会无差异曲线 W 表示。在曲线 PP 上的某一点 A 处，生产处于最优状态，但它未必就是社会最需要的产品组合。假设过 A 点的一条社会无差异曲线 W_1 与曲线 PP 相交，那么沿着曲线 PP 移动时，就可以找到能够获得更大效用的产品组合，如 B 点。只有在社会无差异曲线与生产可能性曲线的切

① 与等产量曲线相似，无差异曲线具有以下四个特征：① 有无数多条，每一条代表一个产量值，而且离原点越远，代表的产量越大；② 任意两条不相交；③ 向右下方倾斜；④ 凸向原点。无差异曲线的形状特征所代表的经济含义，可参阅标准的《微观经济学》教材，如平狄克和鲁宾费尔德（2000）。

点，如 E 点，该社会才不可能实现继续改善社会成员的整体境况。此时，产品组合达到帕累托效率状态。

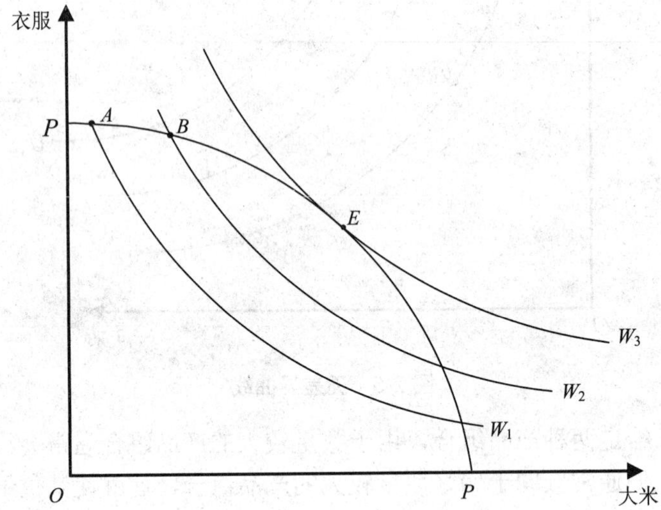

图 2-6　产品组合效率

由于生产可能性曲线的切线斜率的绝对值表示产品的边际转换率，而社会无差异曲线的切线斜率的绝对值表示社会成员关于两种产品的边际替代率，因此，社会实现产品组合效率的条件是，任意两种产品的边际转换率等于边际替代率，即

$$MRT_{米，衣} = MRS_{米，衣} \tag{2-4}$$

这里用一个数字的例子来说明。假如社会生产大米和衣服的边际转换率与社会对这两种产品的边际替代率不相等，如边际转换率 $MRT_{米，衣}=1$，边际替代率 $MRS_{米，衣}=2$。$MRT_{米，衣}=1$ 意味着社会放弃生产 1 件衣服就可以等量生产出 1 斤大米；$MRS_{米，衣}=2$ 则意味着 2 件衣服只要用 1 斤大米代替，就可以保持原有的效用水平。这样，社会放弃 1 件衣服的生产，将其转换为大米，就能够使社会成员的境况变好，而在此过程中，没有任何人的境况变坏。可见，只要边际转换率不等于边际替代率，就存在实现帕累托改善的可能。因此，边际转换率等于边际替代率是实现产品组合效率的必要条件。

2.1.4　交换效率

假如一个社会能够同时实现生产效率和产品组合效率，就意味着该社会能够在既定资源和技术限制下，生产出最大数量的产品组合，而且该产品组合能够最大限度地满足社会的需要。但是，由于社会成员之间对同一产品可能有不同的偏好，而且不同的偏好之间不存在可比性，因此，社会效用水平达到最大并不意味着个人效用水平的最大。①

① 对个人效用与社会效用之间的关系的认识，人们往往有不同的看法。有人认为社会效用是社会成员的个人效用的加总，有人认为社会效用是社会成员的个人效用的连乘积，有人则认为社会效用应以社会上境况最差的成员的个人效用为基准等。因此，尽管每个社会成员的效用都达到最大必然意味着社会效用的最大，反之却未必成立。

例如，由牛郎和织女组成的简单社会在充分利用现有的资源和技术条件下，生产出 100 斤大米和 50 件衣服，同时，这一产品组合也是使社会成员达到最大满足的产品组合。此时，生产效率和产品组合效率已经同时实现。现在，我们考虑一种极端的情况，即假定牛郎只需要大米而不需要衣服，而织女只需要衣服而不需要大米，那么，社会应该如何将大米和衣服分配给牛郎和织女使用呢？

如果把 50 件衣服给牛郎，100 斤大米给织女，牛郎和织女所得到的效用就都为 0，甚至是负数。换句话说，尽管 100 斤大米和 50 件衣服为整个社会所需，但如果产品配置不当，那么单个社会成员的效用甚至可能为 0。假如改变产品的配置状况，将 30 件衣服和 60 斤大米给牛郎，而把 20 件衣服和 40 斤大米给织女，牛郎和织女的效用水平就都会得到改善。当然，最理想的格局是，100 斤大米给牛郎，而 50 件衣服给织女。

以上分析表明，即使是产量最大、产品组合对整个社会来说最佳的情况下，不同产品如何在各人之间进行配置，仍然会影响这些产品及生产这些产品的资源给人们带来的好处。

那么，一个社会在产出水平既定的条件下，如何将各种产品配置给各个人使用，才是最为理想的呢？为解决这一问题，我们再次使用埃奇沃斯框图进行分析，如图 2-7 所示。

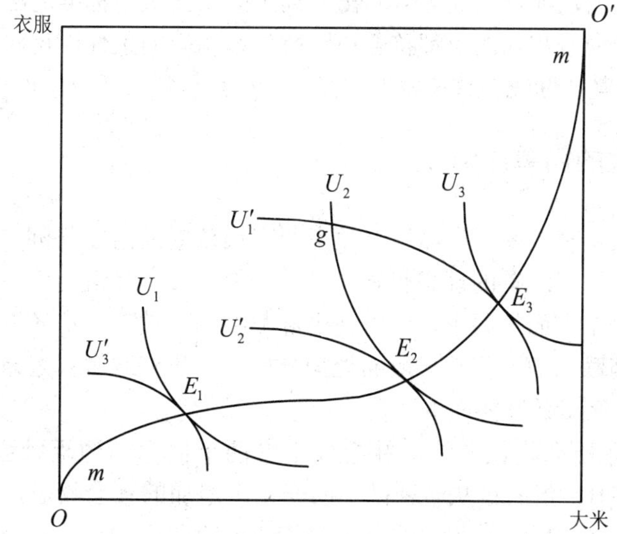

图 2-7　埃奇沃斯框图：交换效率

在图 2-7 中，横轴表示大米的数量，纵轴表示衣服的数量，并且长方形的长和宽恰好就是社会所拥有的大米和衣服的总量。同时，牛郎消费大米和衣服的数量以离原点 O 的距离来度量，织女消费大米和衣服的数量则以离原点 O' 的距离来度量。这样，埃奇沃斯框图中的任何一点都是对既定数量的大米和衣服的一种配置。对牛郎来说，他自身的境况可以由他消费大米和衣服所获得的效用来表示。随着两种产品消费量的增加，牛郎的境况可以由从图中原点 O 向右上方延伸的一系列无差异曲线来表示，如图中的U_1、U_2和U_3等。同样，对织女来说，从原点O'向左下方延伸的一系列无差异曲线反映了织女的境况，如图中的U_1'、U_2'和U_3'等。

现在分析埃奇沃斯框图中的任意一点，如 g 点。过 g 点，牛郎消费相应数量的大米和衣服所获得的效用由无差异曲线U_2表示。同样，在 g 点，织女获得其余的产品数量，由此得到的效用由无差异曲线U_1'表示。那么，g 点符合帕累托效率标准吗？

在图 2-7 中，牛郎和织女的无差异曲线U_2和U_1'在点 g 相交。这时，沿着U_1'移动对织女来说效用是无差异的，也就是说，织女的境况保持不变。但对牛郎来说，由于U_2凸向原点 O，因此点 g 沿着U_1'移动时，牛郎的效用水平提高。这意味着，相对于 g 点来说，存在着在保持织女的境况不变的条件下改善牛郎境况的途径。因此，g 点所表示的两种产品的配置并不符合帕累托效率。

通过上述重新配置产品的过程可以发现，只有在牛郎和织女的无差异曲线相切时的配置，才不存在帕累托改善的可能。也就是说，当产品沿着U_1'的重新配置使 g 点达到的效用水平U_3恰好与U_1'相切时，对两种产品的配置达到帕累托效率状态，如图 2-7 中的E_3点。在E_3点，牛郎和织女的无差异曲线相切，因此其斜率的绝对值相等。而无差异曲线斜率的绝对值又是消费两种产品的边际替代率，因此，交换符合帕累托效率标准的条件是，牛郎和织女消费两种产品的边际替代率相等，即

$$\mathrm{MRS}_{1,2}^{\text{牛郎}} = \mathrm{MRS}_{1,2}^{\text{织女}} \tag{2-5}$$

此外，分析埃奇沃斯框图还可以看出，满足帕累托效率标准的配置不止一个，牛郎和织女的无差异曲线相切的点都符合边际替代率相等的条件，这些切点连接而成的曲线 mm 称为**交换契约曲线**。该曲线上的任何一点都是帕累托效率点。

2.1.5 衡量效率的简单法则

至此，本章从生产效率、产品组合效率和交换效率的角度分析了效率的含义。可以看出，效率作为资源配置的理想状态，是生产效率、产品组合效率和交换效率的统一。违背了任何一个方面的要求，都将使资源配置偏离效率。从经济运行的角度看，三者之间是有密切联系的。但在一般的理论分析中，我们通常只考虑某一方面的效率问题，由此引出了衡量效率的简单法则。

先来定义边际社会收益和边际社会成本这两个概念。**边际社会收益**（marginal social benefit，MSB）指的是从一种微小的变化中增加的社会收益，而**边际社会成本**（marginal social cost，MSC）则是指从一种微小的变化中增加的社会成本。衡量效率的简单法则可以表述为：

当边际社会收益等于边际社会成本（即 MSB＝MSC）时，该经济是有效率的，因为无论哪一种变化都不存在净收益。而当边际社会收益大于或小于边际社会成本（即 MSB＞MSC 或 MSB＜MSC）时，该经济是缺乏效率的，现有经济状态的某种改变可能会改进经济效率。

例如，假定社会决定生产更少的大炮，同时运用那些被释放出来的资源提供更多的教育。如果消费者从增加的教育服务中得到的收益大于因大炮数量减少而失去的收

益，也就是说，从更多教育中得到的边际收益大于边际成本，那么现有的经济状态就没有为消费者提供一个有效率的产品组合，因为此时运用相同的资源生产更多的产品是可能的。

2.1.6 竞争性市场的效率

组织市场的目的在于使买卖双方能够以互利的方式进行产品和服务的交换。作为长期形成的经济制度，完全竞争条件下运行的市场能够实现有效的产出，使资源配置达到有效率状态。这一点不仅已经被实践所证实，而且也能够用精确的数学来证明。

一般认为，**完全竞争市场**需要满足以下基本条件。

（1）产权清晰。**产权**指的是人们对自己拥有的资源行使权力的能力。一个完全竞争的市场体系，要求全部生产性资源归私人所有。清晰的产权是人们以互利方式从事市场交易活动的前提。假如一家木材加工厂预计木料会被偷走，它就不会尽心加工木材；只有相信能够从加工后的木材的销售中获利，它才会经营木料加工。

（2）价格接受者。市场上有大量的消费者和企业，因此，经济权力是分散的，每个消费者的需求数量和每个企业的供给数量都只占有很小的市场份额，以至于任何一个消费者或企业的决策都无法单独影响价格。也就是说，无论是消费者还是企业，他们都视价格为给定。

（3）产品同质。全部交易均在市场中进行，同时，在单个市场中，所有企业都只向消费者提供一种标准化的产品，或者至少在消费者看来无差别。这样，当消费者选择购买哪家企业提供的产品时，仅考虑产品价格问题。这就意味着，任何一个企业如果把产品价格提高到市场价格之上，就必然丧失其销售市场。产品同质性的假定保证了单一市场价格的存在，从而使市场供求的分析变得有意义。

（4）完全信息。参与市场活动的买卖双方都可以自由地得到相关信息，也就是说，买者知道自身的偏好、收入水平，以及产品的价格、质量和性能等；而卖者则清楚地知道产品的成本、价格和技术等信息。完全信息意味着，在同一个市场上，不可能出现低买或高卖的现象。

（5）自由进退。企业一旦看到盈利机会，就可以自由进入市场；而一旦出现亏损，就可以无障碍地退出市场。这意味着，资源具有完全的流动性。一个企业总可以雇佣到所需的劳动，购买到所需的资本和原材料。同样，如果企业需要重置或者关闭其生产，它总是可以处置这些生产性资源。有时为了简单起见，也可以认为企业可以无成本地进入或退出某一行业。

一般认为，大多数的农产品市场接近于完全竞争市场。例如，既有成百上千的农民生产小麦，也有成百上千的购买者购入小麦再加工成面粉和其他产品，以至于没有一个农民和购买者能够影响小麦的价格。

许多具有足够竞争性的市场也可以被视为完全竞争市场。例如，世界钢材市场有几十个主要生产者，这就足以忽略其中任何一个生产者停止生产时对价格造成的影响。许多其他自然资源市场，如煤、铜、锡、木材市场等，情况与此相似。

现在，分析竞争性市场的运行。一个有效率的经济体系能够使资源配置达到这样的标准：各种产品的边际社会收益等于边际社会成本。那么，竞争性市场是怎样达成上述标准的呢？尽管证明竞争性市场均衡的效率需要运用高深的数学知识，但其基本原则却是容易验证的。

假设在竞争性市场上，买卖双方都试图通过交换实现自身利益的最大化，也即消费者通过市场利用手中的货币交换产品，使自身的效用最大化；而出售者则通过向消费者提供产品，使自身的利润最大化。在图 2-8（a）中，市场需求曲线描绘的是消费者（作为一个整体）消费该产品得到的边际收益，即边际社会收益（MSB）；而市场供给曲线反映的是企业（作为一个整体）为新增一单位的产品而耗费的成本，即边际社会成本（MSC）。这样，当市场实现供求均衡时，均衡价格 P^*既等于边际社会收益，又等于边际社会成本，即

$$P^* = \text{MSB} = \text{MSC} \tag{2-6}$$

式（2-6）表明，竞争性市场能够满足实现效率所需的边际条件。问题是，竞争性市场的效率是如何通过分散化的私人决策机制达成的呢？

市场价格反映了供求双方的自由相互作用。在竞争性市场上，买卖双方均无法控制价格，而只能根据价格做出反应。在决定产品的购买量时，单个消费者考虑的是**边际私人收益**（MPB），即为获得额外的一单位的产品所愿意支付的货币价值。当消费者面对市场价格时，他用货币交换产品的过程将持续到边际私人收益恰好等于市场价格（即 MPB=P*）为止。若不然，假如消费者为交换产品而放弃的货币价值（价格）小于边际私人收益，增加对产品的购买就会使自己的境况得到改善；反之，其境况将会恶化。可见，为了实现交换利益的最大化，消费者将调整任何产品的消费量，直至边际私人收益恰好等于市场价格。由于竞争性市场上的均衡价格又与边际社会收益相等，即 $P^* = \text{MSB}$，因此有

$$\text{MPB} = P^* = \text{MSB} \tag{2-7}$$

再来看竞争性市场中典型企业的情况。如图 2-8（b）所示，对企业来说，只要新增单位产品生产获得的额外收入超过它生产该单位产品的成本，即**边际私人成本**（MPC），它所获得的利润就会增加。反之，利润就会减少。而在竞争性市场上，企业是市场价格的接受者，因此它可以按当前的市场价格 P^* 出售任何数量的产品。这意味着，无论在哪种产量水平上，它新增单位产品的生产所获得的额外收入都等于当前的市场价格。因此，为了实现利润的最大化，企业的边际私人成本与市场价格相等，即 MPC=P^*。由于在竞争性市场上，均衡价格又与边际社会成本相等，即 $P^* = \text{MSC}$，因此有

$$\text{MPC} = P^* = \text{MSC} \tag{2-8}$$

综合式（2-7）和式（2-8）的结果，可以得到

$$P^* = \text{MPB} = \text{MPC} = \text{MSB} = \text{MSC} \tag{2-9}$$

以上分析表明，在竞争性市场中，买卖双方均通过产品的交换实现自身利益的最大化，这种市场体系将使产出达到边际私人收益等于边际私人成本的水平。如果消费者是某种产品出售时的唯一受益者，而企业承担产品生产时的全部成本，式（2-9）就

意味着产品的边际社会收益等于边际社会成本。可见，由私人利益推动的市场体系，将实现有效率的产出水平。如果经济中所有的产品市场均满足上述条件，同时所有的产品都在市场中交换，整个经济中的资源配置就将满足效率标准。

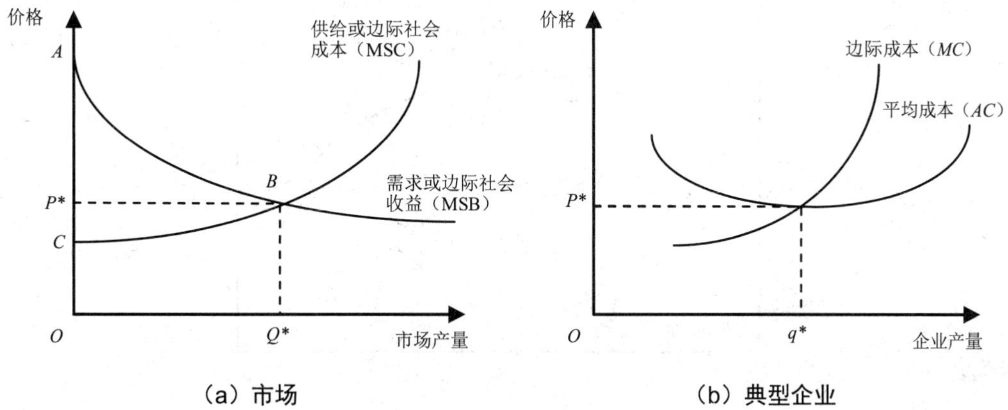

图 2-8 竞争性市场的均衡

此外，图 2-8（b）还表明，在可以自由进退的竞争性市场体系中，对典型的企业来说，市场均衡价格还等于单位产品的最低可能的生产成本——最低平均成本。在这一价格水平上，企业获得正常利润，即企业能够从经济中的其他任何行业得到的同等回报率。由于企业从事该行业所获得的回报与它可能从事的其他任何行业一样，因此不存在任何改变产量或价格的激励。这意味着，在既定的产量水平上，竞争性市场能够使各种产品的生产成本达到最小化。因此，竞争性市场体系中的产品生产也符合效率标准。

2.2 公 平

2.2.1 公平的作用

效率作为人类经济活动的目标和评价标准之一，反映了一个社会在既定的资源和技术约束条件下，生产出尽可能多的物质财富，并最大限度地满足社会成员的需要的能力。然而，帕累托效率法则并不提供各个社会成员在总产出中应占多大份额的答案，因此，作为一种评价标准，帕累托效率本身是否能够让所有的社会成员都感到满意，这一点并不十分清楚。

为说明这个问题，有必要重新回到对交换效率的探讨上。如图 2-9 所示，该图再现了图 2-7 中推导出来的交换契约曲线 *mm*。比较图 2-9 中的 E_1 点（位于埃奇沃斯框图的左下角）和 Q 点所代表的两种配置。由于 E_1 点位于交换契约曲线上，因此它满足帕累托效率标准；而 Q 点不在交换契约曲线上，因而是缺乏效率的。那么，E_1 点的配置就更好吗？

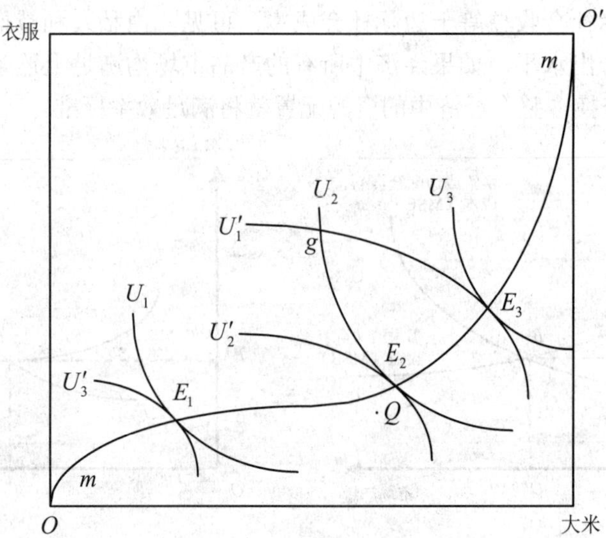

图 2-9 公平的作用

回答这一问题的关键在于“更好”到底意味着什么？如果一个社会只注重于效率的实现，而不在乎谁占有多少收入份额，那么显然 E_1 点是更让人满意的；但如果社会更加偏爱收入的相对公平分配，Q 点的配置就可能优于 E_1 点，尽管它是欠缺效率的。

可见，帕累托效率准则本身尚不足以对可供选择的资源配置进行排序。其原因在于，帕累托标准是以个人之间效用的不可比性作为其前提条件的，而避免人际间的效用比较，就等于承认了要素禀赋的初始分配状态的合理性，从而进一步承认了生产成果和实际收入的最终分布状态的合理性。这就使效率准则尽管可以对社会资源的利用状况加以排序，却无法同时说明怎样的收入份额分配对社会成员来说才是最为理想的。因此，如果我们需要对社会经济的运行状况及公共政策的实施效果进行价值上的评判，对于公平问题的探讨就变得不可或缺。

2.2.2 社会福利主义的公平准则

什么是公平？怎样的分配状况才称得上公平？如果社会分配存在不公平的情形，政府是否就应对现有的收入分布格局进行再分配活动呢？显然，这是一些涉及价值判断的规范问题，对于这些问题的观点在很大程度上源于政治哲学。因此，这里我们暂且不谈经济学，来谈一点政治哲学。

社会福利主义认为，社会福利的高低是由社会成员的个人效用决定的。例如，假定社会上有 n 个人，其中第 i 个人的效用为 U_i（$i=1,2,\cdots,n$），那么该社会的福利 W 就是这 n 个社会成员的个人效用的函数，用计算公式表示为

$$W=F(U_1,U_2,\cdots,U_n) \tag{2-10}$$

式（2-10）通常称为社会福利函数。出于对社会福利与个人效用之间关系的不同理解，社会福利函数可以被具体写成各种函数形式。其中最常见的形式有两种：一是简单的功利主义社会福利函数；二是罗尔斯主义的社会福利函数。

1. 功利主义

简单的功利主义社会福利函数也称**边沁主义**社会福利函数，[1]它的一般表达式为

$$W = U_1 + U_2 + \cdots + U_n = \sum_{i=1}^{n} U_i \tag{2-11}$$

在这里，社会福利是社会各成员的个人效用的简单加总。不难看出，在社会上其他人的效用不变的条件下，只要任何一个人的效用 U_i 得到提高，社会福利 W 就会上升。也就是说，只要有一种变化能够使某些人的境况变好，而不使任何人的境况变差，这种变化就会增加社会福利。

功利主义支持政府进行收入再分配的理由基于个人收入的**边际效用递减**假定，也就是说，随着一个人收入的增加，每增加一元钱收入所带来的额外效用是减少的。同时，由于每增加一元钱收入给穷人带来的额外效用往往要大于给富人带来的额外效用，因此，尽管拿走富人一元钱给穷人，将减少富人的效用而增加穷人的效用，但二者相抵，其结果仍然会使总效用或总福利增加。从直觉上说，只要社会成员之间存在收入上的差距，这种再分配活动就可以一直持续下去，直到各成员之间的收入完全相同为止。上述分析表明，为了促进社会福利水平的提高，政府有必要采取收入再分配行动。

2. 罗尔斯主义

美国哲学家罗尔斯（1988）指出，社会福利的高低取决于社会上境况最差的那个人的效用，因此，**罗尔斯主义**的社会福利函数可以表示为

$$W = \min[U_1, U_2, \cdots, U_n] \tag{2-12}$$

罗尔斯主义公平理论的新颖之处在于其精致而独特的理论构造。罗尔斯首先从一个社会的制度、法律和政策应该是公正的这一前提出发，提出了一个合理的问题，即我们怎样才能使社会成员对公正的含义达成一致的认识呢？

毫无疑问，人们对这一问题的看法必然会受到社会历史和自然方面的偶然或随意因素的干扰，这将使人们难以在公正问题上达成共识。为此，罗尔斯提出了以下的思想试验：假定人们需要通过开会谈判或协商的方式，选择一套能够用以指导社会基本结构设计的公正原则；重要的是，这种选择是在处于**无知之幕**（the vein of ignorance）的原初状态（original position）下进行的。也就是说，与会的每个人除了具备一定的关于社会的一般知识外，他们不知道任何有关个人的特殊信息，如种族、智力和财富等，而且也不清楚自身的生活前景。在这种情况下可以预期，人们将对公正原则的设计保持客观且不带个人偏见的评判态度。

那么，在这种无知之幕屏蔽之下设计出来的收入分配政策将达成什么样的目标呢？罗尔斯指出，处于原初状态中的人们由于不清楚自身的生活前景，每个人都担心自己有朝一日可能会成为社会中最不幸的人，因此，出于规避未来生活风险的考虑，人们将特别关注处于收入分配最底层的可能性。所以，他们必然会一致认为，社会福利的高低应以社会上境况最差的那个人的效用作为衡量标准，而致力于实现收入分

[1] 边沁（J. Bentham）是英国 19 世纪哲学家和法学家，古典功利主义学派的奠基人。

配公平的政策则应该努力实现最小效用的最大化。这就是罗尔斯所主张的**最小最大化原则**。

由于最小最大化原则强调的是社会上最不幸的人，因此，它表明旨在实现使收入分配平等的财政政策是正确的。通过将富人的收入转移给穷人，社会增进了最不幸的人的福利，从而也就增进了社会的总体福利。但是，最小最大化原则事实上并不会导致一个收入完全平等的社会。原因在于，如果政府努力使收入完全平等化，人们就不会有努力工作的热情，这将导致社会总收入的减少，并促使最不幸者的状况的进一步恶化。这一道理同样适用于功利主义。因此，无论是功利主义，还是罗尔斯主义，实际上都允许一定程度的收入不平等的存在，因为这种不平等有助于提高人们的工作积极性，从而提高社会帮助穷人的能力。不过，由于罗尔斯主义只重视最不幸的社会成员，因此它所要求的收入再分配行动比功利主义者更多（曼昆，2001）。

2.2.3 非社会福利主义的公平准则

除社会福利主义外，还有不少关于公平的理论主张，它们摒弃了社会福利主义关于社会福利是个人效用的函数的看法，而从其他角度来看待公平问题。这里着重介绍诺齐克（R. Nozick）和森（A. Sen）的公平理论。

1. 诺齐克的自由至上主义

诺齐克（1991）认为，衡量公平的标准不是个人效用，而应当是权利的行使和对权利的尊重。在不考虑个人效用的水平和差别的情况下，这些权利包括生存权、获得个人劳动产品的权利以及自由选择权。同时，这些权利是基本的、绝对的和不可剥夺的，除了有义务尊重他人的基本权利之外，不受任何其他的约束，并且与社会组织的形式无关。鉴于诺齐克这种对受限制最少的个人自由的不遗余力的宣扬和辩护，他的理论往往被称为**自由至上主义**（libertarianism）。

诺齐克声称，人们通过行使基本权利而享有的权益，不能因为最终的结果而被否定，哪怕最终的结果非常糟糕。换句话说，只要个人的自由和基本权利得到了尊重，那么社会的任何分配都是公平的。可见，诺齐克的公平理论是从过程公平的角度，而不是从结果公平的角度来评价分配公平的。这是该理论区别于社会福利主义的公平理论的显著特征。

诺齐克公平理论的基本政策含义是，过程公平比结果公平更重要。政府应当致力于保障个人的自由和权利的行使，以确保每个社会成员都同样有发挥自己才能并获得成功的机会。而一旦确立了这些游戏规则，政府就没有任何理由去改变社会的收入分配格局。

2. 森的公平理论

森（2002）通过引进创新性概念，即功能性活动和可行能力，成功地把社会福利主义对于个人取得的结果的考察与自由至上主义和罗尔斯主义对于权利和自由的考察结合起来。也就是说，森的公平理论实际上融合了三种主要的现代价值观——功利主义、自由至上主义和罗尔斯主义的观点。森的观点被誉为迄今为止最为“明智和健全”[①]的公平理论。

森首先观察到，不论是产品（如食物）的数量，还是消费该产品所产生的效用，都无法全面反映某个人的福利。对个人来说，如果一些食物被用作种子或用来获得其他必需品（如衣物和医疗），或者在家庭成员中分配不合理的话，有些人就可能得不到食物；从全社会的角度看，如果某些社会成员没有必要的购买力，那么即使产品被生产出来，他们也无法得到，因此，食物的总量无法准确衡量社会福利的高低。而把效用作为评价标准，同样存在缺陷，因为它无法充分揭示某些影响。例如，一个人可能只喜欢吃面包，但却可能由于缺乏某些基本的营养而伤害这个人的身体。这样，尽管功利主义对人类福利的兴趣令人称道，但是将效用作为福利的评价基础却不太健全。

森认为，在评价产品对个人和社会的好处时，重要的是人们可以利用产品所具有的某些特点来实现某些**功能性活动**（functionings），即人们认为值得去做的各种事情或所要达到的状态。有价值的功能性活动有多种，包括从初级的要求（如营养良好和健康）到十分复杂的活动或个人状态（如参与社区生活和受人尊重等）。正是这些功能性活动的实现，标志着人们享有利益，使他们可以行使**实质自由**（substantive freedom）——实现各种不同的生活方式的自由的权利。同时，重要的不仅仅是有效地实现某些功能性活动，而且还包括实现这些功能性活动的可能性。例如，在迁移问题上，重要的倒不在于一个人是否迁移，而在于是否拥有自由迁移的权利，以及是否没有法律和物质方面的障碍。因此，在评价个人福利时，应当同时考虑两方面的情况，一是关于一个人实际上做到的事，二是关于一个人所拥有的各种可能的机会，这两方面的综合就是一个人所具有的可行能力集。

森认为，**可行能力**（capability）是一种实现各种可能的功能性活动组合的实质自由。例如，就实际摄取的食物或营养量而言，一个富人所实现的功能性活动也许和一个穷人没有什么差别；而从面临的真实机会判断，富人和穷人之间的确具有不同的可行能力集，因为富人可以选择吃好并得到充足的营养，而后者却无法做到。

接下来的问题是：既然构成人的有价值生活的功能性活动多种多样，那么在人的可行能力集中，应该将哪些活动列入清单呢？森认为，以可行能力为基础的实质自由大致包括：免受困苦的基本可行能力，如饥饿、营养不良、可避免的疾病、过早死亡之类等，以及能够识字算数、享受政治参与等方面的自由。

目前，森的思想已经在贫困和人类发展指标的研究中得到了广泛的应用。联合国自 1990 年以来每年发表的《人类发展报告》，就包含了森帮助设计的用以评价各国发展状况的内容广泛的指标体系。

由于森所确立的价值标准的全面性，因此其理论的政策含义是多方面的，它意味着消除贫困、人身束缚、各种压迫、缺乏法治权利和社会保障等涉及经济、政治、社会、价值观念等各方面的状况。就财政学所着力探讨的分配公平来说，其政策含义是政府应当实行再分配措施，如失业保险政策和扶贫政策等，以确保社会成员获得各种

[①] 前联合国秘书长柯菲·安南语。参见森（2002）书后评语。

实质自由的权利。例如，失业者有资格得到救济，贫困线下的公民有资格得到补助，每一个孩子都有资格上学受教育等。

2.2.4 收入不平等的度量

财政学认为，收入分配结果的公平不等于平均化，它允许存在一定的收入差距，不过收入差距应控制在与效率相适应的水平上。一个社会的收入分配状况经常用洛伦茨曲线和基尼系数进行度量。

洛伦茨曲线（Lorenz curve）是对收入分配离散程度进行研究的一个图形。如图 2-10所示，横轴表示人口按收入由低到高排列的累积比例，纵轴表示相对应的人口的收入占总收入的比重。在实际测算中，通常将人口分成若干组。这样，洛伦茨曲线就表示为一国总收入归于人口中最穷的5%、最穷的10%、最穷的15%等的累积比重。在图 2-10中呈现为折线OE。不难看出，分组越细，折线OE就越趋于光滑和连续。

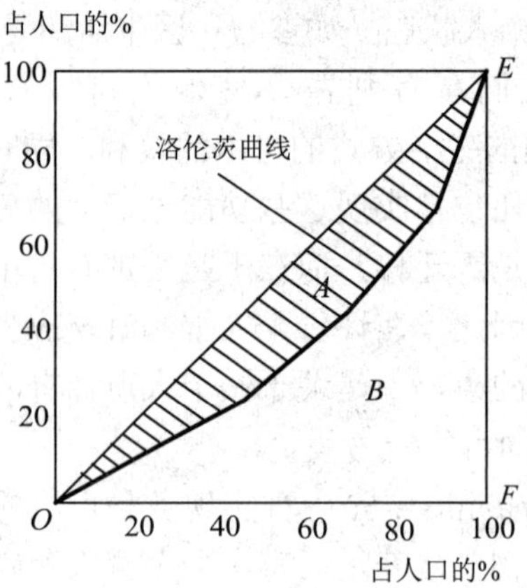

图 2-10 洛伦茨曲线

洛伦茨曲线的曲拱程度及其与对角线OE之间的面积可以用来反映收入在各阶层之间的不平等程度。它一般具有以下性质。

（1）对角线OE是绝对平等线，即每个人得到同等数额的收入。

（2）折线OFE是绝对不平等线，即某一个人得到了全部收入。

（3）一般情形是凸向横轴，越接近绝对平等线，收入分配越平等，反之则越不平等。

基尼系数（Gini coefficient）是对角线OE与洛伦茨曲线OE所围成的阴影部分的面积与ΔOEF的面积之比，即

$$G=\frac{A}{A+B} \tag{2-13}$$

如果收入绝对平等，即洛伦茨曲线为对角线OE，则基尼系数为 0；如果收入绝对不平等，即洛伦茨曲线为折线OFE，则基尼系数为 1。一般情况下，基尼系数介于 0与 1 之间，数值越小，表明收入分配越平等，反之则越不平等。

2.3　效率与公平的关系

2.3.1　效率与公平的冲突

不少学者都曾指出过效率与公平之间的冲突。其基本观点是：要实现收入分配的公平，就要以降低效率为代价，即存在一定的效率成本；反之，要提高效率，也需要牺牲一定程度的公平，如图 2-11 所示。

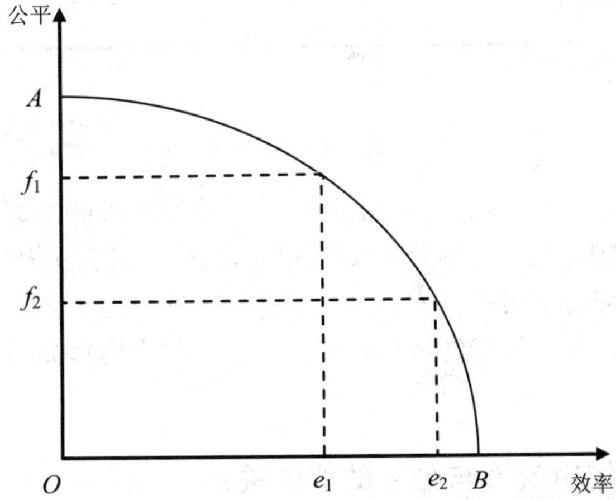

图 2-11　效率与公平的替代

图 2-11 中的曲线 *AB* 表示效率与公平之间存在替代关系，也就是说，如果要使公平程度从 f_2 提高到 f_1，就需以效率水平由 e_2 降低到 e_1 为代价；反之，如果希望使效率由 e_1 提高到 e_2，就需以公平程度由 f_1 降低到 f_2 为代价。

2.3.2　效率与公平的协调

尽管效率与公平之间存在着冲突，但二者的兼得也并非不可能。事实上，如果把效率问题看成是“做蛋糕”，而把公平看成是“切蛋糕”的话，那么很显然，只有做大蛋糕，切出来的蛋糕才会更大，对参与分配的人来说才更有意义。反之，如果蛋糕的分配结果对大家来说是相对公平合理的，无疑也有助于提高大家努力做蛋糕的积极性。图 2-12 说明了效率与公平兼得的可能性。

图 2-12 中，横轴和纵轴分别表示产品 X_1 和 X_2 的数量，曲线 *PP* 和 *P′P′* 为生产可能性曲线，曲线 W_1 和 W_2 为社会无差异曲线。当经济原本处于非帕累托效率状态时，如 *C* 点，通过在区域 *ABCD* 中向东北方向移动，则既可以改善生产效率，又能够促进公平。

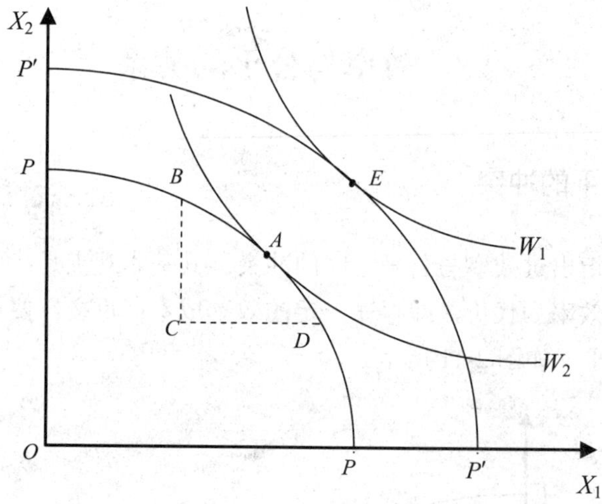

图 2-12　效率与公平的协调

如果经济处于迅速增长阶段，就有可能从较低生产可能性的帕累托效率状态到达较高生产可能性的帕累托效率状态，如图中曲线 *PP* 外拓至 *P′P′*，也可以同时增进效率与公平。此外，即使不考虑技术进步的因素，单纯是由于公平程度的增加，那么，在经济迅速增长的初期，社会经济也可能因为工作努力地提高而使生产可能性边界超过从前。

2.3.3　竞争性市场中效率与公平的取舍关系

在实现效率方面，竞争性市场体系可以获得高分。在市场体系中，每个人的货币收入取决于其所拥有的生产性资源的数量，以及在市场上向他人出售生产性服务所获得的回报。收入分配的现实状况，将决定消费者购买利用现有资源、技术生产的各种产品和服务的意愿和能力。

许多市场体系的批评者认为，从公平角度看，市场体系难以让人满意。他们声称，市场体系的许多参与者无法满足自己的绝大部分基本需要，因为低收入使他们几乎没有能力购买产品和服务。许多人认为，富裕中的贫穷是不公平的。市场体系只款待那些有支付能力的人，而支付能力取决于收入，收入则取决于一个人所拥有的资源的边际社会收益。穷人们缺乏资源。在通常情况下，穷人们缺乏技能，教育水平低下，因此，他们劳动质量较低。在许多情况下，穷人们无法找到工作，或者只能在工资水平很低的行业就业。此外，穷人们通常没有土地或资本，这意味着他们的非劳动收入也很低。

市场体系的批评者们主张，为使穷人的收入增加而福利水平不至于降到最低标准以下，穷人们应当获得补助，补助金来自对社会上更加富有的成员征收的税款。这就造成了一种两难选择，因为用于改变收入分配的税收和补贴经常以阻碍效率的方式扭曲着生产决策。这样，公共政策的制定者将不可避免地遇到效率与公平的冲突问题。

本章小结

- 效率与公平是评价一切经济活动（包括财政活动）的两个基本准则。
- 效率一般采用帕累托效率的定义。所谓帕累托效率，指的是不可能通过资源的重新配置，达到使某个人的境况变好而不使其他任何人境况变差的结果。帕累托效率是生产效率、产品组合效率和交换效率的统一。
- 衡量效率的简单法则是：边际社会收益等于边际社会成本，即 MSB = MSC。理论与实践均表明，竞争性市场能够在自发运行过程中，达到资源配置的效率状态。
- 人们尚未在公平问题上取得共识。最主要的公平理论包括功利主义、罗尔斯主义、自由至上主义和森的公平理论等。洛伦茨曲线和基尼系数是衡量收入分配状况的两个重要指标。
- 效率与公平之间既有相互冲突的一面，也有互相协调的一面。尽管竞争性的市场体系在实现效率方面可以获得高分，但在公平方面往往难以让人满意。公共政策决策经常面临效率与公平之间的权衡取舍。

基本概念

- 稀缺性
- 帕累托效率
- 帕累托改善
- 生产效率
- 产品组合效率
- 交换效率
- 等产量曲线
- 边际技术替代率
- 生产契约曲线
- 生产可能性曲线/产品转换曲线
- 边际转换率
- 无差异曲线
- 边际替代率
- 交换契约曲线
- 边际社会收益
- 边际社会成本
- 完全竞争市场
- 产权
- 边际私人收益
- 边际私人成本
- 社会福利主义
- 社会福利函数
- 简单功利主义
- 罗尔斯主义
- 无知之幕
- 最小最大化原则
- 自由至上主义
- 功能性活动
- 实质自由
- 可行能力
- 洛伦茨曲线
- 基尼系数

复习题

1．经济效率的含义是什么？其实现条件是什么？

2．衡量效率的简单法则是什么？

3．完全竞争市场须满足哪些条件？

4．社会福利函数隐含的经济含义是什么？关于社会福利函数的主要观点有哪些？

5．如何度量收入的不平等？

练习题

1．下列哪种情况实现了帕累托效率？

（1）A 的境况改善必然对应于 B 的境况变差。

（2）A 的境况变好了，而 B 的境况至少不会变坏。

（3）境况不变时，A 目前的境况不一定是他可以得到的最好的状况。

（4）A 通过变化来改善自己的境况，但是这种变化对 B 没有影响。

2．设想一个简单的经济，在该经济中只有两个人——牛郎（N）和织女（Z）。

（1）设社会福利函数为

$$W = U_N + U_Z$$

式中，U_N 和 U_Z 分别为牛郎和织女的效用。画出社会无差异曲线，应如何描述分配给他们各自福利的相对大小？

（2）如果社会福利函数为

$$W = U_N + 2U_Z$$

重做一下练习（1）。

第 3 章　财政的起因及其职能

本章学习目标

- 掌握市场失灵的各种类型；
- 掌握财政的三大职能。

引例

飓风的启示：自由市场并非万能

2005 年 8 月 29 日，“卡特里娜”飓风以每小时 282 千米的速度扑向美国港口城市新奥尔良。新奥尔良市地处 800 米宽的密西西比河与庞恰特雷恩湖之间。从法国殖民地时代开始，为了发展新奥尔良的港口业，密西西比河流域不断修建河堤、拦河大坝和泄洪道，仅在河中上游就有 29 座大坝，加上附近海域数千里长的堤岸，使新奥尔良一带持续下沉，形成碗状下凹地形。因此，新奥尔良平均海拔在海平面以下，最低点低于海平面达 3 米。8 月 30 日一两点左右，新奥尔良市防洪堤出现决口，洪水涌入市区，随后决口越来越大，达到 153.4 米宽，整个城市陷入了汪洋之中。“卡特里娜”飓风的袭击给美国南部数州造成了严重的损害：大面积的基础设施和民居被毁，100 多万人被迫离开家园，1 300 多人死亡，财产损失高达 250 亿～1 000 亿美元，成为美国历史上最严重的自然灾害之一。

在新奥尔良遭受灾害的过程中，自由市场是一个关键因素。在提前得到特大飓风将袭击新奥尔良及其周围地区的预警情况下，官员们让自由市场发挥作用，他们宣布要全部撤出新奥尔良，但是要求每个人依靠自己的力量撤离灾区。那里没有像古巴岛一样，实行“集体有序”的撤离。2004 年一次特大飓风袭击古巴时，卡斯特罗政府通过各地党政机关，疏散撤离了 130 万人，占全国人口的 10%，结果无一人死亡。

直到灾害第三天人们才知道，成千上万的人没有撤离是因为他们不知道撤往哪里，也没有交通工具。自己没有汽车，手里又没有多少钱，他们只好留下来，听天由命。总之，自由市场对他们不起作用。他们当中有相当多的黑人，还有一部分是白人中的穷人。

自由市场还以另外一种方式发挥作用。布什的计划是把国家服务的功能最小化，以迫使公众求助于私营部门来满足其需求。因此，新奥尔良的工程预算削减了 700 多万美元，削减幅度达到 44%，于是加固堤防和发展排水系统的计划就束之高阁了。

原来的大片沼泽地可以成为新奥尔良与海浪之间的一个天然屏障，可是政府这些年来把沼泽地交给建筑商去经营。他们为了追逐私利，将那里的水排干，用于开发建筑工程。于是，沼泽地在迅速消失。在救援方面，政府让私营机构负责。红十字会投入了行动，可是它的方针是“不要送食品和毯子，要送钱”。

……

资料来源：作者整理。

现代市场经济是一个由本质上追求其自身利益的个体所构成的经济体系。那么，在这种经济中，我们为什么以及在什么条件下需要有追求公共目标的经济主体——政府的存在呢？事实上，对于政府干预市场经济的必要性问题的回答，构成了现代财政学的分析起点。

现代财政理论认为，在市场经济条件下，弥补市场机制存在的种种缺陷，是政府从事经济活动的根本原因。为此，可以将政府的经济职能概括为三个方面：一是配置职能；二是分配职能；三是稳定职能。本章首先概括各种市场失灵现象，然后介绍财政的三大职能。

3.1 市场失灵

3.1.1 市场失灵：政府经济活动的起因

竞争性市场能够在自发运行的基础上，仅仅依靠自身的力量，实现资源配置的效率。然而，市场不是万能的，自由放任基础之上的价格机制，并非在任何场合、任何领域都能充分展开，现实的市场经济还存在着一些自身难以克服的缺陷或不足，这些缺陷或不足统称为**市场失灵**（market failure）。

市场出现失灵的原因是多种多样的，但大体可以划分为以下三大类。

- 市场势力：主要指垄断和自然垄断等。
- 市场残缺：主要是因公共产品、外部性、信息不对称等导致的市场不存在问题。
- 市场功能不足：主要包括分配不公平、经济波动、优值品或劣值品等。

一般认为，市场失灵是市场经济的固有特征，如果任凭其发展，市场经济将无法存续下去，因此必须加以克服和纠正。这首先可以通过企业和个人的活动在一定程度上得以实现，但都有很大的局限性，无法从根本上解决问题。因为在市场经济中，企业和个人是市场最主要的参与主体，企业和个人的经济活动也基本上是通过市场途径，以市场方式进行的。这样，市场无法有效解决的问题，决定了企业和个人也难以有效地解决这些问题。因此，克服市场失灵问题需要有公共的或集体活动的介入，并且以非市场机制的方式进行干预，才能在一定程度上纠正它。而公共活动又只能由作为社会生活组织者的政府来体现，这就决定了政府必须对市场失灵进行干预，以克服和矫正市场的不足与缺陷。而政府干预经济的必要性决定了财政也必须介入其间，并且通过自身的收支活动服务和支持政府的这类干预活动。

简言之，在市场经济条件下财政的起因这一问题上，现代财政理论一般是循着“市场有效运行—市场失灵—政府干预—财政介入”的思路展开论述的。下面，我们探讨市场失灵的各种类型。

3.1.2　市场势力

只有当市场上的所有消费者和生产者都成为价格接受者时，资源配置才能达到有效率的状态。如果某个企业拥有影响市场价格的权力，或者说成为价格控制者时，资源配置往往是低效率的。在市场经济中市场势力的形成主要有两方面的原因：一是市场竞争的结果最终导致垄断；二是某些行业因自然、技术、市场等方面的原因而天然具有垄断的特性。以下分别介绍。

1. 垄断

当某一市场仅由一个或少数几个企业控制时，就有可能发生**垄断**行为，也即企业通过减少产品供给量，使得产品的销售价格高于生产该产品的边际成本的行为。如图 3-1 所示，对垄断性产品的需求曲线 D 代表该产品的边际社会收益 MSB。如果市场上只有唯一的垄断企业，需求曲线 D 就是它所面对的平均收益曲线 AR，企业的边际私人收益曲线 MR 位于平均收益曲线的下方。垄断性产品的边际成本 MPC 也代表着社会为生产最后一个单位该产品新增的成本，即边际社会成本 MSC。

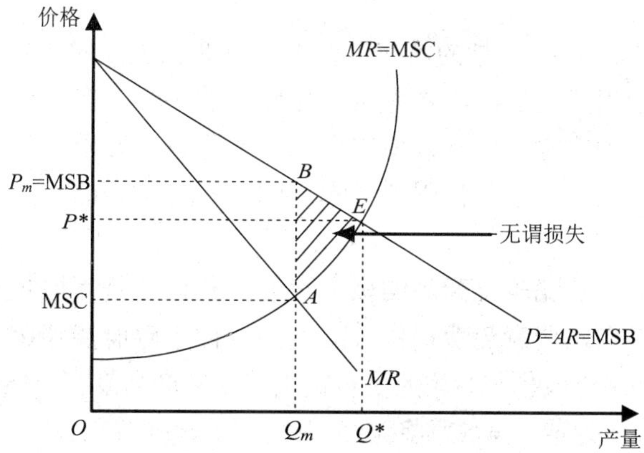

图 3-1　垄断造成的效率损失

效率要求按边际社会收益等于边际社会成本（即 MSB=MSC）的原则进行产量和价格决策，为此，Q^*和 P^*是反映社会最优的产量和价格水平。然而，垄断企业为了实现自身利润的最大化，将按边际私人收益等于边际私人成本（即 MR=MPC）的原则进行产量和价格决策。这样，该垄断企业的最优产量和价格分别为 Q_m 和 P_m。而在 Q_m 的产量水平上，P_m=MSB>MSC，资源配置的效率不会实现。图 3-1 中阴影 ABE 的面积代表着因垄断造成的无谓损失。

不难看出，如果能够通过政府部门的干预，强迫垄断者增加产量至 Q^*，使其价格降至与社会边际成本相等的水平 P^*，从而使 P^*=MSB=MSC，就可以获得 *ABE* 所代表的净效益。因此，政府有责任通过法律和经济手段保护有效竞争，排除垄断对资源有效配置的扭曲。

2. 自然垄断

自然垄断（natural monopoly）行业具有规模报酬递增（increasing returns to scale）的特点，也即平均收益随行业规模的扩大而不断增长，或者说平均成本递减。形成这种成本结构的主要原因是，存在大于可变成本的资本成本。如果长期资本成本的增长比产量的增长慢，那么更大的产量就把资本成本分摊到更多的单位产量中去，从而导致平均成本的下降。这一情形经常出现在公用事业部门，如供水、供电、管道煤气、有线电话等。这些行业的共有特点是：即使它们只对少量顾客提供服务，也需要很多资本设备。

对自然垄断行业来说，独家经营胜过多家竞争。例如，对自来水供应来说，如果只要一条管道就已足够，为何要有两个分开而且平行的管道呢？因此，自然垄断行业存在竞争失灵的特征，这使得政府的介入和干预成为必要。

3.1.3 市场残缺

对一种商品来说，如果市场不存在，我们就很难想象市场能够有效配置资源。在现实经济中，有些产品无法有效形成市场，其中的原因大致归结为三个方面，即公共产品、外部性和信息不对称。

1. 公共产品

公共产品（public goods）指的是在消费上具有非竞争性的产品。这就是说，该产品一旦被提供，新增消费的边际成本为零。如街上的路灯，多一个行人从其底下走过时，并不会发生额外的成本。根据效率原则，零边际成本要求一个零价格。但是，零价格显然不能提供收入来补偿任何固定成本。因此，公共产品无法由私人企业按效率产量提供。

政府具有介入提供非竞争性商品的极大潜力，其任务是筹措收入以便补偿提供公共产品的成本，同时向消费者免费提供公共产品。由于政府能够运用一般税来支付公共产品的成本，再加上一般税与纳税人是否使用该公共产品没有必然的联系，因此能够让每一个使用者的价格为零。第 5 章将详细探讨公共产品的特性及其市场失灵问题。

2. 外部性

外部性（externalities）指的是经济主体的行为以市场价格以外的方式影响他人的福利的情形。例如，汽车排放的尾气降低了空气质量并损害了公共健康，但是，不存在一个清新空气的市场会迫使车主必须为排放尾气付出代价。事实上，由于他为清新空气所支付的价格为零，因此，从社会的观点看，他“过量使用”了清新的空气。这表明，由于价格机制无法为清新空气的机会成本提供正确的信号，因此导致了社会资源无法实现有效率的配置。第 6 章将详细探讨外部性的效率问题及相应的对策。

3. 信息不对称

信息不对称（asymmetric information）指的是交易中的一方拥有另一方得不到的信息的情形。例如，你不知道旧车的品质如何，而旧车的销售商则可能知道得较多；或者，人寿保险公司不了解你的真实健康状况，而你的心里却再清楚不过了。信息不对称容易衍生欺骗等机会主义行为，这会造成交易双方无法顺利达成交易。在现实的经济生活中，信息不对称问题无处不在。在许多场合，自由市场制度能够提供解决信息不对称问题的有效机制；但在有些场合，信息不对称会影响到市场的形成，使一些为人们所需要的市场难以存在。

例如，在市场经济这样一个充满不确定性的世界里，保险是一件十分重要的商品。然而，尽管现代经济中有大量的商业保险公司存在，它们提供了形形色色的健康、财产等险种，但还是存在一些场合，人们无法在私人保险市场上买到相应的保险，如贫困保险。显然，尽管社会上的每个人都有一朝变穷的可能，这使得购买保险进行预防成为必要，但是要是你真的可以向一家保险公司购买贫困保险，你可能就不会很努力地工作。为了制止这种偷懒行为，保险公司只好随时对你进行监督，以便区分你的低收入到底是由于运气太差还是由于努力不够。不难想象，要做好这项监督工作是十分困难的，甚至毫无可能。因此，不存在贫困保险市场。

政府提供社会救助、失业保险等社会保障方案的一个理由，就在于它们提供了私人市场无法提供的贫困保险。实行这类政策的保险费用主要来自你工作期间所缴纳的税费。万一一朝变穷，所缴纳的保险费就会以福利支出的形式付给你。

3.1.4 市场功能缺失

现实中有一些经济问题，它们的产生并不是因为市场无法有效发挥功能造成的，而恰恰是市场有效运行的结果。也就是说，即便现实的市场严格符合完全竞争所需的各种条件，它所产生的结果也未必让人满意。我们不妨将这类因市场功能不完整而力不能及的经济现象称为**市场功能缺失**。这主要包括三种情形：分配不公平、经济波动，以及优值品和劣值品。

1. 分配不公平

在市场经济中，人们主要通过向市场提供产品生产所需的各种要素来获取收入。例如，劳动提供者可以获得工资，资本提供者可以获得利息，土地及其他自然资源提供者可以获得租金等。然而，社会成员之间由于先天禀赋和后天的教育、培训等方面的原因，难免在劳动能力和生产技能方面存在差异；加上劳动强度、努力程度、职业状况等方面的影响，直接导致了社会成员之间在劳动收入方面的差异。不仅如此，财产继承、机遇等因素的存在，使社会成员在包括资本、土地及其他自然资源在内的各种资产的占有量上，也存在客观区别。而因劳动收入和资产占有量的不同而直接带来的财富差异，借助市场经济所固有的要素投入回报机制，必然加大社会成员之间在收入分配上的差距。实践表明，在市场经济中，如果缺乏外来力量的介入和干预，社会成员之间在收入分配方面的差距，将随时间的推移和环境的变迁而呈现不断扩大的趋势，并最终出现两极分化、贫富悬殊的局面。

尽管经济收入的严重差距对社会和政局稳定的危害经常被人们提及，但二者之间的确切关系仍有待证实。不过，即使撇开这一问题不论，经济公平作为正义体系的一个重要组成部分，本身就处于优先于其他价值标准的地位。正如罗尔斯（1988）所言："正义是社会制度的首要价值，就像真理是思想体系的首要价值一样。"

无疑，有关"什么是公平"的争论仍将一如既往地进行下去，但市场经济本身无法自动实现经济平等的事实是毋庸置疑的，这为政府干预提供了合适的理由。在公共政策实践中，救济穷人、帮助失业者和老年人等社会保障支出方案及相应的供款机制——工薪税或社会保险税方案，以及累进个人所得税等，就是为了匡正经济中的不平等。

2. 经济波动

宏观经济的稳定通常有多方面的含义。一是就业率的稳定，即实现充分就业。**充分就业**指的是那些适龄并且有劳动能力的人，都能按照市场的一般工资率水平得到工作。由于失业有多个方面的原因，因此充分就业并不意味100%的就业率，而是允许失业率在一定的认可范围之内。二是物价水平的稳定。价格总水平在一定时期内持续上涨的现象称为**通货膨胀**。理想的状态是通货膨胀率为零，但这一目标对多数国家来说是可望而不可及的。经济学家一般认为，年通货膨胀率在4%以下可以视为物价稳定。与通货膨胀相反的现象是**通货紧缩**，即一定时期内一般价格水平持续下降。通货紧缩对国民经济的危害并不亚于通货膨胀，因此防止和治理通货紧缩也是物价稳定目标的内涵。三是**国际收支平衡**，即一国在国际经济往来中，维持经常项目和金融项目的大致平衡，不出现大的赤字或盈余。

在现实中，宏观经济的稳定往往难以自动实现，经常呈现周期性波动的状态，即经济繁荣与萧条交替出现，周而复始。现代经济理论认为，宏观经济的运行由社会总需求和总供给共同决定，而总需求和总供给有着各自不同的决定力量，市场经济中没有协调两者实现平衡的机制。尤其是，总需求水平是难以控制的。这是因为：第一，总需求水平是无数个消费者、生产者以及其他社会成员分散支出决策的函数；第二，上述分散支出决策又依赖许多难以预测的因素，如现有和持久收入水平、财富、信用和经济预期等。这些因素使社会在任何时期，既无法准确预测也无法从总体上把握支出水平，同时也不可能保证劳动力与其他资源的充分利用，从而无法保证充分就业、物价稳定和适度的经济增长。

宏观经济的周期性波动，客观上需要通过政府的经济活动调节总需求和总供给，实现宏观经济总量的大体平衡，以维持经济的稳定。一般认为，无须动用和耗费大量的经济资源，政府的稳定政策就能达到良好的效果。

3. 优值品和劣值品

个人偏好的合理性是保证市场竞争结果合理的前提。但在现实的市场中，人们的各种愿望和要求并非在任何场合都是合理的。即使是在信息完全的情况下，人们也会由于疏忽或缺乏远见等原因做出不明智的选择。例如，基础教育和高雅艺术能够给个人带来较大的好处，不少人却只给予较低的评价，不肯为之花钱；相反，香烟和毒品有害无益，但有些人却给予较高的评价，愿意为之支付较高的市场价格。消费者评价低于合理评价的产品和服务称为**优值品**（merit goods），消费者评价高于合理评价的产品和服务则称为**劣值品**（dismerit goods）。显然，“优值”与“劣值”并非产品本身的自然属性，它只是表明消费者的偏好存在问题，因此需要加以纠正。

在现实经济中，优值品的市场供给通常是不足的，需要由政府出面提供。许多国家对发展基础教育和高雅艺术的支持，就是基于这一理由。与此相反，劣值品的市场供给往往是过量的，需要由政府加以适当的控制。反对吸烟与禁止吸毒是现代各国政府的普遍举措。

3.2 财 政 职 能

现代政府的经济职能与市场机制的有效和失灵之间有着直接关系。对于那些坚信竞争市场有效性的人们来说，政府只需行使最低限度的职能，即防止暴力、偷窃、诈骗和保证实施契约就足够了。不过，这种“最小化国家”的目标在人们认识到市场存在种种失灵之后就显得过于狭隘甚至是偏激了。于是，在政府职能的清单上，很自然地添加了矫正各种市场失灵的内容。马斯格雷夫夫妇（2003）对政府的经济职能做出了最具权威性的分类，将其区分为配置职能、分配职能和稳定职能。其中，前两项涉及微观经济领域，后一项涉及宏观经济领域。这一分类不仅简洁地勾勒出政府介入经济生活的主要轮廓，而且既与传统理论接轨也与经济学的新发展相合拍，因此一直被广为采纳。

3.2.1　配置职能

因资源稀缺性而引发的经济问题，是经济学研究的逻辑起点。与其他经济学分支相区别，财政学的特点在于将经济划分为“公共”与“私人”两部门，并从公共部门与私人部门之间的关系的角度探讨经济的运行。就如何实现资源配置的效率问题，财政学首先关注的是在一个社会中，哪些事情应该由公共部门去做，而哪些事情应该由私人部门去做，也即社会上的生产性资源应该如何在公私部门之间加以配置，才能保证它们能够得到最有效的利用。显然，这并不意味着公共部门要取代私人部门来独立完成配置资源的任务，而是要说明二者在配置资源方面具有职能上的互补性。

公共部门的配置职能可以归纳为两个方面：一是矫正竞争的不完善；二是矫正市场的不完善。

1. 矫正竞争的不完善

这里着重讨论垄断所导致的竞争的不完善。一般认为，政府在遵循竞争原则矫正垄断造成的市场失灵时，可以采取以下对策。

（1）对垄断企业进行直接干预。私人之所以可以垄断某种产品的供给和价格，一个主要原因就在于它占有了资源总量的较大部分，这一优势使私人不按竞争原则行事成为可能。为此，政府有必要采取像反托拉斯法之类的措施，直接干预私人的行为，并通过考察企业的市场份额及其行为和经营表现，决定是否实施干预。当然，对这一方法有着各种批评，反托拉斯法也不断地被修正，但基本原则仍然得到了维护。

对垄断企业的直接干预还可以针对其定价行为做出。无论是市场垄断还是自然垄断，企业的定价行为都偏离了竞争条件下的边际成本等于价格的原则，因此，政府可直接干预，要求企业必须按边际成本的大小来确定价格。这一方法的最大麻烦是政府难以确切知道垄断企业的成本曲线，因此得到的很可能只是虚假的信息。

（2）自然垄断的矫正措施。自然垄断的情形要复杂些。如图 3-2 所示，效率要求价格等于 P^*，但在这一价格相对应的产量 Q^*上，平均成本大于平均收入，因此企业亏损。这样，没有一家企业愿意从事这种产品的生产。与此相对照，与平均成本相等的价格 P_1 能够使企业获得正常的利润，但产量 Q_1 却不是有效率的，因为被运用到该产品生产的社会资源太少。同时，如果没有政府的干预，垄断企业将把产量和价格限制在 Q_m 和 P_m，并以此获得垄断利润，造成资源配置的扭曲。

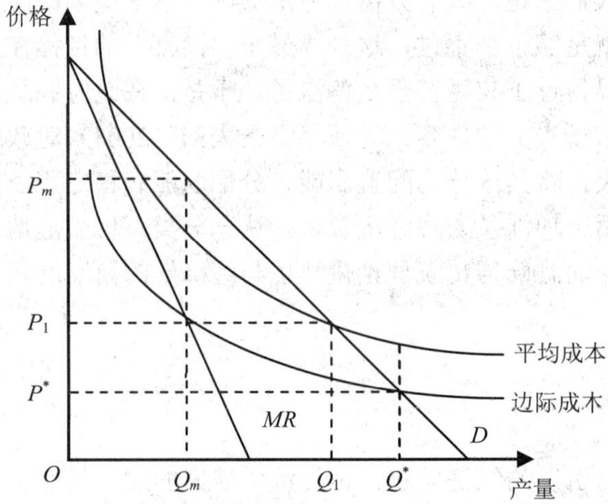

图 3-2 自然垄断与政府干预

政府干预有助于解决上述困难。一种选择是让政府成为生产者，即建立公共企业。政府可以按等于边际成本的价格为消费者提供产品或服务，并用一般税来弥补相应的收入亏空。另一种选择是由政府作为管理者，对自然垄断企业进行管制。在这种情况下，政府授权企业垄断产品的销售，同时管制价格，以便生产者赚取正常利润。上述任何一种选择，结果都不可能是有效率的，因为税收或管制都会产生另一些效率问题。因此，究竟是选择政府生产好还是管制生产好，还要视实际情况而定。

除传统的直接干预垄断行为的办法外，较新的建议是创造**可竞争市场**（contestable market），即如果某行业可以自由地进入和退出，那么潜在进入者的存在，将使现有企业的行为像是受到这些潜在进入者的控制。现有企业将只能获得正常利润，而不可能获得垄断条件下的超额利润。无论企业的数目是多还是少，结果都一样。因此，可竞争市场的存在，将促使垄断企业像在完全竞争条件下一样行事。

2. 矫正市场的不完善

在具有公共产品、外部性和信息不对称等特征的场合，市场无法形成，价格机制变得无能为力。矫正这些场合的不完善，就成为政府的责任。有关克服公共产品和外部性的问题将分别在本书的第 5 章和第 6 章中进行分析，这里仅以矫正信息不对称下的市场失灵为例，分析政府如何运用相关的政策工具，促使私人将其带给他人或社会的成本纳入自身的理性决策中。

理论和实践均已证实，市场机制是最节省信息传递费用的机制。然而，市场对有些信息并不进行有效的传递，而是竭尽歪曲、误导之能事，这一现象主要归咎于交易双方的信息不对称。那么，在改善交易的信息环境方面，政府又有哪些作为呢？

为便于分析，可以将这一问题分为两个层次分别进行处理：一是针对信息不对称条件下交易者的策略行为，看看政府能够做什么；二是针对信息这种经济物品本身，看看政府能够发挥什么作用。

（1）矫正信息不对称条件下的策略行为。在信息不对称条件下，市场机制也有可能创造出有效的解决办法。例如，在销售者比购买者对商品知情更多的情形下，商品质量高的销售者会乐于与购买者签署**或有契约**（contingency contracts），许诺对商品的质量问题承担责任；或者同意只有当产品质量满足了既定标准时才进行支付。这一办法创造性地解决了买卖双方的信息不对称问题。

有人尝试将这一办法一般化，为每一种商品建立或有市场（contingency market）。研究表明，如果或有市场是完全竞争的，可以实现资源配置的帕累托效率。遗憾的是，现实中并非每种商品都存在完备的或有市场。诚然，诸如保险市场、股票市场、期货市场等可以不断完善和发展，但是，市场中总会存在**逆向选择**、**道德风险**等个人策略行为。所谓逆向选择（adverse selection），指的是因市场交易中的一方无法观察到另一方的重要的特征时，发生劣质品驱逐优质品的情形；[①]所谓**道德风险**（moral hazard），指的是市场交易中的一方无法观察到另一方所控制和采取的行动时，发生知情方故意不采取谨慎行为的情形。[②]个人策略行为的普遍存在，往往使得或有市场难以达到足够多的水平，即导致或有市场的不完全。对此，最现实的办法就是由政府强制规定私人必须从事某些行为。

例如，针对健康保险中的逆向选择，政府可以实行全民参加的保险计划，通过强制每个人都投保来克服逆向选择的恶果。又如，针对购买火灾保险之后可能发生的道德风险，政府可以强制规定必须采取一定的提防行动，如要求必须购置和经常维护灭火设备等。再如，针对消费者和个人投资者在交易中的不利地位，政府可以制定出约

① 例如，在旧车市场上，旧车买主一般无法分辨所购车辆的真实质量，而旧车卖者总比买者更清楚所售车辆的优劣，买方由于确知自己不知情的地位，即使面对一辆质量较好的旧车也不敢支付好车的价钱，如果所愿支付的价格低到好车的卖者不愿提供的水平，其结果就是只有差的车可以出卖。这样，逆向选择的结果是质量较好的旧车被逐出市场。

② 例如，火灾险的购买者可能会有意无意地放松对防火安全的关注，公费医疗保险的参保者会故意增加就医资料，索要高价药品等。

束厂家和商家行为的管制措施等。

当然，政府的强制措施也并非尽善尽美。一方面，这些措施的实施需要付出成本；另一方面，它们有时是根本不必要的，有时又根本就是无计可施的。但无论如何，它们能够在一定程度上约束人们的策略行为，从而促使更多的市场交易的达成。

（2）信息作为公共产品由政府提供。在信息不对称条件下，最有能力的销售者会尽力向市场发送信号，以便将自己与其他销售者区别开来，或有契约的签署就是一种发送信号的机制。此外，还有一种很重要的传递信息机制——提供资格认证。

私人也会乐于提供这种资格认证，特别是那些打算在市场中长期经营的销售者会更加注重自己的声誉，从而愿意采取措施向市场提供有关其所售商品质量，甚至是自身资信的证明，这无疑会扩大互惠互利的交易活动。不过，在提供资格认证方面，市场办法是不够的，这与资格认证所具有的公共产品性质有关。

当一种信息被人们所需要而又由于各种原因而不易获得时，它就成为一种经济物品。这时，信息的获得可以看成是收益的增加。问题是，这种经济物品一旦提供出来，多提供给一个人并不增加额外的成本；同时，某人拥有一种信息，也并不排斥他人与其分享。因此，在性质上它与公共产品十分相似。但这样一来，也就无法避免公共产品私人提供过少的通病。

在信息私人提供的情形中，可以发现如果生产出来的信息完全免费，竞争市场上就会出现投资不足，因为开发信息要付出代价；如果开发出来的信息完全收费，竞争市场中又会出现投资过度。每个企业各自为战的结果是造成社会资源的无谓浪费。因此，人们希望政府能在这方面有所作为。以资格认证为例，需要政府出面，经由可靠的程序，证明某种商品的质量标准或卫生标准，或者证明某家商场为“物价计量信得过单位”或“消费者满意单位”，或者证明某人具有某种专业才干等。

不可否认，私人也可能做得不错，但还有两点考虑使得由政府来做可能更好些：一是由政府来做可能成本更低（与规模经济有关）；二是政府可以杜绝或减少私人可能从事的一些不当行为。如在资格认证上，私人之间达成的资格认证方面的合作，有可能在私利的驱使下发生变形，如通过控制资格证书的发放来控制竞争者的进入，谋求垄断租金等。政府的介入能够使有关的信息更有效地传递。

3.2.2 分配职能

政府的分配职能旨在实现收入在全社会范围内的公平分配。尽管人们对公平作为政府经济目标的含义及其复杂性尚存在分歧，但在现实中，对于政府应该行使分配职能以促进社会公平这一点，却有着广泛的共识。人们普遍同意，对于社会所公认的处境悲惨或不利的群体应施以援助。这些群体包括收入在贫困线以下的人或家庭、残疾人、抚养儿童的单亲或残疾人家庭、贫病交加者、失业者、老年人等。很少有人会怀疑，这些群体福利状况的改进会使整个社会的收入分配状况更加公平。

在实现分配公平方面，可供政府选择的政策手段主要有以下三类。

（1）财政支出。首先是社会救助支出，主要是向那些处境不利的人们提供现金和实物救济，以保证人们能够获得起码的生活保障，维持起码的体面和尊严。其次是社会保险支出，主要包括对退休养老、医疗保健和失业等多种事件进行保险性兑付，强制所有人参加全社会范围内的保险计划，以克服私人保险在这些方面的不足，当事件发生时为全体社会成员提供补偿性支付。最后是通过一些公共支出项目间接影响收入分配格局。例如，假如政府投资于某一公共项目，该项目的从业者就可以获得更多的报酬；再如，政府加大教育支出，实行高水平的义务教育，将有助于提高低收入阶层的挣钱能力，从而可以在事前改变影响收入分配的因素，而不仅仅是等发现穷人收入太少了再进行事后的调节。

（2）税收。最重要的税收工具是累进个人所得税，旨在通过对高收入者课征较高税率的税来缩小收入差距。实施分配职能的税收工具还包括对奢侈品征税、对遗产和赠予征税等。

（3）政府管制。除税收和财政支出外，政府还可以对市场机制进行直接干预，典型的例子是规定企业必须向雇员支付最低工资。与此相似，还可以实施旨在使穷人受惠的其他价格管制政策，如对生活必需的消费品实行价格上限、实行房租管制等。与此性质不同的是非价格管制，如规定同工同酬、不得对特定的群体（如妇女）实行工资歧视等。

3.2.3　稳定职能

自由市场运作的结果，经常使一国经济处于周期性波动之中，使其增长呈现出繁荣与衰退相互更替的状态。严重的经济波动有时会给市场经济带来巨大的威胁，其中最为典型的表现是爆发于 20 世纪 30 年代初期，波及整个西方世界的经济大危机。

由于经济波动恰恰是市场经济有效运作的结果，因此，熨平经济波动是难以通过市场机制实现的。同时，由于经济波动的发生还是一个全国性的问题，因此无法通过私人的自发联合进行解决。政府作为拥有公共权力的全国性机构，具备调控宏观经济的唯一力量，能够对全国范围内的宏观经济活动进行调控，施加应有的影响。

宏观经济运行的不稳定，基本成因在于市场经济中的无数企业和家庭的市场交换行为所形成的总需求与总供给的失衡。为此，需要由政府采取相应的措施或手段，调整社会的供求水平，实现供求总量的平衡。而财政政策和货币政策是国家干预宏观经济最为常用的两种手段。

财政政策是指政府为实现宏观经济政策目标而对政府支出、税收和公债水平等做出的决策。**货币政策**是指政府根据既定的政策目标，通过中央银行对货币的供给进行管理，从而影响经济运行的决策。财政政策的运用，是财政履行调控经济职能的具体表现。财政政策的主要工具包括以下几种。

（1）改变政府购买的数量。经济萧条时，政府可以扩大对商品和劳务的购买，如增加国防支出、修建高等级公路、建立新的福利设施等，刺激经济增长，创造更多的就业机会。而在经济过热时，政府可以减少对商品和劳务的购买数量，如推迟某些军事科研项目、压缩或缓建一些公共工程项目，以减少总需求，缓和通货膨胀压力。

（2）改变政府转移支付的数量。在经济萧条时期，政府可以提高对退伍军人、失业人员和退休人员的各类补助，或者增加对农产品的补贴，以扩大财政支出，提高私人消费水平，从而扩大总需求。相反，在经济繁荣时期，政府可以压缩用于福利、补贴等方面的支出，或者延长补贴支付的时间，以减少总需求，降低通货膨胀率。

（3）调整税率。经济萧条时，政府可以减少税种或降低税率，刺激总需求。反之，经济过热时，暂时提高税率，或者临时增加一些特别税种。

本章小结

- 市场失灵是政府从事经济活动的起因。
- 市场出现失灵的原因可以归为三大类：市场势力、市场残缺和市场功能缺失。
- 市场势力主要包括垄断和自然垄断。垄断或自然垄断企业可能成为市场价格的控制者，导致资源配置的低效率。
- 市场不存在的情形经常出现在公共产品、外部性、信息不对称等场合。由于价格无法正确反映具有上述特征的产品的成本，因而无法形成有效的市场。
- 即便市场有效运行，也仍然无法产生合意的结果，这一情形称为市场功能缺失，主要表现为分配不公平、经济波动、优值品或劣值品等。
- 在市场经济中政府承担三大职能：配置职能、分配职能和稳定职能。
- 政府参与资源配置是对私人部门配置资源的补充，集中于矫正竞争的不完善和市场的不完善，旨在实现资源配置的效率。
- 政府借助税收、财政支出和政府管制等参与收入再分配活动，旨在实现全社会范围内的分配公平。
- 在宏观经济领域，政府通过运用各种财政、货币政策工具熨平经济波动，以实现国民经济的持续稳定增长。

基本概念

- 市场失灵
- 垄断
- 自然垄断
- 公共产品
- 外部性
- 信息不对称
- 市场功能缺失
- 充分就业
- 通货膨胀
- 通货紧缩
- 国际收支平衡
- 优值品
- 劣值品
- 可竞争市场
- 财政政策
- 货币政策

复习题

1. 什么是市场失灵？市场出现失灵的原因有哪些？
2. 什么是自然垄断？为什么自然垄断会出现市场失灵？
3. 试述财政的配置职能。
4. 试述财政的分配职能。
5. 试述财政的稳定职能。

练习题

1. 你认为下列哪个市场会产生效率结果？为什么？
（1）海滨住房的防潮险；
（2）医疗保险；
（3）股票市场；
（4）个人计算机。
2. 下列哪些现象属于市场失灵？
（1）电信服务价格居高不下；
（2）传染性疾病流行；
（3）私人企业没有能力从事国防科技研究；
（4）政府提供医疗保险，但医疗费用飞速上涨，无法控制。

第4章 财政决策与政府失灵

本章学习目标

- 掌握财政决策机制及其特点；
- 了解财政决策主体的行为；
- 理解政府失灵的原因及其矫正方法。

引例

“选票”变成“股票”

中国某地的一行政村发生了一件事，在离村委会换届选举还有一周时，电线杆、垃圾桶上到处都是醒目的买卖选民证“广告”，甚至有村民直接在自己大门上“明码标价”——谁拿选民证，必须交600元。有村民说：“我们这里的选民证跟股票一样，一天几个价。”

将“选票”比喻成“股票”的确很值得玩味：卖选票的人无疑是“看空派”，而买选票的人肯定是“看多派”——在卖选票者看来，将自己手中的选票投给谁与自身利益无关紧要，还不如兑换成眼前的现金，落袋为安划算。

有人说，村民买卖选民证，原因在于村民的民主意识淡薄。但其实根本原因在于村民们认为，无论选民把选票投给谁，无论谁最终当选，选民都很难得到好处。既然把选票投给谁，关系到的只是谁能捡到大便宜，那何不让候选人之间展开“拉票竞争”，谁出的价高就卖给谁呢?

所谓民主，从来都不是一次性买卖，而应该是持续的、无处不在的权利表达和权力监督。可是我们的基层民主，仅仅体现在选举时，一旦竞选成功，选民就被放逐到一边，连村民代表会议都得由村委会来召集，否则就不能召开——不是“村民自治”而是“村官自治”。这就导致很多候选人在选举时信誓旦旦，而一旦上了台就全然变了样。小小一个村官，就能出到600元一票的价格，可想而知其中的油水有多大。

“后选举时期”的权力制约问题得不到解决，选举承诺的实现度缺乏评价机制和约束机制，选举时候的所谓民主就不值钱，而不值钱的民主必然变质。这恐怕才是“买卖选民证”问题的实质所在。

资料来源：改编自南方网2007-07-17文章，作者整理。

市场机制在诸多方面存在缺陷，以致无法实现资源的有效配置、收入的公平分配和经济的稳定运行，为此需要政府的介入，承担经济职责。这种关于市场失灵及其补救措施的分析思路，容易使人们对政府产生乐观的看法——政府一边课税，一边支出，其目的是矫正市场机制的各种缺陷和不足，使经济能够有效、稳定地运行，并且使收入分配的结果符合社会公众的愿望或伦理方面的要求。

然而，上述观点一般来说是不切实际的。在现实生活中，政府部门的低效运作现象可谓屡见不鲜。有人甚至批评说“把钱和权都交给政府，就如同把威士忌酒和车钥匙都交给小孩子一样”（Rosen，2002）。出于对现实的反思，有的经济学家认为，尽管市场机制有时不能尽如人意，但这并不说明政府就会做得更好。为了对这种观点做出判断，我们有必要对财政决策机制进行考察，而这是公共选择理论研究的主要对象。

本章根据公共选择理论，首先揭示财政决策的形成机制，接着分析财政决策主体的行为，最后介绍政府失灵及其矫正方法。

4.1　财政决策机制

4.1.1　公共选择与政治均衡

对私人部门来说，借助市场价格配置资源的机制是简单而有效的，它既决定着私人产品的产量，也决定着产品如何在消费者之间分配。在市场上价格能够低成本地发挥信息传递的功能：它将消费者对于各种商品的评价传递给生产者，又将产品的生产成本及其稀缺程度的信息从生产者传递到消费者，或者从一个生产者传递到其他的生产者。同时，价格与市场供求关系之间相互影响、相互作用，调整着各种商品的均衡状况。在充分竞争的经济中，市场价格机制的最终结果是有效率的。它既能够保证企业生产的产品是有价值的，也能够满足消费者的偏好。

与市场机制相比，公共部门配置资源的机制存在很大区别。从供给方面看，私人产品的供给决策由企业做出，而公共产品的供给决策则由政治家及其任命的官员做出。从需求方面看，私人产品的需求决策可以看作是消费者以货币为选票进行分散选择的过程；而在民主政治制度中，公共产品的需求决策则可以理解为投票者（纳税人）以政治选票进行**公共选择**（public choice）的过程，即投票者（纳税人）依据一定的规则，共同确定集体行动方案的过程。

经济学家认为，尽管人类社会有经济市场和政治市场之分（其中，经济市场配置私人产品，政治市场配置公共产品），但是，无论是经济市场的参与者，还是政治市场的参与者，他们的行为动机是一样的，他们追逐的都是自身利益的最大化，没有理由认为同一个人会根据两种完全不同的行为动机进行决策。[①]经济市场上存在供求双方

[①] 在传统的政治经济理论中，个人在经济市场上被视为受利己心支配、追逐自身利益最大化的行为者，而在政治市场中，个人的动机和目标却是利他的、超个人利益的。这一情形直到 20 世纪 60 年代初公共选择理论兴起之后才逐步得以纠正。

力量的相互作用，政治市场上也同样存在双方力量的相互作用。

先来看作为公共产品需求方的投票者（纳税人）和特殊利益集团。投票者总是按规定的投票规则和程序，从备选方案中选择能给自己带来最大满足且税收负担最小的方案。投票者参与公共产品的决策既理性又无知，理性是指他会对收益超过成本的方案投赞成票，否则就投反对票或弃权票；无知是指他对那些备选方案往往缺乏必要的信息，也缺乏收集信息的动力，因而主要依靠政治家和媒体免费提供的信息进行选择。

少数有共同经济利益的投票者会联合起来从而形成**特殊利益集团**，不仅因为联合起来耗费较低，而且因为联合起来能左右公共决策，使有利于自己的方案获得通过。特殊利益集团可能会与政治家、官员形成“**铁三角**”（iron triangle）：政治家批准某一方案，官员实施某一方案，特殊利益集团则从中获益。

再来看作为公共产品供给方的政治家和官员。政治家特指那些通过选举任职、处于政治权力顶峰地位的人，如总统、议长等。有的政治家追求某种政治信念，他们所提供的公共产品往往也是社会公众希望得到的，不过这类人为数甚少；有的政治家追求权势与声誉，如果当选，也会尽力反映多数社会公众的偏好；还有的政治家追求金钱，他们所提供的公共产品通常只反映极少数社会公众的偏好。

官员由当选政治家任命，他们具体负责公共产品的生产与供给。官员所追求的目标是薪水、津贴、声誉、任免权和晋升机会等，这些又与政府规模联系在一起，因此，官员具有扩张政府规模、追求预算支出最大化的动机。由于信息不对称等原因，政治家或高级长官往往难以监督其下属官员的所作所为。

经济学家认为，在一定的规则下，如果全体成员就公共产品的供给量及相应税收的分摊达成协议，就意味着达成**政治均衡**。

4.1.2　财政决策机制及其特点

与个人决定如何花钱不同，一个集体在决定如何花钱时，需要了解和把握两个方面的问题：第一，集体中的每个成员对公共产品有什么样的评价？第二，当不同成员对公共产品表露出不同的观点时，如何在这些观点之间进行权衡，以形成最后的决定？前者一般称为偏好显示问题，后者称为偏好加总问题。

1. 偏好显示问题

人们表达对私人产品的偏好办法很简单，只需要决定买还是不买就可以了。而表达对公共产品的偏好就没有这么有效的办法了。在现实生活中，人们通过投票方式来表达自己对公共产品的偏好，但这一偏好显示机制所反映的信息是相当有限的。在间接民主的场合，人们通过投票选举议员或代表，并由议会或其任命的官员代表公众进行公共产品的供给决策。此时，人们的投票行为只能很有限地表达自己对于特定公共产品的态度，最多只能表明自己所倾向的政府支出水平是高还是低。在直接民主的场合，人们可以直接对是否同意某一特定的公共项目进行投票。假如一个人认为自己从该项目中所能获得的收益大于自己将会承担的成本，他就会投赞成票。如果多数人投赞成票，则意味着至少一半的人这样认为。但由于效用在各个人之间不具有可比性，因此，某一项目即使能够赢得多数人的赞同，也不见得该项目的收益总和必然会超过其成本总和。

糟糕的是，问题还不止于此。即便人们有机会充分表达自身的偏好，也未必会将其偏好真实地表达出来，这可能有多方面的原因。

首先，选民总数和候选人数越多，单个选民是否投票对最终结果的影响就越不重要，哪个政治家当选对个人来说也变得越不重要。与此同时，选民充分了解选举信息的成本却会相应提高。这无疑会影响人们参加选举的积极性，以致不愿显示自己的偏好。

其次，假如人们所要承担的公共产品成本取决于自己所显示的对公共产品的评价，就很可能隐瞒或者从低申报自己的偏好。

再次，假如采取策略性的投票方式能够取得更有利于自己的选举结果，人们就有理由隐瞒自己的真实偏好。

最后，在个人或集团偏好的强度存在差别的情况下，政治过程的结果所反映的可能不是大多数社会成员的利益，而更多地反映特殊利益集团的利益。如数量有限的电信运营商可能会组成特殊利益集团，努力说服议会维持电信服务的高价格，而人数众多的消费者却很难做到这一点，从而议会的最终决策很可能有利于少数的电信运营商而不利于多数的消费者。

2. 偏好加总问题

财政决策需要顾及社会公众的个人偏好，但每个人的偏好和愿望可能不尽相同。如有人希望有更多的福利开支，有人希望有更多的军事开支，有人则希望有更多的教育开支。这意味着，即使每个人都正确诚实地显示了自身的偏好，仍然需要一套能够反映个人偏好信息的机制，这就涉及了偏好的加总问题。

个人偏好的加总通常有三种方法：一是习俗，即根据某种共同认可且沿袭多年的传统办法做出决策；二是独裁，即由一个人或少数几个人做出决策，强迫社会公众服从；而在现代民主社会中，个人偏好的加总主要是通过投票来完成的。为此，人们提出了许多投票规则，如一致同意规则、简单多数票规则等。下面首先讨论一致同意规则，之后将分析的重点转向简单多数票规则。

4.1.3　一致同意规则：林达尔均衡

假如公共产品能够以有效的数量提供，那么每个人的境况都会变好；然而，人们普遍具有的“免费搭车”的天性，将导致公共产品供给数量的不足。分析表明，假如用投票来决定是否提供有效数量的公共产品，那么，只要有一个恰当的税制为其筹资，全体选民就会达成一致意见。林达尔（E. Lindahl）率先揭示了这一能够达成一致意见的政府机制（罗森，2003）。

假定张三和李四是某一公共产品的受益者，他们将共同分担该产品的成本。在确定该产品的供给水平和相应的纳税份额时，政府的作用可以理解为一个拍卖过程——它先为张三和李四确定不同的纳税份额，并由张三和李四申报在这一份额结构下各自对公共产品的偏好水平。如果两人偏好的公共产品数量不一致，政府就需要重新设置纳税份额，增加需求水平高者的份额以降低其需求，同时降低需求水平低者的份额，以增加其需求。这一过程一直持续到双方在各自不同的纳税份额下，偏好相同数量的公共产品数量。此时，双方就公共产品的供给水平和相应的纳税份额达成一致意见，这一状态被称为**林达尔均衡**。

林达尔均衡的达成可以用图 4-1 来说明。假设横轴衡量公共产品的数量，纵轴由下往上衡量张三为公共产品支付的税收份额 h，由上往下衡量李四为公共产品支付的税收份额（$1-h$），$D_{张三}$和$D_{李四}$分别为张三和李四在各自不同的税收份额下对公共产品的需求曲线。

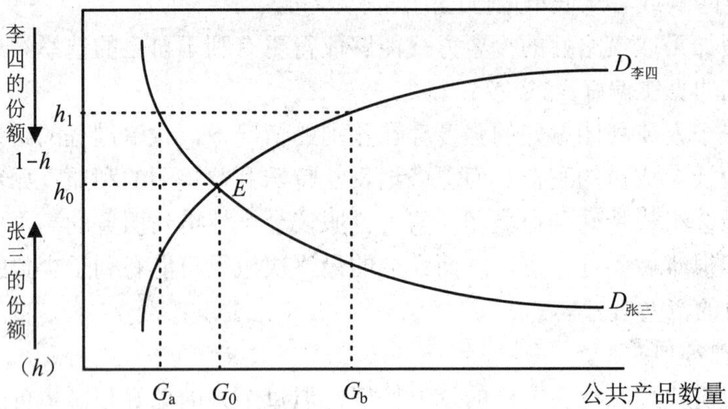

图 4-1　林达尔均衡

假如政府最初为张三和李四确定的税收份额分别为 h_1 和（$1-h_1$），在这种份额结构下，张三对公共产品的需求量为 G_a，李四对公共产品的需求量为 G_b，二者并不一致。在此情况下，政府将调整双方的税收份额，调低张三的份额以提高其需求，相应调高李四的份额以降低其需求，直到双方对公共产品的需求数量恰好相等为止，即图 4-1 中的 E 点所对应的最优公共产品数量 G_0 和相应的税收份额结构（$h_0, 1-h_0$），E 点就是林达尔均衡点。

林达尔模型表明，存在着每个人都同意的纳税份额和公共产品的供给数量。不难看出，公共产品数量的这种决定方式与市场过程非常相似，可以证明，和市场决定的结果一样，公共产品的这种配置方式具有帕累托效率。[①]

作为有效提供公共产品的一种方法，林达尔均衡的达成存在以下两个问题。

第一，它假定每个社会成员都真实披露自己关于公共产品的偏好信息，而不存在隐瞒信息以逃脱相应税收的动机，但这一条件很难具备。

第二，在涉及人数众多的情况下，要找到一个让大家都满意的纳税份额，可能要花费相当长的时间。因此，尽管一致同意规则保证了大家达成协议的自愿性，但由于决策成本过高的原因，经常会造成无法做出决策的局面。

---

① 从直观上说，假定公共产品的价格为 P，则 $MB_{张三}=hP$，$MB_{李四}=(1-h)P$，故 $MB_{张三}+MB_{李四}=P$。而 P 代表 MSC，因此 $MB_{张三}+MB_{李四}=\text{MSB}=\text{MSC}$，而这正是有效提供公共产品的必要条件。

4.1.4 简单多数票规则

鉴于一致同意规则在实施上的困难，大多数的投票制度采取多数票规则。多数票规则有多种形式，如有时需要 3/4 多数，有时需要 2/3 多数，有时需要 1/2 多数，有时也可以是小于 1/2 的多数[①]等。其中，最基本、最常用的多数票规则是所谓的**简单多数票规则**，即如果一项提案能够获得半数以上的赞成票，那么该提案就获得通过。而如果有多个提案，那么简单多数票规则要求对这些提案两两进行比较，并按照传统性公理得出最后的结论，也即假如 x 被认为优于 y，且 y 被认为优于 z，那就可以认为 x 优于 z。

假设有三个投票人张三、李四和王五，他们需要在三个提案 x、y、z 之间选择，用 1、2、3 分别表示三个人对三个提案的偏好程度由最强到最弱，三个人各自的偏好次序如表 4-1 所示。根据简单多数票规则，对三个提案两两进行投票。

表 4-1　达成均衡的情形

投票人 / 提案	张　三	李　四	王　五
x	1	3	2
y	2	2	3
z	3	1	1

假定投票在提案 x 和 y 之间进行，由于张三和王五投 x 的票，而李四投 y 的票，因此提案 x 以 2∶1 的票数获胜。同样，如果投票在提案 y 和 z 之间进行，那么 z 会以 2∶1 的票数获胜；如果在 x 和 z 之间进行，那么 z 同样以 2∶1 的票数获胜。因此，根据简单多数票规则，提案 z 获胜中选。值得注意的是，z 的中选与投票顺序无关。

然而，多数票决策规则并非总是能够达成如此明确的结果。我们来看一下表 4-2 所示的情况，和表 4-1 相比较，张三和王五对三个提案的偏好顺序保持不变，但李四的偏好有所调整。那么，在这种情形下，结果会有什么不同呢？

表 4-2　出现投票循环的情形

投票人 / 提案	张　三	李　四	王　五
x	1	3	2
y	2	1	3
z	3	2	1

仿照表 4-1 的分析，在提案 x 和 y 的选择中，x 获胜；在提案 y 和 z 的选择中，y 获胜；而在提案 z 和 x 的选择中，z 获胜。这是一个让人尴尬的投票结果。第一种选择表明，提案 x 优于 y；第二种选择表明，提案 y 优于 z。这样，根据传递性公理，提案

① 又称相对多数原则（plurality rule），即只要某人或某提案获得的票数比别人或其他提案多就可获胜。

x 必然优于 z。但是，第三种选择却恰恰出现了与之相反的结果。可见，在这一情形中，没有一种提案能够赢得超过其他所有提案的多数票，这意味着简单多数票规则将无法得出明确的结果，即投票均衡不存在，这一现象称为**投票悖论**（paradox of voting）。

出现投票悖论的可能性有多大呢？不少人曾经对此进行过计算，其中有一种结果表明，当投票人数分别为3、7、19和无穷多时，如果有3个备选提案，那么出现投票悖论的概率分别为5.6%、7.5%、8.4%和8.8%；如果有4个备选提案，那么出现投票悖论的概率将分别增加为11.1%、15.0%、16.6%和17.5%；如果有5个备选提案，出现投票悖论的概率将进一步增加为16.0%、21.5%、24.9%和25.1%；而在有15个备选提案、投票人数为无穷多的情况下，出现投票悖论的概率将是让人吃惊的60.9%（德尔和韦尔瑟芬，1993）。可见，随着备选提案和投票人数的增加，出现投票悖论的概率会越来越高。

投票悖论的主要问题在于投票的最终结果与投票顺序有关。如果投票顺序是先在提案 x 和 y 之间选择，然后再将其中的胜者与 z 比较，那么 z 将中选；如果投票顺序是先在提案 y 和 z 之间选择，再与 x 比较，那么 x 将中选；而如果投票顺序是先在提案 x 和 z 之间选择，再与 y 比较，则 y 将中选。可见，投票的最终结果将受到投票顺序的直接影响。这样，假如人们事先就知道这种影响，他们就会在投票之前选择对自己有利的投票顺序。这恐怕是在许多场合人们为表决程序争执不下的原因之一。

4.1.5 出现投票悖论的原因

以上分析表明，多数票规则可能顺利达成投票均衡，但也有可能出现投票悖论。那么，发生投票悖论的原因是什么呢？

研究表明，投票悖论的产生和投票人的偏好结构有关。为说明这一问题，我们先来定义个人偏好中的“峰”的概念。所谓**峰**，指的是投票人效用曲线上的一个点，该点所有相邻点的效用都低于它。假如投票人从自己最偏好的结果向任何方向偏离之后，他的效用总会下降，则称其具有**单峰偏好**。如图4-2所示，张三和王五都具有单峰偏好，前者在 x 点，后者在 y 点。如果投票人偏离自己最偏好的结果之后，效用先降后升，则称其具有**双峰（或多峰）偏好**。如李四就具有双峰偏好（图4-2中的实线部分），一个在 x 点，一个在 z 点。可以看出，作为表4-2的再现，图4-2反映了投票悖论的产生。

假如让表4-1重现于图4-2中，那么结果又会怎样呢？和表4-2相比，表4-1的唯一不同在于李四对备选提案的偏好顺序上，如图4-2中的虚线所示，此时李四只具有单峰偏好。在此情形下，简单多数票规则下的投票将产生均衡的结果。

由此可见，投票悖论是因投票者的多峰偏好所致，如果个人的偏好呈现单峰形态，投票悖论就不会发生，投票均衡存在。或者更确切地说，多峰偏好是投票悖论现象发生的必要条件。[①]

---

① 多峰偏好是投票悖论产生的必要条件，但不是充分条件。也就是说，如果出现投票悖论，那么必然有投票人具有多峰偏好，反之则未必。参见本章课后习题1。

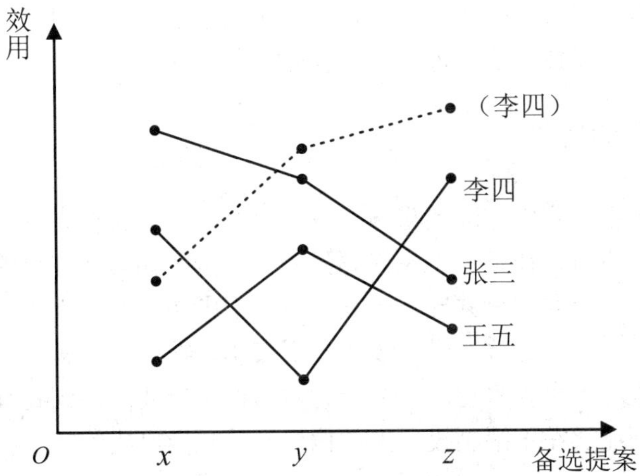

图 4-2 投票悖论的成因

注：本图根据表 4-1 和表 4-2 绘制。

4.1.6 中间投票人定理

如果投票人的偏好是单峰的，简单多数票规则就不仅可以避免循环，从而使过半数规则的选举具有稳定性，而且还能确认一种其偏好总是占优势的特定类型的投票者——中间投票人。所谓**中间投票人**，指的是在所有选民中偏好居中的那位投票人，即一半投票人对某公共产品的偏好比他强，另一半则比他弱。

为说明这一定理，我们来看一个简单的例子。如图 4-3 所示，假定有三位选民 S、M、L，他们正在商定政府预算支出的规模。每个人对预算规模都有一个单峰偏好，选民 S 偏好小规模预算 G_S，选民 M 偏好中等规模预算 G_M，选民 L 偏好大规模预算 G_L。由于涉及两个以上的问题，因此必须成对进行表决。如果在小规模预算 G_S 和中等规模预算 G_M 之间选择，那么投票人 M 和 L 会支持中等规模预算 G_M，因为他们从 G_M 中得到的效用要高于 G_S。同样，如果在大规模预算 G_L 和中等规模预算 G_M 之间选择时，投票人 M 和 L 也会支持中等规模预算 G_M。可见，在两种情形下，中等规模预算 G_M 都会因获得多数赞成票而获胜，而该方案恰好反映了中间投票人 M 的最佳偏好。

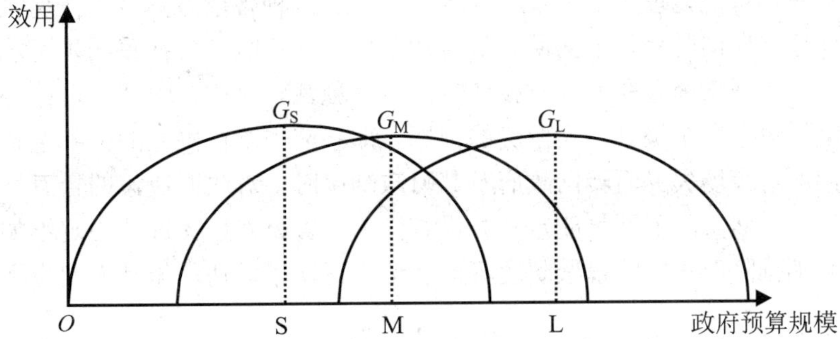

图 4-3 中间投票人定理

上述结果具有一般意义。也就是说，在简单多数票规则下对不同的财政支出水平进行表决时，均衡结果必然是中间投票人最赞成的支出水平。

4.1.7 阿罗不可能定理

在以上的分析中，我们实际上只涉及具有单一维度的备选方案的选择问题。但在现实中，人们在投票时往往不仅考虑问题的一个维度，如公共支出的规模问题，而且考虑问题的更多维度，如在公共支出中有多少用于国防，有多少用于基础设施建设，又有多少用于教育卫生事业等。进一步的分析表明，在多维问题中，简单多数票规则的缺陷比在单一维度下更为严重。有鉴于此，人们不禁要问：到底有没有一种公共决策机制，这种机制能够在不限制投票人的偏好及独立做出决策的情况下，达成投票均衡，而不出现投票悖论呢？

阿罗（K. J. Arrow）为此提出了一个一般性命题，即著名的**阿罗不可能定理**（罗森，2003）。该定理表明，在相当弱的条件下，达成投票均衡的公共决策机制是不存在的。这些条件包括以下几方面。

（1）个人理性条件。对于可供选择的任何两个备选方案 x 和 y，每个成员或者认为 x 优于 y，或者认为 y 优于 x，或者认为 x 和 y 无差异，除此之外，别无他选。此外，在有三个方案 x、y、z 可供选择的情况下，如果某个成员认为 x 优于 y，y 优于 z，他一定认为 x 优于 z。

（2）无限制领域条件。个人选择的自由不受限制，允许集体成员持有任何可能的偏好顺序。

（3）帕累托条件。如果每个成员都认为 x 方案优于 y 方案，那么公共选择的结果也是 x 优于 y。

（4）无关备选方案的独立性。如果在两个备选方案之间选择，那么公共选择的结果仅仅依赖于集体成员对这两个方案的偏好顺序，而不受第三种方案的影响。例如，针对国防支出和教育支出这两个备选方案进行的公共决策，不会由于国防开支或教育开支中的某一项和医疗研究有关，而受到医疗支出方案的影响。

（5）非独裁性。投票结果应该由多人决定，而不是一个人。

以上五个条件被认为是应当被民主社会所普遍接受的基本条件，因此被称为合理的条件。阿罗不可能定理实际上表明，当至少存在三种备选方案时，任何集体决策过程都无法保证能够同时满足上面所有的合理条件。这意味着，在每一种可能的个人偏好结构中都能保证均衡存在的唯一投票方法就是独裁。这样，阿罗不可能定理就从纯理论的角度提出了一个极具现实意义的问题，即不应当高估民主的公共选择过程的效率。当人们面对市场失灵而转向政府及其财政制度时，对政府决策的合意性应当保持清醒的认识。诚然，阿罗不可能定理并没有简单断言公共选择过程必定不如人意，阿罗本人也并不排除现实中的投票制度可能会运作得比较成功，但是人们也不能过分指望这一点。

4.2　财政决策主体的行为

4.2.1　选民的行为

将政府视为由代理人（即政治家）、官员和选民组成的一种公共机构，同时用经济学方法透视政府的开创性研究始于唐斯（Downs，1957）。唐斯遵从经济学对个人行为动机的理性假定，率先提出**理性选民假说**。他认为，尽管在政治生活中将个人称为选民，但在投票中他同样追求自身利益的最大化，只会投票给那些能给他带来最大利益的政治家。但由于存在不确定性，他只能斟酌其投票对最终结果可能产生的影响的大小，追求预期效用的最大化。

假设选民的投票结果只有两种状态：一是得到他所偏好的结果（记为x）；二是没有得到他所偏好的结果（记为$\bar{x}$）。用$U(x)$表示x带给选民的效用，p表示选民投票行为对投票结果产生决定性影响的概率大小。设选民从$\bar{x}$的结果中得到的效用为零，选民为投票所付出的成本为C。用EU表示选民投票行为的预期效用，则

$$EU = pU(x) - C \tag{4-1}$$

选民只有在$EU>0$，即$pU(x)>C$的情况下才会决定参加投票。由式（4-1）可知，选民总数及候选人数越多，选民投票对最终结果的影响越不重要，哪个政治家当选对个人来说变得越不重要，而选民充分了解有关信息的成本则会变得越高。这将意味着p和$U(x)$的值都很低，而C的值却很高的情形的出现。此时，理性的选民将会放弃投票。

理性选民假说有助于解释各地在选举过程中普遍存在的“选民冷漠”现象，即实际参与投票的选民人数不多的情形。不过，有人则认为，这一假说不能很好地解释现实中人们的投票行为。在现实中，有时人们明知道自己的投票无足轻重，却还是要参加投票；有时即便对所有候选人都不满意，却也乐于参加投票。事实上，这些看似不合乎理性的行为也可以得到合理的解释。主要有以下几方面。

第一，投票行为本身就能够给选民带来某种心理上的满足或收益。这可能是由于一些人偏爱投票活动，因此更愿意把投票行为看作是一种消费活动。他们不会特别在乎自己的投票行为对投票结果有没有影响力，也不会在乎所投入的资源是否能够获得理想的回报。另一种可能是，一些人虽然并不偏爱投票，但他所接受的教育使他感到如果不去投票会产生某种负罪感，因此投票也会给他带来心理收益。这样，如果把心理收益（假设为D）考虑在内，那么个人投票的预期效用应改为

$$EU_1 = pU(x) - C + D \tag{4-2}$$

这样，只要$pU(x)+D>0$，选民就会参与投票。

第二，选民还可能遵循不确定性条件下的另一条决策原则——**最小最大遗憾策略**（min-max regret strategy），也即将不同策略下的不同结果所可能带来的最大遗憾进行比较，取其中最小者作为最优策略。假定$D=0$，选民的“遗憾矩阵”如图 4-4 所示。

假如个人投票对结果没有影响，就会有遗憾，其大小为所付出的投票成本 C；假如个人投票对结果有影响，就没有任何遗憾。如果个人不投票而且对结果没有影响，那就没有遗憾；如果个人不投票但却可以对结果有决定性的影响，那么遗憾为 $U(x)-C$（假定此式大于零）。显然，只要 $C<U(x)-C$，即 $C<\frac{U(x)}{2}$，个人投票就是理性的。与原来条件 $C<pU(x)$ 相比，由于 p 远小于 1/2，因此在最小最大策略下，选民参与投票的可能性要比原来的假说大得多。

	没有影响	有影响
投票	C	0
不投票	0	$U(x)-C$

图 4-4　选民的遗憾矩阵图

第三，在有些场合，选民可能是利他主义者。他除了关心自己的效用水平外，也在一定程度上关心他人福利水平的提高。这样，综合考虑总体效用水平，即便选民知道他的投票行为改变结果的可能性和从前一样小，他也有可能去投票。

4.2.2　利益集团的行为

个别选民和企业通过加入或形成利益集团，可以更有力地表达自己对公共决策的愿望，对公共决策的形成和实施过程施加影响。社会上的利益是多元的，不同集团之间的利益可能彼此冲突。如果所有利益集团都能有效地影响公共决策，那么各利益集团之间倒也能够维持一种利益的均衡。但事实上，公共选择过程的困境，以及不同利益集团之间存在着力量上的差异和行为上的差异，因此立法机关或政府机构的公共决策过程往往受到某个或某些强有力的利益集团的影响，以至于立法机关或政府机构常常帮助创设、提高或保护某个特殊利益集团的垄断地位。此时，政府使既得利益集团的垄断租金增加，却损害了该集团所提供的产品的购买者的利益。

从一般意义上说，租金可以理解为支付给生产要素所有者的超过使用该要素机会成本的报酬，其实质是超额利润。图洛克（Tullock，1967）把对垄断租金的追逐行为称为**寻租**（rent-seeking）。一般来说，只要生产要素所有者希望多得而不是少得，他就会去寻求租金。在这个意义上，寻租和寻利实际上是同义语。二者的区别在于，**寻利**指的是在正常的市场秩序下，人们利用自己的资本、能力和机会，为利益最大化而努力。寻利的结果能够带来社会福利的改善。而寻租则是在某种受政府保护的制度环境中，个人寻求财富的转移，其结果是资源的浪费。

常见的寻租活动有三类：一是通过政府管制的寻租，即劝说政府对某种产品发放特别生产或特别销售许可权；二是通过关税和进出口配额寻租；三是政府采购中的寻租。

如图 4-5 所示，假设垄断产品的需求曲线为 D。如果垄断者索要垄断价格 P_m 而非竞争价格 P_c，就会创造出以长方形 R 表示的垄断租金。与完全竞争的情形相比，整个社会在垄断价格下将失去消费者剩余福利三角形 L。在对垄断行为的传统讨论中，一般把 L 视为因垄断而产生的效率损失，而把 R 视为由垄断产品的消费者转移到生产者的一种纯粹收入再分配。

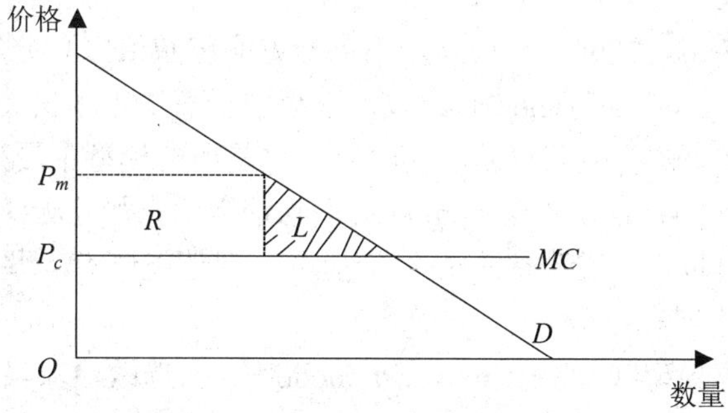

图 4-5 寻租条件下垄断的社会成本

现假定企业的垄断地位是由于政府保护的结果。例如，政府授予一家航空公司经营两个或多个城市之间的航线的垄断权。如果该国有多家航空公司可以提供航运服务，那么 R 就是奖励给成功说服政府给予其航线垄断经营权的航空公司的一笔奖金。在争得航线垄断经营权的过程中，各家航空公司可能会雇用院外活动分子去贿赂有权授予这些航线垄断权的政府官员，而级别较低的政府官员们则为了能被安置到有机会收受贿赂的位子而投入时间和精力。最后，政府从创设这种垄断权中得到的额外税收，可能导致其他利益集团之间为获得补贴或减税而展开竞争。

这样，对社会来说，可能浪费的寻租支出可以划分为三类：一是这种垄断权的潜在获得者的努力和支出，如航空业的院外活动；二是政府官员为获得潜在垄断者的支出或对这种支出做出反应的努力，如官员们为被安置到能收受贿赂的位子上进行竞争而耗费掉的时间和金钱；三是垄断本身或政府所引发的资源配置的扭曲，包括社会福利损失 L，以及其他利益集团为获取所产生的额外税收而进行的支出。可见，寻租活动造成了社会经济资源的浪费，使本来可以用于生产性活动的资源浪费在对社会无益的非生产性活动中。它导致了资源的扭曲配置，阻止了更有效的生产方式的实施。此外，它还导致官员行为的扭曲，使官员为了获得特殊利益而争夺权力。

需要注意的是，贿赂本身并不构成一种社会浪费。如果某个航空公司完全是通过提供贿赂而获得垄断地位，这一贿赂可以无成本地转到授予该公司垄断权的政府官员手中，那么贿赂不过是从乘客经由航空公司直至政府官员的一种收入转移支付而已，其本身不会造成社会资源的浪费。伴随贿赂的社会浪费在于：行贿的交易成本、院外活动分子的酬金，以及官员们进行的额外努力。

4.2.3 政治家和政党的行为

投票理论反映的是投票人的偏好如何通过投票规则形成公共决策的过程。但在多数情况下，公共决策由当选代表制定并形成。就当选代表本人在立法机关及其委员会中形成决策的方式来说，一部分与投票模型中所讨论的问题相同，另一部分则与立法机关对官员机构的控制有关。以下转向后一个问题。

遵循理性经济人假定，唐斯（Downs，1957）提出了**理性政治人假说**，即政治家也是追求自身利益的行为主体，其最大的利益就是当权执政，因此，使自身获得最大的政治势力或政治收益构成政治家的目标函数。

史蒂文斯（Stevens，1993）在公共产品供给方面将政治家划分为以下四种类型。

（1）**仙女模型**（good fairy model）。政治家集中于解决市场失灵问题，为社会成员提供公共服务，其结果是社会获得帕累托改善。这是所有模型中最为乐观的一种。

（2）**半仙女模型**（semigood fairy model）。当选政治家尽管无法做到不使任何人的境况变差，但还是可以保证受益者在补偿受损者之后还能够有一些剩余，从而实现潜在的帕累托改善。

（3）**不确定世界模型**（uncertain world model）。当选政治家虽然一心谋求帕累托效率，但由于现实世界充斥着不确定性和不完全信息，从而造成好心办坏事的结果，使社会福利降低。

（4）**女巫模型**（wicked witch model）。当选者一心以保住权力或获得更大权力为目标，即使经济效率碰巧得到提高，那也只是其追求权力过程中的副产品。通常自利的立法者会引起效率的下降，因为他们会以经济效率为代价，提出再分配方案以获得政治支持。这些当选者并不一定就是坏人，但政治制度与政治过程中的激励机制并不鼓励他们提高效率。

在现实的政治经济生活中，政治家大致能够对应上述四种类型中的一种。

4.2.4 官员的行为

一般来说，政治家们对官员体系的控制能力随官员数目的增加而下降。这意味着，官员们绝不单纯是公共产品决策的执行者，他们实际上也有一定的决策权，并且能够利用条件使公共决策符合自己的目标。这就把我们引向了对官员的目标及其行为特征的关注。

唐斯（Downs，1967）认为，官员的基本目标主要有两个方面：一是作为职业主义者，希望获得权力、收入、地位、安全感等；二是作为父爱主义者，希望能够忠诚地服务于公共事业。

尼斯卡宁（Niskanen）是对官员行为建立模型的第一位经济学家。他认为，官员们并不以公共产品的产出最大化为目标，而是以最大化预算为目标。他把预算看作是官员们效用的近似。即使有少数几个官员准备接受低预算，但在一个以预算最大化为目标的环境中也不能生存。“有几个变量可能进入官员的效用函数，它们是薪水、公务津贴、公共声望、权力、庇护、机构的产出、变革的便利性及管理机构的便利。我认为，除最后两个变量之外，所有变量都是机构总预算的正单调函数”（Niskanen，1971）。

在官员预算最大化假说的基础上，尼斯卡宁建立了一个政治家和官员之间相互作用的双边垄断模型。之所以构成双边垄断格局，是因为公共产品的需求决策是由立法机关做出的，政府部门需要依赖立法机关提供预算资金，才能进行所期望的公共产品的生产。因此，立法机关是公共产品唯一的直接需求者，政府部门则是公共产品的唯一供给者，政治家与官员之间的权力关系可以看作双边的垄断。

如图 4-6 所示，假设预算规模为 B 是公共产品产量为 G 的函数，即 $B=B(G)$，公共产品的生产成本 $C=C(G)$。假设政治家以公共产品的最优产出水平为目标，官员们则以预算最大化为目标。从政治家的角度看，公共产品的产出水平在边际收益等于边际成本时达到最优，即图中由 $B'(G)=C'(G)$ 所决定的产量水平 $G*$。而从官员的角度看，他将尽可能地获取社会净收益，直至它等于零为止，也即达到由 $B(G)=C(G)$ 所决定的公共产品水平 G_b。此外，在公共产品产量为 $G*$ 时，政治家可得的净剩余为三角形 abe 的面积；而在公共产量为 G_b 时，由于官员追求预算最大化的目标，导致政治家的剩余消失。

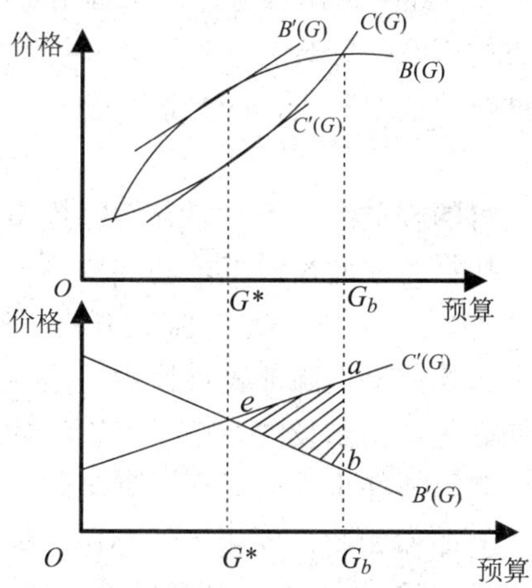

图 4-6 官员预算最大化模型

由于政治家与官员之间的权力关系可以视为双边垄断，因此公共产品的具体产出水平将由双方谈判决定，谈判结果则有赖于双方权力的平衡以及在谈判过程中所采取的策略，并且位于政治家最优 $G*$ 和官员最优 G_b 之间。但由于政治家们并不清楚真正的成本函数，而只知道成本函数上的一点（该点为历史上的产出水平上所花费的成本），因此，信息缺乏的政治家们在谈判中往往处于劣势。在官员们提出的“要么全要（即 $G=0$），要么全不要（即 $G=G_b$）”的公共产品供给方案面前，他们几乎是被迫批准官员最优的。另一种可能是，官员不向政治家们提供公共产品生产成本函数的真实信息，而是通过操纵信息的方式使政治家们相信在达到政治家最优（即 $G*$），实际上却达到了官员的最优（即 G_b）。基于上述理解，最终的公共产品产出水平将与官员最优相一致，而此时公共产品生产是低效率的。

总体来说，尼斯卡宁的官员预算最大化模型是值得质疑的，但由于该模型提供了一个考察官员行为的富有启迪性的思路，并且该解释又与许多人所观察到的财政支出规模过大的现实相符，因此它在公共选择学说的殿堂上赢得了永久的一席之地。无论该模型是对是错，它所揭示的立法者与执行者之间的矛盾问题，始终是一个颇具生命力的贡献。

4.3 政府失灵

4.3.1 政府失灵的原因

通过以上对政治过程的经济学分析，我们剖析了财政决策的形成与实施机制。从中不难发现，传统的政治经济理论对市场失灵的认识和对完美政府的预期是失之片面的，政府机制本身同样存在低效率现象，也即存在**政府失灵**（government failure）问题。尽管人们常常寄希望于政府机制这只“看得见的手”，然而，一个缺乏必要规范与制约的政府机制不仅难以使市场经济运作得更好，反而经常使事情变得更糟。

首先，从财政决策形成过程看，社会公众对于公共产品的偏好需要通过投票机制表达为公共决策；或者通过投票选出代表，间接进行公共决策。这将导致以下几个方面的问题。

（1）选民参与投票所获得的收益经常不足以补偿因投票而耗费的成本，因此理性的选民可能做出放弃投票的抉择，在此情况下，公共决策自然不足以反映全体成员对于公共产品的真实偏好。

（2）即使全体成员都参与投票，但除非一项议案采用一致同意规则通过，否则必定使其中某些社会成员的偏好无法得到反映。由于采用一致同意规则经常面临成本过大的问题，因此社会成员大多只能在个人接受自愿强制的条件下，退而求其次，在多数票规则下进行公共选择。但即便如此，问题依然存在。阿罗不可能定理告诉我们，能够同时满足民主社会的各种可能的合理条件的公共选择机制是不存在的。这意味着，除了少数的例外，各社会成员的个人利益不可能与公共利益完全一致。

（3）在多数情况下，公共决策是由当选代表及其立法机关做出的。而当选代表或政治家在决策过程中，可能反映大多数社会成员的偏好，但也可能只反映少数社会成员的偏好，甚至有些社会成员的偏好根本就没有得到反映。具体结果如何，主要取决于政治家的动机及其行为特征。

其次，从财政决策的实施过程看，即便政治家能够忠实履行其公众利益的代言人的职责，要求行政机构执行他们所期望的公共产品的生产，他们也仍然要受到现实的控制能力和领导力量的限制，从而使财政决策的效果难以让人满意。尼斯卡宁的官员预算最大化模型表明，在理性人假定下，由于政治家的目标与执行官员的目标不一，立法机关与行政机构之间形成双边垄断格局。相对于行政机构而言，立法机关在信息方面处于劣势地位，其结果是财政预算规模倾向于过大，公共产品的供给则出现低效率。

再次，共同的利益促使社会上的某些人走到一起，组成形形色色的利益集团，以更好地表达他们的利益愿望。然而，集体行动的逻辑是，组织严密的小集团往往能够更好地影响政治决策，缺乏组织的社会大众则经常处于劣势地位。由于各种利益集团之间存在着力量上的差异和行为上的差异，他们的介入经常使公共决策偏向少数强势集团所预设的轨道。此外，利益集团之间为谋求无处不在的租金而从事寻租活动，导致大量的社会资源浪费于寻求非直接生产活动的利润之中。

总的来说，公共选择理论表明，财政决策过程面临比我们原先所预想的要多得多的困难，任何把政府视为解决种种市场失灵问题的完美化身的想法都是不切实际的。因此，现实是，我们并不是要在不完美的市场与完美的政府之间抉择，也不是要在完美的市场与不完美的政府之间抉择，而是要在不完美的市场与不完美的政府之间进行抉择，或者说是在不完美的程度和类型之间，在失灵的程度和类型之间进行抉择。认识政府失灵的意义在于，必须破除政府万能的神话，从而使我们能够在丢掉不切实际的幻想的基础上，切实设法让财政决策制度更有效率地运转。毕竟，政府及其财政制度经由人类自身创设，只要意识到局限所在，人类在制度设计与创新方面是能够有所作为的。

4.3.2　矫正政府失灵

应如何防范和纠正政府失灵呢？公共选择理论着重从以下三个方面进行说明。

1. 引入竞争机制

公共选择理论指出，以往人们只注重用政府的力量改善市场，却忽视了相反的做法——用市场的力量改善政府。事实上，市场是改善政府功能的基本手段，通过在政府管理中注入一些市场因素，可以缩小非市场缺陷的影响范围。这种做法的好处在于以下几方面。

（1）可以减少政府干预整个社会的官僚化倾向。

（2）可以减少政府对信息以及详细的、经常出错误的成本—效益分析的需要，而这些错误的分析会误导政府的干预活动。

（3）推行促使政府改革的市场方法，可以在诸如环境控制、减少交通拥挤以及增进环境质量等领域，提供一种促进技术变化的动力，使其向社会期望的方向努力。

尼斯卡宁提出了用市场力量来改善政府功能、提高政府效率的三个措施，具体如下。

（1）在政府内部重新确定竞争机制。他认为，传统的行政体制改革的主要做法是进行机构改革，这是没有用的。因为这种做法只会进一步加强执行机构对抗政治监督的权力，行政管理不会因机构改革而变得更加有效，而只会加强各行政部门的独家收购权，使负责人拥有更大的自由。真正有效的措施是要在政府机构之间恢复竞争，如允许若干办事机构完成某项工作任务而提出相互竞争的预算，这样预算主管部门就可以选择报价最低的机构，从而降低费用，缩小政府机构的平均规模。

（2）在高层行政管理者中恢复发挥个人积极性的制度，其效果将与利润在私人部门中的作用相同。竞争可以在降低生产费用方面起作用，但它不能解决由于政府部门具有过量提供公共产品及服务倾向而产生的问题。因此，必须进一步采取一些措施，促使行政负责人以最小费用的策略去取代本部门预算最大化的策略。这些措施包括：在能够建立明细账目的公共部门（如税务、社会救济、航运管理等）中，采用最高负责人可以占有部分节约下来的费用的做法，而中层管理者的晋升则与节余相挂钩；在那些难以建立准确分析账目的公共部门，可以根据高层官员的成绩发给特殊奖金，以资鼓励；允许办事机构的负责人将结余资金用于预算外活动的投资，以进一步加强各部门之间的竞争。

（3）更经常地采用由私人企业承担公用事业的做法，即更多依赖于市场机制来生产某些公共产品或服务。

2. 改革公共决策制度

政府失灵是公共决策制度的缺陷造成的。因此，要避免政府失灵，必须改善现有的民主政体，发明一种新的政治技术和表达民主的方式。在公共选择学者眼里，现代政府的失灵与过时的民主政体有关。他们认为，与其说政府失灵反映了市场经济的破产，不如说反映了政治制度的失败。这种制度是19世纪产业革命初期的产物，自那时以来，它们并没有多大的改进；现在，它们受到一系列不平衡作用的打击，政府的全面干预损害了市场和市民社会。有鉴于此，布坎南（Buchanan，1975）提出了避免政府失灵的一项根本措施，即改造现有的民主政体。具体措施包括以下几项。

（1）进行立宪改革。要克服政府干预行为的局限性，一个关键是在立宪上做文章。布坎南从立宪的角度分析政府政策制定的规则和约束经济、政治活动者的规则或限制条件。他们并不直接提出具体的建议供政策制定者选择，而是要为立宪改革提供一种指导或规范建议，为政策制定一系列规则和程序，从而使政策方案更合理，减少或避免公共决策的失误。

（2）完善表达民主的方式，发明新的政治技术。针对现有民主政体，尤其是投票规则或公共决策方式的各种缺陷（如投票悖论、互投赞成票、多数人专制等），改革现有的民主体制，完善表达民主的方式，发明新的政治技术，以便做出更好的决策。不过，公共选择学者并没有提出太多的新招，他们中的大多数人求助于在公共决策过程中采用更严格的多数制（如2/3多数），以使人们在众多的、相互对立的个人或集体利益中，做出更符合多数人偏好、利益的决策。

3. 约束政府开支

政府扩张及浪费的集中表现是行政经费或公共开支的扩大趋势，增加机构和人员最终也体现为经费的增长。因此，要有效地抑制政府的扩张和浪费，必须在公共决策制度上做文章，通过财政立宪、税制选择、平衡预算和税收支出的限制等措施，规范财政决策过程，约束政府开支，从根本上抑制政府的扩张。

本章小结

- 公共产品的需求决策可以视为投票者（纳税人）以政治选票进行公共选择的过程。
- 与私人产品不同，财政决策机制不仅在偏好显示方面具有自身的特点，而且还面临偏好加总这一特殊问题。

- 林达尔模型表明，存在关于提供有效率的公共产品数量的一致决策。
- 如果某些人的偏好不是单峰的，多数票规则可能会出现投票循环现象。
- 阿罗不可能定理认为，不可能发现一种决策规则，它能同时满足一些合理的条件。其含义在于，公共选择过程在本质上会导致一种不一致性。
- 理性选民假说有助于解释“选民冷漠”现象。
- 寻租的个人或企业会形成利益集团，影响政府活动。
- 政治家也是追求自身利益的行为主体，获得最大的政治势力或政治收益构成政治家的目标函数。
- 官员追求预算规模的最大化，导致公共产品的过度供给。
- 公共决策过程面临种种困难，政府机制同样存在失灵问题。
- 引入竞争机制是矫正政府失灵问题的重要途径之一。

基本概念

- 公共选择
- 特殊利益集团
- “铁三角”
- 政治均衡
- 林达尔均衡
- 投票悖论
- 单峰偏好
- 双峰偏好
- 中间投票人
- 阿罗不可能定理
- 最小最大遗憾策略
- 寻租
- 理性政治人假说
- 仙女模型
- 半仙女模型
- 不确定世界模型
- 女巫模型
- 政府失灵

复习题

1. 公共选择理论是如何看待政治市场的？
2. 与个人决策相比较，财政决策机制呈现出什么特点？
3. 什么是林达尔均衡？林达尔均衡的达成存在什么问题？
4. 什么是投票悖论？出现投票悖论现象的必要条件是什么？
5. 如何理解寻租行为？
6. 简述尼斯卡宁的官员预算最大化模型。
7. 政府失灵的原因有哪些？如何矫正？

练习题

1. 假如有五个选民，即甲、乙、丙、丁、戊，他们对 A、B、C、D 四个项目的排序如表4-3所示。

表4-3 投票偏好次序

项目＼选民	甲	乙	丙	丁	戊
A	1	1	2	3	4
B	3	4	3	2	2
C	2	3	4	4	3
D	4	2	1	1	1

（1）依照图4-2，画出各选民的效用曲线。

（2）按照简单多数票规则，能否选出项目？如果能，是哪一个？如果不能，请说明原因。

2．1998年波多黎各岛人民对下列五种选择进行了全民投票：① 维持共同体现状；② 成为一个州；③ 成为一个独立国家；④ 成为自由联盟，即赋予美国一定权力的一种独立国家；⑤ 不属于上述任何一种情况。根据所学知识，说明该岛人民对上述五种选择进行投票时可能出现的问题。

第5章　公 共 产 品

本章学习目标

- 掌握公共产品的概念及其特征；
- 掌握公共产品有效提供的条件与市场提供的非效率性；
- 掌握混合产品的概念及其有效提供的条件；
- 理解关于国防支出的公共产品理论；
- 理解关于教育支出的公共产品理论。

引例

灯塔的故事

在一个靠海的渔港村落里住了两三百个人，大部分的人都是靠出海捕鱼来维持生计。港口附近礁石险恶，船只一不小心就可能触礁沉没而人财两失。村民都觉得该盖一座灯塔，好在雾里夜里指引迷津；如果大家对于灯塔的位置、高度、材料、维护都毫无异议，那么，剩下的问题就是怎样把钱凑出来，分摊盖灯塔的费用。

村民们怎样分摊这些费用比较好呢？

既然灯塔是让渔船趋福避祸，就依船只数平均分摊好了！

可是，船只有大有小；船只大的船员往往比较多，享受到的好处比较多。所以，依船员人数分摊可能比较好！

可是，船员多少不一定是好的指标，该看渔获量。捞得的鱼多，收入较多，自然能负担比较多的费用。所以，依渔获量来分摊比较好！

可是，以哪一段时间的渔获量为准呢？要算出渔获量还得有人称重和记录，谁来做呢？而且，不打渔的村民也间接地享受到美味的海鲜，也应该负担一部分的成本。所以，依全村人口数平均分摊最公平！

可是，如果有人是素食主义者，不吃鱼，难道也应该出钱吗？

可是，即使素食主义者自己不吃鱼，他的妻子儿女还是会吃鱼。所以还是该按全村人口平均分摊。

可是，如果这个素食主义者同时也是个独身主义者，没有妻子儿女，怎么办？还是以船只数为准比较好；船只数明确可循，不会有争议！

可是，如果有人反对：虽然家里有两艘船，却只有在白天出海捕鱼，傍晚之前就回到港里。所以，根本用不上灯塔，为什么要分摊？或者，有人表示：即使是按正常时段出海，入夜之后才回港，但是，因为是讨海老手，所以港里港外哪里有礁石，早就一清二楚，闭上眼睛就能把船开回港里，当然也就用不上灯塔！

好了，不管用哪一种方式，如果大家都（勉强）同意，都好（也许决定是自由乐捐）！可是，由谁来收钱呢？在这个没有乡公所和村里长的村落里，谁来负责挨家挨户地收钱保管呢？

好吧，如果有人自告奋勇，或有人众望所归、勉为其难地出面为大家服务，总算可以把问题解决了！可是，即使当初大家说好各自负担多少，如果有人事后赖皮，或有意无意地拖延时日，就是不付钱，怎么办？大家是不是愿意赋予这个“公仆”某些像纠举、惩罚等的“公权力”呢？

资料来源：作者整理。

公共产品理论在财政学中占有相当重要的地位，这既是由于公共产品是市场失灵的一个重要领域，因而财政的配置职能主要体现在公共产品的提供上，也是因为财政所涉及的许多问题都与公共产品有关。对公共产品问题的研究，是现代财政理论的核心内容之一。

第 3 章已经简要介绍了公共产品的含义，本章将进一步探讨与公共产品有关的问题，如公共产品具有哪些特征，为什么公共产品的私人提供难以达到有效率的水平，怎样衡量对公共产品的需求，如何保证公共产品和准公共产品的有效提供等。

5.1 公共产品的特性

5.1.1 公共产品与私人产品：特性比较

我们在日常生活中消费的大多数产品，如服装、鞋帽、饭菜、水果、房屋、汽车等，在理论上一般称为**私人产品**（private goods）。它们具有两种特性：一是**竞争性**（rivalry），指一种产品让更多人消费会发生额外的成本，某个人已经享用的给定数量的产品无法同时被其他人享用，例如，张三将一台电视机购入家中后，该电视机就只归张三及其家庭享用，其他人就无法同时享用这台电视机所提供的效用；二是**排他性**（excludability），指作为消费者，每个人只有在支付产品价格之后，才能获得消费这些产品的权利，从而存在将那些没有支付价格的人排除在消费之外的现实手段。例如，假如张三喜欢某种款式的电视机，那他只要付款就可以得到它；假如张三不想付款却又想得到电视机，那也很简单，商家只要拒绝出售，张三就自然被排除在该电视机的受益范围之外。

现实中还存在一些不具备或不同时具备排他性和竞争性的产品，即公共产品。正如第 3 章中所提到的，公共产品通常是在非竞争性的意义上加以定义的。例如路灯，当一个行人在夜晚享用到路灯所带来的便利时，并不因此而减少路灯给其他任何人带来的好处，或者说，新增消费的边际成本为零（即 $MC=0$）。

与私人产品相对应，纯粹的公共产品还具有**非排他性**（non-excludability），也即技术上很难将那些不愿付款者排除在公共产品的受益范围之外。仍以路灯为例，一旦有人在街道旁竖起路灯，他就很难将那些不愿付款的路人排除在路灯的受益范围之外。显然，公共产品的非排他性使其很难通过市场交易方式实现成本上的补偿，这是公共产品的市场提供机制发生失灵的一个根本原因。

5.1.2　不同类型的产品

在现实生活中，同时具备非竞争性和非排他性的纯公共产品并不多见，路灯、灯塔、国防等可以归于这一类。较为普遍的是许多介于私人产品和公共产品之间，具有公共产品部分特征的产品，即**混合产品**（mixed goods）。常见的混合产品有两种：一是自然垄断；二是公共资源。

自然垄断指的是具有非竞争性但又具有排他性的产品。例如桥梁，在不拥挤的情况下，多通行一辆车不会影响其他车辆的通行，这表明桥梁具有非竞争性。不过，要让某一辆车无法通过大桥是完全可行的，只要设立一个岗亭，就足以阻止该辆车通过，这表明桥梁又具有排他性。类似的例子还有学校、公园、医院、有线电话、有线电视等。

在现实经济中，还存在一些具有竞争性但又具有非排他性的产品。例如，海中的鱼是一种竞争性产品，当一个人捕到鱼时，留给其他人捕的鱼就少了。但这些鱼并不是排他性产品，因为要对渔民所捕到的鱼进行收费是十分困难的。经济学通常把这类产品称为**公共资源**（public resources）。除了鱼类之外，常见的公共资源还有森林、草原、矿藏、野生动物、清洁的空气和水等。

就公共资源来说，一方面，它具有非排他性——想使用公共资源的任何人都可以免费使用；另一方面，它又具有竞争性——一个人对公共资源的使用减少了其他人对它的享用。其结果是，公共资源经常被过度开发和使用。这一现象被称为**公共地的悲剧**（tragedy of the commons）。为了解决公共地的悲剧问题，政府可以采取管制、税收等手段。此外，政府有时还可以通过明确产权的方式，将公共资源转变为私人产品。

综合以上的分析，根据产品是否具有排他性和竞争性，可以将经济中的各种产品分为四种类型，如图 5-1 所示。

注意观察图 5-1 中每一方格中的第三项，即道路的例子，可以发现，依据排他性和竞争性两个特征对各种产品类型所做的划分，并不是绝对的。主要原因如下。

首先，产品是否具有竞争性，往往取决于市场和技术条件。当过往的行人和车辆不多时，道路不具有竞争性；但随着行人和车辆的增加，拥挤和交通不便的问题就会随之产生。

其次，产品是否具有排他性，常常依赖于技术条件和法律规定。例如闹市区中的道路，在通常情况下，考虑到设立大量收费亭所需耗费的巨大人力、物力，以及由此导致的高昂的交通堵塞成本，我们是很难用收取过路费的方式进行排他的。然而，事情也不尽然。例如，美国的一些州正在采用一种新的技术，该技术可以利用电波来鉴别过往的车辆，并把收取的过路费自动记在司机的账上。例如，靠近洛杉矶的 81 号州际公路是一条有四车道的公路，只有那些将所购买的符合要求的电波装置安在车上的司机才能上路。可以设想，假如有朝一日利用这种技术向那些驶入城市拥挤街道的车辆收费，这些街道就会变得具有排他性（Rosen，2002）。

排他性？＼竞争性？	是	否
是	私人产品 • 巧克力 • 衣服 • 拥挤的收费道路	自然垄断 • 学校 • 有线电话 • 不拥挤的收费道路
否	公共资源 • 鱼类 • 野生动物 • 拥挤的不收费道路	纯公共产品 • 路灯 • 国防 • 不拥挤的不收费道路

图 5-1　产品的不同类型

5.1.3　关于公共产品概念的进一步说明

关于公共产品的定义，需要注意以下几个方面的问题。

（1）**即便每个人消费的公共产品数量相同，他们对这种消费的评价也未必一致**。以国防为例，在其他条件相同的情况下，和那些觉得国家比较安全的公民相比，十分担心外来威胁的公民往往把国防的价值看得很高。事实上，人们有时对于某种公共产品的价值是正是负的看法也不尽相同。例如，当一个新的导弹防御系统建立起来之后，每个公民除了消费其服务之外，别无选择。对于那些认为该系统能够增加国家安全的人来说，该系统的效用是正的；而对另外一些公民来说，新的导弹防御系统的建立，只会导致国际军备竞赛的升级，反而降低了国家的安全性。这些人对增加导弹防御系统的估价是负值，这意味着，他们宁肯为设法阻止新的导弹防御系统的建立而花钱。

（2）**许多在传统上不被认为是产品的东西具有公共产品的特征**。一个重要的例子是信用。假如每个公民在商业往来中都很守信用，整个社会就会因交易成本的减少而受益。不难看出，商业信用的消费既具有非竞争性，也具有非排他性。类似地，收入分配也是一种纯公共产品。如果居民的收入分布状况是公平的，每个居民就会因生活在一个良好的社会中而得到满足。当然，由于人们对公平的概念有不同的理解，因此人们对于应当如何评价某种既定的收入分配格局，仍存在意见上的分歧。然而，这并不影响到收入分配的消费既具有非竞争性，又具有非排他性的特征，因此，它是一种纯公共产品。此外，某些类型的信息也属于纯公共产品，例如宾馆的星级评定信息，该信息的传播表现出纯公共产品的特征——首先，它具有消费的非竞争性，因为旅客只要扫一眼宾馆的服务总台，就能了解到宾馆的服务水准；其次，它具有非排他性。

（3）**私人产品并不一定只由私人部门提供，公共产品也不一定只由公共部门提供**。在现实生活中，政府部门提供了一些具有竞争性和排他性的产品，如医疗服务和住房等，这类产品称为公共提供的私人产品。同样，公共产品也可能由私人提供。例如，正是由于许多校友的捐资，才有了厦门大学校内那样美丽的嘉庚广场。因此，“私人”和“公共”这两个词本身并不能表明具体由哪一个部门提供。

（4）**一种产品的公共提供不等于要由公共部门组织生产**。以垃圾回收为例，在美国，通常由社区自己购买垃圾车，雇佣工人，安排日程，提供这项服务。而在有些地方，市政当局本身并不组织生产，而是雇用私人企业来做这项工作。据统计，美国大约有 37%的消防服务、23%的图书馆、48%的公交服务由私人企业承包（罗森，2003）。

5.2 公共产品的提供

5.2.1 私人产品的有效提供

根据效率评价的简单法则，无论是私人产品，还是公共产品，它们有效提供的条件都是边际社会收益等于边际社会成本。但由于需求方面的区别，有效提供公共产品的条件和私人产品是不同的。为得出有效提供公共产品的条件，我们先来考虑私人产品的情况。

以面包为例。假设某一面包市场只有三位消费者，即 A、B 和 C。图 5-2 显示了这三个消费者对于面包的需求曲线，分别为 D_A、D_B 和 D_C。当面包价格为 3 元/块时，消费者 A 每星期购买 2 块面包。在这一数量上，价格等于他每星期的边际收益，即 $MB_A=3$ 元。同样，当面包价格为 3 元/块时，消费者 B 每星期购买 4 块面包，边际收益 $MB_B=3$ 元；消费者 C 每星期购买 6 块面包，边际收益 $MB_C=3$ 元。这样，三个消费者的市场需求总额为每星期 12 块面包，价格为 3 元/块，由市场需求曲线 D 上的点 E 表示。据此可知，面包的市场需求曲线 D 是各个消费者需求曲线的横向加总，它反映了面包的边际社会收益 MSB。

如果用 S 表示面包的市场供给曲线，它反映了面包在既定产出水平上的边际社会成本 MSC。从图 5-2 中可以看出，当面包的市场供求达到均衡时，满足

$$MB_A=MB_B=MB_C=\text{MSB}=\text{MSC} \tag{5-1}$$

这表明，有效提供私人产品的条件是每个消费者的边际私人收益与边际社会收益相一致，并且都等于边际社会成本。

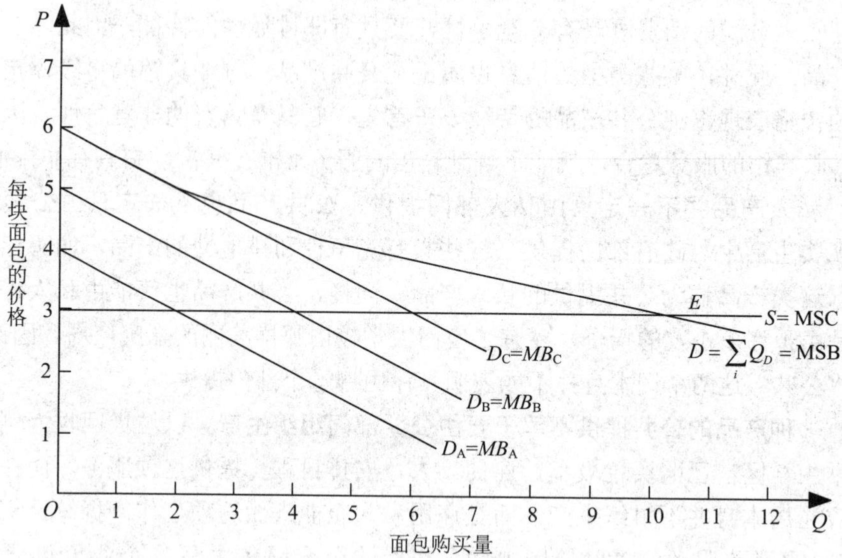

图 5-2　私人产品的有效提供

5.2.2　公共产品的有效提供

再来看公共产品的情况。假设有三位居民甲、乙、丙一起住在同一社区内，并且都希望得到安全保护。保安服务的数量可以通过每个月雇用的在小区内巡逻的保安人数来衡量。对这三位居民来说，保安服务代表了一件纯公共产品。因为一方面，一旦社区雇用了一定数量的保安，那么多加入一位居民到社区中来，保安服务的成本不会因此而增加；同时，无论哪一位居民都能够享受到同等数量的保安服务。因此，保安服务具有非竞争性。[①]另一方面，只要该社区能够享受到保安服务，那么社区中的每一位居民都无法不使他的邻居也受益。可见，社区的保安服务又具有非排他性。

表 5-1 列出了三人社区中的每一位居民对保安服务的个人需求曲线的几个点。每一点代表了居民愿意为既定数量水平的每一单位保安服务所支付的最高金额，这一金额是每一数量水平上保安服务的边际收益（*MB*）。而三人社区每个月愿意给予所雇佣的保安的最高薪水总额是三位居民的每个月边际收益之和（$\sum MB$）。

表 5-1　三人社区保安服务需求曲线的确定

保 安 人 数	$MB_{甲}$（元）	$MB_{乙}$（元）	$MB_{丙}$（元）	$\sum MB$（元）
1	600	500	400	1 500
2	500	400	300	1 200
3	400	300	200	900
4	300	200	100	600

① 注意，这只是说明为社区居民提供安全服务的保安人员的数量是既定的，但不必要求每个居民对这种服务的主观评价都相同。

下面将表 5-1 的信息反映到图 5-3 中去。在图 5-3 中，每个人的需求曲线表明，随着保安人数的增多，保安服务的边际收益呈现下降的趋势。同时，社区保安服务的需求曲线上的点，可以通过每一可能的数量水平上每个人的边际收益垂直相加得到。这意味着，纯公共产品的总需求曲线是个人需求曲线的垂直加总，它代表了社区中所有三位居民的边际社会收益，即 $D=\sum MB=\mathrm{MSB}$。

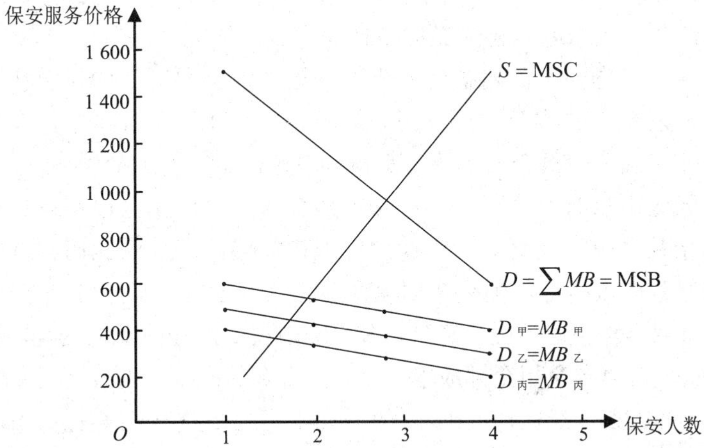

图 5-3　公共产品的有效提供

如果用 S 表示保安服务的供给曲线，它代表了提供保安服务的边际社会成本 MSC。由图 5-3 中可以看出，当保安服务的供求实现均衡时，满足

$$MB_{甲}+MB_{乙}+MB_{丙}=\mathrm{MSB}=\mathrm{MSC} \tag{5-2}$$

这表明，有效提供公共产品的条件是：所有消费者的边际私人收益之和等于边际社会收益和边际社会成本。

5.2.3　公共产品市场提供的非效率

尽管从理论上分析，公共产品的有效提供水平可以由市场供求之间的均衡决定，但是，公共产品所具有的特征使得上述分析充其量是概念上的。这是因为，一方面，具有非排他性特征的公共产品会使人们产生隐瞒自己真实意愿的动机。仍以社区的保安服务为例，如果居民甲能够让居民乙或者居民丙出钱雇用保安人员，而他仍然能够享受到安全保护，他就会有一种让别人付钱而自己享用的动机，这就是所谓的**搭便车问题**（free rider problem）。搭便车问题的存在意味着，即使每个消费者能够准确了解自身对公共产品的偏好程度，从而确定自己的需求曲线，他们也可能不会如实地说出来（在公共产品涉及的人数多时就更是如此），这就使得由公共产品的个人需求曲线加总而得的总需求曲线变得虚假，进而公共产品的有效提供数量就无从确定。也就是说，不存在图 5-3 所表明的那种能够促使市场自动达到有效率配置水平的机制。

另一方面，即使公共产品是排他的，公共产品的市场提供仍然可能是无效率的。原因是，公共产品在消费上是非竞争性的。根据定义，非竞争性意味着新增消费的边际成本为零。而产品提供的效率原则要求按边际社会成本确定市场价格，因此，对公共产品来说，有效性要求零价格。但是，如果公共产品的提供者向每个消费者索要的价格都为零，那它只能破产。

现在的问题是，尽管企业没有商业的动机去提供具有非排他性的公共产品，但是，既然消费者能够从公共产品中直接获益，他们为什么不自己提供公共产品呢？毕竟，如果每个人都能够在更有效率的资源配置状况下得到境况的改善，我们为什么不能在提供公共产品时为做好自己应做的事情而达成一致呢？

为了回答这一问题，下面对被经济学们称为“囚徒困境”的矛盾状况加以考察。**囚徒困境**是一种思想上的实验，可以用来解释为什么在一个群体中没有人具有采取行动的动机，以使该群体中每个人的境况都得到改善。

假定某一社区中只有两个居民——张三和李四，他们完全根据自身的利益进行独立的决策。由于社区里没有路灯，因此他们现在需要就路灯供应问题进行决策。如果张三和李四都愿意提供路灯，那么在扣除路灯的成本之后，双方可以分别获得 1 单位的净收益。如果双方都不愿意提供路灯，那么双方得到的净收益均为零。假如路灯由一方提供，由于提供者需要负担全部成本，因此其得到的净收益为-1 单位；而另一方则可以得到 2 单位的净收益。在此情况下，张三和李四会怎么做——是提供还是不提供？

图 5-4 所示的收益矩阵归纳了各种可能的结果。表中任一单元格的第 1 个数字表示张三所能获得的净收益，第 2 个数字表示李四所能获得的净收益。正如图 5-4 所反映的，张三和李四面临着一种困境。对张三来说，给定李四提供路灯，那么张三的优选方案是不提供，因为参与提供的净收益为 1 个单位，而搭便车却可以给他带来 2 个单位的净收益；给定李四不提供路灯，张三的优选方案仍然是不提供，因为提供路灯的净收益为-1 个单位，而不提供路灯的净收益为 0。可见，对张三来说，无论李四如何行动，自己的优选方案都是不提供。由于图 5-4 中的矩阵是对称的，因此，无论张三的行动如何，李四的优选方案也是不提供。基于这一原因，最后的结果可能是矩阵中右侧下半部分无人愿意提供路灯，这一结果被称为**非合作均衡**（noncooperative equilibrium）。[①]在非合作均衡中，每个人都希望搭便车，而不愿意提供公共产品。

图 5-4 对囚徒困境的矛盾状况进行了清晰的解释。当两个人都参与提供路灯时，两个人的状况都得到了改善，但是，却没有一个人能够从自己的利益角度去发现这个结果。在这个例子中，市场失灵发生的原因是非排他性——提供路灯的人无法就他带来另一个人的收益进行收费。

		李四	
		提供	不提供
张三	提供	1,1	−1,2
	不提供	2,−1	0,0

图 5-4　囚徒困境的收益矩阵

① 为纪念 1994 年诺贝尔经济学奖得主、博弈理论的先驱纳什（Nash, J.），非合作均衡也被称为纳什均衡。

当然，在这样一个小群体中，我们寄希望于张三和李四能够就路灯的提供问题达成协议，**合作均衡**指的就是这样一种可能性。在合作均衡状态下，搭便车的行为可以得到解决。但是，在一个较大的群体中，例如由成千上万人口组成的城镇乃至由亿万人口组成的国家，私人协议的协商和实施可能是不切实际的，因为每个人都不得不花费非常多的时间用于监视以保证其他人没有搭便车，以至于经济将处于无效率的非合作均衡状态中。

囚徒困境的例子能够帮助我们理解政府为什么可以通过提供公共产品以提高效率。与个人不同，政府具有征税的权力，或者强迫居民缴费，税收的强制性可以制止人们的搭便车行为，税收（或收费）收入可以用于购买公共产品。就路灯供应而言，即使没有人自愿付款提供路灯，政府也可以通过动用强制人们进行付款的权力，为提供路灯等公共产品而筹资，并且使每个社会成员的境况都得到改善。

5.3　公共产品理论的应用（一）：国防

5.3.1　国防支出的有效水平

保卫国家免受外国入侵是公共产品的典型例子，它是各国中央政府都会提供的最为重要的公共产品之一。作为一种纯公共产品，国防具有非竞争性和非排他性。根据这一特征，可以对国防的合理支出规模进行局部均衡分析。如图 5-5 所示，假定社会由 a、b、c 三人组成（或者将社会成员划分为偏好一致的三个阶层），每个人（或阶层）消费国防产品的边际收益曲线不同，分别为 MB_a、MB_b、MB_c。假定国防产品能以固定成本增加供给，即边际成本曲线为水平线 MC。

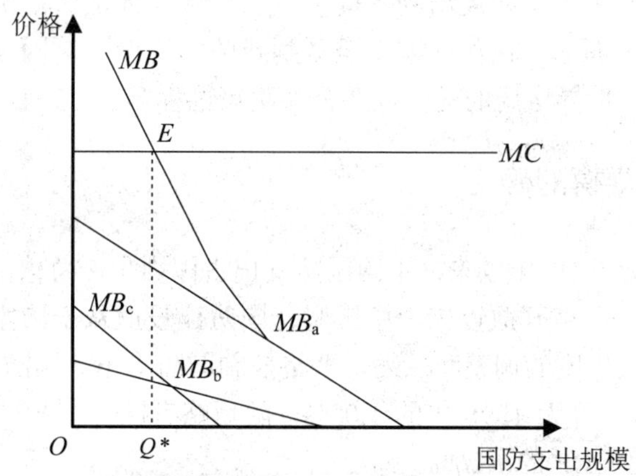

图 5-5　国防支出的有效水平

在图 5-5 中，MC 高于任何个人的边际收益曲线。国防的需求曲线（即边际收益曲线）MB 由 a、b、c 的边际私人收益 MB_a、MB_b、MB_c 垂直相加得到。当 $MB = MC$ 时，可以得到国防产品的有效供给量 Q^*。

在一国资源有限的条件下，军用品与民用品之间在总量上存在此消彼长的制约关系。这样，对国防支出合理规模的分析可以进一步扩展到一般均衡的角度。如图 5-6 所示，生产可能性曲线表示在现有资源和技术约束条件下能够生产的军用品（大炮）和民用品（黄油）的各种组合，而社会无差异曲线则代表能给社会成员带来相同效用水平的军用品和民用品的不同数量组合。

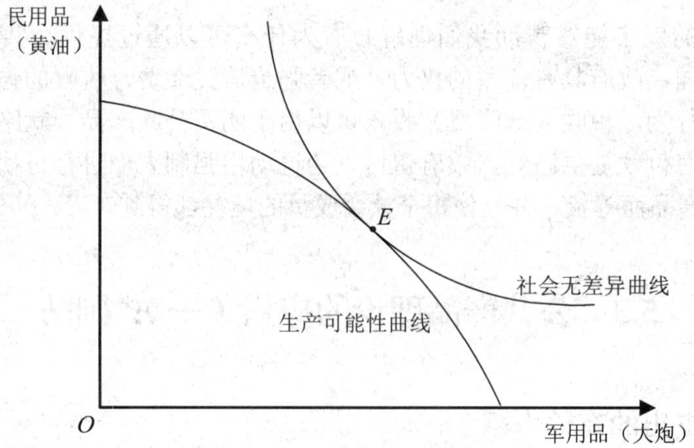

图 5-6　大炮与黄油之间的选择

根据一般均衡的要求，要实现国防的有效供给，社会对于军用品和民用品的边际替代率（社会无差异曲线的斜率的绝对值）应等于二者之间的边际转换率（社会生产可能性曲线的斜率）。因此，当两条曲线相切时，就达到现有资源和技术约束下的均衡组合。

尽管对于国防支出合理规模的一般均衡分析，有助于理解有限资源约束下军用品和民用品之间的权衡抉择，但在现实中，要找到合理的国防支出规模却并非易事，历来都存在主张与反对扩大国防支出的不同观点。各国实践证明，引起国防支出预算规模变化的因素是多方面的，例如国家安全受到威胁的程度、对国家安全受到威胁的认识、政府收支状况、世界格局的变化以及公共决策过程等。

5.3.2　国防支出规模的确定

如图 5-7 所示，1979 年以来，中国国防支出占国内生产总值（GDP）的比重总体上呈现下降的趋势。改革开放以来，中国坚持国防建设服从于国家经济建设的大局，对国防支出做了较大幅度的调整和压缩，严格控制国防支出。国防支出占 GDP 的比重由 1979 年的 5.44%下降为 1996 年的 1.00%，随后略有回升。2017 年，中国国防支出为 5 333 亿元，约占 GDP 的 1.26%。

目前国防支出占 GDP 的比重较低，但它仍然可能“太多”。原因在于，现在的实际 GDP 的规模更大。例如，尽管 1979 年中国国防支出占 GDP 的比重为 5.44%，高于 2017 年 1.26%的水平。但是，按可比价格（1978 年为基期）计算，2017 年的国防支出水平比 1979 年增加了 0.46 倍。如果考虑到中国自 1985 年以来的数次裁减军队行动使军队总规模由 423.8 万人下降至 200.0 万人，中国国防支出的人均水平就有了更快的增长。

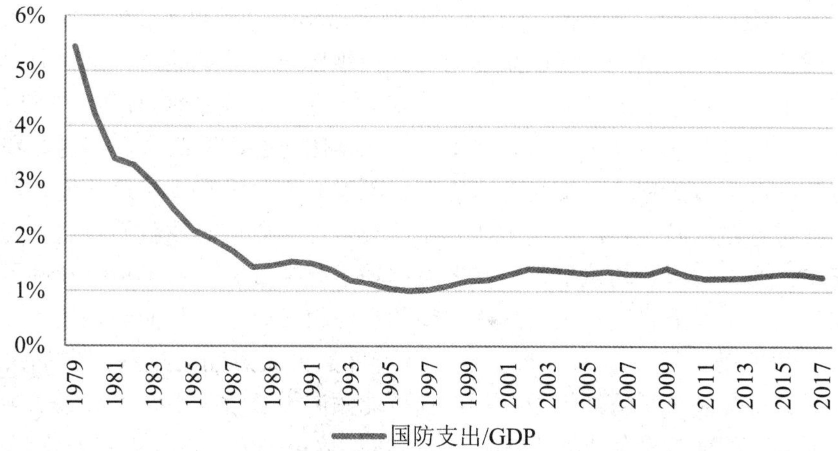

图 5-7 中国国防支出占 GDP 的比重（1979—2017 年）

数据来源：CEIC 中国经济数据库。

那么，如何知道中国目前的国防支出是太多还是太少了呢？一种常用的方法是与世界上一些国家的国防支出的比重相比较。表 5-2 显示了 2016 年世界上国防支出最多的 10 个国家的排名情况。从中可以看出，尽管中国国防支出的总规模位居世界第二，但其占 GDP 的比重较低，仅比目前没有国家军队的日本高。从绝对量上看，中国的国防支出数额不及美国的 1/3。

表 5-2 2016 年世界上国防支出最多的 10 个国家

	国防支出（亿美元）	占 GDP 的比重（%）
美国	6 220	3.59%
中国*	1 918	1.28%
英国	538	2.44%
印度	506	2.13%
沙特阿拉伯	487	11.84%
俄罗斯	484	3.32%
法国	443	2.07%
日本	417	0.99%
德国	358	1.30%
韩国	335	2.79%

资料来源：中商产业研究院（2017）。

当然，进行国别比较时，我们还可能提出一个问题：一国国防支出过多是否由于其他国家支出过少呢？对美国来说，国防支出是一种跨国公共产品，也就是说，美国的国防支出使其盟友受益。正如发生在一般公共产品上的情形一样，国防支出的提供国可能会被其他国家搭便车。诸如德国和日本等国可能会免费享用美国提供的国防，这或许有助于对这些国家的国防支出为什么会如此之少做出部分解释。而美国国防支出太多是由于其在国际事务中承担领导性角色，而在搭便车方面的动机不如其他国家那样充足。

事实上，“国防支出应当是多少”这一问题足以反映出公共产品理论在回答该问题时的局限性。从理论上说，一国国防支出的合理规模应当满足的条件是，公民对国防的边际支付意愿总和等于国防的边际成本。那么，这一条件如何实现呢？或许，通过计算建造一架战机和裁减一名军人的成本可以确定国防的边际成本，但是，我们应当如何确定公众对国防的总边际支付意愿呢？且不说人们并没有真实反映他们对国防的真实边际支付意愿，即便有，现代国防高度的技术性本质也会使我们对这个问题的答案产生怀疑。要了解国防的重要性，需要掌握关于外来威胁、军事战略和武器系统等方面的知识，而一般的居民是缺乏这些知识的。在很多时候，我们必须依赖专家做出判断。但不幸的是，这些专家有时会以一些特殊的方式影响对这些问题的决策。例如，各军区的将军们对国防知识很在行，但可能倾向于赞成在国防上超过实际需要的支出；对来自以军事工业为经济基础的一些地区的议员来说，可能也会如此。

5.4　公共产品理论的应用（二）：教育

5.4.1　教育的性质

教育具有私人产品的特征：受教育者能够获得更多的知识和技能，有助于为将来找到一份较好的职业、获取较高的收入、赢得较多的晋升机会奠定基础。不过，在实践中，各国政府却往往在提供教育服务方面发挥着主导作用，原因是教育服务还具备公共产品的一些特征。而且，越是基础性的教育，其公共产品的特征越强，越需要政府的介入，因此，教育是一种混合产品。

首先，教育具有正外部性。一方面，教育是高素质劳动力的来源。理论和实践表明，技术进步是一国经济增长的重要源泉，而教育则是技术进步的基础。没有良好的教育体系，一个国家是无法实现现代化的。另一方面，教育有助于提高公民的文明程度。教育使公民明辨是非且获得一技之长，这有助于减少犯罪，有助于减少行政管理的成本。

其次，教育有助于缩小贫富差距。假如教育服务完全由私人部门提供，人们受教育的机会就会因家庭出身的不同而存在很大差异。在学费昂贵的情况下，富人有较强的支付能力供其子女上学，穷人的子女即便天资聪颖也会被拒之门外。政府提供教育服务，能够为所有社会成员提供均等的受教育机会，有助于实现社会公平。同时，让人们怀有自己的后代可能接受良好教育的希望，对于社会的稳定起着重要的作用。

最后，教育资本市场具有不完全性，这在高等教育中表现得尤为明显。正外部性能够很好地解释政府对于小学、中学等初等教育的支持，但高等教育的收益更多地由学生本人获得，原则上应由学生本人承担其成本。假如资本市场是完全的，那些认为自己接受高等教育的预期收益大于预期成本的人，就可以通过贷款来取得所需资金。问题是，人力资本投资究竟能否获得回报与回报率有多高，事先是难以确定的，这就使得私人金融部门因担心无法得到偿还而不愿为教育融资，这样，那些资金不足的人就会被剥夺受教育的机会。为避免这种情况的发生，许多国家的政府都对高等教育提供一定的财政支持。

5.4.2　教育服务的有效提供

为说明教育有效提供的条件，假设教育市场上有两个消费者——m 和 n。在图 5-8（a）中，消费者 m 和 n 从教育中直接获得的边际效用分别反映为二人对该产品的实际需求曲线 D_P^m、D_P^n，而市场对教育的需求曲线 D_P^{m+n} 就由私人需求曲线 D_P^m 和 D_P^n 横向加总得到。由于教育存在利益外溢现象，因此消费者 m 可以从消费者 n 对教育的消费中受益，反之亦然。假设消费者 m 和 n 从教育中获得的外部边际收益分别以曲线 D_E^m 和 D_E^n 来表示，这样总的边际外部收益曲线就由曲线 D_E^m 和 D_E^n 纵向加总得到，如图 5-8（b）所示。

显然，市场从教育消费中所获得的总边际收益就为边际私人收益和边际社会收益之和，也即教育的社会需求曲线 D_S^{m+n} 应由 D_P^{m+n} 和 D_E^{m+n} 纵向加总得到，如图 5-8（c）所示。在给定教育的边际社会成本，即相应的供给曲线 S 后，可得教育的最优产量为 $Q*$，相应的价格为 $P*$。它反映了教育在 $Q*$ 产量时产生的社会边际收益。

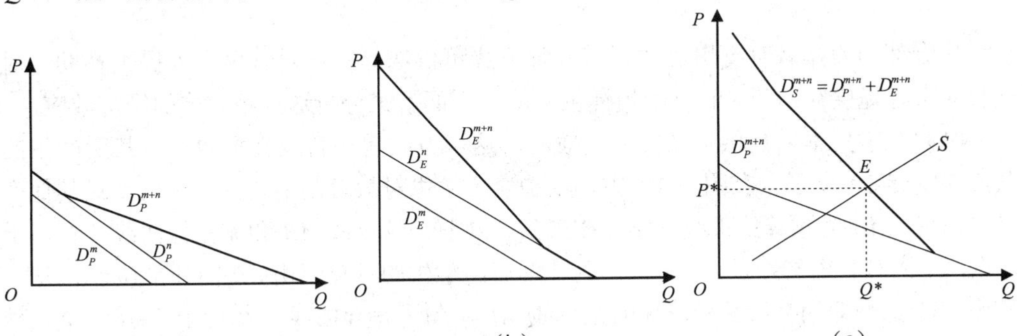

图 5-8　混合产品的有效提供

对教育服务来说，假如仅由市场机制来提供，一般会出现供给不足的情形，从而带来效率的损失。如图 5-9 所示，该图复制了图 5-8（c）的情形。以上分析表明，教育的有效供给量应是社会需求曲线 D_S^{m+n} 和供给曲线 S 所确定的产出水平 $Q*$。但无论是对消费者 m 还是对消费者 n 来说，教育的外溢利益并不会纳入他们的决策范围之内，他们仅仅按照本人获得的直接利益来决定自己对教育的需求，而由此决定的教育的产出水平只能达到需求曲线 D_P^{m+n} 和供给曲线 S 的交点 E_1 所决定的 Q_1。不难看出，$Q_1<Q*$，这表明教育的市场供给量不足，由此将导致效率损失（图中 ΔAEE_1 的面积）。

为了实现经济效率，通常需要政府的介入，参与提供教育服务。不过，由于某些公民可以得到直接的利益，所以应向他们收取一定的费用。政府无须全额负担资金的供给，只要负担其中具有社会效益的部分即可。实践中，几乎每个国家的政府都参与对教育的直接投资，但一般只保证教育的最低供给，充分保证义务教育和负担其他公立学校的建设。对义务教育之外的其他各种教育，在充分市场化的基础上，依据财力给予一定的补助，尤其是保证低收入家庭的子女能够接受高等教育。

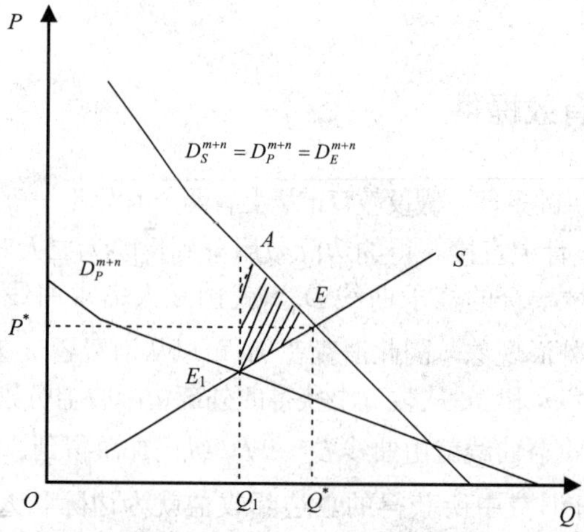

图 5-9　混合产品市场提供的非效率

5.4.3　教育支出方式及其经济效应

政府部门安排教育支出，主要有三种方式可供选择，即对学生本人提供补助、对低收入家庭提供补助和对私立学校提供补助。下面就来分析这三种方式的经济效应。

（1）对学生本人提供补助的经济效应。这一方式旨在普及义务教育，其所产生的效应如图 5-10 所示。在图 5-10 中，横轴表示学生对教育的消费，纵轴表示对其他产品的消费，*AB* 为预算约束线。学生在得到补助前，预算线 *AB* 和无差异曲线 *I* 相切于 *E* 点，个人教育消费数量为 *OD*。得到补助后，学生的预算线由 *AB* 向外平移至 *ACF*，其中 *AC* 部分即为补助数额。新的预算线 *ACF* 与无差异曲线 *I′* 相切于 *E′* 点，个人教育消费数量增加至 *OD′*。

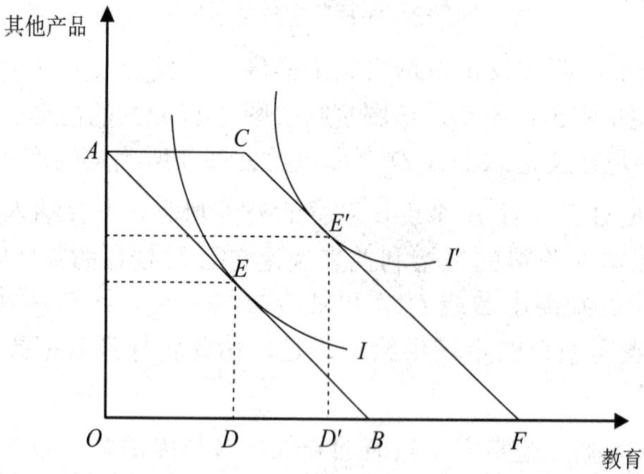

图 5-10　对学生本人补助后个人教育消费的变化

对学生本人提供补助一般有两种具体的做法：一是拨款兴办学校，提供免费教育；二是给学生发放免费入学卡。相比之下，给学生发放免费入学卡的做法更好些。原因是，拨款兴办学校的做法经常面临一种风险，即学校当局可能在追逐自身利益的过程中，将教育经费用于提高自己和教师的待遇上。

（2）对低收入家庭提供补助的经济效应。在这一方式中，政府部门试图通过补助提高低收入家庭对教育消费的支付能力。如图 5-11 所示，家庭在获得补助前，预算线 *AB* 与无差异曲线 *I* 相切于 *E* 点，用于教育消费的数量为 *OD*。得到补助后，家庭的预算线由 *AB* 向外平移至 *CF*，并且与无差异曲线 *I′* 相切于 *E′* 点。可以看出，家庭用于教育消费和其他产品的消费同时增加，其中教育消费由 *OD* 增加到 *OD′*，增加了 *DD′*。

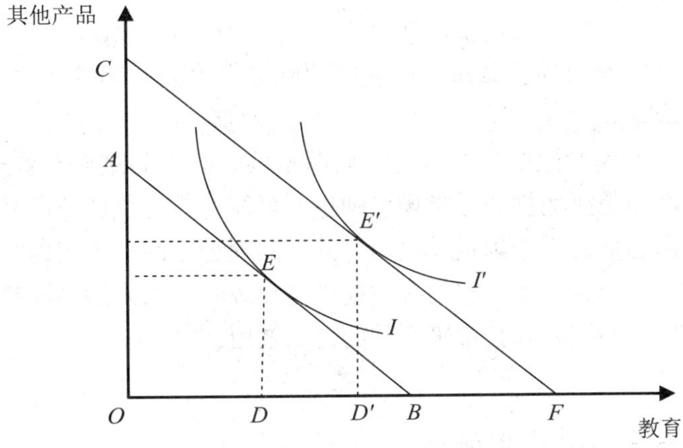

图 5-11　对低收入家庭补助后个人教育消费的变化

在一般情况下，由于获得补助的低收入家庭可以将补助款用于购买其他产品，因此这种方式无法保证家庭增加对教育的消费。当然，这一缺陷可以通过发放教育券等方式来弥补。

（3）对私立学校补助的经济效应。这一方式以私立学校而非学生本人为补助对象，政府部门试图通过补助降低私立学校向学生收取的学费标准。该方式大多出于扶植私立学校的需要，如图 5-12 所示。在学费补助之前，预算线 *AB* 与无差异曲线 *I* 相切于 *E* 点，个人的教育消费为 *OD*。学费补助后，学费标准降低，个人的预算线外移成为 *AC*，与另一条无差异曲线 *I′* 相切于 *E′* 点，个人对教育的消费为 *OD′*，增加了 *DD′*。

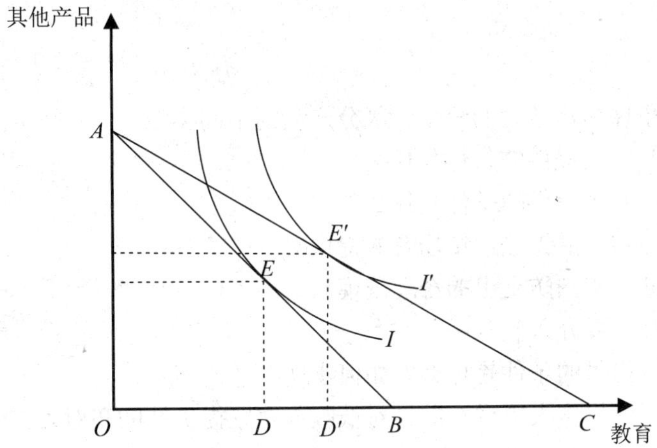

图 5-12　对私立学校补助后个人教育消费的变化

本章小结

- 纯公共产品兼具非竞争性和非排他性。非竞争性是指新增单位消费的边际成本为零，非排他性是指技术上很难将那些不愿付款者排除在公共产品的受益范围之外。
- 公共产品可以由私人提供，私人产品可以由公共提供。
- 公共产品的有效提供要求每个人的边际私人收益之和等于边际社会收益和边际社会成本。
- 因非排他性而产生的免费搭便车问题导致公共产品难以有效提供。同时，即便公共产品是排他性的，市场机制也不可能有效提供公共产品。
- 国防支出有效规模的确定反映出公共产品理论在回答该问题时的局限性。
- 教育是一种混合产品，它的有效提供需要政府和私人的共同参与。
- 教育支出的不同方式会带来不同的经济效应。

基本概念

- 私人产品
- 竞争性
- 排他性
- 非竞争性
- 非排他性
- 混合产品
- 自然垄断
- 公共资源
- 公共地的悲剧
- 搭便车问题
- 囚徒困境
- 非合作均衡
- 合作均衡
- 跨国公共产品

复习题

1．试从竞争性和排他性的角度，区分产品的不同类型。

2．私人产品有效提供的条件是什么？

3．公共产品有效提供的条件是什么？

4．为什么公共产品无法由市场有效提供？

5．如何判断一国国防支出的合理规模？

6．政府为什么要介入教育服务？

7．教育有效提供的条件是什么？如何实现？

8．试分析对学生本人提供补助、对低收入家庭提供补助和对私立学校提供补助这三种教育财政支出方式的经济效应。

练习题

1．下列哪些属于公共产品，哪些属于私人产品？为什么？

（1）道路；

（2）公共电视节目；

（3）闭路电视节目；

（4）提供航班时刻表的网站。

2．在一个社区内有 3 户人家，它们对公共电视节目播放时间 T（小时）的需求曲线分别为

$$W_1 = 150\text{元} - T$$
$$W_2 = 200\text{元} - 2T$$
$$W_3 = 250\text{元} - T$$

假定公共电视节目是纯公共产品，它能以 200 元/小时的不变边际成本生产出来。求：

（1）公共电视有效率的播放时间是多少小时？

（2）一个竞争性的私人市场会提供多少小时公共电视节目？

第6章　外部性及其矫正

本章学习目标

- 掌握外部性对效率的影响；
- 掌握科斯定理；
- 掌握外部性的公共对策。

引例

南通市启动排污权交易

2001—2004年，江苏省南通市的GDP增长51.5%，而水污染物的主要指标化学需氧量（COD）则下降了16.8%。同时做到GDP的增长和COD的下降，就需要政府有计划地控制污染物排放的总量。除了行政上严格控制排污指标外，南通市还尝试运用市场的力量。

南通泰尔特染整公司通过建成日处理能力3 000吨的污水处理设备，COD排放远低于国家规定的排放标准。而同处通扬运河沿岸的如皋亚点毛巾织染有限公司计划扩大生产，却因得不到排放指标而无法开工。

2004年，南通市环保局通过详细论证，牵线搭桥，审核确认由泰尔特公司将排污指标余量出售给亚点毛巾，转让期限为3年，每吨COD交易价格为1 000元。

合同明确规定：购买方在使用排放权时，必须符合国家规定的排放标准，以满足当地水环境质量的要求，且不得超过当地环保部门核定的排放总量。交易一年的运行情况表明，两家企业污染物排放的总量得到了有效控制，交易各方水污染物排放量及排放标准均达到了交易合同规定的要求。这是中国首例成功的水污染物排放权交易。

排污权在南通还可以进行二手交易。曾通过中国首例气体污染物排放权交易获得6年共计1 800吨二氧化硫排污权指标的南通醋酸纤维有限公司，在有效控制污染物排放后，就向别的企业转让了为期3年共计1 200吨的排放指标。

资料来源：姜帆等（2005），作者整理。

外部性是指某一个体的经济行为以市场价格以外的方式影响了其他个体，却没有为之承担应有的成本或没有获得应有的报酬的现象。换言之，外部性是指某一个体的经济行为以市场价格以外的方式影响他人的福利的情形。外部性的存在，使得人们进行经济决策时所依据的价格，无法准确反映经济交易的全部的边际社会收益或边际社会成本，由此将导致价格信号失真。而依据失真的价格信号所做出的经济决策，将使资源配置无法达到有效状态。

本章首先介绍外部性的性质及其分类，然后考察外部性所导致的资源配置扭曲，最后说明外部性的私人对策和公共对策。

6.1　外部性的特点及其对效率的影响

6.1.1　外部性的性质

外部性的主要特点是它不仅存在于经济主体决策的外部（因为它无须因其行为影响他人而承担成本或获得补偿），而且也存在于市场价格机制之外。也就是说，假如某一经济行为所产生的效应包含在价格之中，那么这种效应并不构成外部性。例如，如果一个人喜欢打篮球，其他人对球鞋的需求上升，就会使此人的境况变差，因为这会使球鞋的价格上升。不过，上升后的球鞋价格只是表明该产品相对于需求来说变得更为稀缺，这种较高的价格使收入从消费者转移到企业，刺激了企业生产这些产品的动机。在本例中，尽管一些人的行为的确影响到他人的福利，但由于所有的影响都是通过市场价格的变化进行传递的，市场在配置资源方面仍然是有效率的，像这一情形并不能称为外部性。

外部性具有一条相当重要却又经常为人忽略的性质：相互性。假定张三经营一家化工厂，该厂将废水排进一条河流中。李四以在河中捕鱼为生。显然，张三的行为是以一种直接的、不通过价格传递的方式使李四的境况变差。这是一个外部性问题。在现实中，我们将张三视为“污染者”似乎理所当然。然而，我们也可以将李四这个捕鱼者视为“污染者”，因为他增加了张三从事生产的成本。事实上，从社会的角度看，将这条河流作为废水处理厂，而不作为捕鱼场所，未必就是一件坏事，关键是要看两种活动的成本。

6.1.2　外部性的类型

外部性有正外部性和负外部性之分。产生**正外部性**（positive externalities）的经济活动给他人产生积极的影响，无偿给他人带来利益。例如，对某种传染病的免疫接种产生了正外部性，那些接受免疫接种的人由此降低了感染传染病的概率。同时，他们也为那些没有接受免疫的人群带来了收益，减少了后者感染疾病的可能性。相反，产生**负外部性**（negative externalities）的经济活动则给他人带来消极的影响，对他人施加了成本，但并不因此而付出代价。例如，化工厂释放的污染物给附近居民的生活带来了负面的影响。

外部性既可以发生在生产领域，也可以发生在消费领域。安装防火材料和烟雾警报器的居民可能使邻居同时受益，因为这些材料减少了火势蔓延的可能性。这是消费的正外部性的例子。某一游客随手将吃剩的香蕉皮往街上一扔，这不仅有碍观瞻，而且有可能让别的行人不小心踩上后滑倒受伤，这是消费的负外部性的例子。

6.1.3 外部性对效率的影响

竞争性市场之所以能够达成效率，原因之一是它能够促使市场价格等于边际社会成本和边际社会收益。而当外部性存在时，作为经济主体决策基础的边际私人成本或收益将会偏离实际的边际社会成本或收益，从而导致经济主体基于自身利益而做出的决策与社会的要求相背离，进而使资源配置的效率受到影响。

下面分别分析负外部性和正外部性对资源配置效率的影响。

1. 负外部性与供给过剩

存在负外部性时，商品的价格并不反映生产该商品的边际社会成本。例如，张三经营的化工厂在生产肥料的过程中，新增每一单位肥料的产出都伴生着污染物的释放，而污染物的排放给社会造成的损害，并没有在肥料的市场交易过程中通过买卖双方确定的价格反映出来，而是由买者和卖者之外的第三方（如化工厂周围的居民）承担。我们一般用**边际外部成本**（marginal external cost，MEC）来表示新增每一单位的某商品生产所导致的由第三方承担的额外成本。边际外部成本是生产商品的边际社会成本的一部分，但它并不反映在商品的价格中。

对张三来说，他据以决策的边际成本是生产肥料的边际私人成本 MEC。而边际私人成本必须加上边际外部成本才等于边际社会成本 MSC，即

$$\text{MPC+MEC=MSC} \tag{6-1}$$

为简便起见，不妨假设与肥料产量相联系的边际外部成本是一个常数。如图 6-1 所示，负外部性存在时，肥料生产的边际社会成本曲线 MSC 位于边际私人成本曲线 MPC 的上方，在每一产量水平上，两条曲线之间的垂直距离就是该产量上的边际外部成本 MEC。曲线 D 是以边际收益 MB 为基础的需求曲线。当需求曲线 D 和供给曲线 S 相交于 E_0 点时，分别形成均衡价格 P_0 和均衡产量 Q_0。

不过，E_0 点并非效率要求的均衡点，因为效率要求在生产决策时要考虑全部的边际社会成本，但 S 线所代表的仅仅是私人边际成本，即 $S=\text{MPC}$，而没有将外部边际成本 MEC 考虑在内。事实上，反映边际社会成本 MSC 的曲线是供给曲线 S'，它与曲线 D 相交形成均衡点 E^*，E^* 点所对应的均衡价格 P^* 和均衡产量 Q^* 才符合资源配置的效率要求。因为在 E^* 点，实现资源配置效率要求的条件得到满足，也即

$$\text{MSC=MPC+MEC=}MB \tag{6-2}$$

比较 E_0 点和 E^* 点，不难看出，实际产量 Q_0 大于效率要求的产量 Q^*。可见，负外部性的存在会导致过量的产出水平，或者说，企业的最优产量大于社会最优产量。

2. 正外部性与供给不足

存在正外部性时，商品的价格并不等于该商品的边际社会收益。例如，一家公司从事研究开发工作（R&D），它所获得的成果在使自己受益的同时，也可能使其他公

司受益。因为一旦科学成果变成常识的一部分，其他公司就能够借此以更低的成本从事生产，却不必为此付费。这表明，公司的研究开发工作产生了正外部性。

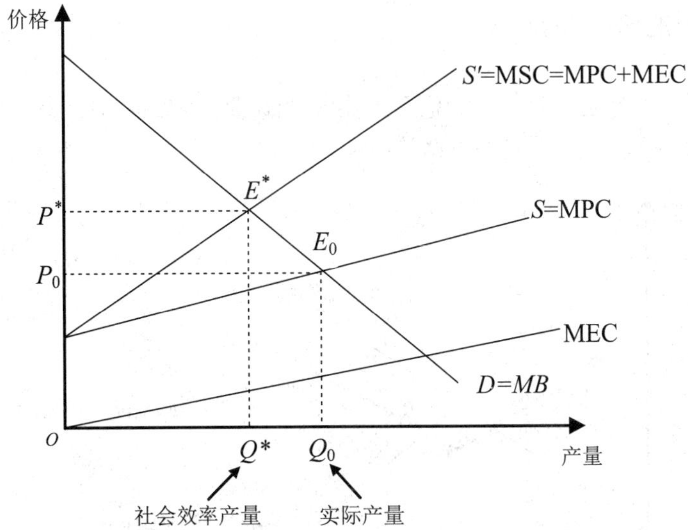

图 6-1　负外部性导致的效率损失：供给过剩

如图 6-2 所示，图中的曲线 MPB 和 MC 分别代表公司的边际私人收益和边际成本。公司选择的研究开发水平为 R，在该处 $\text{MPB} = MC$。每单位研究开发给其他公司带来的边际外部收益（marginal external benefit）表示为 MEB。这样，研究开发的边际社会收益 MSB 为边际私人收益和边际外部收益之和，即

$$\text{MPB+MEB=MSB} \tag{6-3}$$

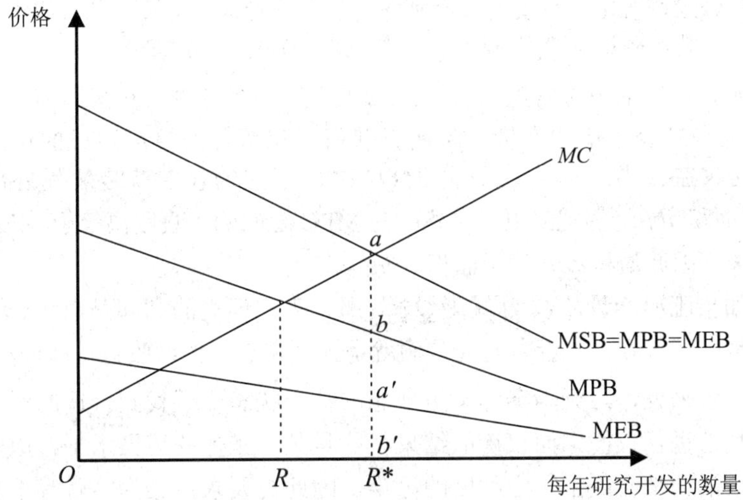

图 6-2　正外部性导致的效率损失：供给不足

效率要求边际成本和边际社会收益相等，这发生在 R^* 点。比较 R 和 R^* 点，可以看出，实际研究开发的数量 R 小于效率要求的数量 R^*。这表明，研究开发的数量是

不足的。可见，正外部性的存在引起产量不足，或者说，企业的最优数量低于社会最优数量。

6.1.4 对模型的进一步探讨

为加深对外部性概念的理解，我们对上述模型做进一步分析。借助图 6-3（在图 6-1 的基础上补充而成），可以得到如下结论。

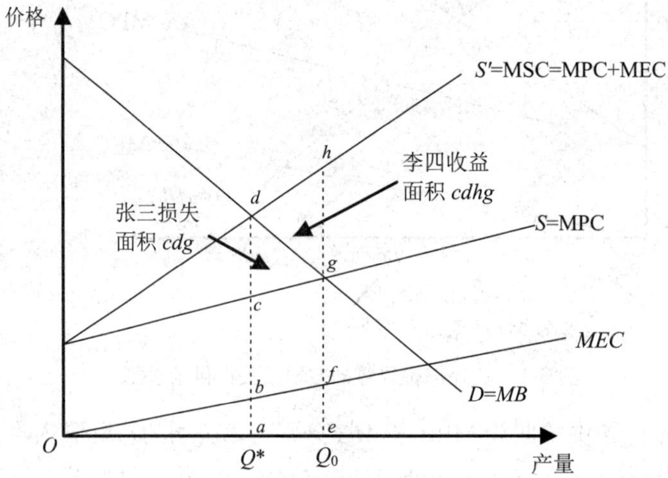

图 6-3 达到效率产量水平的得失

第一，该模型不仅表明产量由 Q_0 减少为 Q^* 能够提高效率，而且还提供了一种可用于测量由此而带来的收益的方法。当产量从 Q_0 削减为 Q^* 时，张三的利润随之减少。在图中，张三在既定产量上的边际利润为边际收益 *MB* 与边际私人成本 MPC 之间的垂直距离。当肥料产量从 Q_0 下降为 Q^* 时，张三损失的利润是图 6-3 中的面积 *cdg* 。

与此同时，李四的境况有所改善。因为张三生产得越少，对李四捕鱼造成的损害也越小。张三每减少一单位产量，李四就获得与该单位产量所造成的边际外部成本 MEC 相等的收益。当产量从 Q_0 下降为 Q^* 时，李四的收益就是边际外部成本曲线 MEC 之下的面积 *abfe*。注意，由于 MSC 与 MPC 之间的垂直距离等于 MEC 和横轴之间的垂直距离，因此面积 *abfe* 等于面积 *cdhg* 。

这样，如果肥料产量从 Q_0 削减为 Q^*，那么张三损失的利润是面积 *cdg* ，而李四得到的收益是面积 *abfe*，二者之间的差额就是社会所获得的净收益，即面积 *dhg* 。

第二，一般来说，污染为零并不是理想的社会状态。要找到合适的污染量，有必要对成本和收益进行权衡，而权衡的结果往往是某一正值的污染水平。原因在于，几乎所有的生产活动都会产生一定程度的污染，因此，要求污染为零就等于禁止从事一切生产活动，而这显然是一种无效的解决方法。或许，上述看法仅仅是一种常识，但这种常识却未必为人熟知。例如，在一些环保主义者看来，清新的空气和清洁的水是基本的人权，不应当出于经济方面的考虑而有所贬低。他们声称，环境是如此重要，以至于无论有多大的代价，我们都要尽可能保护它。然而，想要完全消除污染，就要把许多让我们能够享受到高生活水平的技术进步颠倒过来，但恐怕很少有人同意为了使环境尽可能清洁而接受营养不良、医疗缺乏或拥挤的住房。

第三，在实践中，为了运用图 6-3 中的框架，仅仅画几条假设的边际外部曲线和边际收益曲线是不够的，必须确定它们的实际位置和形状。但在确认和估价污染所造成的损害时，会遇到许多棘手的问题。

（1）哪些活动产生污染？以酸雨为例，科学家告诉我们，排放到空气中的二氧化硫和氧化氮与水蒸气反应产生酸性物质，这些酸性物质随雨或雪落到地面，提高了降水的酸度，对动植物造成潜在的危害。但是，酸雨究竟在多大程度上与工厂的生产活动有关，又在多大程度上与自然活动（如植物腐化和火山喷发等）有关，是很难说清楚的。此外，某个地区排放的氮、硫有多少变成酸雨，也很难确定。这部分取决于当地的天气状况，部分取决于其他污染物（如非甲烷碳氢化合物）的排放情况。

（2）哪些污染物有害？对污染影响进行大规模可控实验的能力是很有限的，通常难以确定污染的影响。美国联邦政府曾耗资 5 亿美元、花费 10 年时间开展一项国家酸雨降水量评估，初步结果表明“酸雨对农业产量几乎没有影响，对森林的影响仅限于东北部的山顶地区”。这项发现对科学界一致认为的酸雨造成巨大破坏的观点提出了质疑。

（3）损害的价值有多少？污染造成的物理损害一经确定，就必须计算该项损害的货币价值。经济学在衡量某物的价值时，首先想到的是人们的支付意愿。假如你愿意为一件衣服花费 200 元，那么 200 元就是它对你的价值。与衣服不同，污染一般不存在明确的买卖市场。那么，该如何衡量人们消除污染的边际支付意愿呢？有人尝试研究一种估计人们对清洁空气支付意愿的方法，即考察除周围空气质量不同之外，其他方面完全一样的房子，它们的价差就衡量了人们对洁净空气的支付意愿。问题是，怎样才能找到这样的房子？

借助计量分析方法，可以在一定程度上克服这一困难。然而，一方面，计量分析的可靠性部分取决于模型的完整性，如果遗漏了房价的重要决定因素，对污染影响的估计很可能是不可靠的；另一方面，人们可能不了解污染对他们健康的影响，从而低估了减少污染的价值，这意味着以支付意愿为衡量标准也存在问题。因此，尽管计量分析方法大有可为，但它也不能确切地确定受损害的价值（罗森，2002）。

6.2 外部性的私人对策

6.2.1 道德约束

外部性往往使市场无效率，但解决这个问题并不必然需要政府出手干预。在有些场合，人们可以通过私人途径进行解决。

一些外部性问题可以用道德规范和社会约束来解决。例如，为什么绝大多数人不乱扔垃圾呢？我们知道，尽管有禁止乱扔垃圾的法律，但这些法律并没有认真实行过。多数人不乱扔垃圾主要是源于内心的道德约束。在很小的时候，就有人教导我们乱扔垃圾是不负责任和错误的。我们懂得，即使拿着香蕉皮直到找到垃圾箱才扔掉，会给自己带来一点损失，我们也应承担这个损失，因为这要比别人看到扔在路上的垃圾所受的损失要小。事实上，诸如“己所不欲，勿施于人”之类的道德箴言告诉我们，要考虑我们的行动如何影响他人。用经济学的术语来说，这就是告诉我们外部性的“内部化”。

6.2.2 企业合并

私人市场经常可以通过依靠有关各方的私利来解决外部性问题。有时这种解决方法采取把不同类型的经营结合在一起的形式，使外部性内部化。为简单起见，假设只有一名污染者和一名受害者，如考虑经营化工厂的张三和以捕鱼为生的李四。如果二者能够协调行动的话，联合经营的利润就会比不合作的总利润高。因此，市场为两家企业的合并提供了很强的动力。李四可以买下工厂，张三可以买下渔业，或者第三方把两家企业都买下。一旦两家企业合并，外部性就被内部化了，即产生外部性的企业会把外部性问题考虑进来。例如，张三买下渔业，他就愿意降低肥料的产量，以便增加他在渔业上的利润，这要比他的化工厂减少的利润要多。可见，如果在同一企业内进行这两种活动，该企业就可以选择最优的肥料产量和捕鱼数量。事实上，外部性内部化是某些企业包括不同经营的原因之一。

6.2.3 明确产权和谈判：科斯定理

外部性的另一种私人解决方法是利益各方通过谈判签订合约。例如，张三和李四之间的合约就可以解决水污染过量的问题。该合约规定了正确的污染数量，同时还包括一方对另一方的支付。通过决定水污染的正确数量，该合约就能够解决这种外部性产生的无效率问题，并使双方的境况变好。

这一解决方案主要源于经济学家科斯（Coase）的思想。科斯（Coase，1960）指出，外部性问题引起的无效率，根本原因在于产权不明晰。例如，对经营化工厂的张三来说，他的行为之所以能够以一种直接的非价格方式影响以捕鱼为生的李四，使后者的境况变差，是因为没有人对河流拥有产权，以至于每个人都可以免费使用它。假如有人拥有这条河，谁使用它谁就得支付费用，那么，洁净水作为一种稀缺资源的价值就能通过价格方式反映出来，外部性问题就不复存在。

假如李四拥有这条河，他就可以向张三的污染行为收费，以反映污染给他的伤害。张三在做出生产决策时就会考虑这些费用，而不再无效率地用水。另一方面，如果张三拥有这条河，他就可以向李四收取捕鱼费用。李四为取得在河中捕鱼的权利而愿意向张三付多少钱，取决于河水的污染程度。这样，张三就有了避免污染过度的动机，否则，他从李四那里就收不到多少钱。

可见，只要河流的产权是明确的，洁净河水的价格就能够反映其用于其他用途的价值，从而使河流得到有效的使用。像清洁的空气和水、森林、草原、自然矿藏、野生生物等公共资源之所以常常被滥用，正是因为没有人有节约使用资源的动机。

科斯指出，假定资源所有者能够分清对其财产损害的来源，并且能合法地防止损害，同时私人各方可以无成本地就资源配置进行协调，那么，无论谁获得产权，有关各方总能达成一种协议。通过这一协议，每个人的状况都能变好，而且其结果是有效率的。这一结论被称为**科斯定理**（Coase theorem）。它表明，产权一旦确立，私人经济主体就能有效解决他们之间的外部性问题，从而无须政府的介入和干预。

尽管科斯定理的逻辑相当诱人，不过，源于严格的假设条件，科斯定理一般只适合于当事人很少且外部性来源很清楚的情形。而像大气污染之类的外部性，无论是污染者还是受污染者都涉及千家万户，无法想象他们坐在一起谈判的成本会很低。此外，即使确立了大气的产权，但大气所有者怎样才能在成千上万的潜在污染者中分清谁是污染者，以及每个污染者应负责多大比例的损害，这些问题仍不清楚。

按照科斯的思路分配产权，有助于解决某些重大环境和自然资源保护问题。例如，在英国某些地区，河流和航道的私人产权已有 800 年的历史，所有者向获得本段河流捕鱼权的人收费，这一做法使所有者具有保持鱼群数量和航道清洁的经济动力，从而成功地防止了过度捕捞，控制了水污染（Conda，1995）。

再如，在保护非洲大象方面，肯尼亚从 1977 年开始禁止所有狩猎活动。可是，由于法律难以实施，当地村民并没有动力服从该禁令，他们照常狩猎。对他们来说，杀死一头大象的边际成本接近于零。零成本导致了大量的捕杀活动。结果，到 1989 年，大象的数量从 167 000 头减少到 16 000 头。相反，从 1982 年起，津巴布韦让土地所有者拥有野生动植物的产权。在这种情况下，村民有动力保护兽群，因为他们可以通过出售狩猎的许可权而获利。结果，到 1995 年，大象的数量从 40 000 头增加到 68 000 头（Sugg，1996）。

6.3　外部性的公共对策

6.3.1　征税

在私人无法找到一个有效解决办法的情况下，政府可以采取几种方法进行干预。较常用的政策措施有征税、补贴、排污权交易制度、管制等。其中，征税、补贴和排污权交易制度是以市场为基础的经济激励方案，旨在让私人决策者选择自己解决问题；而管制则是政府对私人经济活动施加直接影响的行为。

税收是实现外部性内部化的传统手段之一。在存在外部成本的情况下，如果政府在效率产量水平上，向污染者课征相当于边际外部成本的税收，使私人边际成本提高到与社会边际成本相一致的水平，此时外部成本就变成污染者的内部成本，他们在决策时就会考虑到这些成本，从而避免效率损失。

如图 6-4 所示，垂直距离 *cd* 为效率产量 Q^* 上的边际外部成本。如果向张三经营的化工厂课以每单位产量 *cd* 元的税款，这种税将提高张三的有效边际成本。此时，张三每增加单位产量，既要向要素提供者付款（用 MPC 表示），也要向政府缴税（用 *cd* 表示）。这样，张三新的边际成本曲线 MPC′是在每一产量水平上的 MPC 加上 *cd* 得到的，也即使曲线 MPC 向上移动距离 *cd*。

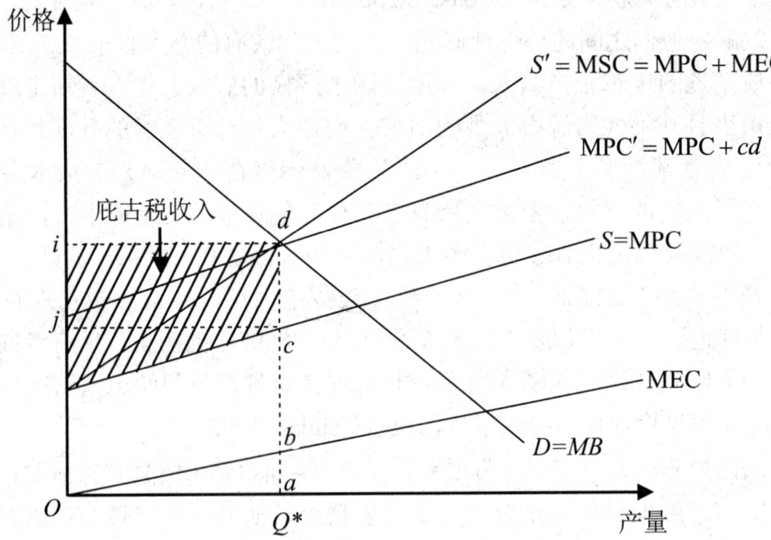

图 6-4　对庇古税的分析

为实现最大利润，张三的产量要保持在边际收益等于边际成本的水平上，也即在 *MB* 与 MPC′ 的交点决定的效率产量 Q^* 上。可见，税收迫使张三考虑他所造成的外部性的代价，从而引导他进行有效率的生产。这里，*id*（等于 OQ^*）产量上每单位的税收为 *cd* 元。因此，总的税收收入为矩形 *cdij* 的面积。

以上通过税收来矫正外部性的方法是英国经济学家庇古（Pigou，1932）首先提出的，因此也称为“庇古税”。庇古税的实施存在一些现实问题，由于估计边际外部成本函数的困难，要找出一个正确的税率是很难的。当然，我们可以做一些合理的让步。例如，汽车排放有害气体，从理论上说，按行驶里程征税有助于提高效率，但这样征收起来太麻烦，因而不可行。一种替代方法是，政府可以对汽车开征特别销售税，尽管外部性的大小并非取决于汽车的产权，而是由行程决定的。销售税不会产生有效率的结果，但仍然有助于改善现状。

一般来说，征税的办法是以知道谁在制造污染以及污染程度如何为假定条件的，但在很多情况下，这些问题是很难回答的。不过，问题的关键倒不在于庇古税是否为矫正外部性的完美方法，而在于它是否优于其他方法。

6.3.2　补贴

补贴也是实现外部性内部化的一种传统手段。对具有正外部性的产品，政府可以在最优产量水平上发放相当于外部边际收益的补贴。如图 6-5 所示，政府可以对企业每生产单位产品提供补贴 ab，ab 为最优产量下的边际外部收益。此时，企业的供给曲线将下移至 $S' = MC - ab$，于是，市场均衡产量达到最优的 R^*。当然，向购买该产品的消费者提供等额的补贴也可以收到同样的效果。

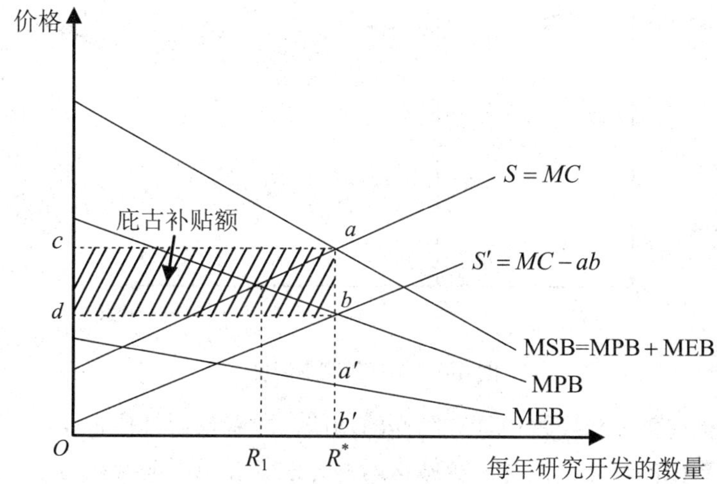

图 6-5　对庇古补贴的分析

矫正性补贴在一些国家较为常见。例如，政府对有突出贡献的科技人员发放特殊津贴，以鼓励研究开发活动，因为研究开发活动往往具有正外部性。再如，居民个人在自己的庭院里植树，由于有利于改善自然环境，政府往往以优惠价格供应树苗。当然，并非所有的补贴都基于正外部性的矫正，如有些补贴仅仅是为了缓解贫困或进行灾后救济。

当存在负外部性时，例如，企业排污给附近河流造成污染，政府也可以向企业提供补贴，鼓励其扩大投入采取减除污染的措施，改进生产工艺，以减少向河流的排污量。这种做法的问题是，它以排污企业的数目既定为前提条件，否则，补贴可能会吸引其他企业进入这一行业。此外，补贴最终来源于税收，因而可能增加财政负担。

6.3.3　排污权交易制度

为了实现污染控制的最优水平，政府可以向企业拍卖污染许可证，并且允许排污权在企业之间进行交易，这种做法称为**排污权交易制度**。在该制度下，政府实际上创造了一种新的市场：排污权交易市场。该市场受供求因素支配，价格这只“看不见的手”将确保其有效地配置排污权——那些只有以高成本才能减少污染的企业，愿意为污染许可证支付最高的价格；而那些低成本可以减少污染的企业，也愿意出卖它们所拥有的许可证。

如图 6-6 所示，横轴表示污染权的数量，纵轴表示污染权的价格。政府宣布它将发售 R^* 单位的污染权，事实上，污染权的供给是过 R^* 点的一条垂线。污染权的需求 D_R 向右下方倾斜。每单位污染权的均衡价格是 P_1。那些不愿为每单位污染支付 P_1 的企业，要么减少产量，要么采用更清洁的技术。

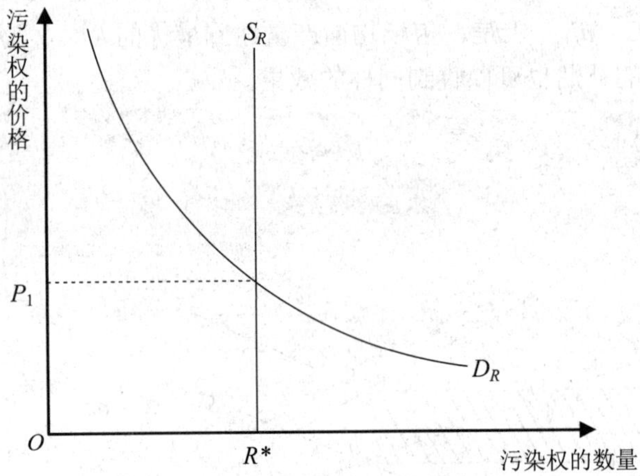

图 6-6　排污权交易制度

这里，污染许可证和庇古税具有同样的功能，二者都通过使企业排污要付出成本而将污染的外部性内部化。同时，实施这两种方法都要求了解谁在污染、污染程度如何等。不过，在有些场合，出售污染许可证可能会比实行庇古税更好些。假定环保部门想让倒入河流的废物不超过 500 吨。由于环保部门不清楚污染的需求曲线，政府无法确定征收多少税收才能达到这一目标。在这种情况下，它可以简单地拍卖 500 吨的污染许可证。拍卖价格就是适当的庇古税规模。

排污权交易制度可能存在的一个问题是，为了阻止其他企业进入市场，现有企业可能会购买超过其实现成本最小化要求的污染许可证。这种策略行为是否出现，难以预测。

6.3.4　政府管制

政府管制（government regulation）是政府依据有关的法规，通过许可、禁止等手段，对私人经济活动施加直接影响的行为。针对污染所造成的负外部性问题，政府可以通过制定环境质量标准，规定企业排污的最大限额。例如，就图 6-1 而言，政府可以要求张三将产量减少到 Q^*。

政府管制存在的问题是，由于有关部门无法清楚了解不同企业的污染情况，通常只能实行统一排污标准的办法。这样，如果存在大量不同的企业，政府管制的结果可能是缺乏效率的。这里以两个企业为例来说明。

如图 6-7 所示，假设企业 E 和 F 都排放二氧化硫（SO_2），该化合物是引起酸雨的主要原因。在图 6-7 中，MB_E 是 E 的边际收益曲线，MB_F 是 F 的边际收益曲线。为简便起见，假定 E 和 F 有相同的边际私人成本曲线 MPC，同时二者利润最大化的产量也相同，即 $E_1 = F_1$。

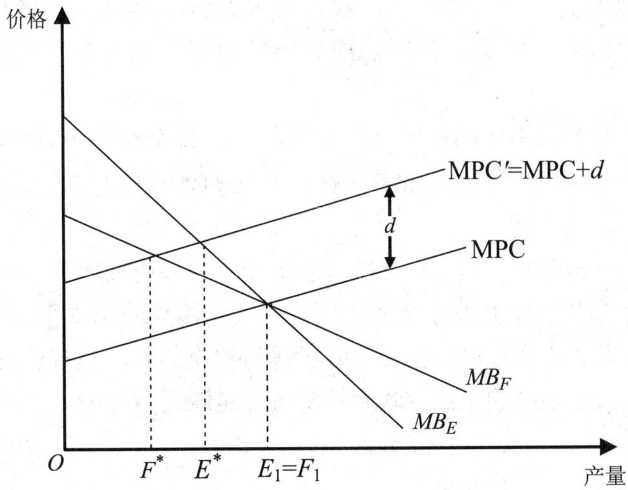

图 6-7 对两个污染者的管制

假定总产出达到效率产量时的边际外部成本为 d 元。这样，效率要求每一企业的生产都保持在边际收益曲线与其边际私人成本加上 d 的交点上。在图 6-7 中，企业 E 和 F 的效率产量分别是 E^* 和 F^*。由于两个企业的边际收益曲线不同，因此效率并不要求两个企业等量地减少污染量。可见，规定所有企业等量减产（无论是按绝对数量还是按相对比例）会导致某些企业生产太多而另一些企业则生产太少。

在现实生活中，上述情况是普遍存在的。例如，行驶于人烟稀少地区的汽车所造成的损害，要比那些在人口稠密地区行驶的汽车所造成的损害小。为两辆车规定相同的废气排放标准是低效率的。当然，管制部门也可以为每个污染者规定具体的排污标准，但在污染者众多的情况下，这种管理方法是行不通的。

总体来说，在以上可供选择的解决外部性的各种政策举措中，没有哪一种是尽善尽美的，具体结果取决于所考察的污染类型和污染场所。尽管如此，理论和实践表明，在各种场合中，经济激励措施的成本更低、效率更高。大多数经济学家更乐于采用庇古税或出售污染许可证的方法，他们认为实施这两种方法比补贴或直接管制更有可能实现经济效率。

本章小结

- 外部性的主要特点是它不仅存在于经济主体决策的外部，而且也存在于市场价格机制之外。外部性具有一条相当重要的性质：相互性。
- 若存在负外部性，商品的价格并不反映生产该商品的边际社会成本，其结果将导致过量的产出水平。

- 若存在正外部性，商品的价格并不等丁该商品的边际社会收益，其结果将导致产量不足。
- 科斯定理表明，一旦确立了产权，私人经济主体之间就能通过谈判有效解决外部性问题。但是，谈判的成本必须很低，而且外部性的来源必须容易识别。
- 庇古税是针对污染者的产出课征的税收，征税金额等于效率产量上的边际外部成本。庇古税迫使生产者考虑他所造成的外部性的代价，促使他进行有效率的生产。
- 对具有正外部性的产品进行补贴，会促使企业以有效率的水平进行生产。
- 排污权可以在市场上进行交易。这可以固定污染的总水平。在管理者不能确定污染者对庇古税如何做出反应时，排污权交易制度具有优势。
- 如果存在大量不同的企业，政府管制可能是缺乏效率的。

基本概念

- 正外部性
- 负外部性
- 边际外部成本
- 科斯定理
- 排污权交易制度
- 政府管制

复习题

1．如何理解外部性的性质？
2．分别分析负外部性和正外部性对资源配置效率的影响。
3．解决外部性问题的私人对策有哪些？
4．什么是科斯定理？其成立的条件有哪些？
5．解决外部性问题的公共对策有哪些？

练习题

1．有几家企业位于某一城镇的东部，该城镇有不少居民住宅。每家企业生产相同的产品，并在生产过程中排放有害气体，给社区居民带来了不利的影响。

（1）这些企业为什么具有外部性？

（2）你认为私下进行讨价还价能够解决这一外部性问题吗？并加以解释说明。

2．某养蜂人住在一个苹果园旁边。果园主由于蜜蜂而受益，因为每箱蜜蜂大约能为一亩果树授粉。由于蜜蜂无须果园主做任何事就会到果园中来，因此他并不为这一服务付任何钱。不过，蜜蜂不足以使全部果园都授到粉，因此果园主必须以每亩果树100 元的成本，用人工来完成授粉。假设养蜂人的边际成本 $MC = 10 + 2Q$，其中 Q 为蜂箱数目。每箱能产 200 元的蜂蜜。

（1）养蜂人将有多少箱蜜蜂？

（2）这是不是经济上有效率的蜂箱数目？

（3）什么样的变动可以导致更有效率的运作？

3．现在，社会对在公共场合吸烟的行为显得越来越不能忍受。许多人指出“被动”吸烟对健康的负面影响。假如你是一位烟民，你希望继续吸烟，而不管越来越严厉的反吸烟法规，描述下列立法建议对你的行为的影响。从这些计划的结果看，你作为一位烟民是否受益？社会作为一个整体是否受益？

（1）一项议案要求降低所有香烟中的焦油和尼古丁。

（2）对出售的每包香烟征税。

（3）要求烟民在任何时候都携带吸烟许可证，这些许可证由政府出售。

第 7 章　政府支出的规模与结构

本章学习目标

- 理解中国政府支出规模的变化趋势；
- 掌握政府支出增长理论；
- 了解控制政府支出增长的制度安排。

引例

中央三公经费实现“六连降”

2018 年 6 月 20 日，财政部部长刘昆向全国人大常委会做《国务院关于 2017 年中央决算的报告》。报告显示，2017 年，中央本级“三公”经费财政拨款支出合计 43.6 亿元，比预算数减少 17.87 亿元。其中，因公出国（境）经费 16.83 亿元，减少 1.99 亿元；公务用车购置及运行费 23.17 亿元，减少 11.87 亿元；公务接待费 3.6 亿元，减少 4.01 亿元。

根据财政部数据，2012—2017 年，中央本级“三公”经费财政拨款支出分别为 74.25 亿元、70.15 亿元、58.8 亿元、53.73 亿元、48.25 亿元和 43.6 亿元。逐年下降的数据，表明中央层面兑现了“三公”经费预算总规模只减不增的承诺。

2018 年 4 月，91 个中央部门集体“晒”年度预算。其中，有 46 个部门“三公”预算比 2017 年预算数减少，23 个部门增加，22 个部门持平。

数据显示，2018 年国家税务局系统的“三公”预算数最高，为 12 亿元；其次是国家市场监督管理总局，为 3.45 亿元。同时，2018 年国家税务局系统的“三公”经费削减数额也最大，削减数额达 8 553 万元，下降 6.65%。另外，国家机关事务管理局“三公”经费也有较大压缩幅度。

除了中央部门贯彻中央“八项规定”精神，严格控制“三公”经费支出这样的因素，部门职能和工作情况的变化同样影响“三公”经费的预算安排。例如，2018 年人力资源和社会保障部的“三公”经费比 2017 年减少 1 283 万元，其中一个原因是，该部组织参加的世界技能大赛每两年举办一次，2018 年为非大赛年，相应因公出国（境）费预算周期性减少。

此外，机构改革也会影响“三公”经费的规模。例如，国税与地税合并后，机构支出费用也将下降，在“三公”经费上，办公支出以及公务用车等费用可能会减少。

根据 91 个中央部门的年度预算，有 23 个部门“三公”经费不降反增。例如国家体育总局和商务部。国家体育总局增加数额最大，为 5 064 万元。商务部次之，为 1 306 万元。

国家体育总局在说明中指出，2018 年“三公”经费预算增加，主要是因为平昌冬奥会和雅加达亚运会参赛相关预算增加。而商务部主要是因为 2018 年国家领导人出访、参加国际会议和多双边谈判增加了出访任务。

资料来源：冯玲玲（2018），作者整理。

政府支出，也称**财政支出**或**公共支出**，是指政府为履行职能而消耗的一切费用的总和，也就是说，一旦政府在以多少数量、以什么质量向社会提供公共产品和服务方面做出了决策，政府支出就是实施这些决策所付出的成本。因此，政府支出衡量了政府活动的成本。

政府支出是政府经济活动的一个重要方面，这不仅是因为财政对社会经济的影响主要表现在政府支出上，而且也因为政府干预与调节经济的功能主要是通过政府支出来实现的。因此，政府支出的规模和结构既反映着政府介入经济生活和社会生活的范围、领域和力度，也反映着财政在经济生活和社会生活中的地位。

本章首先考察政府支出的规模及其增长趋势，随后探讨政府支出的分类与结构问题。

7.1 政府支出的规模与结构

7.1.1 政府支出的规模

政府支出的规模一般可以利用绝对指标和相对指标加以度量，绝对指标就是对政府支出的绝对数额进行考察，其特点是能够比较直观地反映政府支出的现状和变化情况。当人们提及政府支出的规模及其变化时，通常就是指政府支出的绝对数额。不过，这一指标难以反映影响政府支出的各种复杂的因素，为此，学者们一般较为关注政府支出的相对指标，即政府支出总额与其他相关经济指标，如国内生产总值（GDP）、个人可支配收入等的比值，通过这些比值及其变化，考察政府支出的增长情况。

由于核算方面的原因，对中国政府支出的规模及其变化的考察需要分以下两个阶段进行考察。

1. 2007 年以前

2007 年以前，中国官方每年公布的政府支出数据没有直接反映政府支出的总规模。为解决这一问题，需要对中国政府支出的数据进行相应的调整。

政府支出=预算内支出+预算外支出+社会保险基金支出
+中央政府代地方政府发行的政府债券支出

关于 1990—2006 年中国政府支出的调整和计算结果如表 7-1 所示。

表 7-1　中国政府支出（1990—2006 年）

年　份	预算内支出		预算外支出/GDP（%）	社会保险基金支出/GDP（%）	中央政府代地方政府发行的政府债券支出/GDP（%）	政府支出/GDP（%）
	规模（亿元）	/GDP（%）				
1990	3 662	19.7	14.6	0.8	n.a.	35.1
1991	3 897	18.0	14.3	0.8	n.a.	33.1
1992	4 187	15.7	13.7	1.2	n.a.	30.6
1993	5 054	14.3	3.7	1.3	n.a.	19.3
1994	6 159	12.8	3.5	1.4	n.a.	17.7
1995	7 151	11.8	3.8	1.4	n.a.	17.0
1996	8 275	11.6	5.4	1.5	n.a.	18.5
1997	9 602	12.2	3.4	1.7	n.a.	17.3
1998	11 132	13.2	3.5	1.9	n.a.	18.6
1999	13 478	15.0	3.5	2.4	0.5	21.4
2000	16 165	16.3	3.6	2.4	0.7	23.0
2001	19 203	17.5	3.5	2.5	0.4	23.9
2002	22 313	18.5	3.2	2.9	0.2	24.8
2003	24 876	18.3	3.1	3.0	0.2	24.6
2004	28 579	18.0	3.0	2.9	0.1	24.0
2005	33 908	18.6	3.0	3.0	0.1	24.7
2006	40 423	18.7	2.7	2.0	n.a.	23.4

说明：

① n.a.表示数据缺失。

② 政府支出包括预算内支出、预算外支出、社会保险基金支出以及中央政府代地方政府发行的政府债券支出。此外，国有企业的亏损补贴（中国官方政府支出统计中没有计入）也包括在内。

③ 2004 年和 2005 年政府的预算外支出和总支出数据是经济合作与发展组织（OECD）的估计值。

数据来源：1990—2005 年的数据来自 OECD（2006），2006 年的数据来自 CEIC 中国经济数据库。

1990—2006 年中国政府支出的变化如图 7-1 所示。

图 7-1 表明，1990—2006 年，中国政府支出的实际规模超过了官方正式公布的水平。事实上，在官方正式统计的预算支出之外，中国还存在以下三部分没有统计但规模很大的支出项目。

第一，中国存在着范围相当广泛的制度外收支活动。制度外的支出来源一般是未被授权的收费，通常以临时收费的形式出现。与预算外收支不同，制度外收支既没有合法性，也没有系统地编制成相应的官方统计数据。据估计，这部分支出占 GDP 的比重已达到 4%左右。

第二，中国政府还存在相当大的税式支出，这主要是对某些经济活动的税收优惠及税收豁免，其占 GDP 的比重可能比 1.5%还要高。

第三，中国政府以往许多政策导致隐性负债或有负债的积累，它们在未来的某一时点可能变成显性负债，从而造成公共债务大幅增加。据 OECD（2005）的估计，不良贷款最终给政府造成的成本将占 2004 年 GDP 的 30%左右，导致这些债务的、未统计在内的政府支出可能平均占 GDP 的 1%～1.5%。

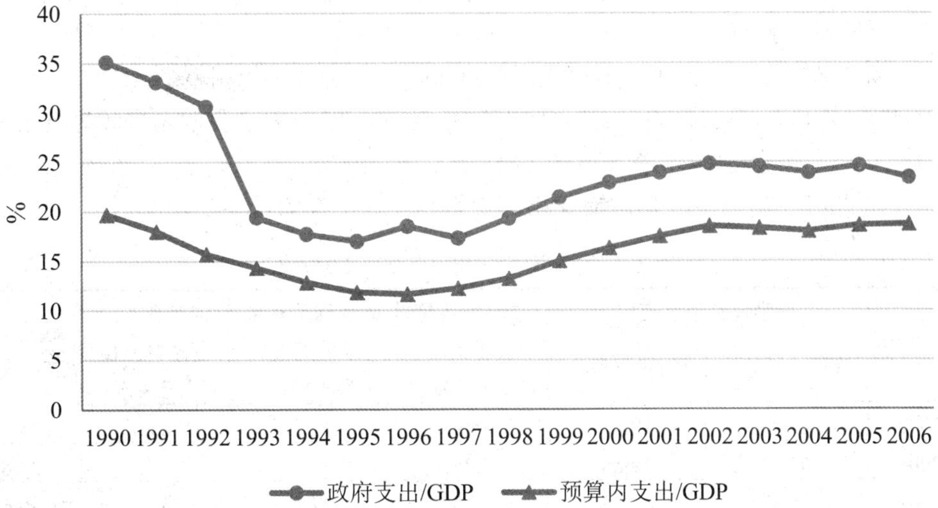

图 7-1　中国政府支出的变化（1990 —2006 年）

数据来源：根据表 7-1。

在一个更广义的政府定义下，即纳入准政府或明显的非政府实体（如国有企业）的支出，中国政府支出的规模可能更大。原则上，国有企业按政府行政命令行事而非出于商业化经营目的的支出应该被认为是政府支出。过去，政府的这种支出规模一直较大，但随着过去 10 年国有企业在国民经济中的比重显著下降，以及国有企业摆脱很多行政命令，致力于成为创造盈利的实体，政府对国有企业的支出已经减少很多（OECD，2006）。

图 7-1 表明，20 世纪 90 年代后半期以来，中国政府支出快速增长。1998—2004 年，预算内支出年均增长 17%，同期政府支出年均增长 16%，明显高于同期名义 GDP 的增长率。结果政府支出占 GDP 的比重显著上升，从 1995 年的 17%上升到 2002 年的 24.8%的历史最高点。2003 年起，政府支出增长的速度有所下降。2002—2004 年，政府支出年均增长 13.2%，伴随名义 GDP 增长的加速，2003 年政府支出占 GDP 的比重出现了自 1997 年以来的首次下降。

2. 2007 年至今

根据国际上的通行做法，并结合自身的国情，中国于 2007 年 1 月 1 日正式实施政府收支分类改革。在新的分类方案下，原来的政府预算逐步演变成由一般公共预算、政府性基金预算、国有资本经营预算、社会保险基金预算等四部分组成的体系。一般公共预算指的是政府凭借国家政治权力，以社会管理者身份筹集以税收为主体的财政收入，用于保障和改善民生、维持国家行政职能正常行使、保障国家安全等方面的收支预算。政府性基金预算指的是政府通过向社会征收基金、收费，以及出让土地、发行彩票等方式取得收入，专项用于支持特定基础设施建设和社会事业发展等方面的收支预算。国有资本经营运算指的是国家以所有者身份依法取得国有资本收益，并对所得收益进行分配而发生的收支预算。社会保险基金预算指的是根据国家社会保险和预算管理法律法规建立，反映各项社会保险基金收支的年度计划。中国自 2010 年开始试编社会保险基金预算。

在新的政府预算体系下，政府支出数据采用以下公式进行调整：

政府支出=一般公共预算支出+政府性基金预算支出+社会保险基金预算支出+国有资本经营预算支出

有关 2007—2017 年中国政府支出的调整和计算结果如表 7-2 所示。

表 7-2　中国政府支出（2007—2017 年）

年　份	一般公共预算支出		政府性基金预算支出/GDP（%）	社会保险基金预算支出/GDP（%）	国有资本经营预算支出/GDP（%）	政府支出/GDP（%）
	总额（亿元）	/GDP（%）				
2007	49 565	18.65	3.64	2.97	n.a.	25.26
2008	62 427	19.88	4.77	3.16	n.a.	27.81
2009	75 874	22.26	4.73	3.61	n.a.	30.60
2010	89 575	22.31	8.12	3.69	0.13	34.25
2011	108 930	23.10	8.41	3.82	0.16	35.49
2012	125 953	23.31	6.72	4.32	0.26	34.61
2013	140 212	23.56	8.48	4.69	0.26	36.99
2014	151 786	23.57	7.99	5.12	0.31	37.00
2015	175 878	25.52	6.15	5.66	0.30	37.63
2016	187 755	25.25	6.30	6.31	0.29	38.15
2017	203 085	24.55	7.37	6.91	0.24	39.07

说明：n.a.表示数据缺失。

数据来源：CEIC 中国经济数据库。

2007—2017 年中国政府支出的变化如图 7-2 所示。

表 7-2 和图 7-2 表明，2007 年以来，随着财政透明度的显著提高，中国政府支出的实际规模逐步接近官方正式披露的水平。原先广泛存在的预算外、制度外收支活动得到明显的遏制，许多收支项目分别纳入一般公共预算和政府性基金预算的范围。不过，问题依旧突出，其主要表现在以下方面。

首先，作为一般性支出项目管理、大致相当于原先的预算内支出的一般公共预算支出，其相对于国内生产总值（GDP）的比重由 2007 年的 18.65%大幅上升至 2017 年的 24.55%。其间最为显著的变化是由 2007 年的 18.65%迅速上升为 2009 年的 22.26%，两年间的升幅高达 3.7%。政府支出这一显著增加的主要原因是：2008 年年末，为了应对全球金融危机给中国经济增长带来的负面冲击，中央政府决定实施为期两年、规模高达 4 万亿元的政府投资计划。不难理解，正是这一规模空前的经济刺激计划，直接导致了一般公共预算支出规模的激增。

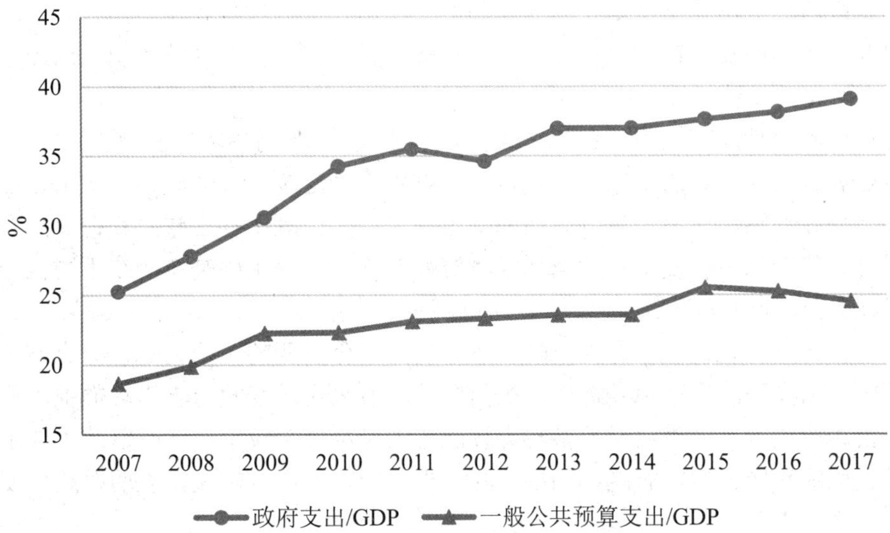

图 7-2　中国政府支出的变化（2007—2017 年）

数据来源：CEIC 中国经济数据库。

其次，作为专款专项性支出项目管理的政府性基金支出，其在 GDP 中的占比由 2007 年的 3.64%提高至 2017 年 7.37%，此间最显著的变化是该比重从 2009 年的 4.73%一跃上升至 2010 年的 8.12%。尽管从表面上看，政府性基金同样置于政府预算制度的监管之下，但事实上，该项目中的绝大部分是由权力欠缺有效约束的地方政府及其部门支配的。大量政府性基金的存在，既是地方财政局面日益紧张的结果，也反映了强烈的地方利益和部门利益色彩。

最后，在经历了 20 世纪 90 年代初期的迅速下降之后，中国政府支出的规模从 20 世纪 90 年代中期开始逐年上升，截至 2017 年，政府支出在中国 GDP 中所占的比重已经上升至 39.08%。这样的规模相当于高收入国家的政府支出水平，超越了中国当前作为中等收入国家应有的政府支出水平。

7.1.2　政府支出的类别

政府支出通常由许多具体的项目构成，出于分析和管理上的需要，往往根据不同的分类标准对这些项目进行分类。下面介绍两种常见的分类方法。

首先，以政府支出的经济性质为依据，可以将政府支出划分为购买性支出和转移性支出。

购买性支出是政府为履行职责而用于购买所需的商品和劳务的支出，这包括两种情形：一种是购买政府进行日常政务活动所需的商品与劳务的支出；另一种是购买政府进行投资所需的商品与劳务的支出。前者主要包括政府用于国防、外交、行政、司法等方面的支出，后者主要包括政府用于道路、桥梁、港口、码头等方面的支出。购买性支出有两个显著的特点：一是政府在安排这类支出时，与私人经济主体一样在市场上从事互利的交易活动，也即政府支持的财政资金获得了相应的商品和劳务上的报偿；二是政府通过消费其所购买的商品和劳务，向社会提供各种各样的公共产品和服务，以履行各项职责。在此过程中，政府直接消耗了部分社会经济资源。因此，购买性支出有时也称为消耗性支出。

转移性支出是政府按照一定的形式，将一部分财政资金单方面、无偿地转移给居民、企业和其他受益者的支出，主要包括政府用于养老金、失业救助、贫困救助、医疗补助、财政补贴、债务利息等方面的支出。这类支出既不存在政府获得商品和劳务上的对等补偿，也没有发生政府消耗经济资源的行为，而主要是政府在不同社会成员间进行社会经济资源再分配的活动。

对于经济分析来说，政府支出的上述分类是十分重要的，因为这一分类方法直接涉及政府支出在经济运行中发挥作用的问题。一般来说，在政府支出总额中，购买性支出所占的比重越高，表明财政参与直接配置的经济资源较多，此时财政主要是履行资源配置职能和经济稳定职能；如果转移性支出所占的比重较大，表明财政主要用于收入再分配。

其次，从实践上看，政府支出是政府部门的一种业务性活动，其具体体现为政府预算中支出预算项目的编制与执行。因此，可以依据政府预算所编列的支出项目对政府支出进行分类，这就是政府支出在预算上的分类。由于各国在政治、经济、社会、历史等方面的差异，各国政府的机构设置和具体职能不可能完全一致，这使得各国政府预算中所编列的政府支出项目也不尽相同。

2007 年，中国开始实施政府收支分类改革方案，该方案对政府支出项目采取了两种分类办法：一是支出功能分类；二是支出经济分类。

支出功能分类主要反映政府各项职能活动及其政策目标。根据社会主义市场经济条件下政府职能活动情况和国际通行做法，将政府支出分为类、款、项三级科目。其中，类级科目包括一般公共服务支出、外交支出、国防支出、公共安全支出、教育支出、科学技术支出、文化旅游体育与传媒支出、社会保障和就业支出、卫生健康支出、节能环保支出、城乡社区事务支出、农林水支出、交通运输支出、资源勘探电力信息等事务支出、商业服务业等事务支出、金融监管等事务支出、自然资源海洋气象等支出、住房保障支出、粮油物资储备支出、预备费、国债付息支出、其他支出等。图 7-3 显示了根据这一分类方法刻画的 2017 年中国政府支出的结构。[①]

支出经济分类主要反映政府支出的经济性质和具体用途。改革后的支出经济分类设类、款两级。其中，类级科目包括工资福利支出、商品和服务支出、资本性支出、对事业单位补助、对企业补助、对个人和家庭的补助、对社会保障基金补助、债务利息及费用支出、债务还本支出、转移性支出、其他支出等。

在支出功能分类明确反映政府职能活动的基础上，支出经济分类明细反映财政资金是怎么花费的，例如，是付了人员的工资、会议费，还是买了办公设备等。可见，支出经济分类与支出功能分类从不同侧面、以不同方式反映政府支出活动，二者之间既相互独立，又互为联系，可结合使用。

① 不包括社会保险基金支出。

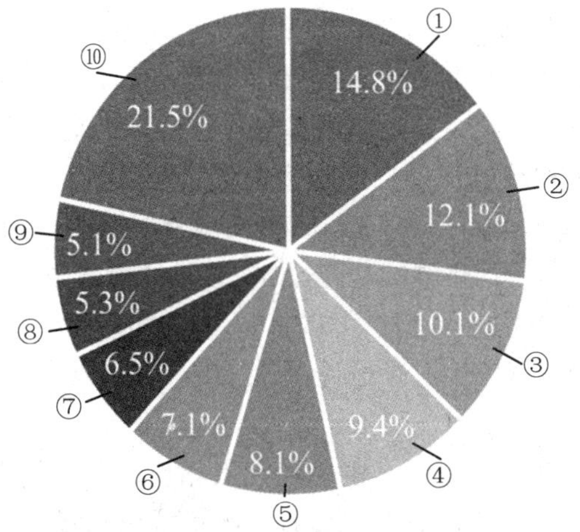

图 7-3　中国政府支出结构（2017 年）

数据来源：CEIC 中国经济数据库。

7.2　政府支出增长的原因及其控制

7.2.1　政府支出增长的理论解释

在 7.1 节中，我们已经概览了政府支出的规模与结构。总体来说，伴随经济的成长，政府支出的规模一般也呈现出不断增长的态势。为此，本节考察解释政府支出增长的主要理论。这些理论都有一定的道理，不过，它们一般都只是强调单一的或少数几个因素对政府支出的独立影响，而没有哪一种理论能够单独解释整个现象。事实上，即使将这些理论放在一起，也仍然有解释不清的地方。

1. 政府活动扩张论

19 世纪后期，德国经济学家瓦格纳（Wagner，A.）在分析了英、德、法、美、日等国的统计资料后发现，这些国家的政府支出无论是在绝对规模上还是在相对规模上都存在着增长的趋势。他由此断言，工业化经济的发展必然伴随着政府活动规模的不断扩张。其原因在于以下几方面。

（1）随着工业化的发展，劳动分工和生产的专业化日益加强。这一方面带来了社会的进步，另一方面则使经济交往日益复杂化，经济主体之间的各种摩擦不断增加，从而必然要求更多的政府保护、调节和管理活动。

（2）随着收入的提高和社会的进步，人们对于分配问题的关心日益加强，对教育、文化、保健、福利等服务的需求逐步增加，这要求政府以更大的比例提高这些方面的支出。

（3）进入工业化发展阶段之后，一些新行业要求大规模的投资，这些投资要么由于规模过大而使得私人难以有效融资，要么私人可以融资但却会导致私人垄断，因而不利于促进社会目标。为了保障社会经济的有效运作和良性发展，政府有必要直接介入大规模的投资生产领域，其结果是政府参与直接生产活动的日益增加。

瓦格纳对政府支出和政府部门扩张趋势的预言及其成因分析，被后来的经济学者称为**瓦格纳法则**（Wagner's law）。一般认为，瓦格纳法则是对政府支出的增长所做的最早的理论解释。该法则自瓦格纳的著作于1958年被摘要译成英文之后，受到广泛关注。进入20世纪90年代之后，仍然可以见到学者们运用新的数据和新的计量经济技术对瓦格纳法则的内涵和有效性进行讨论。

2. 偶然事件论

与那些认为政府支出增长是不可避免的观点相反，英国经济学家皮科克和怀斯曼（Peacock and Wiseman，1967）认为，政府支出增长仅仅是偶然事件的结果。他们指出，尽管政府倾向于安排更多的政府支出向公民提供更多的公共产品，但公民却不愿意多纳税。因此，政府在确定预算支出规模时，必须考虑人们所普遍存在的对于多缴税心存抗拒的事实。这样，公民的可容忍的税收水平就决定着可容忍的政府支出水平或公共部门的规模。

皮科克和怀斯曼认为，在一般情况下，由于税收容忍度的影响，人们即使认识到非由政府来做不可的事情日益增多，也不会赞同政府活动的增加，因为人们知道政府活动的增加是与税收的增加联系在一起的。因此，在社会经济发展的正常时期，税收收入通常只是在税种和税率基本保持稳定的情况下，随着国民收入的增加而适度增长。这进而决定着政府支出绝对规模的逐步增长及其相对规模的基本稳定。

皮科克和怀斯曼指出，只有在经济和社会制度受到冲击的情况下，如战争、饥荒或经济大萧条时，人们才会客观地审视过去，并在心理上接受一个更高的可容忍的税收水平，容忍政府支出更多地替代私人支出。正是这种审视效应（inspection effect）和置换效应（displacement effect），促使政府支出水平登上新的台阶。而在冲击消失之后，由于政府和公民对某些社会问题有了更深的认识，政府会寻求解决以前所忽视的重要问题而增加政府支出，而公民也会支持政府增加支出以确保社会变得更加稳定。这样，较高的支出水平就会因惯性而持续存在。

皮科克和怀斯曼关于政府支出增长原因的理论解释可以用图7-4表示。由于他们是从政府支出变化的具体时间过程来研究政府支出的增长，并且其理论在图形上呈现出阶梯状上升的趋势，因此，他们关于政府支出增长的理论也被称为**时间形态理论**或**梯度渐进增长理论**。

3. 非均衡增长论

美国经济学家鲍莫尔（Baumol，1967）从公共部门生产函数中投入品价格的角度，对政府支出增长现象加以解释。鲍莫尔认为，公共部门的活动是劳动密集型的，相对于资本密集型的私人部门来说，其劳动生产率的提高速度相对较缓。私人部门劳动生产率的提高，将引起部门工资水平的上升。而公共部门为了得到应有的劳动投入量以向社会提供足够的服务，其工资水平的提高必须与私人部门保持同步。这将使得公共部门提供服务的单位成本相对上升，从而导致既定数量的公共产品相对于既定数量的私人产品之间的价格上升。如果对于公共部门活动的需求是无弹性的，就必然会形成公共支出增长的趋势。由于鲍莫尔是从公共部门和私人部门劳动生产率的差异所导致的产品单位成本的不同来分析政府支出增长的，因此其理论假说一般被称为**非均衡增长理论或鲍莫尔法则**。

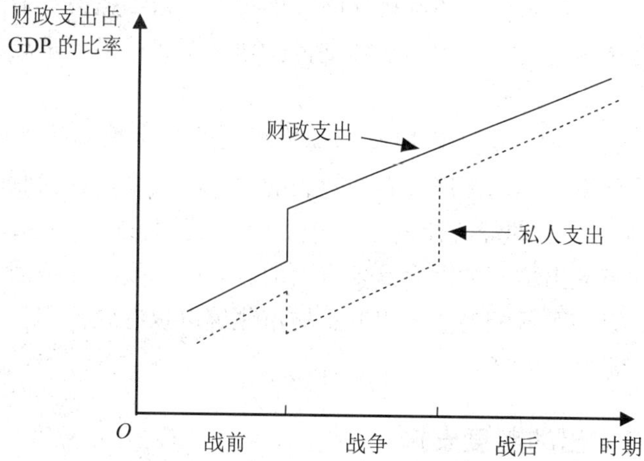

图 7-4 偶然事件导致政府支出的增长

应当说，从现实来看，鲍莫尔的分析是不无道理的。特别是，在有些公共部门中，保持劳动密集型本身就是社会的要求。例如在公共教育部门中，如果教师相对于学生过少的话，那么教学质量一般来说是难以保证的。再如在社会医疗保障体系下，如果相对于病人来说，医生和护士的密集度过低的话，那么受损害的将是病人。当然，既然是理论分析，难免在分析中会有些简化的成分。例如，一方面，公共部门并非都是劳动密集型的，私人部门也不全是资本密集型的；另一方面，即使是对那些劳动密集型的公共部门来说，也完全可以在保证公共服务质量的前提下提高工作效率。这些都是我们需要注意的地方。

4. 收入再分配论

针对发达国家中转移性支出主要向中低层收入者倾斜的特征，有的经济学家认为，政府支出之所以增长，是因为低收入者利用政治制度进行有利于他们自己的收入再分配。具体地说，为了赢得更多的选票，政治家承诺给予那些收入在中等以下的选民提供利益，而让那些收入在中等水平以上的选民承担净成本。只要这种实现收入再分配的机制对工作积极性不会造成太大的损害，政治家就有扩大政府主办的再分配范围的动力。例如，假定有 5 个选民，他们的收入分别是 5 万元、4 万元、2.5 万元、1.5 万元、0.5 万元，中等收入为 2.5 万元，平均收入为 2.7 万元。支持政府将收入转移给低于 4 万元居民这一计划的政治家，将赢得多数票。与这一观点相一致的是，收入越集中于最高收入者时，平均收入与中等收入之间的差额将逐渐增大，此时，政府主办的收入再分配的潜在利益就越大。有证据表明，这的确是发达国家收入转移政策的合理特征。

收入再分配论的另一观点则认为，收入再分配主要有利于中等收入阶层，而非低收入阶层。经济学中的**迪克拉特定律**（Director's law）指出，公共支出主要有益于中产阶级，而用于筹资的税收中的大部分却是由穷人和富人来承担的。不过，在发达国家中，也有一些使富人受益的政府转移支付计划，例如老年保健医疗制度。

在现实中，让不同收入阶层受益的转移支付计划是可以同时并存的，因此这些有关政府再分配的观点之间未必是相互排斥的。事实上，为了赢得更多的选票，政治家们有可能支持种类更多、规模更大的转移支付计划，而其结果则是政府支出规模的不断扩张。

至此，我们已经考察了关于政府支出规模增长的几种不同的理论假说。遗憾的是，由于对一些重要变量加以测度还存在较大的困难（例如，如何测度人们的税收容忍度），因此还很难用合适的经济计量方法来检验这些假说的相对重要性。不过，可以明确的是，影响政府支出增长的因素是多方面的。其中，既有经济因素，如人均收入增长、技术变化、公共服务相对成本提升、城市化等，也有政治和社会因素，如政局稳定、人口状态、观念变化等。

7.2.2 控制政府支出的制度安排

1. 预算监管制度

政府支出规模的不断扩张是一个客观事实，如何把政府支出规模限制在适度的范围之内，受到了经济学家的广泛关注。控制政府支出的手段很多，这里着重介绍两种制度安排：一是预算监管制度；二是政府采购制度。

预算监管制度对政府支出的约束，主要体现在政府预算的审批和监督两个环节上。所谓**政府预算**，指的是由政府编制，经立法机关审批，反映年度内财政收支状况的计划。从形式上看，预算就是按一定的标准将财政收支分门别类地纳入特定的表格。它表明政府部门从事经济活动付出了多大的成本，这些成本又通过什么方式和渠道得到补偿。因此，政府预算是反映政府部门经济活动的一面镜子。在现代社会中，政府预算必须经过立法机关审批才能生效，这就使得政府支出被置于以议员为代表的公民监督之下。

政府预算的审批一般应遵循四条准则：① 完整性，所有的财政收支都应得到反应，并且以收支总额反映出来；② 可靠性，必须详细反映财政收支状况，各项收支数据准确；③ 公开性，全部财政收支须经立法机关审批，且向社会公布，接受公众监督；④ 年度性，应按预算年度编列财政收支。

预算管理的周期一般由预算编制、审批、执行和决算四个阶段构成。大体过程是：在新的预算年度开始前，由政府预算管理部门确定公共支出总额，再按部门确定最初分配方案，各支出部门对最初方案提出反馈意见之后，再编制预算草案。预算管理部门与各支出部门之间经过几个来回的修改和反馈，最终形成预算方案，提交立法机关审批。立法机关首先审定总体预算规模，再由专门的委员会（如预算委员会）对预算方案逐条逐句地审查，审查通过后就成为具有法律效力的正式预算。正式预算产生之后，由预算管理部门负责财政经费的，对于公共投资项目，还要组织项目投标与签约等工作。各支出部门必须定期向预算管理部门报告财政经费的使用情况。立法机关再委托审计、国库部门等负责对预算执行的日常监督。预算年度结束之后，由预算管理部门编制决算，经审计后提交立法机关批准，形成政府决算。

在实践中，有许多因素会使政府预算的运作偏离正常的程度。如拥有强大权力的个人或机构能随心所欲地提出增加政府支出的要求；预算管理部门往往缺少关于支出项目在人员配置、工程进度和成本费用等方面的必要信息等。因此，要使预算制度能够有效地控制政府支出，必须有一系列的配套制度。如一个有效约束个人或机构行为的权力制衡系统，一个及时准确地报告支出项目状况的信息管理系统，一个全面评估成本与收益的效益考核系统，一个独立于预算管理部门与各支出部门的财政经费审计系统等。

2. 政府采购制度

政府采购是指各级政府及其所属单位以公开招投标为主要方式，从国内外市场上购买商品、劳务和工程的行为。政府采购制度在美、英等国已有二百多年的历史。

政府采购必须遵循公开、公平、公正原则。公开是指采购活动具有较高的透明度，采购方要公开发布采购信息，使每个潜在的供应商都能获得均等的信息；同时，还要公开开标，公开中标结果。公平就是要给每个潜在的供应商以平等的机会，使其享有同等的权利，并履行相应的义务。公正是指评标时按事先公布的标准对待所有的供应商，任何供应商均不受歧视。

政府采购过程有一套相对完整、统一的程序。一般来说，一个项目完整的采购程序包括以下几个阶段。

（1）确定采购需求。采购需求由各采购方提出，报预算管理部门审核。审核时不仅要考虑采购预算的限额，还要考虑采购需求的合理性，包括整体布局、产品的原产地等。

（2）选择采购方式。国际上通用的采购方式包括招标采购、询价采购、谈判采购等。其中，招标采购是最基本的采购方式，它通过招标方式邀请所有潜在的供应商参加投票，然后以某种事先确定并公布的标准，从所有投标者中选出中标者，并与其签订采购合同。

（3）审查供应商资格。合格的供应商应具有相应的专业技术资格、能力及设备，具有签订采购合同的法定权力，无相关的财务及法律纠纷等。

（4）签订采购合同。无论采用何种方式，最终都要签订合同。供应商在签订采购合同时，须按标准交纳一定数额的履约保证金。

（5）履行采购合同。供应商按合同规定，向采购方提供合格的商品、工程或服务。

（6）验收与结算。采购方对合同执行结果进行验收，验收合格后，由预算管理部门与供应商进行结算。

政府采购制度的最大成效是能够节省政府支出。实践表明，通过政府采购方式至少能节省 10%的政府支出。

本章小结

- 政府支出占国内生产总值（GDP）的比例一般用于衡量一国政府活动的规模。
- 各国政府支出均呈现出不断增长的趋势，对这种现象的解释包括：① 在工业化进程中，社会公众对政府扩张有着潜在的需求；② 偶然事件（如战争）加快了政府支出增长，而惯性又阻止其返回以前的水平；③ 政府部门和私人部门之间的非均衡增长导致政府支出的增长；④ 某些集团利用政府使收入再分配向自己倾斜。
- 预算监管制度和政府采购制度是控制政府支出的两种制度安排。

基本概念

- 政府支出/公共支出
- 瓦格纳法则
- 梯度渐进增长理论
- 非均衡增长理论/鲍莫尔法则
- 政府预算
- 政府采购

复习题

1. 谈谈中国政府支出规模的变化趋势。
2. 解释政府支出增长的理论有哪些？
3. 可以采取哪些制度安排来控制政府支出的增长？

练习题

1. 在下列各种情况下，政府的政府支出规模是增加还是减少了？为什么？

（1）政府购买商品和服务支出占国内生产总值的比率下降；

（2）中央政府通过减少向地方政府的补助实现了预算平衡。

2. 某一国家各行各业都投资于新设备，每年能使私人部门的劳动生产率提高3%，政府部门没有得益于类似的技术进步。

（1）如果将私人部门的工资定得和边际产量价值相等，那么，工资每年将增加多少？

（2）为了使政府雇员的工资跟上私人部门雇员的工资，政府每年都提高雇员的工资。相对于私人生产的商品价格来说，公共服务的价格将发生什么变化？

（3）如果每年提供的公共服务数量相同，那么用支出衡量的政府规模会有什么变化？

第 8 章　社会救助支出

本章学习目标

- 了解中国贫困的现状；
- 了解中国农村反贫困计划的沿革；
- 了解中国城市居民低保制度的沿革；
- 掌握社会救助项目的经济效应。

引例

2018 年农村低保最新标准出台

最低生活保障（以下简称“低保”）是国家给予贫困人口的一种福利保障，农村低保规定只有符合条件的农村贫困人员才能申领低保补贴，但是，在农村领取低保的人中，有不少是冒名顶替的，甚至一些有钱人也在享受着低保福利。

2017 年年底，国家审计部门查出近 10 万名虚假贫困户、低保户，此后，国家加大了低保审查的力度，该取消的取消，该补录的补录，其中有三类人将被纳入低保补贴的重点保护对象，这三类人分别是：

（1）因受到洪水、地震等自然灾害的影响，造成生活贫困、经济条件困难的人。

（2）因先天或是其他外力因素造成身体出现残疾、失去劳动能力，家庭生活陷入困境的人。

（3）家庭成员出现重大疾病问题，因为花钱治疗而造成贫困的家庭。

从 2018 年开始，上述三类人每人每年至少可以领取不少于 4 300 元的低保补贴，而那些“人情保”“关系保”等违反低保条件要求的，则会依法予以清除处理。例如，以下这四类人。

（1）四肢健全、具备正常的劳动能力，但是整日混吃等喝、好吃懒做，等待国家救济的贫困人群。

（2）因为沾染不良嗜好或是有不良恶习的，例如毒品、赌博等行为，因此造成经济贫困的人群。

（3）子女具备赡养责任和能力，但是其父母的生活条件比较差，这样的农村老人也不能申请低保。

（4）家庭成员名下有商品房、私家车、商铺、注册公司或是其他贵重奢侈品的，这样的家庭也不能申请低保。

据了解，国家将在全国开展为期 3 年的农村低保专项整治行动，坚决遏制农村低保经办服务中的不正之风和弄虚作假行为。对违规违法克扣、挪用农民贫困补贴，另外在经办过程中存在弄虚作假行为的村干部，一经查处都将依法处理相关责任人，追回非法所得资金。

资料来源：老杨话三农（2017），作者整理。

改革开放以来，中国在反贫困方面取得了举世瞩目的成就。正如联合国开发计划署在《2005 年人类发展报告》中指出的，“中国在全球千年发展目标中所做的贡献，给予再高的评价也不过分。如果没有中国的进步，整个世界在减贫方面从总体上说是倒退了”。一般认为，中国在消除贫困方面的巨大成功，是与其所采取的扶贫开发战略相联系的。随着经济环境的变化，这一战略正处于重大调整之中。

本章着重描述中国反贫困计划的基本内容及其演变历程。首先探讨中国贫困人口规模的统计问题；随后分别介绍农村反贫困项目和城市反贫困项目；最后揭示社会救助支出项目的经济效应。

8.1 中国贫困人口的规模

识别穷人最常用的标准是贫困线。**贫困线**（poverty line）一般以收入或消费支出为标准确定，那些收入水平低于收入标准，或者消费水平低于消费支出标准的人被界定为“穷人”。贫困线每年根据价格水平的变动调整，并且取决于家庭规模。家庭收入低于贫困线的人口数量占总人口的百分比被定义为**贫困发生率**（poverty rate），这是一个经常被用以衡量一国收入分配状况的指标。

2008 年以前，中国有两个贫困标准：第一个是 1985 年制定的人均年收入 206 元的绝对贫困标准，该标准采用恩格尔系数法。以每人每天 2 100 大卡热量的最低营养需求为基准，再根据最低收入人群的消费结构进行测定。后来此标准随物价调整，到 2007 年时为 785 元。第二个是 2000 年制定的人均年收入 865 元的低收入标准，到 2007 年年底时调整为 1 067 元。2008 年，绝对贫困标准和低收入标准合一，统一使用 1 067 元作为扶贫标准。图 8-1 反映了 1986—2016 年中国农村贫困线的变化情况。

2011 年 11 月 29 日，中国政府决定将人均年收入 2 300 元（2010 年不变价）作为新的贫困标准，这一标准大致相当于“1 天 1 美元”。按此标准，全国农村贫困人口数量覆盖面由 2010 年的 2 688 万人扩大至 2011 年的 1.22 亿人，占农村总人口的 13.4%。2017 年年末，全国农村贫困人口为 3 046 万人，贫困发生率降至 3.1%。图 8-2 显示了 1978—2017 年中国农村贫困的变化情况。

当然，这还不是中国当前贫困人口的全部。长期以来，中国社会逐渐形成了城乡分割的格局，城镇发达而农村落后的二元经济现象在中国显得尤为突出，大量的贫困人口分布于广大农村地区，以至于直到 20 世纪 90 年代初期，中国的贫困问题还一直被视为一种农村现象。在很长一段时间内，中国城镇贫困人口规模大多是由专家学者们估算出来的，这种尴尬的局面直到 2001 年才被打破。亚行专家组（2001）根据国家统计局城市调查总队提供的 1998 年的统计数据，采用国际通行的做法测定各省的贫困线，据此计算出全国城镇的贫困人口数量。其结果是：如果采用人均收入贫困指标，1998 年全国城镇贫困人口为 1 470 万，贫困发生率为 4.73%；如果采用人均支出贫困指标，当年全国城镇贫困人口为 3 707 万，贫困发生率为 11.87%。

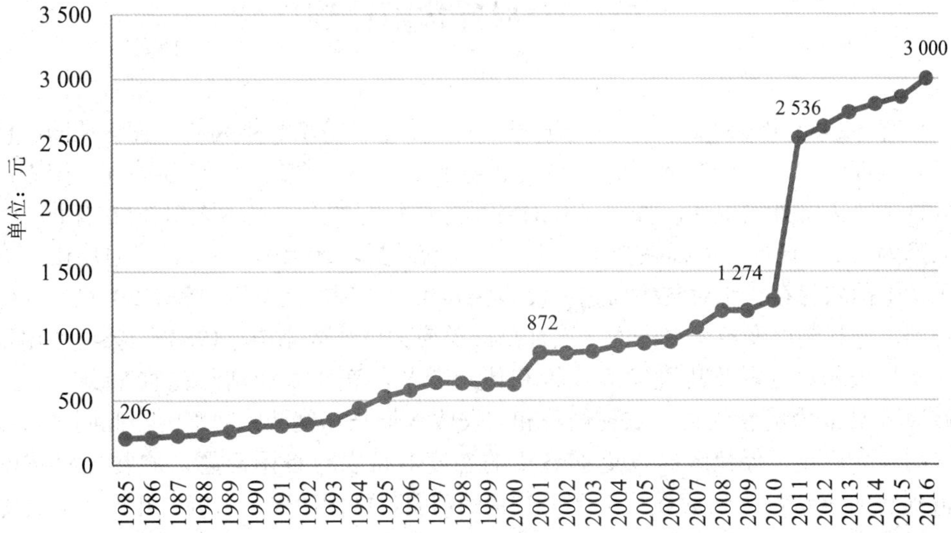

图 8-1　中国农村贫困线变化图（1985—2016 年）

数据来源：人民网（2016）。

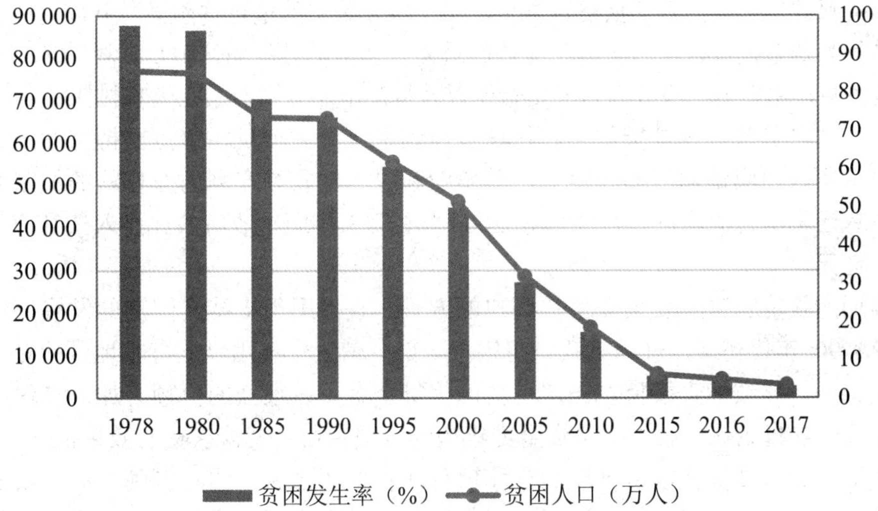

图 8-2　中国农村贫困状况（1978—2017 年）

数据来源：国家统计局（2018）。

1997 年，旨在为城市（镇）贫困人口提供低保的城市居民低保制度在中国正式确立。截至 2017 年年底，在已经做到“应保尽保”的情况下，全国共有城市低保对象 741.5 万户、1 261 万人。如果将获得低保的城市居民视为城市贫困人口，则中国的城市贫困人口数量为 1 261.0 万，相应地，当年的全国城市贫困线平均标准为 540.6 元/(人·月)。[①]不过，这一数字还不包括尚未纳入低保的城市贫困居民，如城市常住流动人口（居留时间在 6 个月以上）中的农村贫困居民等。

8.2　农村反贫困计划

1978—1985 年，中国的反贫困进程主要是借助经济增长推动的。在这期间，以土地经营制度、农产品价格放开、大力发展乡镇企业等多项农村经济改革逐步推进，并且取得了令人意外的成就。按中国政府贫困标准计算的农村贫困人口在 8 年间由 2.5 亿人降为 1.25 亿人，大幅减少了一半（国家统计局，2005）。不过，当时中国政府并不承认中国农村存在绝对贫困问题，没有正式实行专项的反贫困政策。20 世纪 80 年代中期，农村制度变革所带来的一次性增产效应大体释放完毕，1983—1984 年出现的第一次粮棉相对过剩及其引发的政策和体制变革，表明农业增长面临来自市场需求和政府补贴能力的新约束，农村经济和居民收入增长速度开始回落。与此同时，改革带来的观念变化，促使政府以更加务实的态度对待农村贫困问题，农村绝对贫困问题得到政府承认。为适应新形势下反贫困的需要，中国政府于 1986 年开始有计划、有组织地实施大规模的农村反贫困计划，其主要特征是强调投资生产性项目和基础设施的开发式扶贫。

1986—2000 年，中国农村扶贫资金主要分为三类，即扶贫贷款、发展资金和以工代赈。中央财政所提供的各项扶贫资金全部用于国家确定的重点贫困县，并以这些县中的贫困乡作为资金投放、项目实施和受益的对象。非贫困县中的贫困乡、村、户和省区确定的贫困县，由地方各级政府自筹资金予以扶持。下面分别介绍三大农村扶贫项目。

（1）扶贫贷款。扶贫贷款是农村扶贫计划中最大的项目，重点支持有助于直接解决农村贫困人口温饱问题的种植业、养殖业和以当地农副产品为原材料的加工业中效益好、有还贷能力的项目。在 1986—2000 年的 15 年间，政府共计投入扶贫信贷资金约 886 亿元。

早期的扶贫贷款主要采取信贷到户的方式，直接用于支持贫困户的发展。但到了 20 世纪 90 年代初期，贫困县政府将很大一部分信贷资金用以支持本地区的县办企业和乡镇企业，导致能直接使贫困户受益的信贷资金只占很低的份额。加上这些用扶贫资金支持的农村企业中有不少是资金密集型的亏损企业，使得扶贫的效果很差。

在认识到扶贫贷款项目难以到户和项目回收率低之后，同时看到小额信贷在国内外的成功实施，政府开始试验运用扶贫贷款开展农户小额信贷活动。所谓**小额信贷**，指的是由金融机构实施的、以农户的信用为基础、在核定的额度和期限内向农户发放

[①] 现行城市贫困线（低保线）由各地方政府自行确定，一般根据 20 项作为基本生活必需品的物品和服务的费用设定。一些城市为设定贫困线专门组织了一班人马，这些人员将物品和服务的名称和数量汇编成清单，并调查其价格。有些城市则只是靠推测来设定贫困线。此外，地方贫困线的设定还受到当地财政状况，以及贫困线与其他社会保障项目的关系等因素的影响。因此，这里 1 800 元/（年·人）作为各省贫困线的加权平均，也只是一个概数而已（亚行专家组，2001）。

的不需抵押、担保的贷款。这是专门针对穷人的经济和社会特点，为帮助穷人解决进入正规信贷市场的困难而设计的一种信贷形式。它旨在缓解穷人在从事生产经营活动中对于资金的需求，有助于穷人实现资源的合理利用和开发。农户小额信贷项目一经推出，发展迅速。截至 2002 年 9 月末，全国 90%以上农村信用社发放了农户小额信贷，小额信贷余额为 789 亿元，全国 1/4 的农户享受到小额信贷。从目前的实施效果看，农户小额信贷有效缓解了农民贷款难的问题，对农村经济增长和农民收入提高已经起到积极作用。

（2）发展资金，也称财政扶贫资金。主要用于发展贫困县的种植业和养殖业，以及用于改变贫困农户基本生活条件的项目上。发展资金涉及多个项目，包括支持不发达地区发展资金、“三西”地区（甘肃的定西地区、河西地区和宁夏的西海固地区）农业建设专项基金、边境建设资金、为支持不发达地区而发放的周转借贷资金等。发展资金增长缓慢，从实际可比数额看，自 20 世纪 80 年代后期一直在减少，直到 1998 年才恢复到 1986 年的水平。财政扶贫资金的使用没有做过细致的调查，对它的效果也很少有公开的说法。尽管如此，Park（1999）注意到，发展资金计划在实施中存在一系列问题，包括筹集配套资金的困难、将资金挪用于支付管理费、资金的使用权力不明确、资金发放慢难以及时满足项目需要，以及资金分散使用使项目投资形不成规模效应等。

（3）以工代赈。主要为贫困地区的基础设施建设提供资金。该项目开始时通过将积压商品分配给贫困县和发放票券来支付项目投入和劳动报酬。从 1996 年开始，以工代赈资金列入中央财政预算，直接向劳动者支付货币，不再投入实物。

早期项目的资金几乎全部投向农村公路建设、饮用水工程建设和土地改良，在发展贫困地区基础设施和生产生活环境方面发挥了重要作用。同时，为农闲季节的农民提供短期就业机会，提高了农民的收入水平。自 20 世纪 90 年代初项目资金大幅增加后，项目投资开始多样化，包括了在农田水利设施、造林、人工草场培育、电话线路架设，甚至教育、卫生等更广泛领域的投资。

按照政策规定，省、县应拿出资金与中央政府资金配套，但在多数情况下，配套资金不足。这意味着中央资金全部用于建设投入，资金不足通过村民自愿投资得以弥补（在中国，大多数农村地区实行“义务工制度”，每个村民每年有义务工作一定的天数）。总的来看，投资的类别（如水、道路、土地改良等）由国家和省政府决定，县政府选择参与项目的村由其村委会决定项目投资的分配（例如，哪个地方需要修梯田）和劳动的投入量。根据家庭劳动力情况，每户被安排一定的以工代赈工作天数。不愿参加这项工作的家庭，需要交纳同等数量的现金。这种无偿的劳动投入实际上是一种“劳动税”。不过，由于这种劳动多被安排在农闲季节，因此从事这类劳动的机会成本并不是很高。

几乎没有关于以工代赈项目的系统评估，不过，多数报告显示，该项目在建设使贫困地区受益的基础设施方面做得相对较好（Park，1998）。总体来说，以工代赈项目在中国政府大规模的反贫困行动中发挥了较为重要的作用。它一方面为经济增长创造了物质基础，另一方面为贫困人口提供短期就业和获得收入的机会，缓解贫困人口的食物短缺问题，从而将社会救助、经济增长与发展有机地结合起来。

进入 21 世纪后，国家开始对农村全面实施“多予、少取”的反哺策略，相继出台了取消农业税（2006 年）、免除农村义务教育阶段学生学费（2009 年）、提供农业生产补贴（始于 2004 年，包括种粮补贴、良种补贴、农资综合补贴、大型农机具购置补贴等）、建立全国农村低保制度、建立全国新型农村合作医疗制度等一系列支农惠农政策。其中，2007 年农村低保制度的全面建立，标志着中国农村反贫困计划形成了开发扶贫和生活救助相结合的新格局。

在开发式扶贫方面，鉴于贫困人口在发展方面的差距既包括收入、生产生活条件与环境的差距，也包括观念、素质、能力、知识、机会、权利等方面的差距，因此，新时期的扶贫工作正在更多地从生产性开发转向人力资本开发上来，通过教育、就业培训、健康保障等措施提高人力资本水平，从而更有效地消除贫困。

在农村社会救助计划方面，国家连续出台多项政策措施。目前，已经初步建立起以农村低保、农村五保、农村医疗救助等为主要内容的社会救助体系。

2007 年 7 月，中央政府决定在全国普遍建立农村低保制度。低保是一个以**收入调查**（means-tested）为基础的扶贫方案，只有家庭人均纯收入低于当地农村贫困线（低保线）的家庭才能得到救助。农村贫困线由县级以上地方政府按照能够维持当地农村居民全年基本生活所必需的吃饭、穿衣、用水、用电等费用确定。在补助数额上，采取所谓的**补差机制**，即对有一定收入的农村居民，按照家庭人均收入低于当地贫困线标准的差额享受。具体发放的差额按以下公式计算：

家庭月保障金额=当地月保障标准×家庭人口数-家庭月收入总额　　(8-1)

由于经济发展水平、贫困程度等方面的差异，各地的农村低保标准存在较大的差异。2017 年，全国农村低保平均标准 4 300.7（元/人・年），全国有农村低保对象 2 249.3 万户、4 045.2 万人。全年各级财政共支出农村低保资金 1 051.8 亿元。图 8-3 反映了 2001—2017 年中国农村低保人数的变化情况。

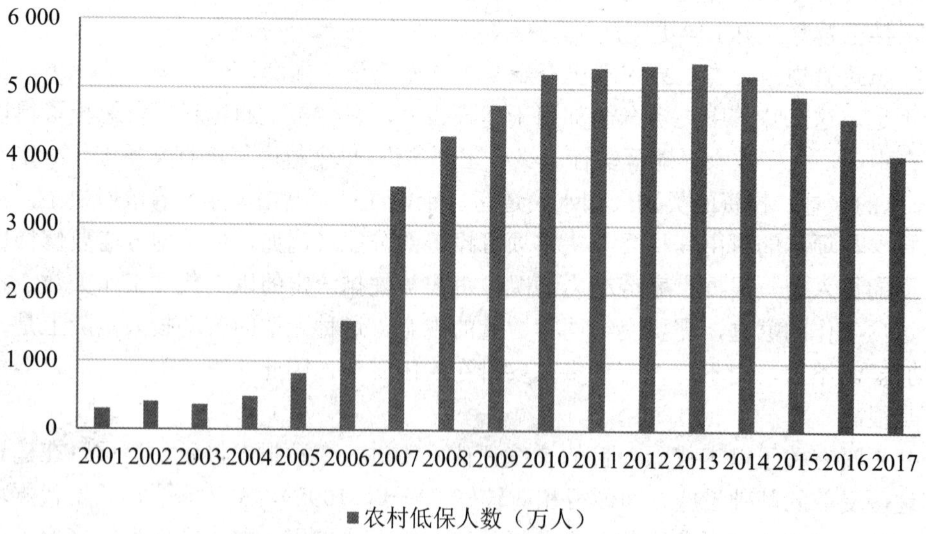

图 8-3　中国农村低保人数（2001—2017 年）

数据来源：民政部（历年）。

8.3　城市反贫困计划

与较早实施的农村反贫困计划相比，中国城市反贫困政策的正式出台要晚了许多。事实上，直到 20 世纪 90 年代初期，中国的贫困问题还一直被视为一种农村现象。这不仅是因为农村贫困人口在全国总贫困人口中占有很高的比例，而且还因为当时城市贫困人口的绝对数量也是微不足道的。例如，世界银行（1992）指出，1989 年中国农村的贫困人口有 13 000 万，而即使对城镇居民使用了更高的贫困线，当年城镇贫困人口的绝对数量也大约仅为 100 万，城镇贫困发生率不足 0.4%。尽管上述数据存在低估的可能性，但即使对有关的误差加以修正，城镇贫困的严重性，无论就其规模还是就其相对比例而言，都远远小于农村贫困。

1994 年以后，中国城镇的经济环境发生了巨大的变化。国有单位和城镇集体企业的工作岗位开始以极快的速度锐减。仅仅在 1996—1998 年的 3 年间，国有单位已精简了 2 700 万名职工，相当于 1996 年国有单位总人数的 25%。尽管非国有部门也创造了一些新的工作岗位，但在数量上远远不足以弥补国有部门缩减的工作岗位。工作岗位的缩减与就业机会的创造之间的时间差，导致了大规模的失业问题，并迅速成为城镇贫困现象激增的主要原因。

城镇贫困问题的恶化率先受到地方政府的关注。1993 年 6 月 1 日，上海市开始实施城镇居民低保制度。1997 年 8 月，国务院发出《关于在各地建立城市居民低保制度的通知》，标志着城市居民低保制度的正式确立。此后城市居民低保的覆盖面逐步扩大，至 2003 年，基本上达到“应保尽保”的状态。

与农村低保一样，城市低保也是以收入调查为基础，在补助数额上同样采取补差机制。由于各地的实际情况不一，各地确定的低保标准存在较大差异。2017 年，全国城市低保平均标准为 540.6 元/人 • 月，全国有城市低保对象 741.5 万户、1 261.0 万人。图 8-4 显示了 2001—2017 年城市居民低保人数。

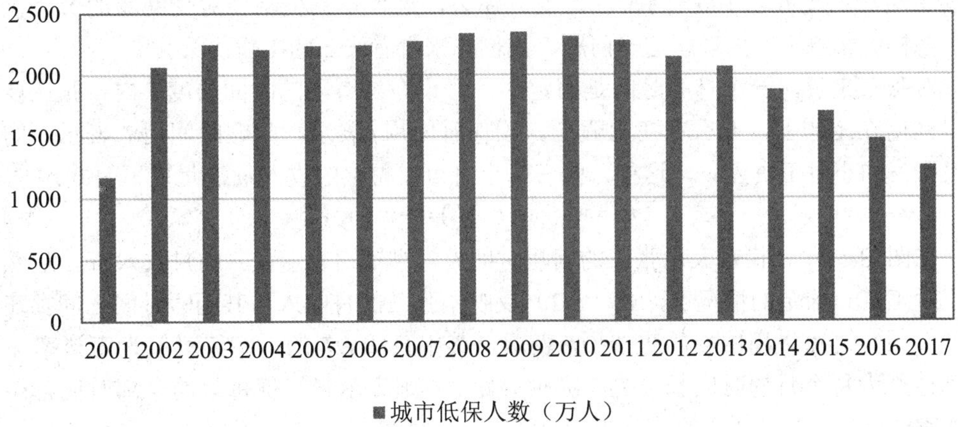

图 8-4　城市居民低保人数（2001—2017 年）

数据来源：民政部（历年）。

城市低保的经费最初由市、区（县级市）两级财政提供，还有一些地方由企业分担。从 1999 年开始，中央财政开始注入低保资金。2017 年各级财政共支出城市低保资金 640.5 亿元。

8.4 社会救助支出的经济效应

8.4.1 概述

从总体上看，中国实施的各种援助穷人的计划主要采取两种途径进行：一是市场途径。政府在农村实施的以项目开发为基础的各种扶贫计划就是通过这种渠道进行的，其目的是为那些缺少进入市场机会和能力的穷人创造条件，使他们能够在增加当前收入水平的基础上，增加未来自立的能力。这些计划一般被认为具有“造血”功能，而不只是简单的“输血”功能。二是转移支付。目前的城市居民低保和传统的救灾救济等项目主要借助这一途径进行。政府实行转移支付时，除了直接向穷人提供现金补助外，还可以采取提供食品、衣物、医疗、教育乃至住房等实物救助方式。

关于开发式扶贫的经济效果，上文已经有所交代，以下着重分析政府针对穷人的各种转移支付方式及其经济效应。

8.4.2 低保的经济效应

目前，中国政府对穷人实行的现金补助主要体现在城市居民低保制度和救灾救济计划中。这些计划作为社会安全体系的“最后一道网”，在援助城乡穷人方面扮演着重要的角色。

在对贫困家庭实行现金补助时，低保制度采取的是补差机制。这意味着，受助者只要多挣一元钱收入，他从政府手中得到的补助金就要相应减少一元钱，这等同于对受助者增加的收入以 100%的税率课税。那么，这种补差机制会对受助者的劳动供给产生怎样的影响呢？为理解这一问题，我们先来看看张三的工作决策。

对张三来说，一个月的时间是固定的。假设在这有限的时间长度 T 内，张三要么将时间用在工作上，要么花在闲暇上。工作时间用 l 表示，闲暇时间用 L 表示，同时，假设张三的小时工资为 w，这样，张三每个月可以得到的收入 m 满足以下等式：

$$m = wl = w(T - L) = -wL + wT \tag{8-2}$$

在图 8-5 中，横轴表示张三的闲暇时间 L，纵轴则表示张三的月收入 m。显然，在小时工资 w 给定的情况下，式（8-2）反映了张三的月收入与其闲暇时间之间存在的线性关系。这可以用图中的直线 DT 表示，其中直线 DT 的斜率绝对值为工资率 w，横轴截距为每个月的时间长度 T，纵轴截距 wT 则表示张三把每月的全部时间都用于工作时能够得到的总收入。直线 DT 为张三的预算约束线。

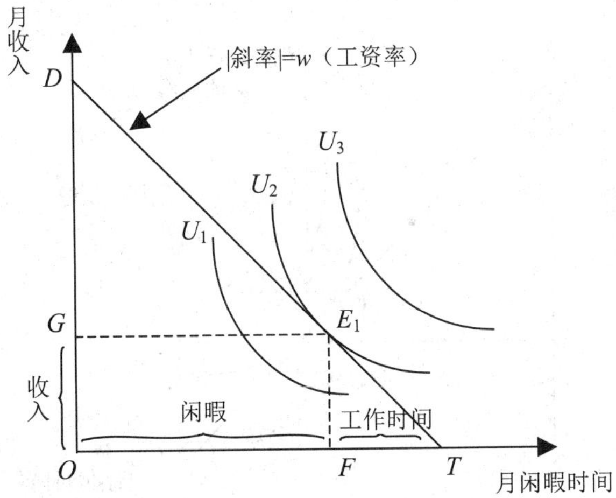

图 8-5　效用最大化时的闲暇和收入选择

张三应该如何安排他的工作时间呢？作为一个理性人，他在劳动供给决策时追求的是效用最大化。工作带来收入，收入可用于商品的消费，而消费商品能带来效用的满足；不过，工作占用闲暇时间，而闲暇对张三来说是能够直接带来效用的。这样张三进行劳动决策时所面临的问题是：如何安排两种“商品”——闲暇和收入的数量，从而使自身的效用最大化。这可以用公式表示为

$$\max U(L,m)$$

$$满足约束\ m = -wL + wT \tag{8-3}$$

张三对闲暇和收入的效用可以用无差异曲线表示。在图 8-5 中，这三条曲线分别标为U_1、U_2和U_3。张三在E_1点实现效用最大化，此时，张三的闲暇时间是OF，收入是OG，工作时间是FT。

现在假定张三有资格得到他所在城市的低保金，当地的低保线是每月人均 200 元。这项社会救助计划的实施将如何改变张三的劳动供给决策呢？

先来看张三的预算约束线的变化。如果张三的月收入高于 200 元，那么他领不到任何补助金。如果张三的月收入低于 200 元，他就能够得到补助。但在补差机制下，张三能够得到的补助金就是 200 元和所得收入之间的差额。这意味着，当张三的月收入低于 200 元时，无论其工作时间和自身收入怎样变化，在得到补助金后，他的月收入总和都是 200 元。因此，预算约束线是弯折线 *DRP*。

面对这样的预算约束，张三会做出怎样的反应呢？图 8-6 给出了张三的一种可能的选择：在 *P* 点，他能够在不提供任何劳动的条件下实现效用最大化。这一答案不难理解，对理性的张三来说，假如在选择零工时和 *PR* 工时之间，他都能获得相同的 200 元收入，他又何必选择劳动呢？

当然，即使不考虑社会道德方面的因素，[①]低保制度也并不必然诱使人们放弃工作。假如张三的无差异曲线是图 8-7 中的U'，他也可能选择线段 *RD* 上的E_2点。此时，尽管张三具有获得低保的权利，但他选择了每月工作 *MT* 小时。

[①] 例如，考虑到工作（哪怕是低收入的工作）能够使人们有一种做人的尊严感。

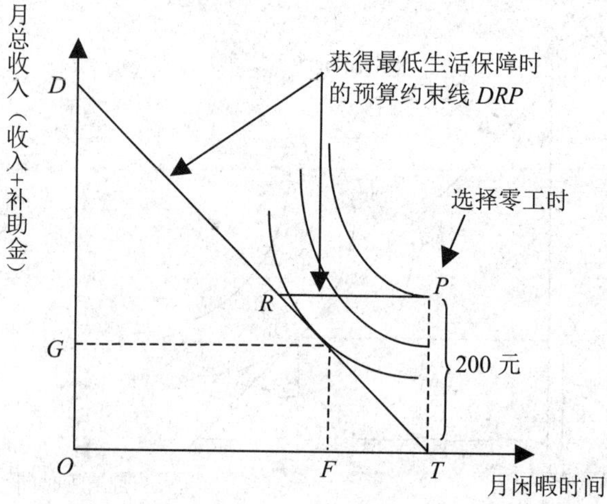

图 8-6　在救助制度下选择不工作

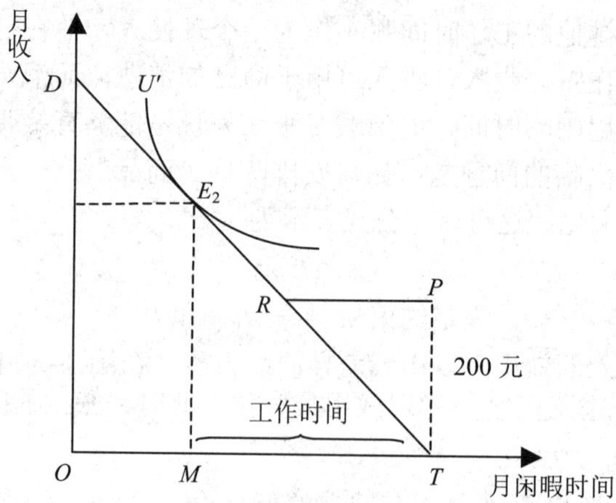

图 8-7　在救助制度下选择工作

图 8-6 和图 8-7 反映出救助制度对工作激励的负面影响，这可能是实施低保计划时需要加以重视的一个问题。大量证据表明，这种隐含对新增劳动所得课税 100%的救助方案，的确减少了一些低收入者的工作时间（罗森，2003）。

围绕社会救助的激励作用所展开的争论，已不仅限于对工作时间的影响，它涉及更为广泛的问题，其中的问题之一是，提供社会救助是否会改变某些人的行为习惯，使他们养成一种对**福利依赖**的心理？或者，社会救助会使人变“懒”吗？

尽管类似于低保的社会救助方案的存在，的确使一些人长期依赖于领取补助金为生，但是，由于很难区分对救助制度的长期依赖到底是因为工作机会少，还是因为依赖心理强，因此，断言救助制度改变受益者的行为偏好，迄今还只是一种猜测而已。

8.4.3　负所得税的经济效应

在维持最低收入方面，弗里德曼（Friedman，1968）提出的负所得税方案得到广泛的支持。**负所得税**是一个可以为所有人提供最低收入保障的现金补助计划。它的基本设想是：那些低于贫困线的人可以获得现金补助，而那些收入水平高于贫困线的人必须缴纳税收。可见，负所得税方案将社会救助体系与个人所得税制联系在一起。

负所得税的基本原理可以通过图 8-8 来描述：在收入达到 B 元之前，个人收入是免税的，此后以税率 t 对个人收入课税。也就是说，B 为起征点。假设 $B=1000$ 元，$t=20\%$，最简单的负所得税可以由直线 G_0BA 来说明：如果收入超过 1 000 元，他就对超过 1 000 元的部分缴纳 20%的所得税；如果收入低于 1 000 元，他就获得其收入与 1 000 元之间差额的 20%的补助金。不过，更常见的情形是，高于或低于起征点的收入时采用不同的税率，如图 8-8 中的折线 G_1BA。此外，规模较大的家庭适用更高的起征点也是可能的。

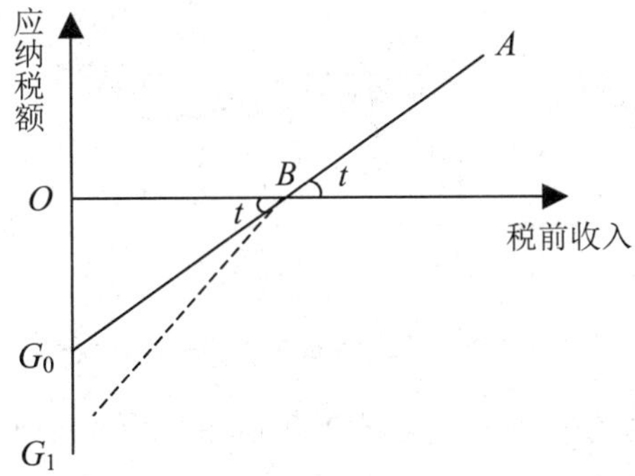

图 8-8　负所得税方案

一般来说，最简单的负所得税制将个人的纳税额 T（可以是正的，也可以是负的）与其收入 Y 相联系，即

$$T=t(Y-B) \tag{8-4}$$

令 $G_0=tB$，则式（8-4）可以表示为

$$T=tY-G_0 \tag{8-5}$$

因此，负所得税方案的实质在于，首先给予个人一次性转移支付或基本补助金 G_0（tB），然后对个人的其他所有收入课税。而从净税额看，可以为正，也可以为负。当然，个人可以得到更多的转移支付，如图 8-8 中的 G_1 点。在达到起征点之前，个人被课以高于 20%（如 30%）的税收，剩余的部分则课以 20%的税收。

可见，在负所得税方案下，低于一定收入水平的人可以得到一定数额的补助，这一点与低保制度是相同的。与低保制度不同的是，参与工作的受助者在取得劳动所得时，他们得到的补助只减少其劳动所得的一部分而不是 100%。那么，负所得税方案的劳动供给效应如何呢？

假定月基本补助额是 100 元，负所得税方案对增加的劳动所得课以 20%的税收，工资率为 5 元/小时。如图 8-9 所示，如果没有负所得税方案，那么张三工作 FT 小时并获得 OG 收入。而在有负所得税的情况下，张三的一种可能选择是 Q，也就是没有提供任何劳动，但他可以获得 100 元的补助。假如张三工作 1 小时，他从老板那里获得 5 元钱，同时，他的补助额就减少 1 元（5×20%），但他仍然可以得到 4 元（5×80%）。这样，他的月总收入净增加 4 元。如果他继续工作，这种情况可以一直持续到他工作 *VT* 小时为止，此时他的劳动所得已经高到他无法得到补助的水平。因此，在负所得税方案下，张三的预算约束线为折线 *QSD*。

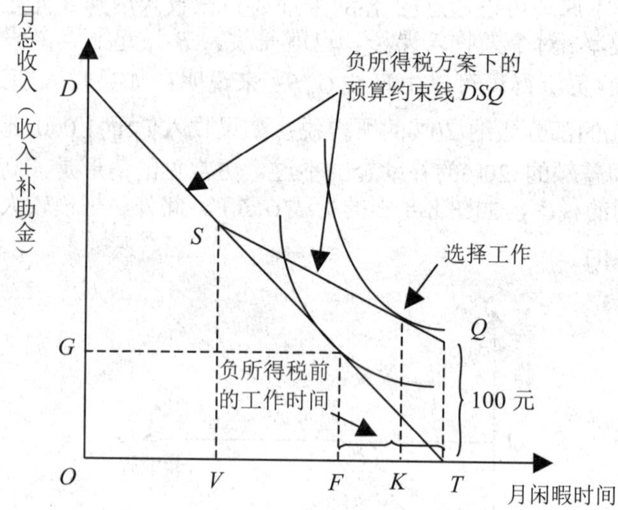

图 8-9 负所得税方案下的劳动供给决策

除了受到收入预算的约束外，张三的工作决策还取决于个人无差异曲线的形状。图 8-9 表明，张三的工作时间为 *KT*，与负所得税前的工作时间 *FT* 相比有所减少。不过，与图 8-6 描绘的情况不一样，张三并没有选择不工作。可见，与低保制度相比，负所得税方案对劳动供给所产生的负激励程度较轻。

负所得税方案曾获得广泛的支持。除了上述原因之外，有的人还认为现金转移支付与市场配置方式是相容的，与实物转移支付相比，能够给予低收入者以自由选择购物的空间；有的人则认为该方案使所有人都一视同仁地处在一个保护伞下，能够保证所有人都获得基本的收入保障，而无须接受带有歧视色彩的身份调查。①

不过，尽管赞成的呼声甚高，但事实上没有任何一个国家曾经实践过大规模的负所得税方案。关键原因在于：实施大规模的负所得税方案的成本高昂，它意味着税率的大幅提高，进而对劳动供给产生严重的负激励。

为说明这一问题，我们对式（8-5）进行变换，求出家庭由接受转移支付开始向政府纳税的转折点——收支平衡点。通过设定 $T=0$，可得

$$Y=\frac{G_0}{t} \tag{8-6}$$

例如，假设政府保证四口之家的收入维持在 10 000 元/年的水平上，这样，当负所得税率为 50%时，所有年收入低于 20 000 元的四口之家都将成为受助者，这将占人口中相当大的一部分。假如为了鼓励工作积极性而降低负所得税税率，结果将变得更

① 如中国传统的社会救济制度就是以身份调查为基础的，只有那些无依无靠、无家可归或者无生活来源的人员才能获得救助。

糟。当负所得税税率为 20%时，则所有年收入低于 50 000 元的四口之家都可以获得转移支付，这将包括起码 80%以上的中国家庭，那么又由谁来支付税收呢？

8.4.4　实物转移的经济效应

政府在给予低收入者补助时，有时采取发放食品、衣物或其他基本生活用品的方式。比如，中国传统的救灾救济计划就主要采取实物转移的方式。政府有时并不直接向低收入者分配物品，而是发行只能用来购买特定物品，如食物的凭证，使低收入者有权借助该凭证每月购买一定数量的食物，这种凭证通常称为**食品券**（food stamp）。

向低收入者的实物转移是一种提供固定数量实物的补贴计划。对接受实物转移的多数穷人来说，实物转移相当于现金补贴，如图 8-10 所示。

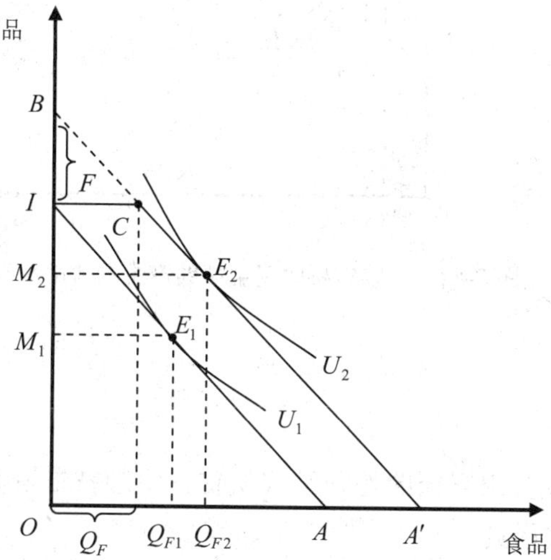

图 8-10　实物转移与现金补助产生的效用水平相同

在得到补助前，张三在预算约束线 AI 与无差异曲线 U_1 相切的点 E_1 达到均衡状态。此时，张三每个月可购买 Q_{F1} 单位的食品和 M_1 单位的其他商品。在得到 CI 单位的食品补助后，张三的预算约束线变为 $A'CI$；相反，如果张三得到与 CI 单位的食品等值的现金补助 F，那么他的预算约束线将是 $A'B$。从图 8-10 中可以看出，无论预算约束线是获得食品补助后的 $A'CI$，还是得到现金补助后的 $A'B$，张三都将在点 E_2 达到均衡状态。此时，他每个月消费 Q_{F2} 单位的食品和 M_2 单位的其他商品。可见，在这种情形下，实物转移和现金补贴对张三消费决策的影响是一致的。

不过，情况有时并不尽然。如图 8-11 所示，在得到补助前，张三仍在无差异曲线 U_1 和预算约束线 AI 相切点 E_1 达到均衡，此时，张三每月消费食品和其他商品的组合为(Q_{F2}, M_1)。在得到 CI 单位的食品补助后，张三的预算约束线变成 $A'CI$，此时，预算约束线 $A'B$ 上的线段 BC 上所代表的商品组合是买不到的，因此，张三的最优决策只能是在无差异曲线 U_2 和预算约束线 $A'CI$ 的交点 C 上，相应的商品组合为(Q_{F3}, OI)。而如果给予张三的是现金补助，张三的最优决策点将在无差异曲线 U_3 和预

算约束线 $A'B$ 的相切点 E_2 上，相应的商品组合为(Q_F^*, OL)。可见，在这一情形下，食品补助迫使张三每月消费 Q_{F3} 单位的食品，而这要大于他接受现金补助的情况下所选择的单位 Q_F^*。其结果是，张三的效用或福利水平下降为 U_2，而不是在现金补助条件下的效用或福利水平 U_3。这表明，与现金补助相比，食品补助由于限制了张三的自由选择权，从而相应降低了他的福利水平。

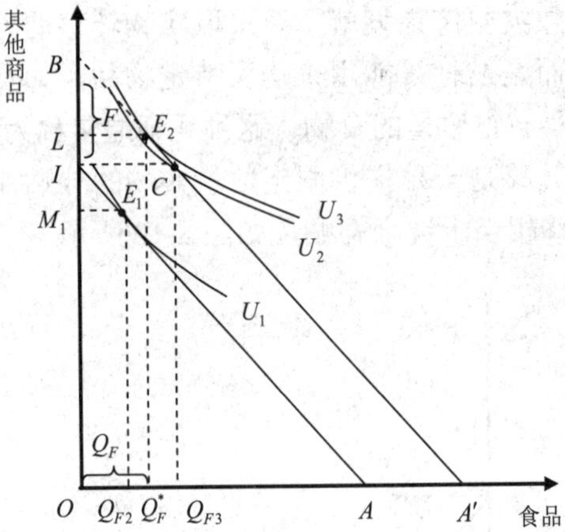

图 8-11　实物转移比现金补助产生的效用水平低

本章小结

- 中国农村反贫困强调的是开发式扶贫，财政扶贫资金的主要受益者是国家确定的重点贫困县。
- 中国城市反贫困的主要举措是建立以城市居民低保制度为核心的社会救助计划。
- 低保计划可能会减少一些低收入者的工作时间，并且可能使他们养成一种对福利依赖的心理。
- 负所得税方案对劳动供给产生的负激励较低保计划为轻，但实施大规模的负所得税方案将导致税率的大幅提升，因而代价高昂。
- 与现金补助相比，实物转移可能会限制受补助者的自由选择权，从而相应降低其福利水平。

基本概念

- 贫困线
- 贫困发生率
- 小额信贷
- 收入调查
- 补差机制
- 福利依赖
- 负所得税
- 食品券

复习题

1．中国当前的社会救助项目主要有哪些？

2．如何看待中国的贫困人口规模？

3．简述中国农村反贫困的沿革。

4．简述城市居民低保制度的沿革。

5．比较低保和负所得税的经济效应。

6．比较实物转移和现金补助的经济效应。

练习题

1．张丽的工资率为 8 元/小时。她面临一个 400 元/月的福利补助。每增加 1 元的劳动所得，就要减少 0.6 元的补助。

（1）画出闲暇—收入图上的预算约束线。张丽要工作多少小时，补助金才减少为零？

（2）画出与张丽参与劳动相一致的一组无差异曲线。

2．讨论如下说法，“如果福利受益者消费的闲暇数量是福利提供者效用函数的一个变量，福利工作制就是转移收入的一个有效方法。”

第 9 章　社会保险支出

本章学习目标

- 掌握政府介入社会保险的依据；
- 掌握养老保险的筹资模式；
- 了解中国养老保险制度存在的问题。

引例

全球养老金压力凸显　个人养老投入渐成趋势

当今世界，人口老龄化已成为一个突出的社会问题。面对日益增大的养老金支付压力，多国政府已着手推动养老金市场化运作、构建多支柱养老保险体系。

在德国，法定公共养老保险是主体，企业养老保险和私人养老保险是补充。数据显示，到 2040 年，德国领取养老金与缴纳养老保险的人数之比将从 53∶100 升至 73∶100。为此，德国政府正试图扩大企业养老保险和私人养老保险在整个保险体系中的占比。

由于养老金缺口令政府倍感压力，从 20 世纪末开始，法国政府逐步对养老保险制度进行调整，不断提高法定退休年龄，降低养老金的给付标准。虽然近期法国养老金缺口有所缩小，但业内人士预测，法国养老金赤字在 2022 年后将重回 0.3%的水平。法国政府仍需致力于养老保险体系改革的长期布局。

作为典型的老龄化社会，比利时也面临养老资金不足问题。尽管养老体制相对完善，近年来也几经改革，但退休人员贫困问题仍日益凸显。越来越多民众意识到养老不能全靠政府，趁早增加个人养老投入才是上策。比利时联合银行养老事务专家帕特里克·万尼厄表示，最新调查显示，54%的比利时民众表示愿意增加个人养老投入。同时，比利时人理想的养老保险构成是：公共保险占 58%、职业保险占 19%、个人保险占 23%。

在南美洲的阿根廷，近年来政府逐渐取消高福利的养老金制度，采用个人购买养老商业保险、补充缴纳养老金等方式进行市场化运作。

新加坡政府的养老金机制从属于中央公积金体系，其实质是强制储蓄计划。此外，新加坡财政部于 2001 年推出了名为“退休辅助计划”的自愿退休储蓄计划，鼓励该国民众把存款存入相关账户。

资料来源：曹筱凡等（2018），作者整理。

“天有不测风云，人有旦夕祸福”，对于漫长的一生来说，我们的生活就像是一场冒险，其间难免会遇到一些意外，如疾病、失业、伤亡、火灾等。这些意外事故的发生常常使我们的福利水平大大降低。预防种种不幸的方法之一就是购买**商业保险**（commercial insurance），即个人向保险公司支付保险费，在受到某些损失时得到补偿。与此同时，政府开设的一些项目也可以部分弥补因不确定或不可控制事件所造成的收入损失，这些项目通常称为社会保险。具体来说，**社会保险**（social insurance）指的是由国家依法强制实施，运用保险方式，对劳动者遭遇年老、疾病、失业、工伤等特定社会风险而暂时或永久失去工资收入的，提供一定程度的经济补偿，使他们仍能保证基本生活的一种制度。

近几年来，在社会经济发生急剧变革的情况下，中国政府大大增加在社会保险项目上的支出，本章着重对此进行分析。

9.1　社会保险项目的构成及其特征

如图 9-1 所示，中国现行社会保险体系由基本养老保险、基本医疗保险、失业保险、工伤保险和生育保险等五个项目组成。其中，基本养老保险由城镇职工基本养老保险和城乡居民基本养老保险组成；基本医疗保险则由职工基本医疗保险和城乡居民基本医疗保险组成。

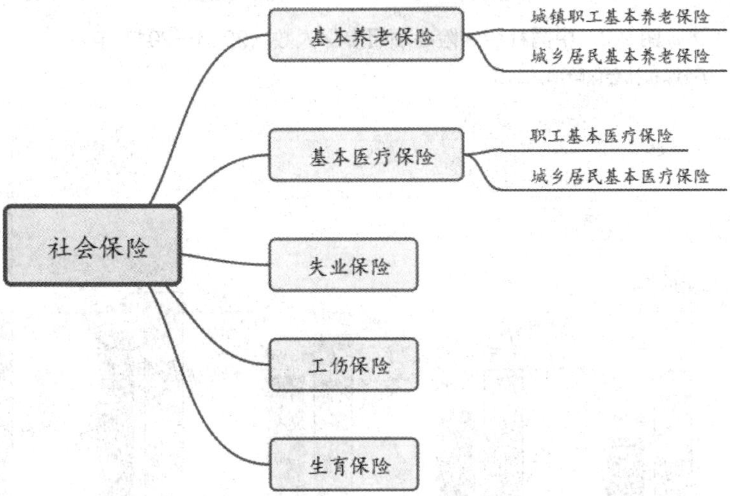

图 9-1　中国社会保险体系

资料来源：人力资源和社会保障部（2018）。

在中国社会保险体系中，基本养老保险和基本医疗保险是分量最重的两块。2017 年年末，全国参加基本养老保险人数为 91 548 万人，其中城镇职工基本养老保险参保人数 40 293 万人，城乡居民基本养老保险参保人数 51 255 万人。全年基本养老保险基金收入 46 614 亿元，支出 40 424 亿元，累计结存 50 202 亿元。

2017 年年末，全国参加基本医疗保险人数约为 117 681 万人，其中职工基本医疗保险参保人数 30 323 万人，城乡居民基本医疗保险参保人数 87 359 万人。全年基本医疗保险基金收入 17 932 亿元，支出 14 422 亿元，累计结存 13 234 亿元。

图 9-2 和图 9-3 分别显示了 2013—2017 年中国社会保险参保人数和社会保险基金收支情况。

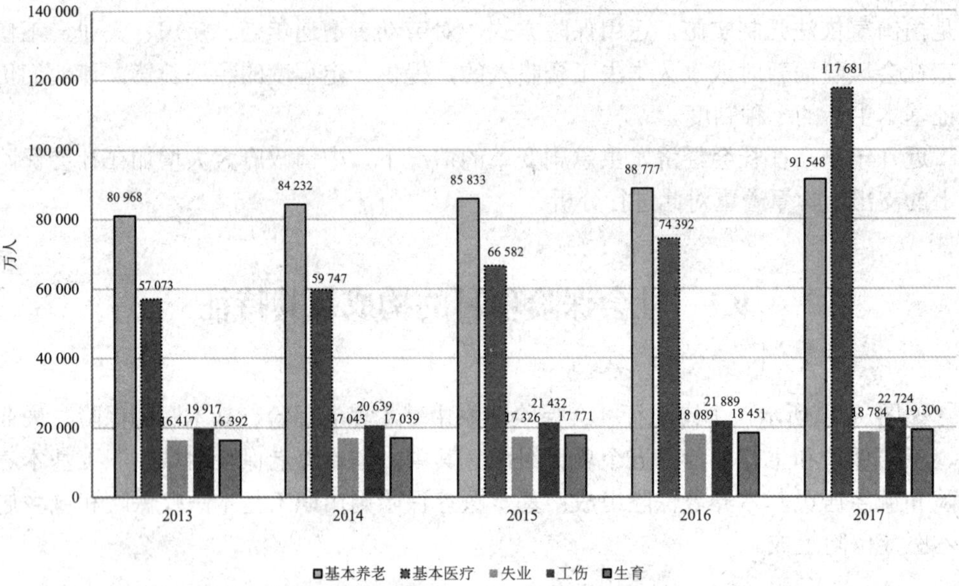

图 9-2 中国社会保险各项目参保人数（2013—2017 年）

资料来源：人力资源和社会保障部（2018）。

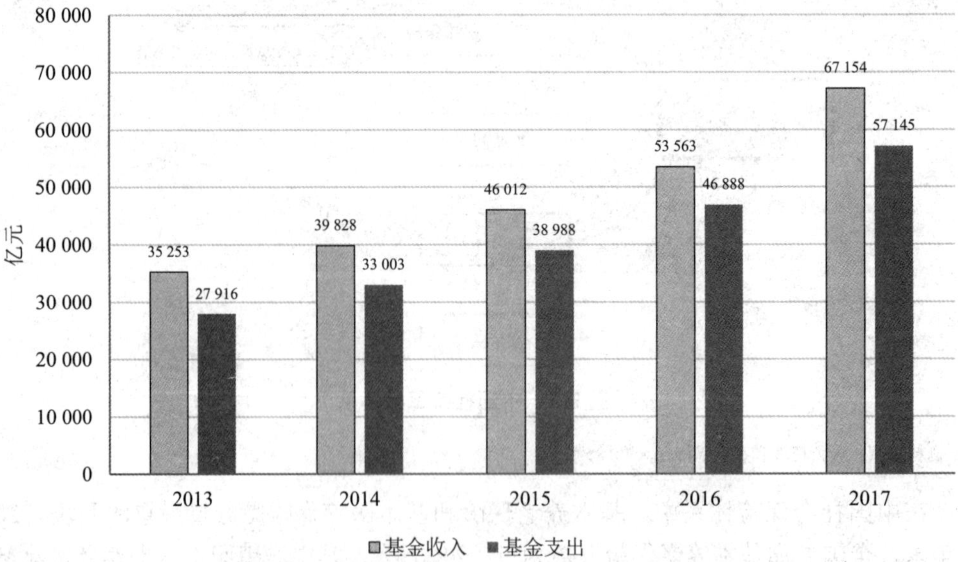

图 9-3 中国社会保险基金收支情况（2013—2017 年）

资料来源：人力资源和社会保障部（2018）。

不同的社会保险项目在功能上是有区别的，但它们都具有以下几个共同特征。

- 参加的强制性。它是通过国家立法形式，强制实施的保险制度。凡在法律规定范围内的劳动者，都必须参加。
- 受益资格和受益水平部分取决于职工以往的缴款。
- 只有在某些可确认的事件，如失业、疾病和退休等发生时才能获得给付。
- 领取福利时无须接受收入状况调查。

9.2 政府介入社会保险的依据

保险服务实际上是一种私人产品，而不是公共产品。首先，保险服务是面向个人提供的，因而是可分的；其次，保险是排他的，人们必须先尽交费义务，并在符合一定条件的基础上才能享受这一服务；最后，保险具有竞争性，增加一个人的保险会带来额外的成本——边际成本接近平均成本，而不为零。可见，保险具有私人产品的性质。根据财政理论，私人产品应当由市场来提供，但在实践中，为什么像养老、医疗、失业保险等需要政府的介入和参与呢？

概括来说，政府介入社会保险领域的原因主要有以下四个方面。

1. 政府的介入可以弥补保险市场存在因信息不对称而导致的市场不存在问题

第 2 章已经提及，社会上的每个人都有一朝变穷的可能，因此购买“贫困保险”进行预防是很有必要的。不过，要是你可以向一家保险公司购买到贫困保险，你就可能不努力工作。为了制止这种偷懒行为，保险公司只好随时对你进行监督，以便区分你的低收入到底是由于运气太差，还是由于努力不够。但要做好这项监督工作是十分困难的，甚至是毫无可能的。因此，不存在贫困保险市场——它根本就买不到。政府提供养老、医疗、失业保险等项目的一个理由，就是为了提供私人市场不愿提供或无法提供的保险产品。

2. 政府的介入可以弥补收入分配上的市场缺陷

例如，在现代经济中，老年人需要防范两类风险：一是个人寿命的不确定性，尤其对特别长寿的老人而言，他在工作期间积累的财产，很可能无法维持晚年的生活，从而陷入贫困；二是退休时间的不确定性，疾病和意外事故的发生，以及精力和耐力的衰退等，都可能导致提前退休，从而令福利状况大为下降。尽管私人退休计划能够防范人们寿命的不确定性和提早退休的风险，但它过于强调投保人的收益与其贡献的对等性，因此，收入分配的效果往往大打折扣。政府的干预有助于弥补市场缺陷。

3. 社会保险是一种优质品，政府的介入体现了父爱主义（paternalism）的观念

按照父爱主义的观点，个人缺乏远见，以致不能为他们自己的利益购买足够的保险，因此，政府必须强迫他们购买。例如，如果没有政府强制推行的养老保险，多数人就不能积累足够的资产，以便在退休时维持适当的消费水平。不过，这种看法遭到了许多信奉个人主义的人的反对。他们认为，这一观点的缺陷在于它有一个有争议的前提假设，即政府比公民自身更了解什么才最符合公众的利益。他们主张，应该让人们自己做出决策，即使这样做偶尔会出现一些错误。

4. 相对于商业保险来说，政府介入社会保险还具有其他的优势

（1）可以节省交易成本，尤其是决策成本。保险和年金市场是复杂的，个人可能要花费相当大的时间和精力来选购恰当的保险单。如果政府可以为每个人选择一项恰当的保险计划，个人就不必在决策上浪费资源了。当然，这种观点也遭到了批评，即没有理由相信政府一定能为每个人选择恰当的保险单，让人们根据自己的需要去选购也许会更好一些。

（2）更有利于分散风险。与商业保险相比，社会保险具有强制参与和覆盖面广的特征。社会保险实现全民覆盖，其好处是不仅统一了市场，使保险的规模效益达到最大，而且最大限度地分散了风险。

（3）社会保险支出可以实行指数化，虽然这一做法经常被批评者认为过于慷慨大方，但它确实可以更好地改善人们的生活。

9.3 养老保险的含义及其筹资模式

按照法律规定，劳动者达到一定年龄，即认定其进入老年，解除其劳动义务。而在劳动者进入老年后由社会给予工资补偿的制度，就是**养老保险**。养老保险是社会保险中最重要的项目，因为与其他保险项目相比，它的覆盖面最广，受保人享受待遇的时间最长，可能是 10 年、20 年，甚至更长。不过，一个国家在经济和社会发展水平不高时，不可能把全体老人都包括在养老保险的范围之内；只有经济和社会发展到一定水平时，才有可能把养老保险扩展到全体居民。

养老金制度的筹资模式一般分为三种，即现收现付制、完全积累制和部分积累制。

1. 现收现付制

现收现付制（pay-as-you-go）以近期横向收付平衡原则为指导，用一个时期正在工作的一代人的缴费来支付已经退休的一代人的养老金。具体做法是：首先确定受益人的待遇标准，并据此做出支付养老金数额的预测，再通过税收（工薪税或社会保险税）等强制性缴费来融资，使养老保险基金的收支在年度内保持大体平衡，如图 9-4 所示。

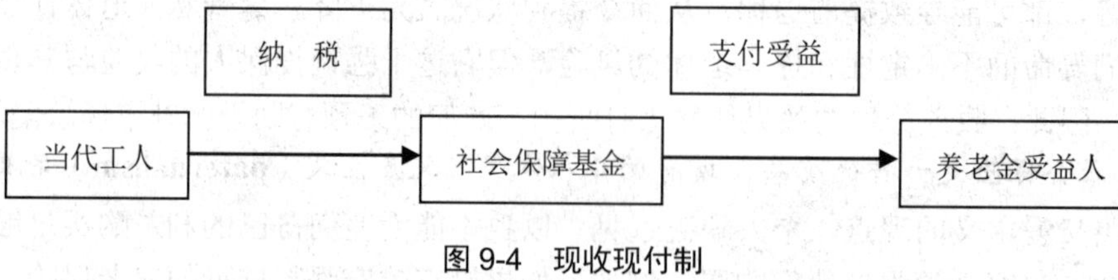

图 9-4　现收现付制

现收现付制的优点是费率调整灵活，社会共济性强，基本上不存在基金受投资风险影响的问题，具有较强的代际分配功能。这一模式曾是各国养老保险所普遍采用的传统筹资方式。但在各国人口结构普遍老龄化的今天，它的代价是相当大的，很难长期维持。原因是：第一，由于人口老龄化，要保证退休老人的生活水平，税率只有不断上升，增加年轻人的负担，但是税率又不可能一直高下去，因为必然会遭到纳税人的反对，于是退休老人捍卫福利和纳税人反对加税交织在一起，必然会导致深刻的社会矛盾。第二，现收现付制过于强调社会互济和代际赡养，忽略了个人的自我保障责任，使公众容易产生过度依赖政府的倾向。

2. 完全积累制

完全积累制（fully funded）是一种以远期纵向收付平衡原则为指导的筹资方式，其特征是建立个人账户，使退休金直接来源于社会成员本身的储蓄积累。如图 9-5 所示，它要求人们在工作期间逐年积累，退休后使用，强调劳动者自我保障。智利于 1980 年率先采用了完全积累制，以替代原有的现收现付制。截至 1995 年，世界上建立老年社会保障制度的 165 个国家和地区中，有 19 个实行完全积累制。

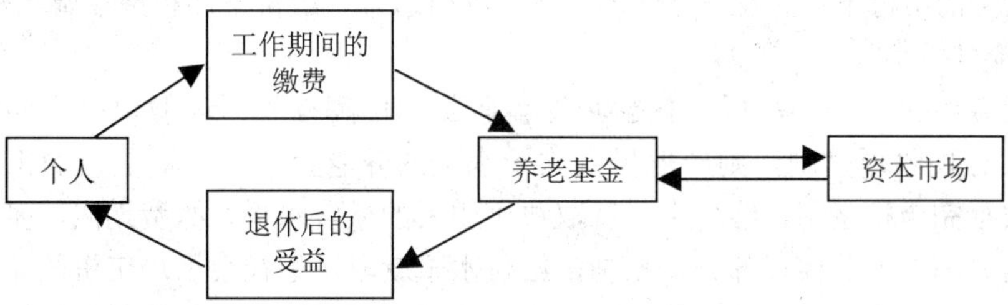

图 9-5　完全积累制

实行完全积累制的好处体现为：首先，它能够缓解养老保险制度所受到的人口老龄化的冲击，避免了现收现付所需要的工薪税的增加；其次，它完全靠劳动者本人融资，没有收入再分配的功能，不会造成政府额外的财政负担；再次，由于每个成员都有明确的个人账户，对自己所缴的费用有充分的权益，不会期待政府的补助和津贴，因此这一模式不会扭曲个人的工作和储蓄行为；最后，该模式会产生更多的储蓄，有助于资本积累。

完全积累制可以在某些方面弥补现收现付制的不足，但其本身也面临严峻的挑战：一是如何解决由现收现付制向完全积累制过渡时期的缴费率过高的问题；二是如何应对基金的长期积累过程中面临的通货膨胀和投资风险，即如何通过适当的基金管理，在相当长的岁月里使养老基金保值和增值。

3. 部分积累制

鉴于现收现付制和完全积累制各有优缺点，近年来，包括中国在内的一些国家采取了将近期横向收付平衡原则与远期纵向收付平衡原则相结合的筹资方式，即**部分积累制**（partially funded）。它在通过现收现付制满足当前支付需要的前提下，留出一定的储备以适应未来的支出需求。这一方式被认为是从现收现付制向完全积累制转变的过渡模式。由于部分积累制的两个组成部分（满足当前支付需要的部分和用于积累的部分）必须采取不同的原则分别管理，因此，能否既防止人口老龄化带来的支付危机，又有助于实现从现收现付制向完全积累制的平稳过渡，尚有待时间的检验。

养老金的筹集有两种基本形式：一是社会统筹；二是设立个人账户。**社会统筹**是指政府通过工薪税或社会保险税筹集资金，记入专门的社会统筹账户，作为公共养老基金，并由政府将这些资金用于退休职工的养老开支。在这一方式下，养老金的给付水平通常事先确定。**个人账户**指的是由政府推行的职工在职期间强制储蓄，个人账户基金属个人所有。个人账户往往在设立之初确定缴费标准，但养老金的给付水平却是不确定的，它取决于个人缴费状况及基金运营状况，尤其是投资收益。在实践中，现收现付制一般采取社会统筹形式，完全积累制采用个人账户形式，而部分积累制则同时采用社会统筹和个人账户两种形式。

9.4 养老金的给付

养老金的给付主要涉及三方面的内容：给付水平、给付条件和指数调节机制。

1. 给付水平

养老金给付水平的高低直接影响退休职工的保障福利，一般根据不同的模式确定。若实行现收现付制，则一般提供均一水平的养老金，而与受益人的工资水平无关；若实行完全积累制，给付水平就取决于职工的缴费水平、缴费期限、基金积累与投资营运等因素；若实行部分积累制，给付水平就取决于社会平均工资的某一比例以及个人账户积累额的大小。此外，养老金的给付水平还受到具体的保障目标、其他保障形式的发展程度等因素的影响。

衡量养老金给付水平的一个有用指标是**总替代率**（gross replacement rate，GRR），它是指职工的月退休金与退休前一年的月工资的比率，即

$$\text{总替代率（GRR）}=\frac{\text{月退休金}}{\text{退休前一年的月工资}} \tag{9-1}$$

2. 给付条件

尽管凡参加养老保险计划的人都有资格获得基本养老保险金，但在领取养老金时，往往还要满足一些基本条件。例如，只有达到法定退休年龄者，才能领取全额养老金；而提前退休者则只能按一定比例领取减额养老金。一些国家为鼓励延期退休，还设有增额养老金。同时，各国对于连续工作期限、缴费年限等都有明确规定，如不少国家规定必须满足10～15年的最低缴费期限。这一标准近年来有所提高，如日本提高到25年，英国提高到20年。为领取全额养老金，缴费期限一般在35～40年，并且还有继续上升的趋势。

3. 指数调节机制

通货膨胀和收入波动是一国经济发展中不可避免的经济现象，这样，即使养老金，尤其是个人账户的资金部分是足额给付的，其购买力也会受到影响，因此有必要对其进行指数化调整，以便为养老金的实际货币价值提供一定程度的保障。在工业化国家，为养老金设立自动指数调节机制是一种普遍的做法。当然，普遍采用指数调节机制，尤其是较为松动的指数调节，往往会使养老金的给付过于慷慨，导致保险费用的急剧膨胀。

9.5　中国当前的养老保险体系及其问题

中国当前的养老保险体系由三个层次构成：一是国家强制实施的基本养老保险，实行部分积累制；二是企业年金，即在国家政策引导和扶持下，由用人单位自行决定实施的养老金计划；三是自愿性的个人储蓄养老保险，国家予以税收政策方面的优惠。

目前，城镇职工基本养老保险费由企业和职工按工资的一定比例缴纳，并分别纳入社会统筹账户和个人账户进行管理。国务院（1997）规定，从 2000 年起，在职职工的缴费率为 8%，企业缴费率为 20%，合计缴费率为 28%。其中，纳入每个职工基本养老保险个人账户的比例为本人缴费工资的 11%，个人缴费全部记入个人账户，其余的 3%从企业缴费中划入。[①]基本养老金的给付分为基础养老金和个人账户养老金两个部分，基础养老金月标准为上年度社会月平均工资的 20%，个人账户养老金月标准为本人账户累计额除以 120。

中国基本养老保险制度的进一步改革亟须解决以下几个问题。

1. 解决养老保险隐性债务

目前计入个人账户的金额中，个人缴费的部分是实的，是真正的基金积累；而单位缴费划入个人账户的部分，由于大部分已支付给已退休职工，因此账户中的这部分缴费记录是虚的，仅仅是权益的积累，即仅仅记录单位应当为职工缴费的金额和未来退休后计发养老金的依据，实际上只是名义上的账户或“空账”。原因在于，中国原有的基本养老保险模式实质为现收现付制，没有实行个人缴费，但国家已经将这笔本应属于个人缴纳的养老保险费从工资中扣除，以税收或利润形成财政资金，又通过投资形成了国有资产。同样，单位虽然不为在职职工缴纳养老保险费，但这部分资金也已经通过税收、利润形式上缴财政，然后再由财政返还一部分（企业以营业外支出列支）作为养老金发放给已退休职工。按现行的部分积累制，由于已退休职工（即“老人”）和在此制度建立前参加工作的职工（即“中人”）没有建立个人账户，因而形成了养老金的缺口或隐性债务，也可以说，是国家对已退休人员和实行新制度前就业人员的一笔欠债。但目前这笔欠债主要由企业缴纳高比例的养老保险费偿还，即企业缴费部分基本上用于支付现在退休者的养老金，造成企业的双重支付。一方面，企业按在职职工的工资总额缴纳养老保险费，其中一部分存入个人账户，为在职职工未来的养老金进行储蓄；另一方面，企业又要为已退休的职工支付养老金，替国家偿还职工的养老金欠债。

有学者测算，截至 2010 年年底，中国个人账户记账额 1.9 万亿元，其中做实账户仅 2 039 亿元，等于账户有 1.7 万亿元的缺口。世界银行发布的一份报告甚至预测，如果按照目前的制度及模式，那么，在 2001 至 2075 年期间，中国养老保险的收支缺口将高达 9.15 万亿元。

[①] 2000 年年底国务院发布的《完善城镇社会保障体系试点方案》（在辽宁试点），对上述规定做了修订，即企业缴纳的养老保险费全部计入统筹基金而不再划入个人账户，个人的基本养老保险费全部计入个人账户。职工退休后所享有的基本养老金则由来自统筹基金的基础养老金和来自个人账户积累的个人账户养老金组成。

与养老金空账形成鲜明对比的是日益严峻的老龄化趋势。根据联合国的标准，当一个国家或地区 60 岁以上老年人口占人口总数的 10%，或 65 岁以上老年人口占人口总数的 7%，即意味着这个国家或地区的人口处于老龄化社会。根据上述标准，中国实际上在 1999 年即已进入老龄化社会。此后，中国老龄化程度不断攀升，截至 2017 年年末，中国 60 周岁以上老年人口达到 2.4 亿人，占总人口比重 17.33%。规模超欧洲老年人口的总和，中国的老龄人数已经占世界首位。

目前，中国的企业养老保险缴费率为 28%，远远超过了国际上公认的 20%的警戒线。如此高的缴费率，加大了企业的劳动成本，削弱了相关企业的竞争力。因此，如何解决隐性债务是现行养老保险改革的关键。

既然养老保险的隐性债务问题实质上是政府的责任，那么解决隐性债务，做实个人账户的任务自然应当由政府来完成。政府偿还隐性债务的主要方式有以下几种。

（1）实施国有股减持方案，提高国有企业红利上缴比例，并将其用于充实养老保险基金。

（2）各级政府在每年的财政收入中划出一定比例，纳入养老保险基金。

（3）增加税种或提高税率，如开征社会保障税，或提高税率（如个人所得税税率），用增加的税收收入补偿养老保险基金。

2. 完善养老保险体系

基本养老保险仅能为职工提供基本生活保障，而建立企业年金计划既有利于增强职工的自我保障能力，也有利于政府抑制日益增长的社会保障费用开支。年金对于企业来说是一项广泛的人力资本投资计划，是连接企业和职工长期经济关系的基本桥梁；政府对企业年金实行的税收优惠，则是发展年金的利益诱导。

3. 建立可行的养老基金管理模式

养老基金的保值增值有利于降低养老保险制度的缴费率，缩小现行养老保险制度中的隐性债务；在缴费率既定时，有利于直接增加职工的养老金权益；此外，有效的养老基金管理能实现养老保险基金与资本市场的良性互动。目前，基本养老保险应力求实现社会统筹账户与个人账户的分账管理，社会统筹账户可逐步通过社会保险税融资，个人账户则在做实的基础上，强化基金的管理，实现其保值增值。养老保险基金的投资营运限制将会逐步放宽，在金融市场条件成熟和保证必要流动性的前提下，降低银行存款比例，适度确定国债持有比例，放宽对大型经营型基本建设、证券投资、基金投资，是养老基金投资的必然选择。建立养老基金投资风险准备金，有利于保证养老保险投资的安全性。强化养老基金的监督管理机制、建立多方参与的养老保险监管体系则是养老基金管理能否有效运行的重要保证。

9.6 养老保险的经济效应

1. 养老保险对储蓄的影响

从作用机制看，养老保险可以通过以下途径影响储蓄。首先，养老保险制度的存在，实际上是给予职工年老时可获得退休金的承诺，这会减少职工为应对老年风险而储蓄的动机，这一现象称为财产替代效应。此外，社会保险税直接减少职工的收入，使其储蓄能力降低，从而进一步降低储蓄率。

不过，财产替代效应对储蓄的负面影响又会被养老保险的其他两种效应所抵消：一是退休效应，即由于养老保险制度诱使职工提前退休，又反过来促使职工为应付更长的退休期而增加储蓄。二是遗产效应，养老保险可以将收入从子女（职工/纳税者）手中转移到父母（退休者/养老金受益者）手中，这样，老年人可能会增加储蓄，更多地给子女以馈赠，以便减轻养老保险对其子女收入的影响。另外，养老金还降低了子女为退休的父母支付赡养费的需要，使年轻一代在工作生涯中可增加储蓄。

以上两人种效应的作用方向是不同的，仅仅依靠理论很难弄清养老保险如何影响储蓄，这就需要进行经验方面分析。由于现有的经验分析未能对相应的理论假说做出完备的解释，因此，养老保险到底是对储蓄产生了正面效应，还是产生了负面效应，目前尚无定论。

2. 养老保险对劳动供给的影响

养老保险对劳动供给的影响主要是通过征税（或缴费）机制和养老金的给付机制实现的。一方面，对在职职工的当期收入来说，征税减少了劳动收入，降低了当期消费水平，因此对劳动供给有一定抑制作用。另一方面，职工在个人收入减少之后，为保证生活水平不至于下降，又会增加工作来弥补因征税对收入造成的影响。

养老保险对劳动供给的影响程度，与采取何种筹资模式以及与之相关联的给付结构密切相关。如果采用现收现付制，职工缴费的多少通常并不直接与未来的保险金待遇对等，此时，养老保险的缴费程度对劳动供给产生的影响较为直接。反之，如果采用完全积累制，劳动者的缴费水平就决定着其未来领取养老金的数额，此时，它对劳动供给的影响程度降低。从这个意义上说，人们强调在养老保险缴费与待遇之间建立起更紧密内在的联系，有助于减轻养老保险运行中存在的不利于劳动供给的经济影响。

对于老年职工来说，养老保险支出使他们将来的生计有所保障，这使得他们继续工作的意愿降低，从而倾向于减少劳动供给。在工业化国家，日趋普遍化的老年职工提前退休而引发的劳动供给减少问题，已经引起高度关注，尤其是这些国家的未来劳动供给普遍不足和提前退休所产生的费用的巨大潜在压力，促使经济学家们在更广泛意义上探寻养老保险对劳动供给的影响程度。有关研究表明，现行养老保险制度的诸多方面都存在着促使劳动者提前退休的因素，如对提前退休领取减额养老金的规定不力、退休前待遇的提高、养老保险给付结构与退休政策之间缺乏有效的制约机制等，都促使老年劳动者纷纷提前退休，导致老年劳动者市场参与率的急剧下降。对一些国家来说，提前退休虽可暂时缓解失业和劳动力市场的供求矛盾，但从长期看，提前退休的经济影响更胜于短期调整效应，从而给养老保险的长期稳定发展带来严重后果。

3. 养老保险对收入再分配的影响

政府推行养老保险计划，实际上是履行其收入再分配的职责。养老保险的再分配效应主要有以下三种形式。

（1）个人收入再分配。劳动者工作期间的部分收入在退休时使用，从而呈现出个人收入的再分配效应。在完全积累制中，个人收入再分配效应表现得非常明显，退休金表现为劳动者在不同生命周期的收入的一种积累，是延期支配或转移部分收入的结果。而在现收现付制中，个人收入再分配效应则表现得较为间接。

（2）代际间收入再分配。在现收现付制中，年轻一代负担老年退休人口的养老金，而现有年轻一代未来的退休金则由下一代劳动者承担，因而体现出代际间的收入再分配。这种收入再分配效应，一方面表现出代际之间在经济内涵、经济关系上的收入再分配，另一方面则在一定程度上反映着代际间收入水平及数量上的某种差异性。

（3）同代间收入再分配。服从于特定的社会政策目标，养老保险的运行往往体现出由高收入者的部分收入向低收入者的转移，即低收入者获得高于缴费水平的养老金，而高收入者获得低于其缴费水平的养老金等。

养老保险模式的选择在很大程度上决定着收入再分配的形式及其程度。完全积累制较多呈现出劳动者个人不同生命周期的收入再分配，而较少呈现出劳动者之间共济互助的收入再分配。现收现付制则与此相反。部分积累制则既体现横向的共济互助的收入再分配关系，又反映着个人收入的再分配，从而具有较强的收入再分配兼容的特性。

9.7 医疗保险及其经济效应

医疗保险是劳动者在患病后，由政府给予假期和收入补偿，提供医疗服务的制度。中国的医疗保险制度正处于改革和完善之中，并呈现出典型的二元结构特征——力图覆盖全体城镇劳动者的城镇职工基本医疗保险制度已经初步建立，而农民的医疗保障问题尚未得到很好的解决。

政府参与提供医疗保险有助于人们减少突如其来的、不确定的医疗支出。不过，一旦人们得知他们已经加入医疗保险制度，又会倾向于过多地消费医疗服务，原因是医疗保险承担了部分或全部的医疗支出。这是医疗保险制度中存在的道德风险问题。

道德风险问题的存在，导致了人们对医疗服务需求的过量增加，从而产生效率损失，这可以用图 9-6 来说明。在没有保险的情况下，对医疗服务的市场需求曲线为 D_m。为简便起见，假定提供医疗服务的边际成本为常数 P_0，因此，医疗服务的市场供给曲线是一条经过点 P_0 的水平线。没有保险时，医疗服务在供给曲线与需求曲线的交点达到均衡，均衡价格和数量分别是 P_0 和 Q_0。医疗市场的总支出是单位价格和医疗服务数量的乘积，也就是矩形 OP_0EQ_0。

医疗保险的引入会怎样影响市场呢？为方便起见，不妨假设保险承担 80%的医疗费用，剩下的 20%由病人支付。此时，病人支付的价格降低了 80%，在这个较低的价格下，需求量增加到 Q_1，病人支付的医疗服务支出为矩形 $OP'E'Q_1$，而医疗保险机构的支出为矩形 $P'P_0AE'$。可见，引入医疗保险的结果是医疗服务支出由原先的 OP_0EQ_0 增加为 OP_0AQ_1，追加的支出为矩形 Q_0EAQ_1。

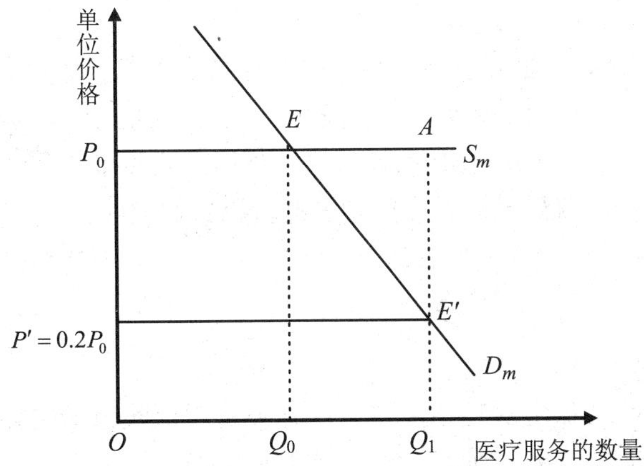

图 9-6　医疗保险引致的效率损失

不过，从病人的角度看，在获得医疗保险之前，他们增加对医疗服务的需要后所获得的收益为 $Q_0EE'Q_1$，这意味着，医疗保险的引入导致了效率损失，其数量可以用三角形 EAE' 的面积来衡量。

9.8　失业保险及其经济效应

失业保险是政府和社会对那些由于非本人原因而暂时失去工作的劳动者给予物质补偿的制度。在现代经济中，失业不可避免。为使失业者及其赡养的家庭人口能维持生活，满足社会经济发展的需要，建立失业保险是十分必要的。失业者享受保险待遇是有条件的，即失业前必须工作过或缴纳过一定时间的保险费；失业后立即到职业介绍机构登记，表示有劳动意愿等。领取失业保险金有一定期限，超过这个期限，就失去领取的资格，否则不利于失业人员再就业。若到期仍未找到工作，则改领社会救助金，其水平低于失业保险金。

中国的失业保险体系的构建尚处于起步阶段。国务院（1999）对现行城镇失业保险制度提出了若干规定，内容主要涉及保障对象、筹资方法、保险金支出范围、给付标准、给付条件、给付期限等方面。

有关失业保险的经济效应分析主要集中在该制度对失业的影响上。在许多场合，个人就业状况与其自身的工作表现有关，换句话说，雇员的工作表现影响着其失业的概率。与此相反，失业者可以决定花多大力气去找一份新的工作。失业保险的存在，一方面可能促使失业者比在没有保险时花更多的时间来找工作，另一方面则可能使一部分失业者倾向于在失业概率很大的行业中就业。这是失业保险制度中存在的道德风险问题。

那么，这种道德风险问题严重吗？寻找这一问题的答案催生了大量的研究文献，迈耶（Meyer）所做的一份典型的经济计量研究表明，在美国，失业保险的净补偿率每增加 10 个百分点，如周保险金对周工资的比率从 45%提高到 55%，就会使失业持续期大约延长半周（Rosen，2002）。

当然，失业保险将增加失业持续期，这未必是件坏事。如果失业者花费更多的时间去找工作，说不定就可以找到更适合发挥自己专长的工作，从而有助于效率的提高。从一般意义上说，假如社会认为通过失业保险来维持非自愿失业者的收入水平是值得的话，那么，社会就乐于承担有所增加的自愿失业的代价。

本章小结

- 政府介入社会保险的理由主要有：弥补贫困保险市场的残缺，克服收入分配不公，体现父爱主义观念，节约交易成本等。
- 在中国养老保险制度改革的过程中，解决“空账”问题是最大的难点所在。
- 医疗保险的引入往往导致医疗服务的过量消费。
- 失业保险可能会延长失业持续期。

基本概念

- 商业保险
- 社会保险
- 养老保险
- 现收现付制
- 完全积累制
- 部分积累制
- 社会统筹
- 个人账户
- 总替代率
- 医疗保险
- 失业保险

复习题

1. 试述政府介入社会保险的理由。
2. 比较现收现付制和完全积累制。
3. 如何看待中国养老保险的现状及其改革？
4. 简述养老保险的经济效应。
5. 试分析医疗保险引致的效率损失。
6. 简述失业保险的经济效应。

练习题

1. 假定每年的实际收入（以不变购买力价格计算）的增长率高于投资的实际利率（名义利率减去生活成本增长率），对于一项现收现付式的养老保险项目和一项养老保险私有化计划，你认为哪一项更好，为什么？

2．最近有一幅漫画，画着一个人正在开启标有“社会信托基金”字样的上了锁的保险柜来寻找一张由国会签字的借条，请解释这幅漫画的含义。

3．假定某人每年看病的次数 D_d 与每次看病的价格 P_d 之间存在如下关系：

$$D_d = 4.22 - 0.444P_d$$

（1）如果每次看病的价格为 50 元，每年看多少次病？看病的支出是多少？

（2）假定此人购买了保险，共同保险率为 10%。现在每年看多少次病？个人实际支付多少钱？保险公司支付多少钱？总支出是多少钱？

第 10 章　成本—收益分析

本章学习目标

- 掌握公共项目评价的特点及净现值标准；
- 掌握公共项目成本—收益分析的一般步骤。

引例

三万亿美元的战争：伊拉克战争的真实成本

时至今日，真相已然大白：美国入侵伊拉克是一个严重的错误。美军的死亡人数已近 4 000 人，轻重伤员及重病患者超过 5.8 万人。此外，阿富汗美军的轻重伤员及重病患者也有 7 300 人。有 10 万名自战区返乡的军人患有心理健康紊乱症，其中有相当一部分人将长期饱受折磨。萨达姆统治时期伊拉克人民生活凄惨，但现在的实际境况有过之而无不及。道路、学校、医院、住宅、博物馆均已损毁，供电和供水的情况比战前还差。宗派暴力举目皆是。混乱无序使伊拉克像一块磁铁，将形形色色的恐怖活动都吸引过来。代价已经悉数付出，国家债务又新增了几万亿美元，油价飞涨。不管怎么说，这场战争都削弱了我们的国民经济。

事实证明，这场战争的代价极其高昂，有鲜血，也有财富。我们估计，美国在这场战争中的预算和经济成本将达到 3 万亿美元左右。要得到这一数字，我们的眼睛就不能只盯着政府的预算与账目。政府的账目表明：开战伊始，我们所支甚少；可现在，我们要为在那个时期因此受伤的士兵们支付长期的医疗护理费用。

迄今为止，政府未能就安置归国军人及众多负伤人员做好充分的准备。军人住院经费不足，很多城市缺医少药；伤残申请过程曲折而漫长。好多申请还处理不当，军人们被迫上诉，开始了他们归国后的另一场战争；不过，战争的对象却是国内的官僚机构。

“康复”离不开钱，士兵如此，军队亦然。军队的战斗力要想恢复到战前的水平，国民警卫队制度也应当重建。军方已经发布计划，到 2012 年要扩大志愿兵的规模。这些计划项目费用不菲，到底需要多少钱迄今还没有一个完整的估算，更不要说列入国防预算了。

问题不在于美国能否付得起 3 万亿美元。问题在于：用这 3 万亿美元，我们都干了些什么？我们不得不放弃什么？用经济学的行话说，这些钱的机会成本是什么？

目前，国家优先项目网站对经常而直接的战争费用做了一番描述：1 万亿美元能建 800 万套房屋；能为公立学校雇用 1 500 万名教师，期限是一年；能为 1.2 亿儿童提供一年的学前教育；能为 5.3 亿儿童提供一年的医疗保险；能为公立学校的 4 300 万名大学生提供为期四年的奖学金。这些数字再乘以 3，就是这场战争的机会成本。

还有一点是毋庸置疑的，如果我们能将其中的 1 万亿美元或 2 万亿美元用于其他事业，那我们的安全态势就将大为改善。如果能将这笔钱投资于教育、技术及研发，那我们的经济增长率就会大大提高。如果用于研发方面的投资能够转化为能源替代技术，或转化为增强能源保护的积极性，那么，我们对石油的依赖程度就会减轻。

在总额中若剔除直接战费，我们就可以兑现"从 GDP 中拿出援助发展中国家"这一承诺，这笔钱可以使那些生活在贫困国家的数以千万计的贫民生活大为改观。美国每年向全球最贫困的非洲国家援助 50 亿美元左右，还不及 10 天的战争费用。2 万亿美元能使我们兑现向最贫困国家进行援助的承诺，援助期限可持续 60～70 年。

我们也可以用这笔钱在中东地区或发展中国家实施一个马歇尔计划，这也许会从根本上赢得那里的民心。如果野心小一点儿，战费的零头可能就够了。全世界都承诺到 2015 年扫除文盲。扫除文盲运动每年耗资约为 80 亿美元，约等于两周的战费。

物有所值的支出方式可谓成千上万，这是毫无疑问的。若果真如此，则国家就会变得更稳固，更繁荣，也能更从容地面对未来的威胁。

资料来源：斯蒂格里茨（2010），作者整理。

一个国家的资源有限，公共资源的取得尤其不易，假如不讲求公共资源的使用效率，势必会使有限的资源被无端浪费。因此，政府各项支出计划的制订和执行，应当区分轻重缓急，确定优先顺序。在政府支出计划中，有不少涉及财政投资的项目，即把财政资金投资于道路、自来水和下水道设施、机场和海港、教育等方面。为了提高政府利用公共资源的能力，我们需要有一种评价和衡量公共项目使用效率的具体方法，成本—收益分析方法满足了这方面的要求。

本章首先介绍公共项目的成本—收益分析方法的特点及其标准，然后介绍公共评价的具体步骤，主要包括公共项目成本和收益的类型及其度量、贴现率的选择、通货膨胀的处理等问题。

10.1　公共项目评价的特点及其标准

10.1.1　公共项目评价的特点

公共项目投资有助于提高经济运行的整体效率，并且使社会上的许多成员受益。例如，政府修建的道路不仅可以充当货运服务的投入品，而且为社会上的许多人提供了交通上的便利。公共项目通常需要数年的时间进行开发和建设，但一旦完工，就可以在许多年内源源不断地向居民和企业提供收益。然而，由于公共项目通常并不追求盈利，因此政府无法像企业那样，借助市场交易价格了解其在满足私人需求方面是否称职的准确信息。这一问题的存在，使我们难以计算政府投资的真实回报。

一般来说，与私人项目相比，公共项目的成本—收益分析显得更加复杂。主要原因在于以下几方面。

第一，私人项目的决策以私人净收益为标准，而公共项目的决策则以社会净收益为标准。对私人部门来说，它们的目标是寻求项目的私人净收益的最大化。其中：

$$\begin{aligned}\text{私人净收益}&=\text{私人收益}-\text{私人成本}\\&=\text{内在收益}-\text{内在成本}\end{aligned} \tag{10-1}$$

在项目决策时，私人部门关心的是项目能给自身带来多大的成本和收益，即项目的内在成本和内在收益，至于项目是否给他人带来成本或收益上的影响，他们无须关注。与此同时，私人项目的成本和收益一般经由市场交易途径发生，项目投入（如厂房、设备、原材料、人工等）所需的成本就是企业对要素的支付，项目产出所得的收益就是其收到的收益，两者都可以按照市场价格进行度量。因此，对私人部门来说，项目成本和收益的计算是直截了当的。

而对政府部门来说，它们承担着维护和实现社会公众利益的职责，因此其目标是实现项目的社会净收益最大化。其中：

$$\begin{aligned}\text{社会净收益}&=\text{社会收益}-\text{社会成本}\\&=(\text{内在收益}+\text{外在收益})-(\text{内在成本}+\text{外在成本})\end{aligned} \tag{10-2}$$

在进行公共项目的决策与评估时，政府部门不仅要考虑项目的内在成本和收益，而且要考虑项目的外在成本和收益。例如，对一个旨在提高某地区田地产出的水利工程来说，从成本看，政府不仅需要考虑该项目投入所需要的人力、物力、管理费用和维护费用等内在的（或直接的、有形的）成本，而且要考虑诸如野外资源受破坏、灌溉系统以外的土地因水位下降而导致的农产品产出下降等外在的（或无形的、间接的）成本。而从收益看，政府既要衡量该项目所带来的农产品产量增加等内在的收益，也要衡量诸如减少土壤侵蚀、渔业发展、洪水受控制等外在的（或无形的、间接的）收益。

第二，与私人项目相区别，公共项目的成本和收益一般无法直接采用市场价格加以评估。这或者是由于市场价格不存在，如在考虑某项目对环境的影响时，像清新的空气、优美的风景等不存在市场价格；或者是由于市场价格不能真实反映项目的社会边际成本或收益，如垄断价格等。

此外，政府部门在考虑项目的成本和收益时，还要受到各种所在级次的影响。中央政府通常要根据公共项目对全社会产生的影响权衡该项目的可行性，而地方政府一般只考虑公共项目对本辖区的影响。

10.1.2 现值

假如年利率为 10%，那么，你拿着 100 元钱存到银行里，一年后你就可以得到 $100\times(1+10\%)=110$ 元。如果你将这笔钱在银行里再存一年，那么两年后，你就可以得到 $110\times(1+10\%)=100\times(1+10\%)^2=121$ 元。反过来说，为了在一年后得到 110 元或两年后得到 121 元，你现在只需投资 100 元够了。这 100 元就被称为一年后得到那 110 元或两年后得到 121 元的现值。一般地，未来一笔钱的**现值**（present value，PV）指的是你为将来有权获得这笔钱而在今天所愿意支付的最高数额的货币。

如果年利率为 i，那么 n 年后得到的 R_n 元的现值可以通过求解方程 $R_n = PV(1+i)^n$ 得到，也即

$$PV = \frac{R_n}{(1+i)^n} \tag{10-3}$$

在式（10-3）中，年利率 i 习惯上被称为**贴现率**（discount rate）。从直观上说，式（10-3）至少表明了以下两点：第一，未来的 1 元钱和现在的 1 元钱是不相等的，因此，不能轻易将未来的一笔钱和现在的一笔钱进行简单加总。第二，在其他条件相同时，你为了得到一笔钱等待的时间越久，你愿意在今天为它支付的钱就越少。

现在我们考虑一个项目的收入情况，假如该项目在未来 n 年经营期内每年给业主带来的收入分别为 $R_0,R_1,R_2,\cdots,R_n$，那么，从当前看，该项目给业主带来的总收入是多少呢？我们已经清楚，天真地回答 $(R_0+R_1+\cdots+R_n)$ 是错误的，因为这会使未来收入看上去比它的实际所值更高。正确的方法是将未来各期的收入转化为现值，然后将它们相加，如图 10-1 所示。

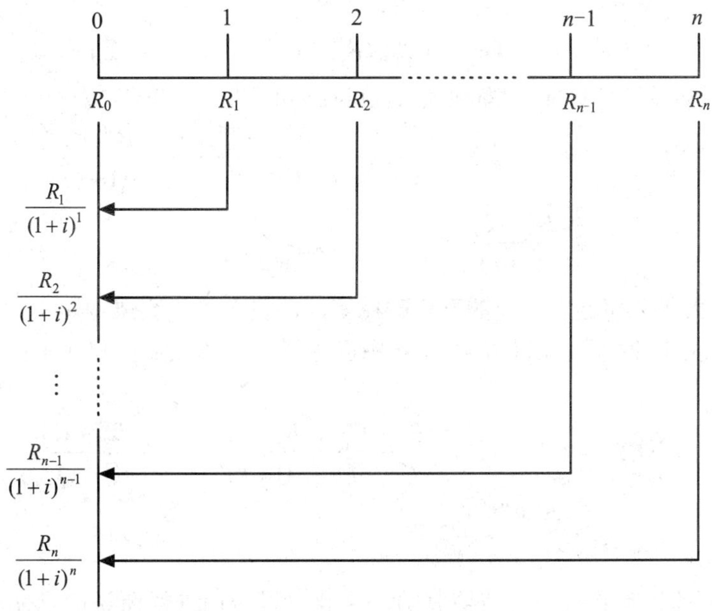

图 10-1　项目收入流现值的计算

因此，该项目收入流的现值可以用下列公式计算：

$$PV = R_0 + \frac{R_1}{(1+i)^1} + \frac{R_2}{(1+i)^2} + \cdots + \frac{R_n}{(1+i)^n} = \sum_{k=0}^{n} \frac{R_k}{(1+i)^k} \tag{10-4}$$

10.1.3　净现值标准

成本—收益分析中的核心问题是对项目的投入与产出价值加以评估。为了掌握成

本—收益分析的一般方法，让我们先从私人项目的角度进行考虑。

假如大华公司目前有两个投资项目可供选择：一个是服装设计项目，记为M；另一个是广告策划项目，记为N。其中，服装设计项目M的收益和成本分别是B^M和C^M，广告策划项目N的收益和成本分别为B^N和C^N。假定这两个项目的收益和成本都可以在当期实现，那么，大华公司该怎样进行决策呢？

显然大华公司需要考虑以下两个问题：第一，这两个项目是否可行？第二，如果两个项目都可行，那么哪个项目更好些？实际上，由于两个项目的收益和成本都可以在当期实现，因此要回答这两个问题十分简单。

首先，项目是否可行要看是不是能够带来净收益，或者说，收益是否超过成本。这只要分别计算一下(B^M-C^M)和(B^N-C^N)就可以知道结果了。其次，如果两个项目都可行，那就应当选择净收益较高的那个项目。

不过，在现实中，多数项目都涉及在不同时期内发生的收益流和成本流。例如，对服装设计项目M来说，假设它的投资经营期有T年，那么在这T年间的各期，它都会发生相应的收益和成本。不妨假设当期收益和成本分别为B_0^M和C_0^M，第1年年末的收益和成本分别为B_1^M和C_1^M，第T年年末的收益和成本分别为B_T^M和C_T^M。这样，服装设计项目M的净收益流可以表示为

$$(B_0^M-C_0^M),(B_1^M-C_1^M),(B_2^M-C_2^M),\cdots,(B_T^M-C_T^M)$$

于是，服装设计项目M的**净现值**（net present value，NPV）为

$$\begin{aligned}\mathrm{NPV}^M&=(B_0^M-C_0^M)+\frac{B_1^M-C_1^M}{(1+r)^1}+\frac{B_2^M-C_2^M}{(1+r)^2}+\cdots+\frac{B_T^M-C_T^M}{(1+r)^T}\\&=\sum_{t=0}^{T}\frac{B_t^M-C_t^M}{(1+r)^t}\end{aligned}\tag{10-5}$$

式中：r表示大华公司通常可能的真实收益率，即资金的机会成本。

同理，假如广告策划项目N在S年中产生了相应的收益流和成本流，那么该项目的净现值为

$$\begin{aligned}\mathrm{NPV}^N&=(B_0^N-C_0^N)+\frac{B_1^N-C_1^N}{(1+r)^1}+\frac{B_2^N-C_2^N}{(1+r)^2}+\cdots+\frac{B_S^N-C_S^N}{(1+r)^S}\\&=\sum_{t=0}^{S}\frac{B_t^N-C_t^N}{(1+r)^t}\end{aligned}\tag{10-6}$$

由于两个项目都是按净现值估算的，因此可以运用前面所说的当期项目的评估原则。一般净现值方法的决策原则如下。

- 只有当一个项目的净现值为正时，该项目才可以被采纳。
- 如果有多个备选的互斥项目，应当选择净现值为正值中的最大者。

值得注意的是，在成本—收益分析中，贴现率r起着关键的作用。在衡量项目是否可以采纳以及进行项目比较时，r的不同值可能会导致不同的结论。

让我们来看看大华公司的例子。假定服装设计项目和广告策划项目的初始投资额都是10 000元。服装设计在前两年没有收益，3年后有12 000元的收益；广告策划在第1年年底有6 000元的收益，第2年没有收益，第3年年底会有5 500元的收益。我

们采用不同的贴现率计算并比较这两个项目的现值，如表 10-1 所示。

表 10-1　贴现率的高低与两个项目的净现值

年　份	年度净收益		贴现率 r（%）	净现值（NPV）	
	服装设计（元）	广告策划（元）		服装设计（元）	广告策划（元）
0	-10 000	-10 000	0	2 000	1 500
1	0	6 000	1	1 647	1 278
2	0	0	3	982	858
3	12 000	5 500	5	366	465
			7	-204	97

从表 10-1 中可以看出，在贴现率 r 的值较低时，服装设计项目优于广告策划项目；而当贴现率 r 的值较高时，则广告策划项目优于服装设计项目。此外，表 10-1 还显示，在 r=7%时，服装设计项目的净现值小于 0，这一项目甚至变得不可行。

以上分析表明，贴现率的高低对具体项目的选择至关重要。过高的贴现率实际上会对那些较长远的收益构成歧视，进而对项目形成歧视。在一般情况下，r 的取值应反映企业资金的实际机会成本。

在成本—收益分析的实际应用中，除了净现值标准外，人们还经常采用别的评价标准，如内部收益率（internal rate of return，IRR）、收益—成本比率（benefit-cost ratio，BCR）等，但详细的考察表明，内部收益率和收益—成本比率可能导致错误的决策。[①]

10.2　公共项目评价的步骤

10.2.1　成本—收益分析的一般步骤

成本—收益分析作为一种实用技术，可用于比较各种公共项目在一段时期内的相对优劣，并从中选择最优的方案。早在 1900 年，美国就开始使用该方法评估各种水资源项目的优劣。1950 年后，由于公共部门的扩张，这种原先主要用于评价公共投资项目的分析方法，被美国应用于其他各种支出计划的评估上。目前，该分析技术已被广泛运用于各种公共设施、教育、卫生、交通运输，以及新社区的开发等方面。

尽管与私人项目相比，公共项目的成本—收益分析所需权衡的内容更多，因而更加复杂，但在方法上，二者之间仍有不少相似之处。一般来说，公共项目的成本—收

① 内部收益率是使项目的净现值为 0 的贴现率，即求解方程 $\sum_{t=0}^{T}\frac{B_t-C_t}{(1+\lambda)^t}$ 的 λ 值。内部收益率标准的优点在于它反映了项目的真实收益率，其缺点是当两个项目的规模不同时，仅比较内部收益率的高低可能会导致错误的选择。效益—成本比率是指效益现值（B）与成本现值（C）之比，即 $B/C=\sum_{t=0}^{T}\frac{B_t}{(1+r)^t}/\sum_{t=0}^{T}\frac{C_t}{(1+r)^t}$。如果 B/C>1，则项目可行。由于效益总可以被理解为“负成本”，反之，成本则可以被理解为“负效益”，这样，当效益被当作成本计入分母时，或成本被当作效益计入分母时，就有可能得出不同的判断。此外，效益—成本比率标准无法比较不同规模的项目。有关上述标准的具体阐述可参见 Rosen（2002）。

益分析主要涉及以下几个决策环节。

- 列举备选项目的成本和收益。
- 评估全部成本和收益。
- 选择社会贴现率。
- 处理通货膨胀。
- 计算各备选项目的净现值，并对项目进行排序。

10.2.2 公共项目成本和收益的类型

在确定备选项目之后，分析人员就可以开始列举项目期内的成本和收益。公共项目所需考虑的成本和收益是多方面的，一般区分为四大类别，包括：实际的或金融的；直接的或间接的；有形的或无形的；内部的或外部的。表10-2以水利工程项目为例，列示了有关的分类情况。

表10-2 某水利工程的成本和收益

<table>
<tr><th colspan="3">成本和收益的类型</th><th>收　益</th><th>成　本</th></tr>
<tr><td rowspan="6">实际的</td><td rowspan="2">直接的</td><td>有形的</td><td>农产品的增加</td><td>水管的成本</td></tr>
<tr><td>无形的</td><td>环境的美化</td><td>田地的损失</td></tr>
<tr><td rowspan="2">间接的</td><td>有形的</td><td>减少土地的腐蚀</td><td>水源的分散</td></tr>
<tr><td>无形的</td><td>乡村风貌的保存</td><td>野生资源的破坏</td></tr>
<tr><td colspan="2">内部的</td><td>为辖区带来的全部收益</td><td>建造、维护项目的全部成本</td></tr>
<tr><td colspan="2">外部的</td><td>有助于下游地区防洪</td><td>下游地区对该项目的支持</td></tr>
<tr><td colspan="3">金融的</td><td>地价升高、农具厂职工工资提高</td><td>因地价提高、农具厂职工工资提高而使工程造价提高</td></tr>
</table>

1. 实际的和金融的

实际成本和收益是指公共项目实际发生的成本和收益，反映了社会福利的减少或增加；**金融成本和收益**则是指因市场相对价格发生变化而产生的成本或收益，其结果是某些人所得即为其他人所失，社会福利并没有发生变化，因此又被称为虚假成本或收益。例如，修路可能使汽车价格上涨，汽车企业从中受益，消费者却需要支付较高的价格，但从整个社会看，福利总量并没有发生变化。

2. 直接的和间接的

直接成本和收益指的是与项目本身有着密切关系的成本或收益；**间接成本和收益**则是项目附带产生的成本或收益。例如，国防技术的发展，直接增加了国防产品的生产能力，但也间接影响到私人部门技术的改进。

3. 有形的和无形的

有形成本和收益指的是可以用市场价格衡量，并且按惯例应该计入会计账目的一切成本和收益；**无形成本和收益**则是指不能通过市场价格直接估计，因而也不能入账的一切成本和效益。

4. 内部的和外部的

内部成本和收益指的是项目在辖区范围内产生的成本和收益；**外部成本和收益**则

是指项目在辖区范围外产生的成本和收益。例如一项兼具防洪功能的水利工程，可能使位于下游多个辖区受益，在评估项目的成本和收益时，也有必要考虑在内。

需要强调的是，我们在全面考虑项目所产生的成本和收益时，应当注意避免对某一项目的成本和效益进行重复计算。例如，水利工程可能会使农用土地的价值上升，但是，这种增值只是反映了农产品产出的增长潜力。如果同时计算土地的增值和农产品的增值，就会导致项目的重复计算。

10.2.3　公共项目成本和收益的度量

在列举出公共项目的全部成本和收益之后，下一步就是将这些成本和收益折算成货币进行评估。由于公共项目的社会成本和社会收益通常并不直接反映为市场价格，因此进行项目评估时，需要考虑几种不同的测度方法。

1. 市场价格

对那些可在竞争性市场上交易的产品或投入品，应当使用市场价格对项目进行评估。正如第 2 章所指出的那样，在充分竞争的经济中，一种商品的价格不仅能够反映该商品生产的边际社会成本，而且能够反映该商品的边际社会收益——消费者所获得的边际价值。因此，如果政府所提供的产品或所使用的投入品是在私人市场上交易的物品，市场价格就可以作为项目评估的衡量尺度。

2. 影子价格

对那些可在市场上交易，但市场价格并不反映真实社会价值的产品或投入品，衡量的办法是设计出一种新的能反映产品或投入品实际价值的价格，即**影子价格**（shadow price）。和其他度量方法相比，市场价格以低成本的方式向我们提供了大量信息，但由于多方面的原因，不少公共项目的产品或投入品虽在市场上交易，并形成相应的价格，却发生有价不实或无价可循的情况。这些原因包括：一是项目的产品或服务在垄断市场上交易；二是存在因管制、税收或补贴而导致的价格扭曲；三是产品或服务具有外溢性。为此，需要对价格进行调整，以反映真实的边际社会成本或收益。例如，某一水利工程项目提高了农产品产量，但是，如果农产品价格反映出国家农业政策上的价格支持，这一价格就需要调低，以反映农产品给消费者带来的实际边际社会收益。如果投入品以垄断价格交易，使投入品价格发生扭曲，并偏离实际的边际社会成本，我们就应调低投入品的价格。一般来说，消除这类价格扭曲，往往需要分析人员进行一些估算决策。

3. 消费者剩余

有些公共项目的社会收益可以用消费者剩余来度量。在经济学中，**消费者剩余**（consumer surplus）是指消费者为获得某种物品愿意支付的货币总额与实际支付的货币总额之差，它由需求曲线以下与经过市场价格的那条横线之间的面积来衡量。例如，对某一公路拓宽项目的收益进行评估。假如有足够的信息用来估算两地之间的交通需求，那么我们就可以通过估算消费者剩余来评估这一项目的收益。如图 10-2 所示，D_T 为两地之间交通的需求曲线。现有道路连接的两地之间单程的平均成本为 C，当前每

年的行程次数记为 T。预计拓宽现有道路将使单程平均成本下降为C'，每年的行程次数增加为T'。这样拓宽道路的净收益由两部分组成：一是原有行程 T 节约的成本，即 $CABC'$ 的面积；二是新增行程的净收益，即 $AA'B$ 的面积。因此，拓宽道路的净收益为$CAA'C'$ 的面积，它所度量的恰好就是道路拓宽前后消费者剩余的变化。

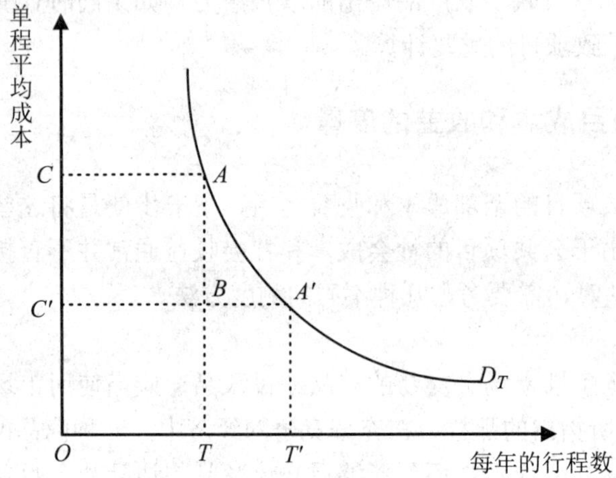

图 10-2 拓宽道路的消费者剩余

4. *无形成本和收益的量化*

由于公共项目往往没有进入市场参与交易，或者即使参与交易，也无法反映项目的真实价值，因此，在许多场合中，描绘需求曲线缺乏足够的信息。这样，消费者剩余就难以直接观察到。此时，往往通过可观察到的经济行为进行间接的估计。例如，教育项目的收益可以通过估算一段时期内已受过相应教育培训的学生的收入增长额加以衡量，而健康项目的收益则可以从那些个人健康得到改善的人的收入增长中得到反映等。常见的经济行为推断方法有两种：一是时间价值估计法；二是生命价值估计法。

（1）时间价值估计法。在上面的例子中，拓宽道路的收益之一就是能够节省旅途时间。俗话说“时间就是金钱”，而成本—收益分析需要我们知道这省出来的时间到底值多少钱。方法之一是用节省的时间乘以工资率来估算。假如张三每小时的工资为 15 元，道路的拓宽使之节省 20 分钟的旅程，该项目给张三带来的收益就是 5 元（15×20/60）。显然，这种方法有赖于对时间的机会成本的度量，而这可能存在问题。例如，当一个人有急事要办时，他可能愿意对时间支付一个超过工资率的价值；而当他休闲度假时，对时间的机会成本就可能不太在乎。

时间价值估计法的另一种途径是考察人们对不同交通方式的选择，例如在乘坐火车与公共汽车之间进行选择。通过观察人们为节省时间而愿意为速度较快的交通工具支付多少超额的货币，就可以知道人们怎样评价时间。

（2）生命价值估计法。人的生命是无价的，这是事实。可是，要是照此观点的话，许多与人的健康或生命有关的公共项目就无从评估。例如，拓宽道路项目有助于降低交通事故死亡的概率，这样，哪怕该项目只救了一个人的生命，就肯定是一个非常好的项目，因为其现值无限高。因此，为了进行成本—收益分析，有必要赋予人类生命以有限的价值。

目前，有关生命估值的通用方法有两种：一种是将未来收入的现值作为生命的价值。也就是说，如果给定项目的后果是拯救了一个人的生命，该项目的社会收益就是该人可以获得的收入的现值的期望值。这种方法主要有两方面的问题：一是该方法认为获救者闲暇时间的价值为零；二是认为收入较高者的生命价值高于收入较低者的生命价值，特别是那些年老、体弱或严重残疾的人甚至会因为没有收入而没有任何价值，这显然是荒谬的。

对生命定价的另一种方法认为，许多项目实际上只改变与项目有关的个人的死亡概率，而不会以一种确定的方式影响一个人的生命前景。照此思路，生命的价值可以通过人们所要求的风险补偿来估计。例如，从事采煤等危险职业的人，一般要求有较高的劳动报酬，以补偿较高的死亡风险。同理，假如公共项目有助于减少发生伤亡事故的概率，由此减少的经济损失就属于该项目的收益。

10.2.4　贴现率的选择

公共项目成本—收益分析的核心是对成本和收益的评价。由于成本和收益往往不是发生在同一年份，而是由建设年限和使用年限形成的“成本流”和“收益流”，因此，为了正确分析不同的备选方案，需要用贴现法来计算出未来年度的成本和收益的现值。这样，贴现率的大小就直接影响着成本和收益现值的高低。如果选择过低的贴现率，那么低效率的项目也可以得到认可。相反，如果选择过高的贴现率，那么即使是高效率的项目也可能遭到否决。因此，选择合适的贴现率直接关系到项目的权衡取舍。

社会贴现率是政府在某一项目中所耗费资源的机会成本，它应当反映等值资源在各种私人用途中所获得的回报。资源的优化配置准则要求，如果资源在私人部门中能够取得更高的社会回报，那就不应将上述资源从私人部门转移给政府使用。因此，作为资源使用的社会机会成本的反映，社会贴现率一般取决于消费者和投资者愿意放弃消费或投资而为公共项目提供资金的利率。例如，如果市场利率为 10%，公共项目投资的回报率就至少也要达到 10%，才能将资金从私人部门转由政府部门使用。

由于税收等导致的扭曲现象的存在，消费者和投资者获得的净回报往往是有区别的。假如张三可以从投资机会上获得的税前收益率为 30%，但他必须将其收益的 20%以税收形式缴纳给政府，则税后收益率为 24%（30%×80%），这意味着张三今天多消费一元钱，他就放弃了 24%的税后收益率。

考虑到上述差异，在选择公共项目的社会贴现率时，需要具体分析被政府活动所替代的私人支出类型。如果公共资金的使用以私人投资的减少为代价，那就应当以税前收益率为贴现率；如果公共资金的使用以私人消费的减少为代价，那就要以税后收益率为贴现率。当然，在多数情况下，公共资金的使用既会减少私人投资，也会减少私人消费。此时，一个自然的想法就是按税前收益率与税后收益率的加权平均数进行贴现。遗憾的是，对于某一给定的公共项目，要明确到底有多少比例的资金来自于私人消费的牺牲，又有多少比例的资金来自私人投资的减少，是一件相当困难的事情。这就降低了按这种加权方式作为确定社会贴现率的指导原则的有用程度。

10.2.5 通货膨胀的处理

项目的成本和收益一般以货币为计量标准，通货膨胀的存在使得比较不同时期发生的成本和收益时的可靠性降低，这给成本—收益分析增加了困难。处理通货膨胀的一般原则是：如果以一段时期内的名义量测度成本和收益，就要用名义利率来折现未来的成本和收益；如果以一段时期内的实际量计算成本和收益，就要用实际利率（即名义利率减去通货膨胀率）作为贴现率。

为了说明这一点，我们来考虑一个项目。按当前价格计算，某项目在未来 n 年中各年的实际收益分别为 $R_0,R_1,R_2,\cdots,R_n$。假定每年出现的通货膨胀率为 π，那么按收益发生当年的价格水平计算的价值额（即名义收益）就分别为 R_0, $R_1(1+\pi)$, $R_2(1+\pi)^2$, …, $R_n(1+\pi)^n$。

接下来，我们考虑项目的贴现率。当价格稳定时，市场的通行利率 r 可以直接反映项目资金的机会成本，此时贴现率即为利率 i；而当人们预期价格会上涨时，资金出借人便不再按市场稳定时的利率 i 贷款，为了不在实际数额上吃亏，他们所期望获得的市场利率应当按大约等于通货膨胀率 π 的额度上升，即由 i 上升为 $i+\pi$。

由于 $i\pi$ 在大小上是一个可以忽略不计的小数，因此有

$$1+i+\pi \approx 1+i+\pi+i\pi=(1+i)(1+\pi) \tag{10-7}$$

这样，当通货膨胀是可预见的时候，收益流和贴现率都会随之上升。如果按名义量来表达，那么收入流的现值就是

$$PV=R_0+\frac{(1+\pi)R_1}{(1+\pi)(1+i)}+\frac{(1+\pi)^2R_2}{(1+\pi)^2(1+i)^2}+\cdots+\frac{(1+\pi)^nR_n}{(1+\pi)^n(1+i)^n} \tag{10-8}$$

不难看出，由于所有含有$(1+\pi)$的项都可以消去，因此式（10-8）与式（10-4）是等价的。这说明，不管是使用名义量，还是实际量，所得到的答案是一样的。值得注意的是，在进行成本—收益分析时，成本、收益与贴现率必须以一致的方式进行测度。

本章小结

- 公共项目决策以社会净收益为标准，其成本和收益一般无法直接采用市场价格进行衡量，这使得公共项目的评价面临着比私人项目更多的困难。
- 净现值是进行成本—收益分析的基本标准。
- 除了与私人项目一样要考虑实际的、直接的、有形的、内部的成本和收益外，公共项目评价还要考虑金融的、间接的、无形的和外部的成本和收益。
- 公共项目成本和收益的度量需要区分不同的场合，分别采取市场价格、影子价格、消费者剩余、时间价值估计法、生命价值估计法等。

- 社会贴现率是政府在某一项目中所耗费资源的机会成本，它的选择关系到公共项目的权衡取舍。
- 为消除通货膨胀的影响，在进行公共项目的成本—收益分析时，成本、收益和贴现率必须以一致的方式进行测度。

基本概念

- 现值
- 贴现率
- 净现值
- 实际成本
- 实际收益
- 金融成本
- 金融收益
- 直接成本
- 直接收益
- 间接成本
- 间接收益
- 内部成本
- 内部收益
- 外部成本
- 外部收益
- 影子价格
- 消费者剩余
- 社会贴现率

复习题

1. 公共项目评价的特点是什么？
2. 什么是净现值标准？
3. 公共项目成本和收益的类型有哪些？
4. 在成本—收益分析中如何估计时间价值和生命价值？
5. 如何选择社会贴现率？

练习题

1. 一个项目从下一年起的年收益是 200 元，并且永远保持这一收益。如果利率是 10%，该收益的现值是多少？将你的答案一般化来证明，年度收益永远是 B，利率为 r，则现值为 B/r。

2. 某市政府决定兴建一座立交桥，所需资金的 50%由商业银行提供，30%由大华公司提供，20%由中兴公司提供。市场贷款利率为 6%，大华公司和中兴公司的税前报酬率分别为 20%和 15%。

（1）计算适当的社会贴现率。

（2）立交桥建成后第 1 年收益为 3 000 万元，第 2 年为 2 000 万元，第 3 年为 500 万元，这些收益折为现值应该是多少？

第 11 章　政府收入概述

本章学习目标

- 了解政府收入的各种形式；
- 掌握税制的基本要素。

引例

国外公路收费“公道”

免费高速印象深刻

“从堪培拉到墨尔本，沿着 31 号高速公路驱车 800 千米，竟然没有遇到一个收费站。”曾旅居澳大利亚的网友小 A 对在异国第一次长途旅行记忆犹新，“那里的道路标识都提醒司机不同路段的车速，感觉特别亲切。”其实，像小 A 这样在国外发现“新大陆”的中国人为数不少，而他们的经历也各有不同。

畅通第一，收费第二

美国号称“汽车上的王国”，除了拥有 2 亿多的汽车保有量外，还有遍布全国、四通八达且收费极低的高速公路。据美国公路管理局的官方数字，2003 年美国高速公路总里程为 9 万多千米，而其中收费里程仅为 7 800 多千米，约占总里程的 8.8%。

所以，在美国高速公路上开车一般很少看见收费站，即使偶尔遇到一些，收费也是非常便宜。一次记者驾车从贯穿新泽西州南北的新泽西收费高速公路上行驶了大约 167 千米，2 个小时的车程下来，只付了 4.25 美元的过路费。

收费便宜的主要原因在于，美国已经建成的高速公路资金来源基本上是联邦政府的税收，州政府仅通过对一些年久失修的“老字辈”高速公路收费以用于维护和保养。

根据 1956 年通过的《联邦资助公路法案》，美国州际高速公路由联邦政府和州政府按照 9∶1 的比例出资。当时的美国政府认为，如果公路收费，会给行车带来诸多不便，这违背了高速公路的意义。

为了让汽车真正实现“飞速”行驶，美国高速公路还不设交通控制灯，同时尽量减少收费站数目。这样，发达的路网和完善的设施，再加上便宜的收费，促使更多的人习惯驾车出门，提高了运输效率，扩大了资源和商品流通，在很大程度上促进了美国经济的发展。

行程越长，折扣越大

德国高速公路今年开启卫星定位收费系统，对载重货车进行收费。例如，在高速公路上的行驶里程在 100～200 千米的，超出 100 千米的部分可优惠 25%，如果超过 200 千米，则超过部分可优惠 30%。另外，针对安装了 ETC（电子通行费征收系统）的车辆，各高速公路公司都出台了按照通行时段和使用频率给予通行费打折优惠的制度。

日本的高速公路遵循按行驶里程收费的原则，征收标准全国统一。其中，各种打折方法堪称一大特色。日本征收车辆通行费的目的是筹集道路建设、维护管理等所需的费用。一旦通行费总收入足以偿还总费用，高速公路就免费通行。日本政府出资经营的日本道路公团等与道路相关的 4 个公团 2005 年 10 月实行民营化改革之前，偿还年限没有明确规定，但一般是 40 年。4 个公团民营化之后，相关法案规定偿还年限为 45 年以内。

资料来源：刘旸辉和钱铮（2007），作者整理。

政府收入（government revenues）是指政府为满足支出的需要，从私人部门那里取得的一切收入。在现代社会中，政府取得政府收入的形式有税收、行政收入、公债、公共企业收入、国有财产收入等，其中税收是政府取得政府收入的最主要形式。

有关政府收入的分析在财政理论和实践研究中占有重要的地位，本章的目的是为随后几章的分析提供概念基础。本章首先简要介绍政府收入的几种基本形式，然后介绍税收的基本知识，包括税收的含义、特征和税制要素等内容。

11.1　政府收入的形式

11.1.1　政府收入的各种形式

税收是目前各国政府取得收入的最可靠、最主要的形式，通常将其列为独立的门类。此外，还有各种非税收收入形式，主要包括国有财产收入、公共企业收入、行政收入、公债收入、货币发行收入等。由于税收与公债收入不仅在政府收入中占有举足轻重的地位，而且具有重要的经济影响，我们将在下文专门进行讨论，本节简要介绍其他政府收入形式。

1. 国有财产收入

国有财产收入指的是政府凭借其所拥有的财产而取得的租金、利息或变卖价款等收入，历史上它曾作为政府收入的主要来源。国有财产可分为国有不动产和国有动产。

国有不动产包括下列两种资产：一种是作为公共用途的资产，如道路、机场等公共基础设施、政府机关用房、图书馆、博物馆等，这些不动产一般不以获取政府收入为目的；另一种是可以取得政府收入的国有财产，如土地、森林、矿山、水利资源等。这些国有财产的使用、出租、出售等获取的收入即为国有不动产收入。

国有动产包括有形动产和无形动产两类，有形动产主要有债券、股票、基金、资金等，无形动产主要有专利权、商标权、著作权等。这里的基金或资金指的是政府为了实现某种特定目的，或是供应不时之需而设置的各种基金或资金。当政府基金或资金通过存款、贷款或购买股票、债券等方式取得利息或股息收入时，即为国有动产收入。

现代国家对于国有财产的管理已经不再只是消极地持有，而是越来越多地积极运用国有财产，特别是利用可以取得大量收入的国有财产，如土地、森林、矿山、水利资源等，来满足政府的部分资金需要。

2. 公共企业收入

公共企业收入指的是政府从那些以法人资格经营的公共企业所取得的收入。从经营方式看，公共企业可以划分为竞争性公共企业和垄断性公共企业。竞争性公共企业和私人企业处于同等的自由竞争地位。垄断性公共企业则由政府控制该部门的生产和流通，在该部门的经济活动中取得统治地位，操纵某些产品的销售价格和某些生产要素的购买价格，其目的除了取得政府收入外，也可能是为了达到某些社会经济和政治目的。

国有财产收入与公共企业收入的区别在于：国有财产收入一般无须通过经常性经营管理即可获得；而公共企业收入的获得则需要依靠经营管理。如果公共企业未利用垄断权力以获取高于竞争水平的价格，其收入就是自由的价格收入，在性质上与税收强制收入不同。如果公共企业利用垄断权力以实现其超过正常利润的垄断收益，这种垄断收益本质上就是加于所售商品的税收。

3. 行政收入

行政收入指的是政府为公众提供特定服务所取得的收入，一般分为规费、特别课征、特许金和罚没收入。

（1）规费是政府部门为居民或企业提供某种特定服务时所收取的手续费和工本费。如工商执照费、商标注册费、户口证件费、结婚证书费、商品检验费、护照费等。

（2）特别课征是政府部门为新增公共设施或改良旧有公共设施，根据公众受益大小而按比例课征的收入，其目的是用以补充工程费用的全部或一部分。如修建沟渠、公园等可增加附近房地产价值的设施，由此而发生的费用由房地产所有者分摊负担。

（3）特许金是政府部门赋予个人或企业某种行为或营业活动的特别权利（如开设娱乐场所等）而收取的一定金额。

（4）罚没收入是政府部门按规定依法处理的罚款和没收品收入，以及依法处理追加的赃款和赃物变价款收入。

4. 使用费

使用费指的是政府部门按照一定的标准，对其所提供的特定公共设施或服务的使用者收取的费用，如水费、电费、过路费、过桥费、公有住宅房租、公立医院住院费、公立学校学费等。政府部门收取的使用费，通常低于提供该种公共设施或公共服务所需的平均成本，两者之间的差额就是对使用者的补贴，这种补贴一般以税收为资金来源。政府收取使用费的目的除了筹集部分政府收入外，更重要的还在于它有助于增进政府所提供的公共设施或服务的使用效率。这主要是由两种情况决定：一是在多数情况下，政府收费的产品或服务往往具有一定的外部性，如教育、公共保健、文化设施等。为了使这些产品能够有效提供，应使直接受益者承担一定的成本，即按他们的直接受益情况收取一定的费用，另一部分成本则由政府税收解决。二是政府提供的产品或服务在消费过程中有时会产生拥挤问题，在此情况下，收取使用费是实现效率原则的必然要求。例如，对拥挤的公路或桥梁收取的使用费，应等于车流量增加而产生的边际拥挤成本。

11.1.2　政府收入体系

政府收入除了依据其形式进行上述区分外，还可以按照取得收入的内在依据的不同分为强制性收入、对等性收入和半强制性收入。强制性收入是基于国民的个人负担能力，作为强制履行的义务，向国民取得的收入，主要以税收为代表。对等性收入是基于政府对国民个人个别给予的利益，按照对等自愿原则，作为利益的报酬，向国民取得的收入，主要以国有财产收入为代表。半强制性收入介于强制性收入和对等性收入之间，这类收入的取得似乎是国民的自愿行为，但为了达到一定的目的，仍然以一定的政府活动为前提，因此具有半强制的性质，主要以规费和使用费为代表。

根据以上理解，政府收入体系的构成大致如图 11-1 所示。

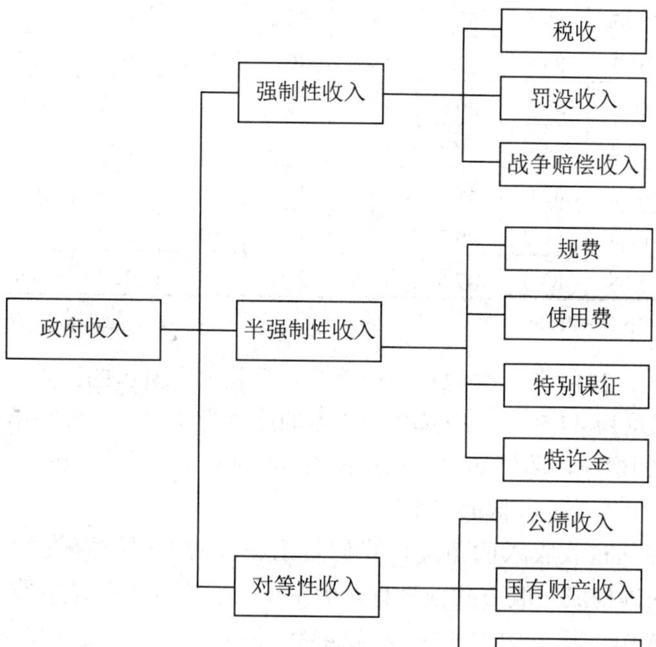

图 11-1　政府收入体系

11.1.3 中国当前的政府收入体系

前已述及，当前中国的政府预算体系由一般公共预算、政府性基金预算、国有资本经营预算、社会保险基金预算等四部分组成。在此体系下，政府收入由一般公共预算收入、政府性基金预算收入、国有资本经营预算收入和社会保险基金预算收入等共同组成，也即

政府收入=一般公共预算收入+政府性基金预算收入+社会保险基金预算收入
　　　　　+国有资本经营预算收入

据此，2010—2017 年中国政府收入的计算和调整结果如表 11-1 所示。

表 11-1　中国政府收入（2010 —2017 年）

年份	一般公共预算收入					政府性基金预算收入		社会保险基金预算收入/政府收入（%）	国有资本经营预算收入/政府收入（%）	政府收入	
	总额（亿元）	/政府收入（%）	税收			/政府收入（%）	土地出让收入			总额（亿元）	/GDP（%）
			/一般公共预算收入（%）	/政府收入（%）	/GDP（%）		/政府收入（%）				
2010	83 102	59.5	88.1	52.4	17.7	26.3	79.9	13.8	0.4	139 721	33.8
2011	103 874	60.7	86.4	52.4	18.3	24.2	80.9	14.7	0.4	171 156	35.0
2012	117 254	62.7	85.8	53.8	18.6	20.1	77.0	16.4	0.8	187 023	34.6
2013	129 210	59.1	85.5	50.6	18.6	23.9	78.9	16.1	0.8	218 445	36.7
2014	140 370	59.4	84.9	50.4	18.5	22.9	79.3	16.9	0.8	236 319	36.7
2015	152 269	62.6	82.0	51.4	18.1	17.4	76.9	18.9	1.0	243 170	35.3
2016	159 605	60.8	81.7	49.7	17.5	17.8	80.3	20.4	1.0	262 420	35.3
2017	172 593	56.8	83.6	47.5	17.5	20.2	84.7	22.1	0.8	303 808	36.7

数据来源：CEIC 中国经济数据库。

表 11-1 表明，2017 年，税收在一般公共预算收入中所占的比重为 83.6%，在政府收入中所占的比重为 47.5%，在 GDP 中所占的比重为 17.5%。近些年来，税收的增速一般高于 GDP 的增速，即便如此，税收在 GDP 中的比重不足 20%。从国际比较的视角看，这一比重仍然处于较低的水平。

然而，单纯从税收收入的角度，我们是无法认清中国政府收入的全貌的。事实上，尽管税收的确构成一般公共预算收入的主体，但它却不是政府收入的主体。2010 年，在政府收入中，税收的占比仅为 52.4%，并且这一比重还呈现出不断下滑的趋势。截至 2017 年，税收在政府收入中的占比仅为 47.5%。依照国际通行做法，我们可以把具有专款专用特征的社会保险缴费以专项税的形式并入税收收入中，则在 2017

年，由于社会保险费占政府收入的 22.1%，因此，调整后的税收收入占政府收入的比重也仅为 69.6%。

由表 11-1 可以看出，以国有土地使用权出让收入（简称土地出让收入）为主体的政府性基金收入在政府收入中所占的比重平均高达 20%以上。由于 95%以上的政府性基金收入归属于地方政府，不难发现，土地出让收入已经成为不少地方政府在一般公共预算收入之外的又一重要财源。因此，土地出让收入有时也被冠以地方政府的“第二财政”之名。

由于大量的政府收入源自税收收入之外，使得尽管中国的正税、明税相对于 GDP 的比重其实不高，但政府总收入占 GDP 的比重却呈现出不断上升的趋势。2017 年，政府收入占 GDP 的比重高达 36.7%。这一比重已经与许多高收入国家的水平相当，这与中国当前尚处于中等收入国家的阶段是不相称的。如果考虑到公众只能获得相对有限的社会保障水平，那么，政府收入给公众带来的负担可以说是比较沉重的。

总体来说，中国当前的政府收入体系是较不规范的，在正式的税收收入之外，还衍生数额相当庞大的非税收入。这些非税收入种类繁多，内容庞杂，征管机构各异，给家庭、企业等市场主体带来了诸多困扰。为了降低征纳成本，理顺职责关系，提高征管效率，2018 年 3 月，中央决定由进行国税地税机构合并后的国家税务机关具体承担所辖区域内各项税收、非税收入征管等职责。目前，有关社会保险费和非税收入征管职责划转工作正在逐步推进中。

11.2　税收的基本概念

11.2.1　税收的含义与特征

税收是政府为了实现其职能，按照法律事先规定的标准，对私人部门强制课征所取得的收入。在许多国家，税收占政府收入的 90%以上，是政府收入最重要的来源和最基本的形式。

与其他政府收入形式相比，税收体现出强制性、固定性和无偿性的形式特征。强制性是指税收是政府以法令的形式强制课征，因而构成纳税人的应尽义务。也即，无论纳税人是否愿意，只要符合税法标准，就应履行缴纳义务，否则就要受到法律的惩处。固定性指的是政府以法律形式预先规定了征税对象、税基、税率等税制要素，征纳双方必须按税法的规定征税和缴税。税收的固定性既有利于保证政府收入的稳定，也有利于维护纳税人的合法权益。

除了强制性和固定性之外，税收还具有无偿性的形式特征。也即，从表面上看，政府在课税之后，既无须向纳税人付出任何报酬，也不需要直接偿还给纳税人。但是，正如中国税收宣传中经常提到的“取之于民，用之于民”，税收在其实质上却是有偿的。

现代财政理论认为，由于市场机制存在内在的缺陷，这些缺陷是无法由私人部门自行加以克服和矫正的，因此需要由政府来承担和履行三大经济职能。从构成公共产品的特性（即非竞争性和非排他性）考虑，这些职能的履行实际上可以视为政府提供私人部门难以有效提供的公共产品。由于政府提供公共产品需要消耗经济资源和付出成本，因此自然要求获得相应的成本补偿，税收就是作为这样一种成本补偿机制而存在的。所以，在市场经济中，税收事实上是政府部门与私人部门之间的一种交换关系。也即，政府承担着提供公共产品的义务，从而享有依法征税的权利；私人部门享有消费公共产品的权利，因而负有依法纳税的义务。可见，在现代财政理论中，将无偿性视为税收的基本特征之一是不恰当的。

那么，将税收视为有偿的或者说是一种权利和义务间的对等关系，会不会与税收的强制性特征相矛盾呢？不会。原因在于，不同于一般的私人产品，政府所提供的公共产品是非排他性的，其成本不可能通过消费者自愿捐款的方式得到补偿，因此必须找到一种能够有效克服免费搭车行为的成本补偿机制。而要解决这个问题，课税是唯一可行的办法。可见，强制性是税收的基本属性。

11.2.2 税制要素

1. 税制的基本要素

税收制度，简称**税制**，指的是一国政府课征税收时所依据的各种法律、法规的总称。一国税制通常是由多个税种组成的，而每一个税种的设置都离不开三方面的内容，即对什么征税、征多少税以及由谁缴纳。因此，税制有三个基本要素，即纳税人、征税对象和税率。

（1）**纳税人**。纳税人也称**课税主体**，是指税法规定的直接负有纳税义务的单位和个人，即税款的缴纳者。纳税人可以是自然人，也可以是法人。前者是指在民事上享有权利并承担义务的个人，后者是指依法成立并能独立行使法定权利和承担法律义务的组织，包括企业和社会团体。

与纳税人相关的一个概念是负税人。**负税人**是指最终承受税款的单位和个人。纳税人与负税人可能一致（如所得税），也可能不一致（如流转税）。理解纳税人和负税人的区别，对研究税收的转嫁与归宿问题有着重要的意义。

（2）**征税对象**。征税对象也称**课税客体**，即对什么进行征税。征税对象规定着征税的范围，是一种税区别于另一种税的主要标志。例如，所得税的征税对象是所得，财产税的征税对象是财产。由于所得不同于财产，因此所得税也不同于财产税。

与征税对象密切相关的一个概念是税基。**税基**（tax base）又称**计税依据**，是征税对象在量上的具体化，它表明在具体征税过程中政府按什么计算税额。例如，所得税的征税对象是所得，这只是一个质的规定；为了明确纳税人到底应交多少税，还必须按照税法的规定计算出其所得额到底是多少，这就涉及征税对象量的方面。在有些情况下，征税对象的数量直接构成税基，如现行税法规定对每吨啤酒征收 220 元的消费税；但在更多场合，税基只是征税对象数量的一部分，而不是全部。例如，个人所得税的征税对象是个人所得，但并非所有的个人所得都构成税基。实际上，个人所得额需要依照税法，在经过一系列扣除和调整之后，才能作为税基。

税基的计量单位通常有两种：一是财产或商品的自然单位，如重量、面积、数量或容积等；二是财产或商品的货币单位。采用自然单位征税称为**从量计征**，采用货币单位征税称为**从价计征**。

在一般情况下，征税对象还很笼统，为此，需要将征税对象在内容上加以具体化，以明确征税的具体范围、界限和类别，并据以确定相应的税率，这就是**税目**。例如，作为所得税征税对象的所得，还可以进一步划分为工资、租金、利息、股息等。规定税目，既为征税技术所必需，又便于对不同税目加以区别对待，从而有目的地贯彻执行税收政策。

（3）**税率**。税率是指税额与征税对象数额或税基之间的比例。在税基一定的前提下，税收负担的大小和政府课税的程度就体现在税率上。税率的高低直接关系到政府收入的多少和纳税人的税收负担。因此，税率被看作是税制的中心环节。

税率有名义税率和实际税率之分。**名义税率**是税法上规定的税率。**实际税率**是纳税人实际缴纳的税额占征税对象数额或税基的比例。在实践中，由于税收优惠、税收规避等原因，名义税率和实际税率之间往往存在一定的差异。

税率还有平均税率和边际税率之分。**平均税率**指的是全部应纳税额占全部税基的比例，也即

$$t_A=\frac{T}{Y} \tag{11-1}$$

式中：t_A 为平均税率；T 为全部应纳税额；Y 为全部税基。

边际税率指的是应纳税额的增量与税基增量之比，也即最后一个单位税基所适用的税率。其计算公式表示为

$$t_M=\frac{\Delta T}{\Delta Y} \tag{11-2}$$

式中：t_M 为边际税率；ΔT 为应纳税额的增量；ΔY 为税基增量。

按照边际税率的变动情况，税率可以分为三种形式，即定额税率、比例税率和累进税率。

比例税率是指对同一征税对象，不论数额大小，采用相同比例征税的税率，即边际税率为常数。例如，对商品流转额征收的增值税、消费税、关税等，通常采用比例税率。一般认为，采用比例税率使同一课税对象的不同纳税人的税收负担一致，有利于促进企业间的竞争；但在调节收入差距方面，有一定的局限性。此外，比例税率还具有计算简便、便于征收和缴纳等特点。

定额税率，即**固定税额**，指的是按每一单位征税对象直接规定某一固定的税额，即边际税率为零。定额税率与征税对象的价格没有直接联系，一般适用于从量税的征收。如一吨啤酒缴纳一定的消费税，一辆汽车缴纳一定的牌照税，一个个体业主缴纳一定的营业执照税等。定额税率计算简便，但缺乏弹性。

累进税率是指将税基划分为若干等级，分别规定相应的税率，并使税率随着税基的增大而提高，即边际税率递增。累进税率又分为全额累进税率和超额累进税率两种形式。**全额累进税率**是指全部税基都按照与之相适应的那一档税率征税，随着税基的增加，税率逐步提高。在全额累进税率下，一个纳税人只适用一个税率，实际上相当于按税基的大小规定不同的比例税率。**超额累进税率**是指将税基分成不同等级，每个等级由低到高分别规定税率，并分别计算税额，加总后即为应征税额。换言之，在超额累进税率下，当征税对象超过某一等级时，仅就其超过部分适用高一级税率。

全额累进税率计算简便，但累进速度比较急剧，尤其是在两个等级的临界部分，很可能出现税收增长数量超过税基的不合理现象。如表 11-2 所示，假如应税所得额为 3 000 元，适用 10%的税率，应纳税额为 300 元；假如应税所得额为 3 001 元，适用 15%的税率，应纳税额为 450.15 元。这样，应税所得额只增加了 1 元，税额却要增加 150.15 元。

表 11-2 全额累进税率和超额累进税率的比较

应税所得额（元）	(0,1 000]	(1 000,3 000]	(3 000,5 000]
适用税率（%）	5	10	15

应税所得额（元）	边际税率（%）	全额累进税额	超额累进税额	平均税率（%）
1 000	5	1 000×5%=50	1 000×5%=50	5
3 000	10	3 000×10%=300	50+2 000×10%=250	8.33
5 000	15	5 000×15%=750	50+200+2 000×15%=550	11

相比之下，累进超额税率计算比较复杂，但累进速度平缓，可以在一定程度上弥补全额累进税率的缺陷。

需要指出的是，尽管我们以边际税率来定义税率的累进性，但在经济分析中，衡量一种税的累进程度却一般以平均税率作为判断标准。也就是说，如果平均税率随收入的增加而增加，则表明该税种具有累进性。原因是，所谓一种税是累进的，指的是该税种具有收入中被征税拿走的部分随收入的增长而增长的特征，而这一定义隐含着平均税率的递增性，如表 11-3 所示。

表 11-3 税种的累进性

应税所得额（元）	应纳税额（元）	边际税率（%）	平均税率（%）
2 000	80		4
3 000	150	15	5
5 000	300	15	6
10 000	750	15	7.5

2. 税制的其他要素

除了纳税人、征税对象和税率这三个基本的要素外，具体的税制经常还含有以下要素。

（1）附加与加成。附加一般是指地方政府在正税之外附加征收的一部分税款。附加的比例有两种形式：一种是按征税对象的数额征收一定比例的附加；另一种是按正税税额征收一定比例的附加。附加收入一般由地方财政支配。例如，中国的城乡维护建设税就是由地方财政在增值税的基础上，附加一定比例征收的。

加成是按应征税额的一定成数（或倍数）加征税款，是税率的延伸形式。国家为了限制某些经济活动，或调节某些纳税人的所得，可以采取加成征收税款的方法。

（2）减税与免税。减税是指减征部分税款，免税是指免交全部税款。减税和免税是为了发挥税收政策的鼓励或限制作用，或者照顾某些纳税人的特殊情况而采取的特殊调节手段。

（3）起征点与免征额。**起征点**是指税法规定的开始征税时征税对象应达到的一定数额。征税对象的数额未达到起征点的不征税，达到和超过起征点的，应按征税对象的全部数额征税。**免征额**是指税法规定征税对象的全部数额中免予征税的数额。无论征税对象的数额多大，免征额的部分都不征税，仅就超过免征额的部分征税。

（4）纳税环节。纳税环节是指税法规定的商品从生产到消费的流转过程中缴纳税款的环节。工业品一般要经过生产、批发、零售等环节。同一税种只在一个环节征税的，称为单环节课税；在多个环节征税的，称为多环节课税。正确确定纳税环节对于平衡税负、保证收入、便于管理等具有重要意义。在中国现行税制中，增值税在生产、批发、零售、进口四个环节课征，消费税只在生产和进口两个环节课征。

（5）违章处理。违章处理是指对纳税人违反法律、法规行为的处理。纳税人的违章行为通常包括偷税、欠税、抗税、骗税等。**偷税**是指纳税人有意识地采取非法手段不交或少交税款的违法行为。**欠税**是指纳税人拖欠税款，不按规定期限缴纳税款的违章行为。**抗税**是指纳税人对抗税法拒绝纳税的严重违法行为。**骗税**是指企事业单位采取对所生产经营的商品假报出口等欺骗手段，骗取国家出口退税款。对于上述现象，可以视情节轻重，分别采取限期缴税、加收滞纳金、罚款、扣押或查封财产、通知纳税人开户银行暂停付款等惩罚措施，直至追究刑事责任。

本章小结

- 政府取得政府收入的形式有税收、行政收入、公债、公共企业收入、国有财产收入等。其中，税收是一国政府收入最主要的形式。
- 根据取得收入的内在依据的不同，政府收入可以分为强制性收入、对等性收入和半强制性收入等。各种收入形式构成一国的政府收入体系。
- 征税对象是一种税区别于另一种税的主要标志。
- 尽管一般以边际税率来定义税率的累进性，但衡量一种税的累进程度却一般以平均税率作为判断标准。

基本概念

- 政府收入
- 国有财产收入
- 公共企业收入
- 行政收入
- 规费
- 特别课征
- 特许金
- 罚没收入
- 使用费
- 强制性收入
- 对等性收入
- 半强制性收入
- 税收
- 税收制度/税制
- 纳税人/课税主体
- 负税人
- 征税对象/课税客体
- 税基/计税依据
- 从量计征
- 从价计征
- 税目
- 税率
- 名义税率
- 实际税率
- 平均税率
- 边际税率
- 比例税率
- 定额税率/固定税额
- 累进税率
- 全额累进税率
- 超额累进税率
- 起征点
- 免征额
- 偷税
- 欠税
- 抗税
- 骗税

复习题

1．政府取得政府收入的形式有哪些？

2．什么是规费？什么是使用费？

3．如何理解税收的形式特征？

4．税制的基本要素有哪些？

练习题

1．下列由政府收取的费中，哪一项最好称为“税”？为什么？

（1）停车费；（2）国家公园的门票费；（3）司机驾照费。

2．如果税法规定 5 000 元为免征额，5 000 元以上征收 5%的所得税。某人的应税所得额是 8 000 元，求其应纳税额。

第12章 税收原则

本章学习目标

- 掌握税收的效率原则；
- 掌握税收的公平原则；
- 掌握税收的简化原则；
- 理解最优税收理论及其政策含义。

引例

美国税改的基本内容

2017年12月22日，经特朗普签署，美国《减税和就业法案》(Tax Cuts and Job Act) 正式成为法律。

美国的税改主要包括三方面内容：个人所得税减税、公司所得税减税以及对海外收入征税制度的改革。

个人所得税是联邦政府最主要的税种，其税率共分7档，本次税改对此并未做改变，但对每档的税率大多进行了下调，如表12-1所示。

表12-1 美国个人所得税税改情况

	原 税 率	税 改 内 容
税率	39.6%	下调至37%
	33%	下调至32%
	28%	下调至24%
	25%	下调至22%
	15%	下调至12%
	最低档10%和35%档	不变
标准抵扣（免税门槛）	夫妻共同报税情况下由过去的13 000美元提高至24 000美元	
	单独报税情况下由过去的6 500美元提高到12 000美元	

由于法律原因，个人所得税改革的适用期限截至2025年。

公司所得税是本次税改的重点，公司所得税改革大致涉及三个方面：一是下调公司所得税税率；二是改变税收的全球征收制度和递延原则；三是设立新税种。

公司所得税税率由税改前的35%下降为21%，降幅高达40%。考虑到州和地方税，美国公司所得税税率大致为 26.5%（欧盟国家为 26.9%）。税率下调是永久性的，而且在减税法案通过后立即实施。

美国税改的最大变化是从执行全球征税制（Worldwide Taxation）过渡到属地征税制（Territorial Taxation），以及取消递延制（Deferral）。在税改之前，美国政府对美国公司一律征收 35%的公司所得税，而不问公司的所得（利润）是源于美国国内还是海外。但是有一类公司有特权，这类公司被称为"受控海外子公司"（CFC），它们是美国跨国公司在海外注册和从事经营活动的子公司。CFC 可以推迟将海外利润汇回美国的母公司，如果不把利润汇回来，就不用纳税，这就是所谓的"递延制"。

旧税制存在的问题是：首先，由于货币的时间价值，越迟交税意味着实际税率越低，企业能拖一天是一天；其次，尽管利润没有汇回美国，但是可以通过贷款等方式变相让股东拿到钱，企业会尽可能不把钱汇回去。

更进一步，跨国公司不仅把钱留在海外，还想办法把国内的钱转移到海外。例如，美国大公司可以将它的产品以低于成本价的价格卖给百慕大的子公司，百慕大的子公司再按照市场价把它卖给欧洲的子公司，欧洲的子公司再把产品卖出。在这一过程里，美国的母公司和欧洲的子公司都没有赚钱，而百慕大的子公司的利润则非常高。这样，所有利润就变成是百慕大的子公司了，但其实它什么事都没做。

如此运作的最大问题是，有大笔利润留在海外。美国参众两院的税收委员会估计是 2.6 万亿美元，高盛估计是 3.1 万亿美元。

为此，美国进行了两方面的改革：一是实行属地纳税制，只对公司的国内利润征税，并对海外子公司的利润设立一个新税种；二是废除递延制，1987 年以来的 CFC 公司囤积的利润都要纳税，以此大大削弱公司将利润留在海外或转移到海外的动机。

本次税改产生的新税种有三个：① 全球低税无形收入（GILTI）。即对 CFC 公司在国外低税国获得的超常收入征税，其有效税率约为 10.5%。② 海外无形收入（FDII），即美国国内公司通过海外销售无形资产产品和提供相关服务获得的超常收入，其有效税率约为 13.125%。③ 税基侵蚀税，或称反滥用税。例如，跨国公司向子公司借钱、付利息，这一利息在缴税时予以扣除。这一新税种的设立，旨在减少企业通过跨境的金融交易来损害美国的税基。

资料来源：余永定（2018），作者整理。

1899 年，美国最高法院宣布："征税权力是最大的权力，是整个国家建筑的根基。它对一个国家的存在和繁荣的重要性，就像我们蒙昧人呼吸的空气一样。它不仅仅是毁灭的力量，也是保持活力的力量。"税收的重要性早已为政治家和经济学家所认识。为此，他们一直致力于寻找指导税制的一套原则。

现代税收原则是在古典原则的基础上发展起来的，它主张形成一部公平、简化的税制，以促进经济增长和效率。但是，对什么是更公平和什么样的税制变化才能更有效地促进经济增长或增加平等，存有争议。这些问题盘根错节：税法的复杂性给避税提供了机会，而避税被视为不公平，并带来经济扭曲。

本章，我们首先探讨指导税制的三个原则——公平、效率和简化原则，最后介绍最优税收理论。本章的主旨是构建一个思考和评价税收制度的理论框架。

12.1　税收的公平原则

12.1.1　税收公平的含义

对税制的许多批评始于它们的不公平。然而，公平就像美丽的景色一样，取决于人们的主观判断，多数纳税人觉得他们的纳税份额要高于他们应有的份额，很少有纳税人感到他们纳税太少。历史上，曾有两个概念处于税制公平讨论的核心：一是受益原则；二是支付能力原则。公平的**受益原则**是指纳税人的负担应当取决于其在政府支出中的受益情况。尽管持有这一观点的情况不太普遍，但在某些情况下，人们仍然从这一角度理解公平。以燃油税为例，该税种主要用于为公路建设与维护提供资金。在许多人看来，燃油税是由那些能够从中受益的人——司机支付的，因此燃油税是公平的。注意，这里所说的公平取决于用于公路支出的税收收入是多少。但是，作为一般性收入的来源之一，燃油税被认为是不公平的，因为许多人认为它是累退性的。

在现代税制的分析中，税收公平的主要原则是**支付能力原则**，它要求纳税人的负担应根据其缴纳税收的能力来确定。该原则基于两方面的考虑：一方面，税制对不同纳税人应当是公平的；另一方面，不应对那些财产有限的人过度征税。据此经济学家提出了两种标准：一种标准是**横向公平**，即纳税能力相同的人应缴纳相同的税；另一种标准是**纵向公平**，即纳税能力较高的人缴纳较多的税，纳税能力较低的人缴纳较少的税。纵向公平体现了这样一种观点：1 元的税收对于纳税能力较低的人来说比那些纳税能力较高的人会形成更大的负担。

12.1.2　在税制中实现公平

如何在税制中实现这些原则所界定的公平呢？由于这些公平原则之间可能会发生冲突，因此回答这一问题并不容易。例如，支付能力较低的人从公共项目中获取了较大的收益，受益原则要求他们缴纳更多的税收来为该项目提供资金，支付能力原则却要求他们缴纳较少的税。受益原则的最大困难在于很难甚至无法确定不同群体到底从某一公共项目中受益多少，如不同的纳税群体到底从国防支出中受益多少实际上是很难确定的；况且，大多数税收收入进入政府的一般收入中，而不是对应于特定的支出项目。

一般来说，测定支付能力要比测定从政府支出中受益多少容易一些，因此支付能力原则的实施稍微容易一些。为使税制能够贯彻支付能力原则而体现公平，政府首先要确定如何测定支付能力。尽管一些人认为财产是一种比较好的测定标准，但最为一般的做法是依据纳税人每年的收入来测定支付能力。在理想的情况下，居民在一生中而非某一特定年度所取得的收入是测定支付能力的最好标准。原因在于，许多居民在某一特定年度收入较低而在其他年度可能获得较高的收入，反之亦然。例如，一位正在休年假的专家尽管当年收入很低但却具有很高的支付能力，而一位建筑工人可能在某一年度因工作和加班费多而取得很高的收入，但在其他年度收入却可能很低。但是，由于一生收入不易测定，年度收入便成为测定支付能力的最为普遍的指标。

12.1.3 实现横向公平

一旦某种支付能力的测定方法被采用，如根据收入来测定，横向公平就要求具有相同收入的居民缴纳同样数额的税，而不管他们的收入来源是什么。如果对某些收入来源不征税，或者与其他收入来源相比征较轻的税，那么具有不同收入来源而收入水平相同的人将缴纳不同数额的税。例如，假定对从中国公司取得的收入课税，而对从美国公司取得的收入不课税，那么，一位收入来源于中国公司的居民和另一位收入来源于美国公司的居民，即使收入相同，他们缴纳的税额也不同。有鉴于此，为使所得税实现横向公平，应当尽可能将应税收入界定得宽一些，也就是说，应税收入应当包含所有来源的收入，并以同样的税率课征。

我们知道，拓宽税基，即对更多的商品和服务以较低的税率征税，同样可以使政府获得所需的税收收入，同时还可能使产生的额外负担较低。我们还在此了解到，税基宽的税收有助于实现更大程度的横向公平。基于这些原因，经济学家们提倡实施宽税基税收，反对给予某些特殊行业税收优惠。2003 年，美国国会曾经考虑对电子商务免征营业税，但经济学家们认为，采用与传统商务同样的税率对电子商务课税是公平的。

12.1.4 实现纵向公平

纵向公平要求收入较高的人缴纳较多的税。然而，多数人认为这还不够。从定义上说，拥有 10 万元收入的居民比拥有 1 万元的居民多缴纳 1 元，该税种就是纵向公平的。但在多数人看来，拥有 10 万元收入的居民的纳税额至少应当是 1 万元收入居民的 10 倍才行。也就是说，纵向公平要求税制不应是累退的。事实上，许多人认为纵向公平要求税制应该具有累进性，也即纳税额占收入的比重应该随着收入的增加而提高。当然，关于这一问题仍处于争议之中。不过，这里让我们先接受这一观点，即纵向公平要求税收是累进的。在此基础上，纵向公平应当如何实现呢？

所得税可以通过三种方式实现累进：一是对某一既定数量的收入免税，即规定免征额 B，而高于数额界限 B 的所有收入都以固定税率征税，如图 12-1 中的曲线 T_E。在图 12-1 中，横轴表示纳税人的收入或支付能力，纵轴表示纳税人缴纳的税。从原点出发到 T_E 的射线的斜率度量是平均税率，即纳税额占收入的比例。例如，收入为 M_1 的纳税人缴纳的税为 R_1，平均税率为 R_1/M_1；另一位拥有较高收入 M_2 的纳税人缴纳的税为 R_2，平均税率较高，等于 R_2/M_2。这可以从射线的坡度越来越大反映出来。收入较低的纳税人缴纳的税占其收入的比重较低，其原因在于免税部分的收入 B 在其收入中所占的比重较高。

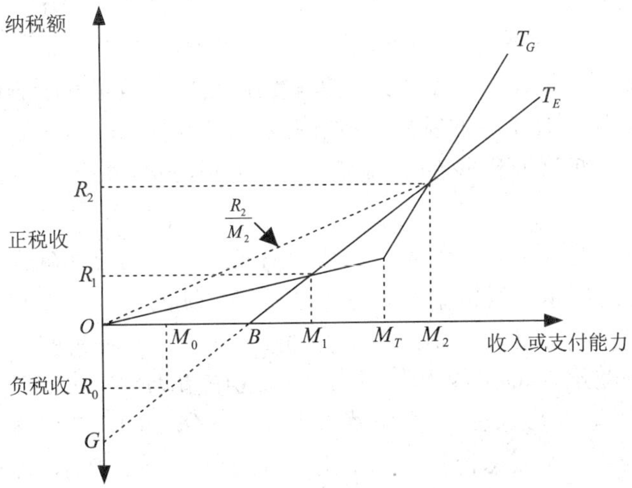

图 12-1　累进所得税制的三种方案

累进税的第二种方式是实行负所得税制，即收入低于某一既定数额的居民不仅不纳税，而且还将获得来自政府的补助（税收负担为负），这可以用图 12-1 中曲线 T_E 延伸至横轴以下的部分表示。例如，收入为 M_0 的纳税人可以获得数额为 R_0 的政府补助。

累进税的第三种方式是实行税率分级，收入级次越高，适用的税率越高。如图 12-1 中的曲线 T_G，该曲线分为两级，低于 M_T 的收入以低税率（如 10%）征税，而高于 M_T 的收入则以较高税率（如 20%）征税。而且，拥有较高收入 M_2 的纳税人所支付的税占其收入的比重高于收入为 M_1 的纳税人的相应比重。

流转税实现纵向公平的难度较大，原因是该税收是针对交易额征收的，无法设有免征额和分级的税率结构。当人们在商店里购买物品时，他们并未显示出收入或支付能力。事实上，多数人认为流转税是累退的，因为收入较高的人比收入较低的人倾向于支出更小的收入份额。

12.2　税收的效率原则

12.2.1　税收的超额负担

尽管税收负担在一般情况下是明显的，但税收有时却可能造成超过税额的负担，即超额负担。我们知道，如果市场是竞争性的，同时不存在外部性等现象，私人经济就能够在自发运行的条件下，实现资源配置的有效状态。如果税收的课征仅仅使经济资源由私人部门转移到政府部门，那么，从全社会的角度看，由于政府可以将税收用于提供公共产品以增进社会福利上，因此这种资源转移本身并不会造成损失。但在现实经济中，大部分税收具有选择性，它们往往会使税后市场中的各种相对价格，如产品之间的相对价格、生产要素之间的相对价格、劳动与闲暇之间的相对价格、当前消费与未来消费之间的相对价格等发生变化。这些变化会改变市场活动过程中消费者的消费决策行为或生产者的生产决策行为，从而改变私人经济部门原有的资源配置状况，使市场机制正常运作的效率受到损害。由此造成的负担或损失则是无法用政府税收的收益来弥补的，对经济来说是一种不必要的效率损失，这种因课税而带来的净损失或额外负担一般称为税收的**无谓损失**（dead-weight loss）或**超额负担**（excess burden）。

税收的超额负担可以通过消费者与生产者剩余损失的总和减去政府征收的税额而得到。如图 12-2 所示，假定某一商品市场是竞争性的，并且没有外部性等因素的影响，市场需求用曲线 D 表示，市场供给用曲线 S 表示。在征税前，市场均衡点为 E_0。此时，商品交易数量为 Q_0，交易价格为 P_0。ΔAE_0B 的面积反映了该商品给社会带来的净收益。它由两部分组成：一是消费者剩余（ΔAE_0P_0），即消费者获得的超过购买商品支付数额的总收益或总价值；二是生产者剩余（ΔBE_0P_0），即低成本生产者获得的超过生产成本的总收益。

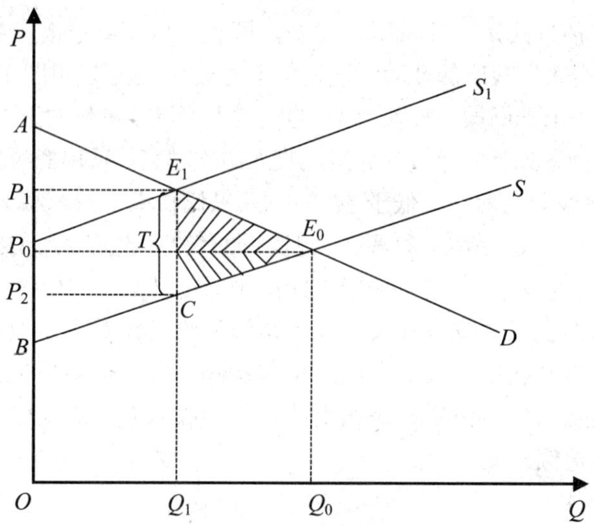

图 12-2 税收的超额负担

假如政府对商品的供给方征收从量税 T（即按每单位销售的一定货币量计征的税收 T），供给曲线上移至 S_1，均衡点由 E_0 移至 E_1，税后价格上升到 P_1，生产者实际得到的价格为 P_2，产出水平下降为 Q_1。此时，消费者剩余减少至 ΔAE_1P_1，生产者剩余减少至 ΔBCP_2，而政府的税收收入为矩形 $P_1E_1CP_2$。这样，从全社会的角度看，课税就造成了 ΔCE_0E_1 面积的福利损失，它就是税收的超额负担。因美国学者哈伯格（A. C. Harberger）率先提出税收超额负担的测定方法，故理论界将 ΔCE_0E_1 称为“**哈伯格三角**”（Harberger triangle）。

税收的超额负担是税制设计中特别受到关注的一个方面，因为它不仅对于消费者和生产者而言是损失，而且并未向政府提供资金。实际上，超额负担没有使经济中的任何人受益，即经济价值外溢。因此，要实现税制的高效率，就必须降低直至消除税收所造成的超额负担。

12.2.2　税收超额负担的根源

需要指出的是，用来衡量超额负担的需求曲线并非普通的需求曲线，而是补偿需求曲线。为了说明二者之间的区别，我们需要分析一下课税对消费者的经济决策产生的影响，即税收效应。

对消费者来说，商品课税一般会带来两种效应：一是收入效应；二是替代效应。收入效应是指课税使消费者的实际购买力下降，从而在商品相对价格不变的条件下所导致的购买量变动。替代效应则是指在效用不变的前提下，因商品相对价格变动，使消费者更多购买变得便宜的商品，而减少购买变得相对较贵的商品。这里用图 12-3 来说明。

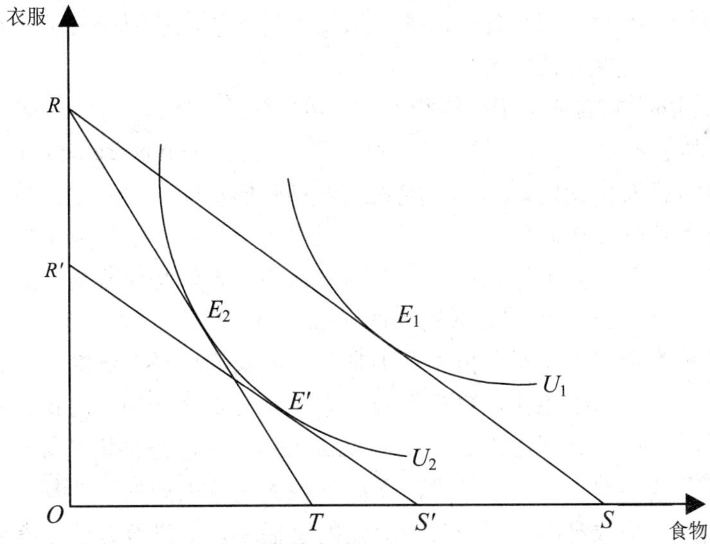

图 12-3　税收的收入效应与替代效应

假定张三的收入为 I，并且只花在两种商品上——食物和衣服。食物的价格为 P_f，衣服的价格为 P_c。在图 12-3 中，横轴表示张三消费的食物数量，纵轴表示衣服的消费量。张三最初的预算线为 RS，其斜率为$-P_f / P_c$，横轴截距为I / P_f。通过选择商品组合E_1，张三使自身的效用最大化，因而获得了与无差异曲线U_1相关的效用水平。

假如政府按税率t_f对食物课税，这时张三面对的食物价格就变为$(1+t_f)P_f$，他的预算线随之变为直线 RT，其斜率为$-[(1+t_f)P_f/P_c]$，横轴截距为 $I/[(1+t_f)P_f]$。[①]在收入预算发生变化的情况下，张三重新进行自己的最优消费决策。此时，他的优先选择将是与

[①] 由于衣服的价格仍为 P_c，因此预算线 RS 和 RT 有共同的纵轴截距。

预算线 RT 相切的无差异曲线 U_2 上的 E_2 点。

在图 12-3 中，画一条平行于原预算线 RS 的直线 $R'S'$，使之与无差异曲线 U_2 相切于 E'，就可以分解得到收入效应和替代效应。其中，预算线由 RS 向内平移至 $R'S'$，反映着商品课税使张三的实际购买力下降。在食物和衣服的相对价格保持不变的情况下（表现为预算线斜率不变），张三的最优选择由原先的商品组合 E_1 变动为商品组合 E'，这一变动反映的是食物课税所带来的收入效应。在剔除实际购买力的变动后，张三的最优选择是在保持效用水平 U_2 的情况下，由商品组合 E' 变动为商品组合 E_2，这一变化反映的是食物课税所带来的替代效应。

进一步的分析表明，收入效应仅仅说明资源从纳税人转移给政府，不会产生超额负担，不会损害经济效率。而替代效应则不同，当商品税课于食物而不课于衣服时，张三可能通过增加衣服的消费量来替代食物。然而，张三在税前也许并不喜欢那么多的衣服，这样就会带来效用损失。由于替代效应所产生的效用损失无法用税收及其收益来弥补，因而构成税收的超额负担。在极端的情形下，纳税人可能承受损失，而政府也并未获得任何收益。一个典型的例子是 18 世纪英国政府开征的"窗户税"，纳税人为了逃避该税，纷纷用砖将窗户砌死。其结果是，居民住得不舒适，政府又收不到税，这便是税收的超额负担。

至此，我们可以对普通需求曲线和补偿需求曲线加以区分。普通需求曲线描述的是价格变化时商品需求量的非补偿性变化。**补偿需求曲线**（compensated demand curve）描述的则是商品价格发生变化后，个人的收入得到补偿，即在消除收入效应的条件下需求量发生变化的情况。在此情况下，超额负担取决于沿着补偿性需求曲线而非普通需求曲线的移动。当然，如果税收对收入的影响很小（表现为课税商品的支出占消费者总支出的比重很小），就可以将普通需求曲线视为补偿需求曲线。

是否每种税都会产生超额负担呢？不是。正如我们已经看到的，一种税之所以会产生超额负担，根本原因还在于替代效应。而总额税则是一种只会带来收入效应而不产生替代效应的税收。所谓**总额税**（lump sum tax），指的是纳税义务不因纳税人经济行为的改变而改变的税收。换句话说，无论纳税人的行为如何，他都必须支付一定数额的税。例如，如果政府向张三征收 100 元的总额税，他没有办法不缴税，除非他离开本国或者死亡。相反，上面讨论的食物税就不是总额税，因为税收收入的多少取决于张三的食物消费量。

由于总额税不会改变纳税人的经济决策，因此它不会带来超额负担，不会带来经济效率的损失。既然如此，那么它为什么没有得到广泛的使用呢？根本原因还在于它对公平所产生的负面影响。假如政府宣布，每人每年的应纳税额是 1 000 元。这是一种总额税，但很多人会认为，不考虑人们的经济状况而让每个人缴纳相同的税额是不公平的。1990 年，在英国，各辖区地方政府用来筹资的税种之一——财产税被人头税所代替，即各辖区内个人的应纳税额不随所挣的收入额或所拥有的财产额的变化而变化，就这一点来说，它是一种总额税。该税所带有的明显的不公平性，导致其很快就于 1991 年被废除。

12.2.3　减少税制的超额负担

为便于分析，我们将税制定义为分别对几种物品征收的一组税收，政府可以通过不同的税制征收到等额的税收。例如，在某一税制下，物品 X 可能被课以高税率，物品 Y 被课以低税率或不课税；而在另一种税制下，物品 X 可能被课以低税率或不课税，物品 Y 被课以高税率。假定两种税制征收的税额相等，那么如何在二者之间做出选择呢？

显然，经济效率要求我们选择具有最小超额负担的税制。税制的超额负担可以通过两种方式来降低：一是拓宽税基；二是抵消税收扭曲的影响。拓宽税基，即广泛对物品与服务征税的直接好处是，这样做使得政府以较低的税率征收同样数额的税收成为可能。如果两种物品是独立的（即每一物品的需求数量只与自身的价格有关，而与其他物品的价格无关），那么税制的超额负担就是其在每一市场上所产生的超额负担之和。尽管对两种物品征税意味着超额负担产生于两个市场而不是一个市场，但政府能够以较低的税率征收到同样的税额。由于两个较小的超额负担之和小于一个较大的超额负担，因此总负担得以降低。这可以借助图 12-4 加以说明。

在图 12-4（a）和图 12-4（b）中，我们分别考虑两种物品 X 和 Y 的市场，其需求曲线分别为 D_X 和 D_Y。为简化起见，假定供给曲线在价格为 1 元处具有完全弹性（呈水平状态），政府起初对物品 X 课以高税率 $t_{X'}$，因此消费者购买每单位物品 X 须支付 $1+t_{X'}$，而对物品 Y 不征税。对物品 X 课征的税收收入等于矩形 A 与 B 的面积之和，因课税而产生的超额负担等于 C、D、E 的面积之和。

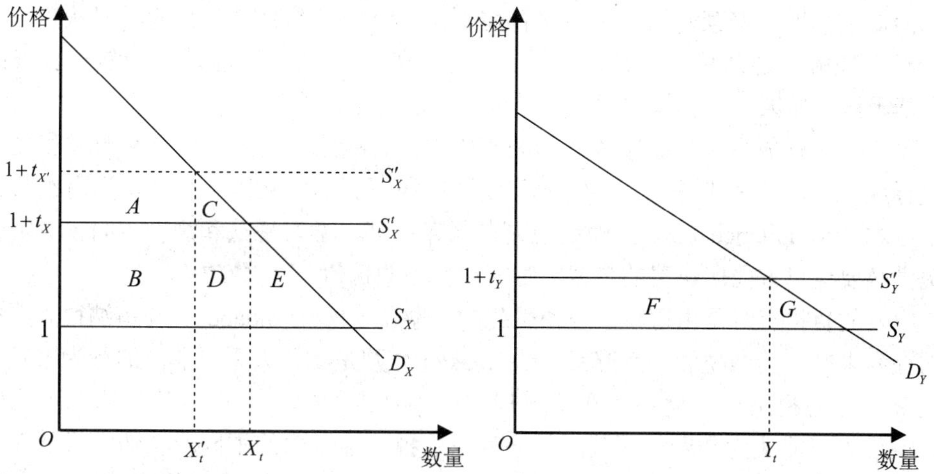

（a）X 的市场　　（b）Y 的市场

图 12-4　拓宽税基的效率优势

假定物品 X 的税率小幅下降至 t_X，因此而减少的税收对通过物品 Y 以税率 t_Y 课税来弥补。降低物品 X 的税率而减少的税收等于 A 的面积减去 D 的面积，对物品 Y 所确定的税率必须使其征收的税收等于降低物品 X 税率所损失的税率。此时，市场 X 的超额负担的减少额等于 C 与 D 的面积之和，市场 Y 所产生的超额负担等于三角形 G 的面积。根据超额负担的平方法则——市场上的供求曲线为直线时，超额负担与税率的平方成正比；G 的面积必定小于 C 和 D 的面积之和。可见，拓宽税基、降低税率有助于降低超额负担。

上述的分析是在物品之间相互独立的情形下进行的，而当物品之间不独立时，拓宽税基的好处有时仍然可以利用。这取决于两种物品之间是替代品（如红酒和白酒之间）还是互补品（如汽车和汽油之间）。当两种物品互为替代品时，同时对两种物品而非只对其中一种物品征税来获取既定数额的税收，能够使消费者利用非税物品替代应税物品的机会减少，从而能够降低税收的超额负担。此时，拓宽税基获得了好处。而当两种物品为互补品时，对它们同时征税会使每一种物品减少的消费量多于仅对一种物品征税的情况，因此对两种物品同时征税会使消费者用非税物品替代这一对互补品，因而可能会增加超额负担。不过，对两种互补品征税拓宽了税基，如果采用较低税率还会使超额负担得以减轻，因此这样做只是“可能”增加而并非“一定”增加超额负担。

12.3 税收的简化原则

除了公平与效率之外，理想税制的第三个特征是管理与遵从成本低。这一成本主要包括政府管理与执行税法的成本以及纳税人为遵从税法而付出的成本，另外还包括纳税人为实现纳税额最小化而进行逃、避税所发生的成本。这些运行成本主要取决于税制的复杂程度。在某些情况下，尽管税制是富有效率并且是公平的，但从政府管理和纳税人理解与遵从税法的角度看过于复杂，那么它就不可能被认为是一套好的税制。基于这一原因，一套好的税制应当尽可能地简化、透明。

税制的运行成本包括直接成本和间接成本，直接成本是指政府征税时发生的管理与执行成本，间接成本是指对纳税人和整个经济所施加的成本。另外，还有纳税人的**遵从成本**（compliance cost），即纳税人在保存记录、学习税法和规章、向税务征管机关提供必要信息方面所花费的金钱、时间和精力的价值。

税收的负担有时是由避税和逃税引起的。**避税**（tax avoidance）是指纳税人采取合法的行为来减少其纳税额，而**逃税**（tax evasion）则是纳税人采取非法的行为来减少其纳税额。与逃税不同，避税是在法律规定范围之内的行为，但在某些情况下比较模糊，纳税人可能认为是避税而政府却认为是逃税，这方面的不同看法通常只能在法庭上解决。

避税的方法有很多，较复杂的避税方法要求避税者对税法知识、税务机关对税法的解释和大量的税收条例有专门的研究，纳税人通常通过雇用税务会计师和税务律师为其获取相关信息。通过雇用专业化的服务而节约的税收大于其成本，那么纳税人就可以提高自己的净收入。

为什么在评价不同税制时纳税人的避税问题会引起关注呢？一方面，很容易被规避的税收不可能为政府带来很多收入；另一方面，当纳税人雇用一位会计师或律师来帮助其进行税收筹划以减少纳税额时，这种专业性服务的成本就是经济的资源成本，因此，避税成本构成经济的净损失，类似于消费税的超额负担。纳税人节约的税款可以视为政府给予纳税人的转移支付，避税者所节约的税款正是政府所损失的，因而也是其他纳税人所损失的。

隐瞒收入和虚列支出是逃税的两种主要方式。企业可能隐瞒它们取得的收入，尤其在涉及现金收入时更有可能发生。虚假的支出则是指那些没有发生的支出或者与收入无关的支出。例如，去西藏的旅费可能作为商业费用被扣除，但这一旅程的实际目的是休闲娱乐。

遏制逃税的困难在于，如同偷渡一样，许多在其他方面守法的人在这方面犯了罪却不感到后悔。假如税法得不到有效执行，政府得到的收入将比纳税人自愿遵从的情况下来得更少。可见，执行税法是有成本的，逃税和避税一样对经济都施加了负担。一项好的税制为了使执行税法的负担最小化，会使逃税和避税的机会最少化。

12.4　最优税收

12.4.1　最优税收理论的核心

对税制的传统分析阐明了税制设计的几个原则，如税收应当符合横向公平和纵向公平，对经济激励应当是中性的，应当易于管理等。这些原则为一国的税制设计及其优劣评判提供了基本的衡量标准。然而，就现实的税制设计来说，难免要涉及诸如商品税和所得税之间的平衡、所得税的累进性、差别比例商品税的可行性等问题。这些问题的核心大多涉及公平与效率之间的关系。鉴于现实中公平与效率经常存在冲突，最优税收理论的核心在于对税收的公平与效率原则的内容进行整合，以便能够在公平与效率的权衡取舍之间选择一个最优的组合。

由于税基的选择主要是在消费和所得之间进行，因此最优税收理论主要分为两个方面——最优商品税和最优所得税。本节首先介绍最优税收理论的基本思想和方法，之后介绍最优商品税和最优所得税的基本内容，最后提示最优税收理论的政策含义。

12.4.2　最优税收理论的基本方法

鉴于效率与公平业已成为经济学的两大目标，因此，理想的税制一般需要满足三个标准：一是税收公平原则（尽管公平对不同的人来说意义各不相同）；二是税收行政最小成本原则；三是最小负激励效应原则。

现实的困难是，对一个特定的税种或某一税制设计建议来说，往往只能满足其中的某一标准而无法满足其他标准。例如，累进的个人所得税易于满足税收公平原则，却会对劳动供给产生负激励；增值税一般不会对劳动供给产生负激励，却很难符合税收公平原则。

最优税收理论的基本方法是，运用个人效用和社会福利的概念，在赋予各个标准不同权重的基础上，将这些标准统一于唯一的标准之中。

我们知道，衡量一个社会好坏的指标是社会福利的大小，而社会福利取决于个人效用的高低。然而，社会福利并不必然是个人效用的简单加总，它还取决于这些效用的平等分配程度。一般假定，当效用的不平等程度递增时，社会福利下降。从这个意义上说，社会福利可以反映税收公平的思想，即导致不平等程度降低的税收是公平的。这样，最大化社会福利蕴含了税收公平标准。

就税收行政成本最小化标准来说，较高的税收行政成本意味着更多的税收总收入用在政府服务方面，从而使个人效用降低，而这同样可以体现于社会福利中。就最小负激励效应标准来说，工作积极性的减弱会扭曲经济，使人们的效用水平下降，从而使社会福利变小。

至此，最优税收的三个标准可以转化为社会福利的不同侧面。这样，不同的税制可以用统一的标准加以比较和衡量，也就是说，能够带来最大社会福利水平的税收就是**最优税收**（optimal tax）。

12.4.3 最优商品税

尽管现实中有各种理由非课税不可，然而，几乎所有的税收都构成纳税人的负担，并对纳税人的经济决策造成不同程度的干扰，从而造成资源配置效率的损失。最优商品税就是从讨论如何实现效率损失最小化开始的。

尽管政府可以通过课征只产生收入效应而不产生替代效应的税种，如总额税来筹措收入，而不至于扭曲资源配置的效率，但其后果是完全忽视了收入分配的公平性。因此，在税制设计中，丝毫不损及经济效率的最优税收（first-best taxation）在现实中是不存在的。为此，我们只能退而求其次，寻求在保证一定收入规模的前提下，使课税行为导致的经济扭曲程度最小化，这就是所谓的**次优税收**（second-best taxation）。可见，与经济学上的“最优”相区别，最优税收理论中的“最优”实际上指的是“次优”。

最优商品税理论所研究的主要是商品课税问题。假定政府要筹措既定的税收收入，而且收入主要通过对商品课税来取得。那么，应如何确定应税商品的范围和税率，才能使课税带来的额外负担最小？

最优商品课税问题的现代分析最早起源于拉姆齐（Ramsey，1927）的创造性贡献。他以完全竞争市场中的单一消费者经济为假设前提，提出了最优商品税设计的两个法则。

1. 等比例减少法则

要使税收的超额负担最小，税率的设置应当使各种商品的生产以相等的百分比减少。用计算公式表示为

$$\frac{\mathrm{d}x_i}{x_i}=\frac{\mathrm{d}x_2}{x_2}=\cdots=\frac{\mathrm{d}x_n}{x_n} \tag{12-1}$$

式中：dx_i 是课税所导致的第 i 种商品生产量的减少，而 x_i 是课税前第 i 种商品的生产量。式（12-1）表明，只有在所有商品的边际额外负担都相同时，征税所产生的总超额负担才会最小。

等比例减少法则的政策含义是，要实现最优商品课税，应当对所有的商品课征统一的税率，从而尽可能使税收只具有收入效应而不会产生替代效应。应当肯定，这一做法的确有很大的吸引力。但在实际生活中，问题要复杂得多。

首先，出于公平的考虑，对高收入者更多消费的商品应课征更高的税率，对低收入者更多消费的商品应课征较低的税率，而不应简单地课征统一税率了事。

其次，从纠正外部性问题看，对产生负外部性的商品应课征更高的税率（如对烟酒的课税），以抑制它的生产和消费；而对产生正外部性的商品应课征较低的税率，以鼓励它被更多地生产和消费。

2. 逆弹性法则

最优税制应当使对每种商品的补偿需求均以税前状态的同等比例下降，这是拉姆齐法则的标准阐述。通过对用来推导拉姆齐法则的经济施加进一步的约束，即假定课税商品之间不存在交叉价格效应，鲍莫尔和布莱德福特（Baumol and Bradford，1970）推导出**逆弹性法则**：比例税率应当与课税商品的需求价格弹性成反比。这一法则的政策含义是十分明显的，即生活必需品（因为它们的需求价格弹性很低）应当课以高税，而对奢侈品则课以轻税。但这样一来，就暴露了一个十分严重的问题，它忽略了收入分配，具有内在的不公平性。

为改变拉姆齐法则置分配公平于不顾的境地，戴蒙德和米尔利斯（Diamond and Mirrlees，1971）率先在最优商品税率决定中引入公平方面的考虑，并且将拉姆齐法则中的单个家庭经济扩展至多个家庭经济中。他们指出：在需求独立的情况下，一种商品的最优税率不仅取决于其需求价格的逆弹性，而且取决于它的收入弹性。这意味着，对许多价格弹性和收入弹性都较低的商品来说，应当将实行高税率的分配不公问题和实行低税率的效率损失问题进行比较。最有意义的改变应当是：使那些主要由穷人消费的商品数量减少的比例比平均水平低。或者说，基于公平的考虑，对于高收入阶层尤其偏好的商品，无论弹性是否很高，也应确定一个较高的税率；而于低收入阶层尤其偏好的商品，即使弹性很低，也应确定一个较低的税率。

对拉姆齐法则的修正需要注意两个问题：① 对那些既非富人也非穷人特别偏好的商品，仍可以遵循拉姆齐法则行事；② 尽管有人辩称商品税无须承担收入分配的职能，并认为收入分配问题只应由所得税解决，但实际情况并非如此。事实上，出于显示身份、自尊、习俗等多方面的原因，现实中确实存在着不少收入弹性高而价格弹性低的商品（如钻石、名画、豪宅等），这就提供了通过对这些商品课税以改进收入分配的可能性。

12.4.4 最优所得税

谈及所得税问题，我们立即面临有名的“做蛋糕”与“切蛋糕”之间的权衡问题。一种观点认为，所得税是为满足公平目标而有效实施再分配的手段；另一种观点则认为，所得税的课征是对劳动供给和企业精神的一种主要抑制因素，特别是当边际税率随着所得的增加而增加时。最优所得税理论旨在分析和解决所得课税的公平与效率之间的权衡取舍问题。

米尔利斯（Mirrlees，1971）研究了非线性所得税的最优化问题。他的模型所得出的重要的一般结果如下。

（1）边际税率应为0～1。

（2）有最高所得的个人的边际税率为0。

（3）如果具有最低所得的个人按最优状态工作，则他们面临的边际税率应当为0。

无疑，第（2）点结论是最令人惊奇的。不过，这一结论的重要性也许不在于告诉政府应通过削减所得税表中最高所得部分的税率，以减少对最高收入者的影响；其重要性在于它表明最优税收函数不可能是累进性的，这就促使人们必须重新审视利用累进所得税制实现再分配的观念。也可以说，要使关注低收入者的社会福利最大化，未必需要通过对高收入者课以重税才能实现，事实上，让高收入者承担过重的税负，其结果可能反而使低收入者的福利水平下降。

由于米尔利斯的非线性模型在分析上十分复杂，其结论也只是提供给我们关于政策讨论的指导性原则。为了得到最优税收结构的更详细情况，有必要考察数值方面的分析。从政策目的看，基于米尔利斯模型的数值分析所得出的重要结论如下。

（1）最优税收结构近似于线性，即边际税率不变，所得低于免税水平的人可获得政府的补助。

（2）边际税率相当低。

（3）所得税并非缩小收入不平等的有效工具。

斯特恩（Stern，1976）根据一些不同的劳动供给函数、财政收入的需要和公平观点，提出了最优线性所得税模型。他得出的结论是，线性所得税的最优边际税率随着闲暇和商品之间的替代弹性的减小而增加，而随着财政收入的需要和更加公平的评价而增加。这意味着，人们对减少分配不平等的关注越大，则有关的税率就应越高，这一点是与我们的直觉相符的。另外，最优税率与劳动供给的反应灵敏度、财政收入的需要和收入分配的价值判断密切相关，假如能够计算或者确定这些参数值，我们就可以计算出最优税率。

12.4.5 最优税收理论的启示

一般来说，最优税收理论的已有进展能够给我们提供如下三个方面的启示。

1. 需要重新认识所得税的公平功能，并重新探讨累进性所得税制的合理性

传统的观点认为，在改善收入分配公平方面，所得税具有商品税不可比拟的优越性；甚至在实现效率方面，所得税也较商品税为优。只是由于所得税在管理上的复杂性，才导致商品税的广泛采用。最优税收理论表明，所得税在改善收入不平等方面的功能也许不像人们设想得那么好。这一认识的重要性在于，一方面，我们需要重新挖掘商品税的公平功能；另一方面，如果商品税和所得税在实现公平分配方面的能力都很有限的话，那么，出于公平方面的更多考虑，我们是否应该把目光更多地投向那些小税种，如财产税、遗产与赠予税等？

累进个人所得税制不仅在微观方面被寄予公平分配的厚望，而且在克服宏观经济波动方面也被委以重任。但最优所得税的理论探讨和数值分析都表明，这种业已根深蒂固的观念或许到了该改变的时候了。其一，最高收入者的边际税率不应最高，恰恰相反，最高收入者的边际税率为零；其二，除端点外，最优税收结构应当近似于线性。

2. 税制改革应综合考虑效率与公平两大目标

最优税收理论的重要贡献之一是把效率与公平问题同时纳入模型中。已有的研究成果表明，在税制设计上，效率与公平之间的确难免会发生冲突，如对最优商品税的理论分析就是如此；但是，效率与公平目标之间也并非总是互不相容的，如米尔利斯（Mirrlees，1971）的最优所得税模型就向我们展示了这一点。可见，我们有必要、也有可能通过对各种税收的具体组合，达到兼顾效率与公平的目的。

3. 财税制度改革

如果要在实践中实行最优税收理论所推导的各种规则，可能需要对财税制度进行大幅度的改革，但这不太现实。基于这一考虑，许多国家选择的是渐进式改革方式，即逐渐增减某些税种和调整某些税率。作为最优税收理论的拓展，有关财税制度改革的文献主要描述何时可以进行一些能够满足决策者目标的改革，以及如何确定最优改革方向。研究表明，要么存在改进型的改革，要么改革的起点是最优的。另外一个富有启示意义的结论是，改革过程中可能产生暂时性的无效率。这表明，制度变革之路可能不会一帆风顺。

本章小结

- 在现代税制的分析中，税收公平的主要原则是支付能力原则，它要求纳税人的负担应根据其缴纳税收的能力来确定。
- 横向公平是指纳税能力相同的人应缴纳相同的税收；纵向公平是指纳税能力较高的人缴纳较多的税，纳税能力较低的人缴纳较少的税。
- 年度收入是测定支付能力的最为普遍的指标。
- 税基宽的税收有助于实现更大程度的横向公平。
- 纵向公平要求税制应该具有累进性，也即应纳税额占收入的比重应该随着收入的增加而提高。
- 所得税可以通过三种方式实现累进：一是规定免征额 B，而高于数额界限 B 的所有收入都以固定税率征税；二是实行负所得税制累进税；三是实行税率分级，收入级次越高，适用的税率越高。
- 税收的超额负担是由于税收对经济资源进行较低效率的分配从而导致市场决策的扭曲而产生的。

- 经济效率要求我们选择具有最小超额负担的税制。税制的超额负担可以通过两种方式来降低：一是拓宽税基；二是抵消税收扭曲的影响。
- 逆弹性法则是指每种物品的理想税率与其需求价格弹性成反比。
- 税制的运行成本包括直接成本和间接成本，直接成本是指政府征税时发生的管理与执行成本，间接成本是指对纳税人和整个经济所施加的成本。
- 纳税人的遵从成本是指纳税人在保存记录、学习税法和规章、向税务征管机关提供必要信息方面所花费的金钱、时间和精力的价值。
- 最优税收理论的核心是对税收的公平与效率原则的内容进行整合，以便在公平与效率的权衡取舍间寻求一个最优的组合。
- 最优商品税理论表明，在需求独立的情况下，一种商品的最优税率不仅取决于其需求价格的逆弹性，而且取决于它的收入弹性。

基本概念

- 受益原则
- 支付能力原则
- 横向公平
- 纵向公平
- 无谓损失/超额负担
- 哈伯格三角
- 补偿需求曲线
- 总额税
- 遵从成本
- 避税
- 逃税
- 最优税收
- 次优税收
- 逆弹性法则

复习题

1．什么是税收公平？如何在税制中实现公平？
2．什么是税收的超额负担？怎样减少税制的超额负担？
3．税制的运行成本有哪些？
4．试述最优税收的基本内容。

练习题

1．假定物品 X 的逆需求曲线由等式 $P_X = 6 - \frac{Q_X}{10}$ 给出，供给曲线在 1 元处具有完全弹性（水平状态）。物品 X 目前被课征每单位 2 元的税收，物品 Y（与物品 X 相互独立）的逆需求曲线为 $P_Y = 3 - \frac{Q_Y}{20}$，而且供给曲线也在 1 元处具有完全弹性，物品 Y 不征税。

（1）所征收的税收收入是多少？对物品 X 以每单位 2 元的税率课税的超额负担是多少？

（2）如果将物品 X 的税率降至每单位 1 元而对物品 Y 也以每单位 1 元的税率征税，那么所征收的税收收入是多少？

（3）对两种物品都以每单位 1 元的税率课税的超额负担是多少？

（4）将仅对物品 X 征税所产生的收入和超额负担情况与对物品 X 和 Y 都征税所产生的收入和超额负担情况相比较，从经济效率上看，哪一种税制更优？

2．一个经济体中有 4 位居民，其中两人（分别用 L_1 和 L_2 表示）每月收入为 1 000 元，而另外两人（H_1 和 H_2）每月的收入为 2 000 元。在税制 A 下居民支付下列税：L_1——\$50，L_2——\$150，H_1——\$150，H_2——\$250；在税制 B 下，每人支付 150 元的税。哪一种税制具有更高的纵向公平？哪一种税制具有更高的横向公平？整体而言，你认为哪一种税制更公平，为什么？

第13章 税收的转嫁与归宿

本章学习目标

- 掌握税收转嫁的含义与类型；
- 掌握税收转嫁与归宿的局部均衡分析；
- 理解税收转嫁与归宿的一般均衡分析。

引例

"闻税涨价"后的税负转嫁能力

财政部和国税总局近日联合发文，进一步界定征税产品的范围。市场反应明显，沪上部分进口车经销商便忙着紧急调整报价表，如排量4.8升的宝马X5从115万元飙升到130万元，欧莱雅、雅诗兰黛、宝洁等国际化妆品巨头均表示，将会密切关注财政部的后续文件，根据具体情况决定旗下各品牌是否调价。

闻听增税，即调整报价表涨价，不得不佩服商人的税收敏感和行动迅捷，当然了，更是羡慕商人在税收面前"游刃有余"的从容——你增加税收我也不叫嚷着反对，我涨价就行了，反正税收不会落到自己的头上。这是强势者专有的一种税收转嫁能力。

而普通老百姓就不一样了，如果政府要对他们的日用品课以某种税收，他们是无从推卸、无从转嫁的，只能实实在在地去承担。例如，曾有媒体报道过北京市地税局"考虑"逐步对住房公积金、医疗保险等征收个人所得税，消息一出，迅速引发公众的强烈反弹——公众反应为何如此强烈？就是因为他们缺乏税收转嫁能力，无论何种税最终总会落到自己的头上。

而面对高档消费品的增税，商人是用不着叫嚷的，因为他们拥有充分的回旋空间可以转嫁税收，涨价就是其中之一。所以，增税处于酝酿中时，他们会一声不吭，一旦实施，立即从容地调整报价表。顺着这个链条去思考，许多税收最终都会转嫁到最弱势的人身上。奢侈品课税了，销售商可以涨价，富人可以减少消费，生产商可以通过裁员或减少工人工资来降低成本。实际上，很大一部分税负都会转移到最底层的人身上。

这个现实提醒税收决策者，制定税收政策时要充分地认识到弱势者近乎为零的税负转嫁能力，别把课税的眼睛老盯着他们那些小小的福利，认识到他们不仅承担着实实在在的课税，还承担着许多被强势者隐性转嫁的税负。

资料来源：改编自国际在线（www.crionline.cn）2006 年 3 月 24 日文章，作者：曹林。

谁真正负担了某种特定的税收？提出这一问题也许让人惊奇：难道不是那些纳税人负担了吗？的确，对许多国人来说，通常只有在领工资时才隐隐感到税收负担的存在，感到个人的收入因政府课税而变差。一个重要的原因在于，税收并不总是以让实际负担者能够明确感觉到的方式而存在。尤其是，中国目前实行的对商品和劳务课征的流转税制（这些税占税收总收入的绝大部分比重），是由企业而不是由个人来缴纳的制度，这就使得很少有人将政府课税行为与个人的负担联系起来。然而，如果我们深究谁是税收的实际负担者——负税人时，会发现情况大不相同。

本章将集中探讨纳税人与负税人之间的关系问题，即税收的转嫁与归宿问题。本章安排如下：13.1 节简要介绍税收转嫁的含义和类型，13.2 节对税收归宿进行局部均衡分析，13.3 节则对税收归宿进行一般均衡分析。

13.1　税收转嫁的含义与类型

13.1.1　税收转嫁与归宿的含义

所谓**税收转嫁**，指的是税法规定的纳税人将自己应当承担的税款全部或部分转嫁给他人的过程。税收转嫁行为的发生，可能使纳税人与负税人出现不一致的情形。

以政府对酒的课税为例。假设一瓶酒的税前价格是 50 元，政府对每瓶酒课税 10 元。征税发生在零售环节，即商家销售每一瓶酒要向税务机关缴纳 10 元的税。如果征税后，每瓶酒的价格仍然为 50 元，那么商家负担了税收。如果征税后每瓶酒的价格上升到 60 元，商家每卖一瓶酒得到的钱就和纳税前一样，这种税并没有使商家的境况变差。而消费者则以支付更高价格的形式，缴纳了全部税款。此时，消费者负担了税收。当然，征税后这瓶酒的价格也可能介于 50 元和 60 元之间，如 56 元。此时，商家每卖一瓶酒只得到 46 元，他的境况变差了；而消费者的境况也变差了，因为他们要为每瓶酒多支付 6 元。此时，消费者和商家分担了税收。

税收转嫁现象的存在，使得我们有必要区分税收的法定归宿与经济归宿之间的差别。**税收的法定归宿**说明谁在法律上负责纳税；**税收的经济归宿**说明到底谁真正负担了税收，它所要反映的是由征税引起的私人真实收入的变化。从法定归宿来说，上例中的三种情况没有差别，都是商家。而从经济归宿上说，三种情况各不相同。区分税收的法定归宿与经济归宿的不同，有助于理解纳税人法律责任和税收真实负担之间的差异。本章考察的重点是，法定归宿和经济归宿之间的差异程度——税收转嫁数量的决定因素是什么。

13.1.2 税收转嫁的形式

税收转嫁有两种基本形式，即前转和后转。

1. 前转

前转也称**顺转**，是指纳税人在经济交易过程中，按照课税商品的流转方向，通过提高价格的方法，将所纳税款向前转移给商品或要素的购买者，即由卖方向买方转稼。

前转是税收转嫁的最典型和最普遍的形式。例如，在生产环节对消费品课征的税款，生产企业可以通过提高商品出厂价格，把税负转嫁给批发商，批发商再把税负转嫁给零售商，最后零售商再把税负转嫁给消费者。这样，消费者必须付出包括部分税收或全部税收在内的价格购得商品，纳税人是商品的出售者，负税人却是商品或劳务的购买者。

2. 后转

后转也称**逆转**，是指纳税人用压低进价、压低工资、延长工时等方法，将所纳税款向后转移给商品或要素提供者的一种形式。

税收转嫁之所以表现为后转，一般是因为市场供求条件不允许纳税人以提高商品售价的办法，向前转移税收负担。例如，在零售环节对某商品课税，但该商品的市场价格因供求关系难以提高，这时零售商无法通过提高商品售价的方法，把税负转移给消费者。他只有设法压低进货价格把税负逆转给批发商，批发商再把税负逆转给生产企业，生产企业又通过压低原料价格、劳动力价格（工资）或延长工时等办法，把税负转嫁给原料供应者或雇员。这样，纳税人是零售商或生产企业，负税人却是原料供应者和雇员。

后转的一种特例是**税收资本化**（capitalization of taxation）。如果政府向资本品的收益征税，那么在这项资本品出售时，买主会将以后应纳的税款折成现值，从所购资本品价值中预先扣除，从而使资本品的价格下降，税收实际上将由资本所有者负担。此后，名义上虽由买主按期纳税，实际上税款是由卖主负担的。

与一般意义上的后转不同，税收资本化是将累次应纳税款做一次性转嫁。例如，假设某一资本品在各年末能够产生长期收益流 $R_1, R_2, \cdots, R_n$，那么其现值的计算公式为

$$PV=\frac{R_1}{(1+r_1)^1}+\frac{R_2}{(1+r_2)^2}+\cdots+\frac{R_n}{(1+r_n)^n}=\sum_{i=1}^{n}\frac{R_i}{(1+r_i)^i} \tag{13-1}$$

式中：r_i 为各年的利率，即贴现率。

该资本品在出售时，买方所能接受的价格即为 PV。假设政府每年向资本品收益征税 T_i，则资本现值变为

$$PV'=\frac{R_1-T_1}{(1+r_1)^1}+\frac{R_2-T_2}{(1+r_2)^2}+\cdots+\frac{R_n-T_n}{(1+r_n)^n}=\sum_{i=1}^{n}\frac{R_i-T_i}{(1+r_i)^i} \tag{13-2}$$

这时买方为购买这一资本品愿意支付的价格也下降为 PV'，从而他以后应纳的税收一次性转嫁给了卖方。价格的降幅即税收转嫁总量为

$$PV - PV' = \sum_{i=1}^{n} \frac{T_i}{(1+r_i)^i} \tag{13-3}$$

税收资本化主要发生在土地等某些能产生长久收益的资本品的交易中。在其他条件不变的情况下，如果征收土地税，地价就会下降。

此外，对纳税人来说，前转和后转的形式可以兼而用之。也即，纳税人一方面通过提高售价的方式将一部分税负向前转嫁给买方，另一方面通过压低进价的方式将一部分税负向后转嫁给卖方。这一情形称为**混转**或**散转**。

13.2　税收归宿的局部均衡分析

13.2.1　商品课税归宿的局部均衡分析

局部均衡分析是假定某种商品或要素的价格不受其他商品或要素的价格和供求状况的影响，由其自身的供求状况决定均衡。也即，在其他条件不变的条件下，分析某一商品或要素的供给和需求达到均衡时的价格和数量。商品课税和要素课税对税负归宿的影响不同，因此分别进行论述。

商品税分为从量税和从价税两种，我们先来考察从量税的归宿。

1. 从量税的归宿分析

从量税又称**单位税**，指的是按销售商品的数量课征固定的税额。例如中国对啤酒销售的课税。我们知道，啤酒的价格由其供求状况决定，现假定政府对每升啤酒征税 u，并规定消费者为纳税人。征税前啤酒的均衡价格和数量分别为 P_0 和 Q_0，如图 13-1 所示。

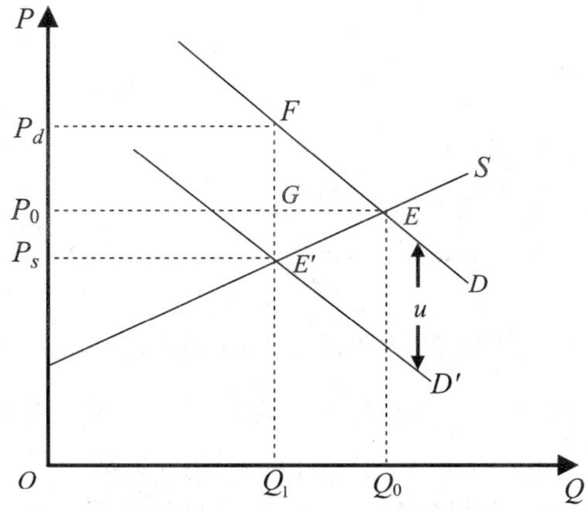

图 13-1　课于需求方的从量税的归宿

首先考察课税对需求曲线 D 的影响。我们知道，需求曲线反映的是在给定数量时消费者愿意支付的最高价格，即消费者对给定数量商品的评价。消费者对商品的这种评价不会因政府的课税而受到任何影响。但对企业来说情况则不同，如征税前，在数

量 Q_0 上，消费者愿意支付的价格为 P_0，企业也能得到价格 P_0；而在征税后，消费者愿意支付的价格仍然为 P_0；但对企业来说，由于政府对消费者的课税，他所能得到的价格由 P_0 下降为 (P_0-u)。这种情况同样适用于该商品的其他数量水平。这样，对企业来说，征税后他所面对的需求曲线将由 D 向下平移 u 个单位至 D' 处。

于是，市场上的均衡点由企业的供给曲线 S 与其面对的有效需求曲线 D' 决定，即图 13-1 中的 E' 点。P_s 为税后企业得到的价格，P_d 为税后消费者支付的价格，u 为二者之间的价格差额。同时，产量由 Q_0 下降为 Q_1。

由图 13-1 可知，在啤酒数量为 Q_1 时，政府可得到的税收为长方形 $P_dP_sE'F$ 的面积。这笔税收由消费者和企业共同负担。其中，由消费者负担的部分是面积 P_dP_0GF，即价格上升的部分 (P_d-P_0) 与 u 的乘积；由企业负担的部分是面积 $P_0P_sE'G$。

一个很自然的问题是：假如政府没有把从量税 u 课于消费者，而是将其课于企业，结果又将如何呢？

如图 13-2 所示，课税前，均衡点 E 由需求曲线 D 和供给曲线 S 决定，均衡价格和数量分别为 P_0 和 Q_0。如果政府就每升啤酒向企业征收从量税 u，将导致企业的成本上升。为在缴税后保持原有的收入水平，企业必然希望每单位产品向消费者多收取 u 的价格，也就是供给曲线将从 S 向上平移 u 个单位至 S' 处。新的均衡点为 E'，均衡价格和数量分别为 P_d 和 Q'，但企业实际得到的价格为 P_s。P_d 和 P_s 的差额为政府税收 u。容易看出，这与对消费者征税时的效应完全相同。由此可见，税收对价格和产出的效应，与对供给方征税还是对需求方征税无关，这一规律也称**无关性定理**。

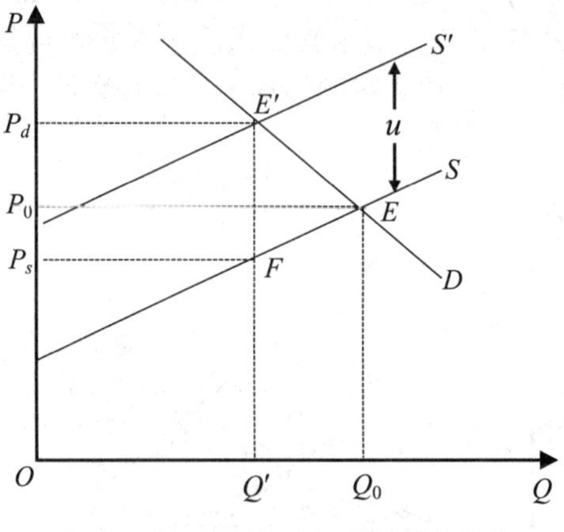

图 13-2　课于供给方的从量税的归宿

从以上分析中我们可以进一步概括出：在课征从量税时，税收最终由谁负担，和名义上由谁纳税无关。税收转嫁和归宿的具体情况实际上是由税后的均衡价格决定的。税后均衡价格（需求方支付的价格）比税前均衡价格提高的部分就是需求方承担的税收，税收的其余部分则必须由供给方向后转嫁或自行承担，这也是供给方实际得到的价格比税前均衡价格降低的部分。购买者为单位产品支付的价格永远比销售者实际得到的价格多出一个单位税额。

2. 供求弹性对税收转嫁与归宿的影响

在图 13-2 中，消费者承担了从量税的主要部分，因为他们多支付的数额比销售者少收到的数额要多些。这一结果是由供求曲线的形状决定的。一般来说，在其他条件相同的情况下，需求弹性越大，消费者负担的税收越少。同样，在其他条件相同的情况下，供给弹性越大，生产者负担的税收越少。

直观上看，弹性是衡量经济主体逃避税收能力的粗略方法。需求弹性越大，该商品价格上升时，消费者越容易转向购买其他商品，因此销售者必须承担的税负就越多。相反，如果消费者无论价格高低都购买同样的数量，税收的全部负担就可以转嫁给他们。同样的推理也适用于供给方。

图 13-3 和图 13-4 说明的是两种极端的情形。在图 13-3 中，商品的供给完全无弹性。征收从量税 u 后，有效需求曲线变为 D'。此时，企业得到的价格是供给曲线 S 和有效需求曲线 D' 的交点 E' 所决定的 P'。注意，P' 恰好比 P_0 少 u。这样，企业所得价格的降低幅度恰好等于税额 u。同时，消费者支付的价格仍为 P_0。可见，当供给完全无弹性时，企业承担了全部税负。

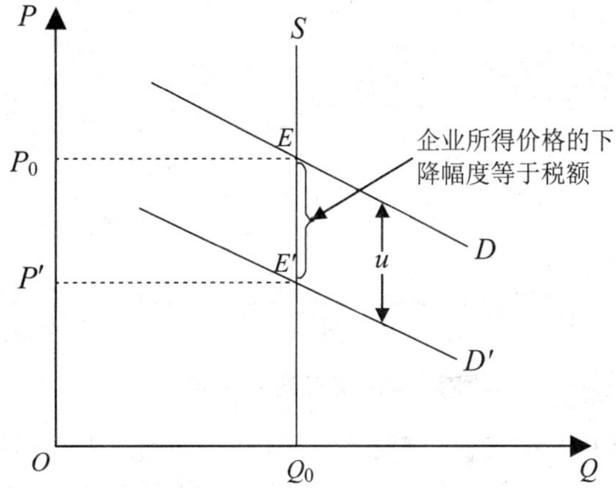

图 13-3　供给完全无弹性时的税收转嫁

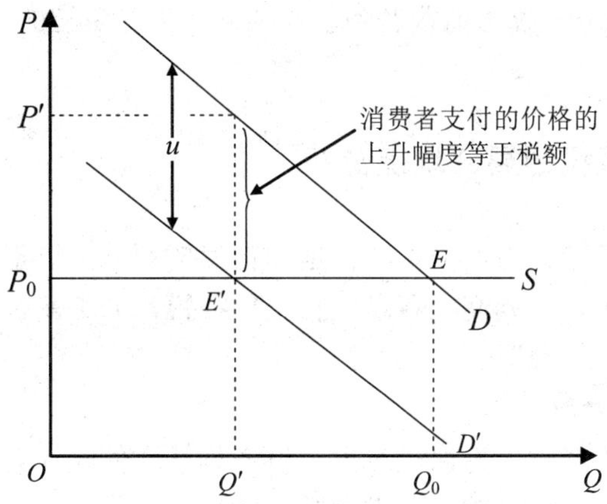

图 13-4　供给有完全弹性时的税收转嫁

图 13-4 则是一种相反的极端情况。商品的供给具有完全弹性。征收从量税使有效需求曲线平移至 D'。在新的均衡点，需求量为 Q'，企业得到的价格仍然是 P_0，而消费者支付的价格 $P' = P_0 + u$。此时，消费者承担了全部税负。

3. 从价税的归宿分析

从价税是指以商品价格为税基，按一定的比例征税。与从量税相比，从价税在商品课税中更常见。

对从价税归宿的分析与从量税类似。我们仍然先分析征税对需求曲线的影响，并找到新的均衡点。如图 13-5 所示，假设以税率 t 课征从价税，此时，商品价格越高，纳税越多。因此，尽管对供给方而言的有效需求曲线 D' 位于原需求曲线 D 的下方，但与从量税不同的是，从价税使需求曲线 D 上的每一点按同一比例向下移动，这使有效需求曲线 D' 的斜率发生了变化。

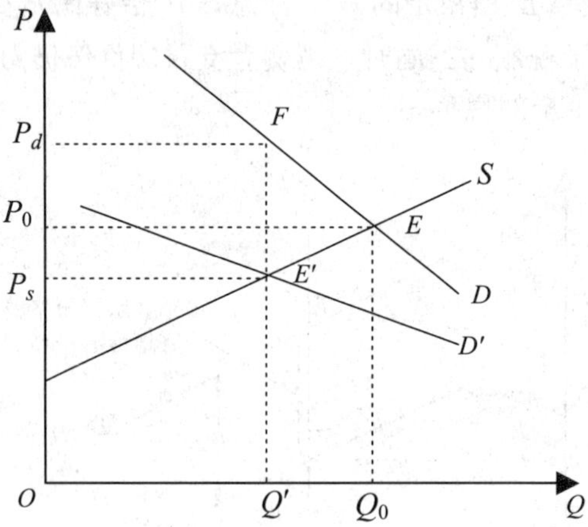

图 13-5 从价税的归宿

在图 13-5 中，征税前的均衡价格和数量分别是均衡点 E 相对应的 P_0 点和 Q_0 点。征税后，均衡点为 E'，消费者愿意支付的价格由 P_0 上升为 P_d，供给方得到的价格由 P_0 下降为 P_s。P_d 和 P_s 之间的差额就是缴纳的税额。政府得到的税收收入为长方形 $P_dP_sE'F$ 的面积。这部分税收由消费者和企业共同负担，负担的比例因 D' 线斜率的变化而有所变化。

13.2.2 要素收入课税的局部均衡分析

生产要素主要包括劳动力、资本、土地和自然资源等，要素收入课税就是指对生产要素所获收入——工资、利润、利息、租金等征税，如工薪税、社会保障税、资本利得税等。

1. 工薪税的归宿分析

工薪税以雇员的工资收入为课税对象，旨在为社会保险计划筹资。例如，美国的老年、遗属和伤残保险（OASDI）要求参加该计划的雇员及其雇主在工作期内缴纳工薪税。其中，雇主按雇员工资收入的 7.65%纳税，雇员也按相同的税率纳税。中国目前尚未开征工薪税（或社会保险税），但也有类似的缴费规定。例如，中国现行的企业职工基本养老保险制度要求，在职职工按本人缴费工资的 8%缴费，企业则按职工缴费工资的 20%缴费，合计缴费率为 28%（国务院，1997）。

实际上，工薪税分为两部分缴纳的做法由来已久，这是立法者出于工薪税应当由雇主和雇员平均分担这一想法的结果。关键是，我们必须意识到，这种在雇员和雇主之间的法定区分是无关紧要的。决定工薪税归宿的唯一重要的因素是雇员得到的工资与雇主支付的工资之间的税收差额——**税收楔子**（tax wedge）的大小。

这一点可以用图 13-6 来说明。图 13-6 中，D_L 是雇主们的劳动需求曲线，S_L 是雇员们的劳动供给曲线。由于在现实生活中，多数人通常很难找到既有吸引力又可以随时变动的工作，因此这里简单假定 S_L 完全无弹性。征税前，工资为 W_0。对劳动征收从价税，使有效需求曲线的位置移动至 D_L'。这样，D_L 和 D_L' 之间的距离就是雇主支付的工资与雇员得到的工资之间的税收楔子。征税后，雇员的工资下降为 W'，雇主支付的工资仍为 W_0。在这一例子中，尽管法律将工薪税分为雇主和雇员分别缴纳的两部分，但雇员得到的工资率降低的幅度恰好就是工薪税的全部税额，这就意味着雇员承担了全部税负。

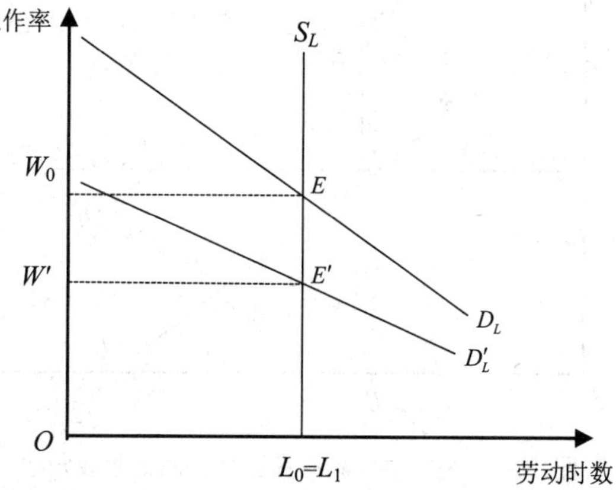

图 13-6　劳动力供给无弹性时的税收归宿

当然，在雇主急切想要找到能够胜任特殊岗位要求的雇员的场合，我们也可以把劳动供给曲线画成具有完全弹性，从而得到正好相反的结果。此时，雇主不得不支付较高的薪金，其所支付的工资将负担全部的税负。

一般的情形是，工薪税或劳动课税的转嫁和归宿取决于供求弹性。如果雇员的供给弹性大于雇主的需求弹性，则雇员处于有利地位，雇主处于不利地位；政府所征的税收将大部分向前转嫁，主要落在雇主身上。如果雇员的供给弹性小于雇主的需求弹性，则雇主处于有利地位，雇员处于不利地位；政府所征的税收将大部分无法转嫁，主要落在雇员身上。

2. 全部经济中的资本课税的归宿分析

资本课税以资本所有者提供资本所获得的报酬（即利息）为课税对象。分析资本税与分析工薪税的方法基本相同，即先画出供求曲线，按税额的大小移动或转动相关曲线，比较税前和税后的均衡点，并得到相应的结论。

在封闭经济中，由于资本不能在国家之间自由流动，因此以下的假设是合理的，即资本的需求曲线向下倾斜（表明资本收益率上涨时，企业对资本的需求减少），资本的供给曲线向上倾斜（表明资本收益率上升时，人们增加储蓄，导致资本供给量增加）。在这种情况下，资本供给者承担一部分税负，具体承担多少，取决于资本的供求弹性。

现假定在全球经济中，资本可以在世界范围自由流动，也即存在一个单一的全球性资本市场。此时，如果资本供给者无法在一国获得现行的世界收益率，他就将从该国抽走资本，投入另一个国家。这意味着，对某一特定的国家来说，资本的供给具有完全弹性。也即，资本的供给曲线是一条水平线。如图 13-7 所示，资本需求者支付的税前价格，其上升的幅度正好等于税额，而资本供给者不承担任何负担。从直观上看，由于资本供给具有完全弹性，因此只要资本承担一点点税收，它就会流向国外，从而收益率必将上升。

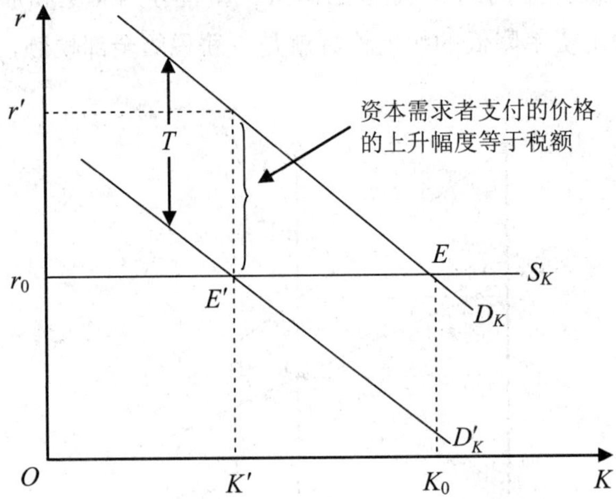

图 13-7　资本供给具有完全弹性时的税收归宿

当然，即便是在如今高度一体化的世界经济中，资本在各国间也不是完全流动的。同时，哪怕是美国这样的国家，其资本市场相对于世界市场来说比较大，但其资本供给曲线是否处于水平状态，也值得怀疑。不过，那些无视经济全球化的决策者，往往过高估计将税收负担加在资本所有者身上的能力，而忽略了对资本供给者的课税转嫁给他人的可能。

13.3　税收归宿的一般均衡分析

13.3.1　一般均衡分析的必要性

局部均衡模型的一个突出优点是它比较简单，一次只考察一个市场，相对来说不太复杂。但在现实生活中，各种商品和生产要素市场之间是相互作用、相互影响的。在有些情况下，如果不考虑其他市场的反馈作用，税收归宿的分析就会是不完整的。

例如，假定提高对食品的税率，食品业的利润率就因政府课税而相对下降，食品业的生产要素就会向其他行业（如服装业）流动。假定食品业流出的生产要素全部被服装业吸收，这样服装业的供给就会增加，服装的价格下降，从而伤害到那些一直从事服装业的人。这实际上意味着，服装的生产者最终还要承担一部分食品课税的负担。

因此，当对一个相对于整个经济来说具有重要影响的部门或行业进行征税时，仅仅关注政府课税的那一个市场是不够的。**一般均衡分析**就是要考虑将各种市场相互联系起来的种种方法。

局部均衡分析的另一个问题是，它没有区分与承担税负有关的各种人群。考虑一下烟草税的情形。决策者可能想利用该税作为惩罚烟草行业的一种工具，而烟草生产者包括出资购买机器的股东、工厂里的雇员、拥有土地并种植烟草的农民等，考察税收具体由谁负担时，有必要对这些人群进行区分。一般均衡分析为此提供了一种研究框架。

13.3.2　一般均衡分析模型

哈伯格（Harberger，1974）最早将一般均衡分析框架运用于税收归宿的分析。他的模型主要有如下假定。

（1）整个经济只有食品和制造品两种产品，只有资本和劳动两种生产要素。

（2）家庭部门没有储蓄，即居民收入等于消费。

（3）每个生产部门都使用劳动和资本这两种要素，但部门间使用的资本和劳动的比例和替代率不一定相同。

（4）资本和劳动可以在不同部门之间自由流动，造成这一流动的原因在于部门间收益率的差异。

（5）生产要素的总供给量不变。

（6）所有消费者的行为偏好相同。

（7）税种之间可以相互替代。

（8）市场处于完全竞争状态。

在两种产品和两种要素的假定之下，经济体系中的各种税收如表 13-1 所示。

表 13-1　税收归宿的一般均衡分析模型

t_{KF}	+	t_{LF}	=	t_F
+				+
t_{KM}	+	t_{LM}	=	t_M
‖		‖		‖
t_K	+	t_L	=	t

说明：*F* 代表食品，*M* 代表制造品，*K* 代表资本，*L* 代表劳动。

在这一模型中，共有九种可能的从价税。

t_{KF}——对生产食品的资本所得的课税。

t_{KM}——对生产制造品的资本所得的课税。

t_{LF}——对生产食品的劳动所得的课税。

t_{LM}——对生产制造品的劳动所得的课税。

t_F——对消费食品的课税。

t_M——对消费制造品的课税。

t_K——对两个部门的资本所得的课税。

t_L——对两个部门的劳动所得的课税。

t——一般所得税。

由表13-1可知，以上九种不同类型的税种之间存在以下六个重要的等价关系。

（1）如果同时征收t_K和t_L，且税率相同，则相当于对所有要素所得征收一般所得税t（第三行）。

（2）如果同时征收t_F和t_M，且税率相同，也相当于对所有产品征收一般所得税t（第三列）。

（3）如果同时征收t_{KF}和t_{LF}，且税率相同，则相当于对消费食品的课税t_F（第一行）。

（4）如果同时征收t_{KM}和t_{LM}，且税率相同，则相当于对消费制造品的课税t_M（第二行）。

（5）如果同时征收t_{KF}和t_{KM}，且税率相同，则相当于征收t_K（第一列）。

（6）如果同时征收t_{LF}和t_{LM}，且税率相同，则相当于征收t_L（第二列）。

13.3.3 商品课税归宿的一般均衡分析

下面以食品税（t_F）为例，分析一般均衡模型下商品税的归宿。

局部均衡分析表明：在只存在食品和制造品的两部门经济中，对食品征税，食品的相对价格会上升。这会使得消费者减少对食品的消费，增加对制造品的消费。对制造品消费的增加，将导致制造品价格的上涨。这样一来，政府对食品的课税不仅会落在食品的消费者头上，制造品的消费者也要承担部分税收。

在以上分析的基础上，我们可以将考察的视野扩大到制造品市场，发现更进一步的税收效应。

生产食品的企业因政府课税而导致收益率不断下降的结果是，食品的生产减少，而制造品的生产增加。由此造成的在食品部门中闲置的资本和劳动，必然会到生产制造品的部门寻找出路。由于两部门生产要素资本和劳动的比率可能存在差异，要使生产制造品的部门吸收生产食品的部门闲置的资本和劳动，就必然要使资本和劳动的相对价格发生变化。具体的变化方向，则取决于被征税部门与不被征税部门相比，资本和劳动比例如何变化。

假如被征税部门与不被征税部门相比，被征税部门为资本密集型。此时，只有降低资本的相对价格，市场才能吸收因政府对食品征税而造成的相对多的资本。相反，假如被征税部门与不被征税部门相比，被征税部门为劳动密集型，则只有降低劳动的相对价格，市场才能吸收因政府对食品征税而造成的相对多的劳动。由此可见，对特定部门的产出课税，会导致在该部门中较密集地被运用于投入的生产要素的相对价格下降，从而使相对价格下降的生产要素的所有者受损。进一步的分析表明，被课税商品的需求弹性决定着生产要素的相对价格的下降幅度；生产要素替代弹性越小，生产要素的相对价格下降的幅度也就越大。

13.3.4　要素收入课税归宿的一般均衡分析

接下来以对制造品资本所得的课税（t_{KM}）为例，讨论一般均衡模型下要素收入课税的归宿问题。

局部均衡分析表明，对要素课税，该要素的价格上升，要素市场上供求双方将分别承受税收负担。从一般均衡的角度，我们会发现，税收效应还不仅如此。

一方面，部分要素税会产生收入效应。政府选择对投资于制造业的资本收益课税，而不对投资于食品业的资本收益课税，会造成投资于制造业的资本收益率相对下降，其结果是投资于应税的制造业的资本向免税的食品业转移，导致制造业的产品数量减少，资本收益率上升；而食品业的产品数量增加，资本收益率下降。只有到两个部门的资本收益率达到相同水平时，资本向食品业的转移才会停止。因此，政府对投资于制造业的资本收益课税，不仅使制造业的投资者承担了税负，而且通过资本从制造业向食品业的转移，使食品业的投资者也承担了税负。可见，对投资于制造业的资本所得课税会产生收入效应。

另一方面，部分要素税还会产生要素替代效应。政府选择对投资于制造业的资本所得课税，而不对劳动所得课税，会造成制造业减少资本的使用量，增加劳动的使用量。也就是说，制造业倾向于用劳动替代资本，其结果是投资于制造业的资本相对价格的下降。随着制造业中的生产要素向食品业的转移，这种替代效应也会发生在食品业。即政府对制造业资本所得的课税，通过增加对劳动的使用，减少对资本的使用方式，调整生产要素配置的比例。而以劳动替代资本的过程，就是对劳动的需求增加、劳动者的工资率相对上升，对资本需求减少、资本所有者的收益率相对下降的过程。因此，政府对制造业资本收益的课税可能会导致资本所有者承受比政府所征税额更重的负担。

总之，政府选择对某行业中的某种生产要素征税，不仅该部门的这种要素要承担税负，其他部门的此种要素也要承担，甚至可能承担高于政府所获税额的负担。只要要素在两个部门间可以流动，对其中一个部门中的一种给定要素的课税，最终会影响两个部门的两种要素的收益。对一个仅运用于特定部门的单个要素征税，会改变要素的相对价格，从而改变收入分配。更具体的结果取决于要素密度、生产要素替代的难易程度、要素的流动性和产出的需求弹性等因素。

本章小结

- 法定归宿是一种税收法律上的义务，而经济归宿则是这种税的实际负担。知道法定归宿，对于了解经济归宿一般没有多大的帮助。
- 由于资本化，使一种供给无弹性的耐用商品（如土地）的未来税收负担可能由现在的所有者承担。
- 商品税对价格和产出的效应，与对供给方征税还是对需求方征税无关。
- 弹性越大者，越容易逃避课于其上的税收。
- 尽管法律上将工薪税分为雇主和雇员分别缴纳的两部分，但在多数情况下，全部税负都是由雇员承担。
- 在资本可以在世界范围内自由流动的背景下，资本供给者很容易逃避课于其上的税负。
- 税收转嫁与归宿的一般均衡分析常使用两部门、两要素模型。这一理论框架可以分析九种可能的税种。这些税种的某种组合与其他某些税种是等价的。
- 在一般均衡模型中，对仅在某一特定部门使用的某种要素课税，可能影响到所有部门的所有要素的收益。

基本概念

- 税收转嫁
- 税收的法定归宿
- 税收的经济归宿
- 前转/顺转
- 后转/逆转
- 税收资本化
- 混转/散转
- 局部均衡分析
- 从量税/单位税
- 无关性定理
- 从价税
- 税收楔子
- 一般均衡分析

复习题

1. 什么是税收转嫁？税收转嫁的形式有哪些？
2. 试述商品课税归宿的局部均衡分析。
3. 试述要素收入课税归宿的局部均衡分析。
4. 简述税收归宿一般均衡分析的必要性。
5. 利用一般均衡模型，分析商品课税和要素课税的归宿。

练习题

1．假设某商品的需求曲线是 $Q_d = a - bP$，供给曲线为 $Q_s = c + dP$。其中 Q_d 和 Q_s 分别为需求量和供给量，a、b、c、d 为大于零的常数。

（1）求均衡价格和产量。

（2）假定对该商品征收 u 元的从量税。证明：不管这种税是对该商品的生产者课征，还是对其购买者课征，新的均衡点是一样的。

2．据估计，网上购物对税率的敏感度很高。如果对这类购物按现行销售税征税，就会大大降低在线购物者的人数和在线支出数额。如何认识网上销售征税的归宿？

3．假设经济中只有 F 和 M 两种产品，这两种产品的生产都使用资本和劳动两种要素。但 F 行业是劳动密集型的，M 行业是资本密集型的。要素可以在部门间自由流动。总的生产要素供给量不变，市场是完全竞争的，消费者的行为偏好相同。试利用一般均衡框架，分析政府对 F 产品的销售收入课税的效应。

第14章 税收制度

本章学习目标

- 理解税收体系的构成与税制结构的设计；
- 掌握流转税类的基本内容；
- 掌握所得税类的基本内容；
- 了解财产税类的基本内容。

引例

个税法第七次修正 百姓获益几何

2018 年 6 月 19 日，个人所得税法修正案草案提请十三届全国人大常委会审议，这是个人所得税法自 1980 年出台以来的第七次修正。从草案披露内容看，新一轮个税改革被业内视为对现有个人所得税制的一次根本性改革。

个税改革不是上调免征额那么简单

此次个税法修改，拟将综合所得基本减除费用标准提高到 5 000 元/月（6 万元/年）。纳入计算的应纳税所得额，是以每一纳税年度的收入额减除费用 6 万元以及专项扣除、专项附加扣除和依法确定的其他扣除后的余额。

这传递出我国个人所得税制的一个重要变化：今后缴纳个税，绝不是只盯着每年 6 万元免征额那么简单，还要减去“三险一金”专项扣除、个人购买商业健康险等费用扣除，以及子女教育等专项附加扣除，加上税率调整，一揽子政策带来的减税力度超过以往。

按照现行个人所得税法，工资、薪金所得的基本减除费用标准为 3 500 元/月，劳务报酬所得、稿酬所得、特许权使用费所得，每次收入不超过 4 000 元的，减除费用 800 元；4 000 元以上的，减除 20%的费用。草案将上述综合所得的基本减除费用标准提高到每年 6 万元，即 5 000 元/月。

此外，草案将按月计算应纳税所得额调整为按年计算，这一变化也值得关注。

扩大较低税率级距　月入 2 万元以下减税超 50%

我国现行工资、薪金所得税税率实行 3%～45%的 7 级超额累进税率。改革后，虽然仍是 7 级税率，但部分税率的级距得以优化调整。

记者粗略测算发现不同群体税负变化不同：

月收入 5 000 元以下（不考虑“三险一金”和专项附加扣除因素）的纳税人将不需要缴纳个税，税负降幅为 100%；月收入 5 000～20 000 元的纳税人，税负降幅在 50%以上；月收入 2 0000～80 000 元的纳税人，税负降幅在 10%～50%；月收入 80 000 元以上的纳税人税负降幅在 10%以内。

值得关注的是，草案还调整了经营所得各档税率级距，其中最高档 35%税率的级距下限从 10 万元提高至 50 万元。

新增五项专项附加扣除

今后计算个税，可以享受子女教育支出、继续教育支出、大病医疗支出、住房贷款利息和住房租金等专项附加扣除。

所谓专项附加扣除，是指在计算综合所得应纳税额时，除了基本减除费用标准和“三险一金”等专项扣除外，还允许额外扣除的项目。

这是我国首次在个税制度中引入专项附加扣除概念。

此外，草案还增加了反避税规定，针对个人不按独立交易原则转让财产、在境外避税地避税、实施不合理商业安排获取不当税收利益等避税行为，赋予税务机关按合理方法进行纳税调整的权力。据悉，更多加强税收征管措施也写入草案。

资料来源：韩洁等（2018）。

政府为取得收入或调节社会经济运行，必须以法律形式规定对什么征税、向谁征税、征多少税以及何时何地纳税等，这些规定构成了一国的**税收制度**（tax system），简称税制。

税制的内容可以分别从法律、经济和政治的角度进行理解。从法律角度看，税制是指对单个税种或某项法规的具体规定，如对纳税人、征税对象、计税依据、税率等的规定。它以法的形式为税收机关征税、纳税人缴税提供依据。从经济角度看，税制指税收调节体系的构成，即一个国家的税收体系主要由哪些税种构成，以哪个或哪些税种作为主要税收，哪些税种作为辅助税收，以及它们的调节方向如何等。从政治角度看，税制指税收管理体制，即国家对税收管理工作在中央和地方政府之间划分各自权限的一项制度。这些权限主要包括税收政策确定、税收立法、税法解释、税种开征停征、税目与税率增减、减免税等。

从法律角度理解的税制要素，已经在第 11 章中介绍过；从政治角度理解的税收管理体制，将在第 17 章深入分析。本章主要讨论从经济角度理解的税制。

14.1 税收体系

14.1.1 税收体系的构成

经过长期的演变，各国税收已经从原先的单一税种逐步发展成为当今集个人所得税、公司所得税、社会保险（障）税、财产税、遗产和赠予税、增值税、关税等为一体的多税种的税收体系。

为了分析不同税种对经济的不同影响，同时为了更清楚地理解政府在税制结构设计方面所体现的调节经济的意图，一般按征税对象在货币资金流动过程中的不同地位，将税收区分为货币资金运动过程中的课税和财产持有及转让的课税两大体系。前者相当于对国民收入的流量征税，后者相当于对国民收入的存量征税。各国一般将绝大部分的税收课征于国民收入的流量上。为此，我们需要结合国民经济的循环运动进行考察。

国民经济的运行是一个周而复始、不断循环的过程。如图 14-1 所示，假定经济中只有居民和企业两个部门，即“两部门经济”。该经济存在两种方向相反的循环运动：一是产品和要素的实物流动；二是收入和支出的货币流动。

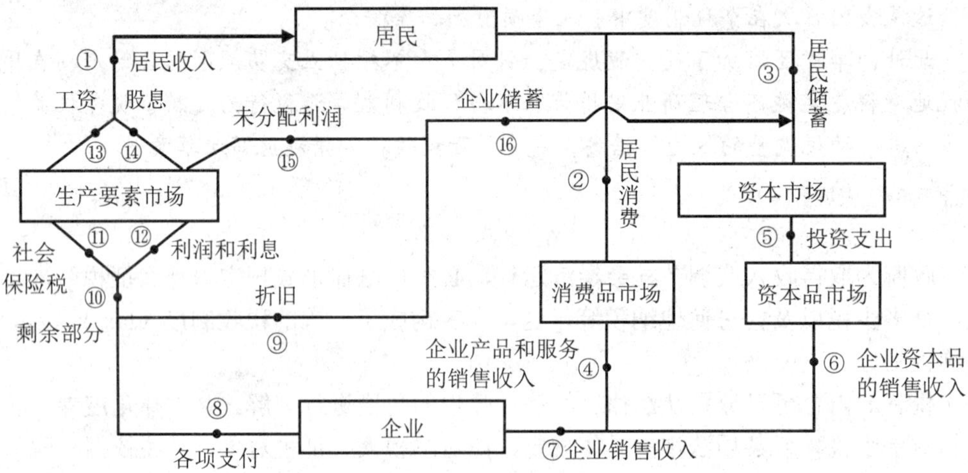

图 14-1　货币流动与课税点

居民向企业提供各种生产要素，并从企业取得收入，形成居民收入①。居民收入用于两个方面：一部分用于消费②，通过在消费品市场上购买企业提供的产品和服务，形成企业产品和服务的销售收入④；另一部分用于储蓄③，通过资本市场，以投资支出形式⑤进入资本品市场购买企业提供的资本品，形成企业资本品的销售收入⑥。企业销售收入形成后，首先要扣除购买原材料、零部件等的价款⑧，然后计提折旧⑨，其余部分⑩则用于缴纳社会保险税⑪（由企业缴纳的部分），并支付资本的利润和利息⑫，以及用于其他要素投入，形成各种生产要素所获得的报酬，包括工资⑬、股息⑭、利息、租金等，最终又变成居民收入①。此外，企业还保留一部分利润不予分配，这些未分配利润⑮加上折旧，构成企业储蓄⑯。企业储蓄和居民储蓄一起形成投资资金，用于购买资本品。整个经济就这样周而复始地循环运动着。

税收在货币资金流动中选择并确定一些课税点或课税环节征收。因课税点的位置不同，形成不同的税种。例如，①是对居民收入的课税点，如个人所得税；②是对消费支出的课税点，如消费税；④是对零售营业收入的课税点，如消费型增值税；⑦是对企业销售收入的课税点，如货物税；⑩是对企业扣除折旧后的净营业收入的课税点，如所得型增值税；⑪是对工资薪金支付额的课税点，如雇主承担的社会保险税；⑫是对利润的课税点，如公司所得税；⑬和⑭是对居民工资收入和股息收入的课税，如个人所得税和雇员承担的社会保险税；⑮是对企业留存利润的课税点，如企业留存利润税。

现在考察对财产持有和转让的课税。由于财产是以往年度的存量部分，并非当年国民收入的货币资金流动，因此没有在图 14-1 中反映出来。不过，财产总是有归属的，它们或属于居民，或属于企业。由此可以确定是对财产的归属者课税，还是对财产的转让行为课税。前者如对居民或企业拥有的各种财产课征的财产税，后者如对财产的遗留、继承或馈赠行为课征的遗产税、继承税、赠予税等。

14.1.2　税收分类

在现代经济中，一国税收通常是由许多不同的具体税种构成的。这些税种可以根据不同的标准进行分类。常见的分类方法有以下几种。

（1）按征税对象的不同，可以将税收分为所得税类、流转税类、财产税类、资源税类、行为税类等。

这是划分税种的一种最基本的方法。**所得税类**（income taxes）是指对纳税人的所得额或收益额作为征税对象的税种，如个人所得税、公司所得税、资本利得税等；**流转税类**（turnover taxes），也称**商品税类**（commodity taxes），是指对商品、劳务或服务交易中的流转额或增值额作为征税对象的税种，如增值税、消费税、销售税、关税等；**财产税类**（property taxes），是指对纳税人的财产按数量或价值作为征税对象的税种，如一般财产税、个别财产税、遗产税、继承税、赠予税、土地税、房产税等；**资源税类**（resource taxes），是指以各种应税自然资源为征税对象的税种，如资源税、耕地占用税、城镇土地使用税、土地增值税等；**行为税类**（behavior taxes），是指以纳税人的某种特定行为作为征税对象的税种，如印花税、证券交易税等。

（2）以课税的主客体为标准，可以将税收划分为对人税和对物税。

对人税（personal tax）着眼于人，根据人的纳税能力课税。它的古老形式是人头税，按人征收，同等纳税；现代形式则是各国普遍征收的所得税。**对物税**（impersonal tax）着眼于物，根据经济活动，如商品买卖或持有财产等课税。它不重交易者或所有者的特性，而重物本身。因此，对物税可以对家庭，也可以对企业征收；对人税则必须对个人或家庭征收。

由于涉及税制的公平性，因此对人税与对物税的区分是很重要的。所有税种（包括对物税）的承担者都只能是人，在考虑税制公平与否时必须考虑税收的最后负担者是谁。从这个角度看，对物税不如直接按个人纳税能力课征的对人税。

（3）以税负是否容易转嫁为标准，可以将税收划分为直接税和间接税。

税负不易转嫁、直接由纳税人承担的税种是**直接税**（direct tax），如个人所得税、财产税等；税负比较容易转嫁的税种为**间接税**（indirect tax），主要包括对商品或劳务的交易课征的税种，如增值税、消费税、关税等。

（4）按课税权归属的不同，可将税收分为中央税和地方税。

凡由中央政府征收、收入归中央政府支配的税种为**中央税**（central tax）；凡由地方政府征收、收入归地方政府支配的税种为**地方税**（local tax）。

14.1.3 税制结构设计

要充分发挥各个税种之间相辅相成的作用，避免各个税种之间可能的冲突，需要建立一个合理的税制结构。有关税制结构如何设计的问题，税收理论史上曾经有过单一税制和复合税制之争。**单一税制**（single tax system）是由一种税构成的税收制度；**复合税制**（multiple tax system）是由多种税种构成的税收制度。在实践中，单一税制始终没有付诸实现，通常所说的税制实际上都是复合税制。由于历史进程和发展阶段的差异，各国的主体税种各不相同。在古代，各国多以对土地征税为主构成税收体系；第二次世界大战之前，西方国家多以消费税等流转税为主体税种；第二次世界大战之后，美、英、日等国逐渐变为以所得税为主体税种，法国则变为以增值税为主体税种。

税制结构的设计首先要考虑税收原则的要求。在现代经济条件下，税制结构设计的关键是如何按照税收公平和效率两大原则的要求，解决好三个方面的问题，即税种配置、税源选择和税率安排。

1. 税种配置

按照税收原则要求来解决税种的配置问题，并不意味着所选择的税种都能够完全符合各项税收原则的要求，而是要使各个税种之间相互协调、相互补充，形成一个能在总体布局上体现税收原则要求的税收体系。同时，这一体系总要以某一种或几种税种为主导，这种居于主导地位的税种就构成税制结构中的主体税种。主体税种的选择是合理配置税种的关键。

在主体税种的选择上，出于优化资源配置效率的考虑，经济学家一般推崇所得税类。主要原因包括以下几方面。

（1）所得税给纳税人带来的额外负担，即对经济效率的损害程度较商品税为轻，因为所得税不改变商品的相对价格，对消费者的选择和资源配置的干扰相对较小。

（2）所得税是一种直接税，一般无法像商品税那样可以通过价格调整转嫁税负，因此，政府可以比较有针对性地利用其调节收入分配。

（3）所得税作为宏观经济的内在稳定器之一，能较好地起到稳定经济的作用。

以上观点对西方国家大多以所得税为主体税种的税制结构的形成，产生了重要的影响。但对多数发展中国家来说，由于税收征管体系尚不健全，如果仅以所得税为主体税种，难以保证财政收入的充足和稳定，因此政府往往非常重视增值税等间接税的作用。

2. 税源选择

在税源的选择问题上，主要是考虑税本和税源的关系。税本、税源、税收之间的关系是：税本是税收来源的根本，税源是由税本产生的收益，税收来自于税源。如果将税本比作果树，果树所生产的果实就是税源，从果实中取出若干交给国家，即为税收。显然，有税本才有税源，有税源才有税收。因此，税源的选择问题实际上研究的是如何保护税本，尽可能不使税收损及税本。

能够作为税源的无非是工资、地租和利润。如果以这三者作为税源，并将课税的额度限制在这个范围内，一般不会损及税本。至于财产，尤其是在财产中占重要地位的生产性资本，则属于税本的范畴，一般是不能作为征税对象的，否则就会损害资本的形成和积累，最终导致国民经济萎缩，政府收入来源枯竭。当然，生产性资本不宜作为征税对象，并不意味着对所有财产都不能课税。基于某些特定目的，对非生产性的私人财产进行课税也是必要的。例如，开征遗产税、赠予税，可以起到促使社会财富公平分配的目的；对股票、债券等有价证券的课税，并不伤及税本，同时可以将其作为调节居民收入分配的重要手段。

3．税率安排

税率的安排实际上解决的是两方面的问题：一是税率水平的确定；二是税率形式的确定。

（1）税率水平的确定。关于一国税率水平应如何确定，美国经济学家拉弗（Laffer，1979）提出了**“拉弗曲线”**（Laffer curve）。其基本观点是：税率水平是有限度的。在一定限度内，税率提高，税收收入将增加，因为税源不会因税收的增加而等比例地减少；但当税率提高超过一定限度后，就会影响人们工作、储蓄和投资的积极性，导致税基减少的幅度大于税率提高的幅度，税收收入不仅不会增加，反而会下降。

如图 14-2 所示，税率由 r_1 提高到 r_2，税收收入将由 OP 增加到 ON，但当税率由 r_3 提高到 r_4，税收收入将由 ON 减少到 OP。从图形看，rm 线就是税率的临界点。在这个税率水平上，税收收入最多，为 OR，超过这个界线，就是税收的禁区。由此得出的结论是，税率水平应以 r 为限，并以 r 为最佳税率点。

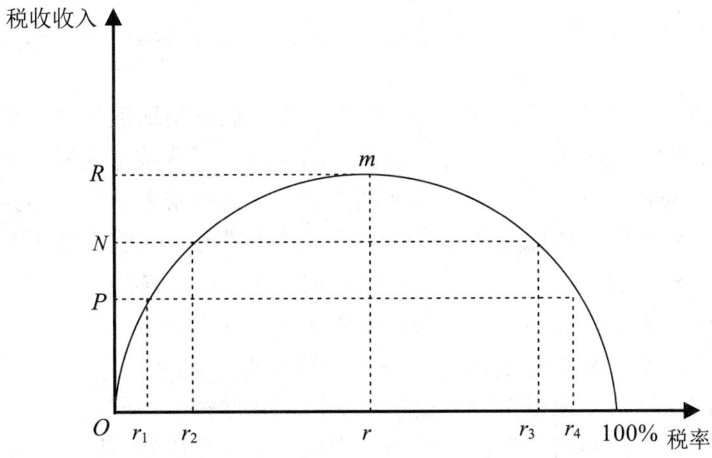

图 14-2　拉弗曲线

拉弗曲线原理为美国在 20 世纪 80 年代推行大规模减税政策提供了理论依据。

（2）税率形式的确定。税率形式的确定主要面临两种选择：比例税率和累进税率。从税收公平看，累进税率是较优的选择。在累进税率下，纳税人适用的税率水平随其收入的增加而提高，因此所缴税款的增加多于按比例税率的缴纳，但会阻碍纳税人的工作、储蓄和投资的积极性。从税收效率看，比例税率又是较优的选择。在比例税率下，纳税人适用的税率水平是同一的，无论收入水平多高，都按其收入的一个相同比率缴纳税款，一般不会影响纳税人的工作、储蓄和投资的积极性。可见，比例税率和累进税率的选择，本质上是效率与公平之间的选择。

一般来说，所得税类和财产税类宜采用累进税率，商品税类宜采用比例税率。从税率的总体布局看，应视客观经济形势的需要而选择侧重点。目前的普遍倾向是：为提高经济效益，应适当降低税制的累进性。

14.2 流转税类

14.2.1 流转税类的特点与类型

流转税类是以商品和劳务的流转额为征税对象的税收类别，国际上统称为“商品和劳务税”，主要包括增值税、消费税和关税等。

1. 流转税类的特点

（1）流转税类的课征对象是商品和劳务的流转额，因而与交易行为有着密切的联系。一种商品从投入、流通到最后消费之前，往往要经过多次的转手交易行为。每经过一次交易行为，商品随之流转一次，同时也就发生了一次对销售者的商品流转额课征商品税的问题。

由于交易中的商品种类和流通渠道复杂多样，因此流转税类的范围宽窄不一。课税环节灵活，可以确定在零售环节，也可以确定在批发或产制环节。税基既可以是商品和劳务的营业总额或周转额，也可以是扣除了某些项目的增值额，由此形成了流转税类的不同类型。

（2）流转税类在负担上具有累退性。流转税类一般采用比例税率，税负按消费商品的数量比例负担。从表面上看，对一般消费品课税，消费数量大者多负税，消费数量少者少负税；同时，对奢侈品课征的高额消费税，常由富者承担。但是，由于个人消费总是有一定限度的，因此个人消费商品数量的多寡与个人收入并不是成比例的。一般来说，越是有钱的人，消费支出占其收入的比例越小；越是贫困的人，消费支出占其收入的比例越大。在此情况下，商品税类呈现出一定的累退性。收入越少，税负相对越重；收入越多，税负相对越轻。

流转税类的课征范围偏重于生活资料。受需求弹性大小不同的作用，课税引起的涨价速度，往往是生活必需品最快，日用品次之，奢侈品最慢。因此，流转税类的税负更多地落在低收入者的身上。

（3）流转税类的税源普遍，课税隐蔽。流转税类针对商品和劳务交易行为的发生进行课征，只要发生商品交易行为，就可征税，因此税源普遍。同时，流转税类可以随经济的增长而自然增长，不受纳税人经营状况的影响，因而收入稳定。

流转税类是间接税，税负能够转嫁，具有隐蔽性。流转税类在形式上虽由商品的生产者或销售者缴纳，实际上所纳税额往往加于商品卖价之中，转嫁给消费者负担。消费者虽然负担了税款，却并不直接感受到税收负担的压力，课税阻力较小。因此，流转税类在保证财政收入的稳定、及时、充裕、可靠方面，有着其他税种不可替代的作用。

（4）流转税类具有征收管理的简便性。流转税类采用从价定率或从量定额计征，与所得税类和财产税类相比，计算手续简单，并且容易征收；此外，流转税类的纳税人是为数较少的企业，数量较少，相对容易稽征和管理。

（5）配合社会经济政策的针对性。商品税类选择特定的商品和劳务课征，即使对全部或大部分商品和劳务课征，也往往采取差别税率。对某些有害于人体健康和社会利益的消费品，如烟、酒及易污染的产品或设施，政府通常要课以较重的税；对某些奢侈品更是课以重税。重税的目的往往不是着眼于取得公共收入，而是为了执行政府的社会经济政策，如限制某些产品的生产或进口，抑制社会的奢侈浪费之风等。

2. 流转税类的类型

商品的种类千千万万，商品的流通渠道错综复杂，这些决定了流转税类类型的多样化。

从课税环节看，流转税类可以分为单环节课税和多环节课税。例如，加拿大的酒税、烟税选择在产制环节征税，美国的汽油税选择在零售环节征税，而欧盟国家的增值税则在产制（进口）、批发、零售三个环节都征税。

从课税范围看，流转税类可以有以下三种选择。

（1）除全部消费品外，还将资本品和交通运输等纳入商品课税范围，如欧共体的某些成员国曾实行过的周转税。

（2）对全部消费品课税，资本品和劳务则被排除在课税范围之外，如美国各个州实行的一般零售消费税。

（3）选择部分消费品课税，如只对烟、酒、小汽车等一些特定的消费品课税，美国联邦政府实行的消费税就是如此。

从税基看，流转税类可以分为以下三种类型。

（1）按商品和劳务的销售收入总额课征。这种类型着眼于销售行为，而不是具体商品，如一些国家实行的销售税。

（2）按商品流转所增加的价值额课征，即按照商品的销价与进价之间的差额课征，这就是人们所熟知的增值税。

（3）按部分商品和劳务的销售额课征，如特别消费税。

按计税方式的不同，流转税类可以分为从量税和从价税。从量税以征税对象的重量、件数、容积、面积等为标准，按预先确定的单位税额计征，也可称为“单位税”或“从量计征”，它不受价格变动的影响。从价税以征税对象的价格为标准，按一定比例计征，也称“从价计征”，它受价格变动的影响。从价税一般按照商品的不同类别，采取差别比例税率，如奢侈品高税率，日用品低税率，生活必需品实行免税或零税率。与从价税相比，从量税比较简单易行，但由于税款与商品价格脱钩，物价上涨而税收不能相应增加，税收缺乏保证，因此各国大多实行从价税。

14.2.2 增值税

1. 增值税的定义和特点

增值税（value-added tax，VAT）是对商品和劳务在流转过程中新增的价值课征的一种税收。作为课征对象的增值额，一般指企业利用购进的商品和取得的劳务进行加工生产或经营而增加的价值额，即企业的商品销售额或营业额扣除规定的非增值项目后的余额。它大体相当于该企业在本期中劳动投入所创造的价值。就商品生产和流转的全过程看，一种商品从生产到流通的各个流转环节的增值之和，相当于该商品进入消费环节时的零售价格。

1918 年，德国企业家西门子提出增值税的设想，建议用增值税代替周转税。此后不久，美国经济学家亚当斯（S. Adams）建议用增值税替代公司所得税。1954 年法国首次试行这一新税种。20 世纪 60 年代初期，增值税逐渐受到理论界和各国政府的广泛重视。如今，世界上已经有一百多个国家实行了增值税制，并在各国的税收中占有相当的比重。

增值税从一般营业税演化而来。在多环节课税这一点上，它与一般营业税是相同的。二者的主要区别在于：一般营业税的税基是在各个流转环节上销售商品或提供劳务的毛收入，即流转额。增值税的税基不是流转额，而是每个流转环节上新增的价值额，即增值额。一般营业税由于在多环节对流转额课税，道道课税，容易造成税上加税的税负累积效应；而增值税只对各个环节上的增值额课税，同一售价的商品，不受流转环节多少的影响，虽道道课税，但税不重征，可从根本上消除税上加税的税负累积效应。下面用一个简单的例子来说明。

如表 14-1 所示，假定商品 A 的生产、销售要经过采矿、冶炼、机械制造、批发和零售五个环节，商品 A 的增值税和一般营业税税率均为 10%。从表中可以看出，商品 A 负担的一般营业税要比增值税重。

表 14-1 增值税与一般营业税的比较

产销阶段	购买额	销售额	增加值	增值税税额	一般营业税税额
采矿	0	40	40	4	4
冶炼	40	100	60	6	10
机械制造	100	300	200	20	30
批发	300	400	100	10	40
零售	400	480	80	8	48
合计			480	48	132

增值税能够避免重复征税这一特征，使其在促进专业化分工方面显示出自己的独有优势。在实行一般营业税的情况下，如果有一企业能够集采矿、冶炼、机械制造、批发和零售等环节于一身，它所缴纳的全部税金就和实行增值税的情形一样。但如果

企业实行的是专业化生产或者只能合并其中的两三个环节，商品 A 的一般营业税税额就要超过增值税税额。可见，一般营业税鼓励全能厂，抑制专业厂，而这是与现代社会专业化分工日益细化的趋势相背道而驰的。而对增值税来说，无论生产过程如何组织，它的总税额始终保持不变，因此对生产者是中性的。这也正是增值税得以迅速流行的根本原因。

此外，实行抵免法的增值税，要求有健全的发票制度，并且将税款单独开列，用以扣除前阶段的已缴税款。这种计税方法具有相互牵制、自动审核的特点，便于税务机关查核，有利于税收征管，防止偷、漏税。

当然，增值税的上述特点也对实际操作，尤其是征管和缴纳提出了更多要求。对税务机关来说，多环节课征必然带来税务行政成本的增加。纳税户多，计算审查手续比较复杂，对税务人员的素质的要求较高。对纳税人来说，要求具有健全的财务制度和纳税记录。在这些条件无法充分具备时，实行增值税的难度相当大。

2. 增值税的类型

从税基看，增值税可以按照对购进资本品的处理方式的不同，分为生产型、收入型和消费型三类。

（1）**生产型增值税**（production-type VAT），是指以一定时期内企业的商品和劳务销售收入，减去其所耗用的外购商品和劳务支出的数额（厂房、机器、设备等资本品的折旧额不予扣除）作为增值额，并据以课税。也就是说，增值额等于工资薪金、租金、利息、利润和折旧数之和。从总体经济看，这一税基就是国民生产总值，因而称为生产型增值税。

生产型增值税是一种不规范的、过渡性的类型。它对资本品不予抵扣，是对资本品的重复计征，使企业在资本、劳务、投资和消费间的选择仍然是非中性的。特别是对资本密集型企业和技术密集型企业的重复征税问题更为突出，这对技术进步和设备更新换代是歧视的做法，同时会妨碍出口产品的升级。

（2）**收入型增值税**（income-type VAT），是指以一定时期内企业的商品和劳务的销售收入，减去其所耗用的外购商品和劳务支出以及资本品的折旧数额，作为增值额，并据以课税。也就是说，增值额等于工资薪金、租金、利息和利润之和。从总体经济看，这一税基就是国民生产净值，因而称为收入型增值税。

（3）**消费型增值税**（consumption-type VAT），是指以一定时期内企业的商品和劳务的销售收入，减去其所耗用的外购商品和劳务支出的数额，再减去本期所购的资本品后的余额作为增值额，并据以课税。从总体经济看，增值额只包括全部消费品的价值，不包括资本品的价值，因而称为消费型增值税。

上述三种类型的主要区别在于对资本品处理方式的不同。生产型增值税不扣除资本品的折旧，收入型增值税扣除资本品的折旧，消费型增值税则扣除本期所购的资本品的价值。因此，在税率相同的条件下，生产型增值税的财政收入最多，收入型次之，消费型最少。

国际上实行增值税的国家大多采用消费型，以欧盟成员国等发达国家为代表。采用收入型的只有阿根廷、摩洛哥等少数国家。中国和印度尼西亚等国则采用生产型。

3. 增值税的税率

各国在增值税上实行的税率种类不一，最多的如比利时有五种税率，最少的如英国只有一种税率，但大致可分为以下三类。

（1）基本税率。基本税率也称标准税率，它体现增值税的基本课征水平，适用于一般商品和劳务。此外，国与国之间的基本税率是参差不齐的。基本税率的高低，与各国的经济状况、税收政策、收入水平以及历史形成的税负水平有关。

（2）轻税率。它体现了增值税的优惠照顾政策，适用于税法单独列举的属于生活必需品范围的商品和劳务。如法国的增值税，除了规定基本税率为 18.6%之外，还区分不同商品和劳务，分别规定了 7%和 5.5%的轻税率。

（3）重税率。它体现了增值税的限制消费政策，主要适用于列举的奢侈品和有害于社会公益的商品和劳务。如法国对这类商品和劳务实行高达 33.3%的税率。

除了以上三类税率外，增值税还有零税率的规定。零税率是增值税的一大特色，它一般对出口商品和劳务实行，目的是鼓励出口，扩大对外贸易。零税率不等于免税。免税只是规定该纳税环节的应纳税额等于零。实行零税率不但不必缴税，而且还可以退还以前纳税环节所纳的税。按照增值税的计税公式“销项税额-进项税额=应纳（溢缴）税额”，销项如采用零税率（如在出口环节），那么，销项税额减去进项税额，其差额必是负数，即溢缴税额，这时就要退税。

4. 增值税的计税方法

增值税有以下三种不同的计税方法。

（1）税基列举法，也称“加法”，即把企业构成增值额的各个项目，如工资薪金、租金、利息、利润等直接相加，作为增值额，然后将增值额乘以税率，计算出应纳税额。其计算公式为

$$\text{增值额}=\text{本期发生的工资薪金}+\text{利息}+\text{租金}+\text{其他增值项目}+\text{利润} \tag{14-1}$$

$$\text{增值税实际应纳税额}=\text{增值额}\times\text{适用税率} \tag{14-2}$$

（2）税基相减法，也称“减法”，即从企业一定时期内的商品和劳务销售收入中减去同期应扣除的项目作为增值额，然后将增值额乘以税率，计算出应纳税额。其计算公式为

$$\text{增值额}=\text{本期应税销售额}-\text{规定扣除的非增值额} \tag{14-3}$$

$$\text{增值税实际应纳税额}=\text{增值额}\times\text{适用税率} \tag{14-4}$$

（3）税额相减法，也称“扣税法”，即先以企业一定时期内的商品和劳务销售收入额乘以税率，计算出至本环节为止的累计税额，然后再从中减去同期各项外购项目已纳税额，得出应纳税额。其计算公式为

$$\begin{aligned}\text{增值税实际应纳税额}&=\text{当期应税销售额}\times\text{适用税率}\\&\quad-\text{当期外购项目已纳产值税税额}\end{aligned} \tag{14-5}$$

在税率相同的条件下，以上三种方法计算结果完全一致。实行增值税的国家大多采用第三种方法，即扣税法。因为它体现了“道道课税，税不重征”的特点，在实践

中也具有最大的可行性，计算方法简便易行，计算结果准确可靠（主要依据购、销发票，每笔交易的销售额和税款分别列出，一清二楚，有案可查）。

5. 增值税的课征方法

增值税的课征方法，一般根据企业规模的大小及其财务管理水平加以确定。对规模较大、账目健全的企业，采取企业自行填送纳税申报表，并由税务机关加以审核的课征方法。企业必须按照每个月的销售额，分别列出各月及全年的应纳税额，然后将纳税申报表送交税务机关，经税务机关审核后，交由企业按时缴纳。如果出现拖欠税款的情况，则视拖欠时间的长短规定不同比例的罚款，或予以经济和法律方面的制裁。

对规模较小、账目不健全的企业，则实行定额课征的方法。由税务机关和企业双方协商计算纳税定额，这种定额通常是以前一年的销售额作为当年的税基来计算的。如果企业的经营状况发生变化，可经税务机关核实后，对定额进行相应调整。

6. 中国的增值税

目前，中国实施增值税管理的基本法规是 2017 年 11 月 19 日修订的《中华人民共和国增值税暂行条例》。2018 年 4 月 4 日，财政部和税务总局发布《关于调整增值税税率的通知》（财税〔2018〕32 号）。

以下是当前中国增值税的概况。

（1）纳税人。在中国境内销售货物或者加工、修理修配劳务（以下简称劳务），销售服务、无形资产、不动产以及进口货物的单位和个人，为增值税的纳税人。

（2）税率。增值税的标准税率是 16%，而生活必需品（如农产品、自来水和煤气等）、建筑业、房地产业、交通运输业服务、邮政业服务、基础电信服务等按 10%的税率征收；增值电信服务、金融业、生活服务业、现代服务业（如研发和技术服务、文化创意服务、广播影视服务等）等按 6%的税率征收。具体如表 14-2 所示。

表 14-2　中国增值税税率*

行　业	适用税率
⏩ 货物、进口货物 ⏩ 劳务、有形动产租赁服务	16%
⏩ 下列货物、进口货物 ➢ 粮食等农产品、食用植物油、食用盐 ➢ 自来水、暖气、冷气、热水、煤气、石油液化气、天然气、二甲醚、沼气、居民用煤炭制品 ➢ 图书、报纸、杂志、音像制品、电子出版物 ➢ 饲料、化肥、农药、农机、农膜 ➢ 国务院规定的其他货物 ⏩ 建筑业 ⏩ 不动产租赁服务、销售不动产、转让土地使用权 ⏩ 交通运输业服务 ⏩ 邮政业服务 ⏩ 基础电信服务	10%

续表

行　业	适用税率
增值电信服务 ➧ 金融业 ➧ 生活服务业 ➧ 现代服务业 　➢ 研发和技术服务 　➢ 信息技术服务 　➢ 文化创意服务 　➢ 物流辅助服务 　➢ 鉴证咨询服务 　➢ 广播影视服务 　➢ 商务辅助服务 　➢ 其他现代服务	6%

注：*2018 年 5 月 1 日起执行。

资料来源：国务院（2017）、国家税务总局（2018），作者整理。

（3）应纳税额的计算。对于增值税一般纳税人，在计算增值税应纳税额时，增值税进项税额可以抵扣销项税额，即

$$应纳税额=当期销项税额-当期进项税额 \tag{14-6}$$

$$当期销项税额=当期销售额\times税率 \tag{14-7}$$

（4）出口退税。通常，因出口货物而在中国境内购买原材料所支付的增值税进项税额可以退税。出口退税率介于 0%～17%，并且有特定的公式计算可退税的数额。因此，许多商品所支付的增值税进项税额并不是可以全额退还的，出口企业需要承担不同的出口增值税成本。

境内单位和个人跨境销售国务院规定范围内的服务、无形资产，税率为零。

（5）小规模纳税人。被认定为小规模纳税人的企业按 3%的征收率缴纳增值税。

14.2.3 消费税

1. 消费税的定义和类型

消费税（consumption tax）是对消费品或消费行为课征的一种税收。它是流转税类中的重要税种形式，历史上曾经是各国财政收入的重要来源。在 19 世纪发达国家采取以所得税为主体税种的税收模式后，消费税占税收总额的比重有所下降，但目前仍然是各国广泛采用的税种。

根据课税范围的不同，消费税可以分为一般消费税和特别消费税。**一般消费税**（general consumption tax）是对全部消费品和消费行为征收的税种。**特别消费税**（selective consumption tax）则只对部分消费品和消费行为课征。目前各国课征消费税的目的，除取得财政收入外，更主要的是借助消费税课征范围的选择和差别税率的安排，达到政府调节消费和收入的目的。因此，多数国家都征收特别消费税，课征范围

没有涉及所有的消费品和消费行为。部分国家虽在形式上对全部消费品和消费行为征税，但又规定对部分消费品和消费行为免税，实际上与实行特别消费税没有区别。

各国所实行的消费税的课征范围，大体可分为有限型、中间型和延伸型三类。

有限型的课征范围主要限于一些传统的应税品目，一般不超过 10～15 个应税品目，主要有烟草制品、酒精饮料、石油制品、机动车辆及各种形式的娱乐活动等。

中间型课征范围的应税品目较广，一般在 15～30 个应税品目之间。除有限型课征范围涉及的品目外，还包括更多项目，如粮食制品、乳制品等，纺织品、鞋类、火柴、肥皂、清洁剂、刀叉餐具、玻璃制品、家具、药品等广泛消费的品目，奢侈品，以及保险、金融、运输、公共设施等服务。

延伸型课征范围的应税品目最广，除中间型课征范围包括的应税品目外，还包括更多的奢侈品，如空调、电视、冰箱、音响、摄影器材、电器设备等，以及一些生产性消费资料，如钢材、铝制品、塑料、树脂、橡胶制品、木料、电缆、电池等。

2. 消费税的特点

（1）征收的目的性。课征消费税的目的，一般不在于取得多少财政收入，而是通过课征范围的选择、差别税率的安排以及课税环节等方面的规定，来达到调节消费，进而调节收入的政策目的。在实践中，有时还通过课征消费税对某些不良行为加以限制，如对烟、酒征收高额消费税。此外，当市场机制在实现资源配置方面缺乏效率时，有时也可以通过课征消费税来达到改善资源配置状况的目的，如针对汽油消费导致环境污染的情形，可对汽油征收消费税。

（2）税负的转嫁性。消费税一般向消费品制造商或经营商课征，而不是向消费者征税，但消费税额往往内含于消费品价格之中或者作为消费品价格附加，最终转嫁给消费者。

（3）单环节课税。消费税通常采取单环节课税，并且主要在产制后的销售环节征收，以保证课征费用低、征收效率高。

3. 消费税的税率和计税方法

消费税一般采用比例税率和定额税率，同时区别不同应税品目分别规定差别税率。与此相适应，其计税方法也有从价和从量两种。

（1）从价课税以每单位应税商品的价格为计税依据，并按应税商品的单位价格规定一定百分比的税率。

如果应税商品的价格是含税价格，则消费税额的计算公式为

$$\text{应纳税额}=\text{应税商品售价}\times\text{税率} \tag{14-8}$$

如果应税商品的价格是不含税价格，其计税公式则视税率是按不含税价格设计还是按含税价格设计而有所不同。

若税率是按不含税价格设计的，则消费税额的计算公式与式（14-8）基本相同，即

$$\text{应纳税额}=\text{应税商品不含税售价}\times\text{税率} \tag{14-9}$$

若税率是按含税价格设计的，则先将不含税售价首先换算成含税售价，然后再进行计税。其计算公式为

$$应纳税额=\frac{不含税价格}{1-税率}\times 税率 \tag{14-10}$$

（2）从量课税通常以每单位应税商品的重量、数量、长度或容积等为计税依据，并按每单位应税商品规定固定数额的税金，这种固定税额即为定额税率。

4. 中国的消费税

目前，中国实施消费税管理的基本法规是 2008 年 11 月 5 日修订的《中华人民共和国消费税暂行条例》。

以下是当前中国消费税的概况。

（1）纳税人。在中国境内生产、委托加工和进口应税消费品的单位和个人，为消费税的纳税人。

（2）征税范围。目前确定的征收消费税的品目共有 15 个，包括烟、酒、高档化妆品、贵重首饰及珠宝玉石、鞭炮焰火、成品油、摩托车、小汽车、高尔夫球及球具、高档手表、游艇、木制一次性筷子、实木地板、电池、涂料等。

（3）税率。消费税采用比例税率和定额税率两种形式。对烟、白酒、其他酒、高档化妆品、贵重首饰及珠宝玉石、化妆品、鞭炮焰火、汽车轮胎、摩托车、小汽车、木制一次性筷子、实木地板、高尔夫球及球具、游艇、高档手表等采用比例税率，对黄酒、啤酒、成品油等采用定额税率。

14.3 所得税类

14.3.1 所得税类的特点

所得税类是以纳税人的所得为征税对象的税收类别，主要包括个人所得税、公司所得税、社会保险税（工薪税）等。它具有以下几个特点。

1. 征税对象是扣除了各项成本、费用开支之后的净所得额

一定时期内的国民收入经过初次分配和再分配过程，大体形成工资、股息、利息、未分配利润、租金等份额。

2. 税负具有直接性

所得税类一般以企业或个人作为纳税人，并由企业和个人最终承担税负。由于税负难以转嫁，所得税类的纳税人一般就是负税人，因此所得税类为直接税。

3. 税收课征的公开性

所得税类无法转嫁，在收入分配环节进行课征，并针对企业利润或个人所得征收，直接关系到所得的归属问题。因此，与流转税类不同，所得税类具有公开性和很强的透明性，容易引起税收对抗，推行上比较困难。

4. 较能体现税收公平原则

所得税类的立法普遍遵循“多得多征，少得少征，无所得不征”的原则，这与不管纳税人盈利与否、只要发生市场交易行为就要纳税的流转税类相比，是完全不同的。因此，尽管所得税类在保证财政收入上可能不如流转税类，但它的课征是建立在真实可靠的税基之上的，能够更好地针对纳税人的实际纳税能力确定税负，并针对纳税人的贫富程度来调节社会上的居民和财富的分布状态，因而有利于体现税收的公平原则。

5. 税收管理的复杂性

所得税类依纳税人的实际纳税能力征收，在确定应税所得额时往往要经过一系列复杂的程序。一般来说，公司所得税的课征存在成本核算和管理上的难度；个人所得税的课征则面临纳税户数量多、税额小、税源分散等问题。因此，所得税类客观上要求整个社会有较高水平的信息、核算和管理基础。

14.3.2 所得税类的类型

依据征税对象的规定，所得税类通常分为以下三种类型。

1. 分类所得税

分类所得税（classified income tax）是指将所得按来源划分为若干类别，对各种不同来源的所得分别计征所得税。例如，可以将所得分为工资薪金所得、营业利润所得、股息利息所得、租金所得等类，对工资薪金或其他劳务报酬课以薪金报酬所得税，对股息利息所得课以利息所得税，对土地和房屋所得的租金课以不动产所得税等。

分类所得税的理论依据在于，对不同性质的所得项目适用不同的税率，分别施加轻重不同的税负。勤劳所得（earned income）如工资薪金，要付出辛勤的劳动才能获得，应课以较轻的所得税。资本所得（capital income）如营业利润、股息、利息、租金等，是凭借其拥有的资财而获得的，所含的辛苦较少，应课以较重的所得税。因此，分类所得税的优点之一是它可以按不同性质的所得，分别采用不同的税率，实行差别待遇。

分类所得税最早创始于英国，但今天纯粹采用分类所得税的国家已经很少。即使采用，也是将其与综合所得税配合使用。

2. 综合所得税

综合所得税（consolidated income tax）是指对纳税人在一定期间内的各种所得，综合计算征收所得税。如美国联邦个人所得税，总收入在税法上被定义为“产生于各种渠道的全部收入，法律排除的除外”，包括现金、财产或服务等各种形式所得的收入。可见，综合所得税的突出特征，就是不问收入来源于什么渠道，也不问收入采取何种形式，而将各种来源和各种形式的收入加总求和，统一计税。

综合所得税的指导思想是，既然所得税是一种对人税，课税依据就应当是人的总体负担能力，其应税所得额当然应当综合纳税人全年各种所得的总额，扣减各种法定的减免和扣除项目之后，按统一的累进税率课征。所以，综合所得税的突出优点，就是最能体现纳税人的实际负担水平，符合纳税能力原则。

综合所得税已经为很多国家所接受，是当代所得税课征制度发展的一个主要方向。

3. 分类综合所得税

分类综合所得税（classified consolidated income tax），也称**混合税制**（mixed tax system），指的是将分类和综合两种所得税的优点兼收并蓄，实行分项课征和综合计税相结合。以日本实行的个人所得税为例，日本的税法将个人收入项目共分十类：① 利息；② 股息；③ 不动产所得；④ 经营利润；⑤ 工薪收入；⑥ 退休金；⑦ 林业收入；⑧ 资本利得；⑨ 临时所得；⑩ 其他收入。对以上十类收入项目，日本按三种方法计征个人所得税：一是综合计征法，适用于第③、④、⑤、⑨、⑩类收入。二是分类计征法，适用于第⑥、⑦类收入。三是综合或分类选择计征法，适用于第①、②、⑧类收入。可见，日本的个人所得税实行的就是兼具综合所得税和分类所得税两种特征的混合税制。

分类综合所得税是当今世界上广泛采用的一种所得税类类型，其优点是既坚持按纳税能力课税的原则，对纳税人不同来源的所得实行综合计算征收，又坚持了对不同性质的收入实行区别对待的原则，对所列举的特定收入项目按特定办法和税率课征。此外，分类综合所得税还具有稽征方便，有利于减少偷、漏税的优点。因而，它被认为是一种较好的所得税类类型。

14.3.3 个人所得税

1. 个人所得税的定义和特点

个人所得税（individual income tax）是对个人的劳动和非劳动应税所得进行课征的一种税收。该税种于 1799 年在英国创立，目前世界上已有一百四十多个国家开征这一税种。在西方发达国家，个人所得税的地位举足轻重。

与其他税种相比，个人所得税具有如下优点。

（1）有利于实现社会公平。所得税是衡量纳税能力的较好标准，因此，征收个人所得税符合纳税能力原则。同时，个人所得税实行累进税率，可以在一定程度上改善贫富悬殊的状态，有利于实现社会公平，缓和社会矛盾。

（2）符合税收普遍原则。个人所得税具有普遍征收的性质，它的征税对象是自然人的所得，而大部分人都有所得，如工薪收入、劳务收入、动产和不动产收入等，这些所得都必须纳税。因此，在人均国民收入较高的国家，个人所得税税源充裕且广泛，能够满足政府财政收入的需要。

（3）具有自动稳定器的功能。个人所得税实行累进税率，在经济繁荣时期，税收增加速度超过个人所得增加的速度，可以遏制膨胀的趋势。而在经济萧条时期，税收减少的速度快于个人收入降低的速度，可以阻止紧缩的趋势。这样，累进个人所得税能够起到自动熨平经济波动的作用。此外，个人所得税的课征，影响着纳税人的消费、储蓄和投资行为，进而影响着社会总需求和总供给。

个人所得税也存在一些缺点。首先，如果对个人所得的课征较重，就会抑制个人投资、储蓄和消费的愿望，造成总需求减少，阻碍经济增长。其次，个人所得税计征手续烦琐，对征收手段和技术条件要求较高，同时要求税收稽征人员具有较高的素质。这一方面增加了个人所得税的征收成本；另一方面征税的复杂性，使得隐匿所得和逃漏税现象频繁发生。

2. 个人所得税的课征范围

税收的课征范围是指一国税收管辖权及于纳税人和征税对象的范围。在现代国际社会中，所有主权国家对其管辖领域内的一切人和物均有行使国家主权的权力。**税收管辖权**（jurisdiction of tax revenue）是指国家在处理税收事务方面的管理权。

目前国际公认的税收管辖权原则有以下两种。

（1）属地主义原则。它根据地域概念确定，以一国主权所及的领土疆域为其行使税收管辖权的范围，而不论纳税人是否为本国公民或居民。按这种原则确立的税收管辖权称为“收入来源地税收管辖权”。该管辖权确认收入来源国有权对任何国家的居民或公民取得的来源于其境内的所得税类。

（2）属人主义原则。它依据人员概念确定，以一国所管辖的公民或居民为其行使管辖权的范围，而不论这些公民或居民所从事的经济活动是否发生在本国领域疆域之内。按这种原则确立的税收管辖权称为“居民（公民）税收管辖权”。该管辖权确定居住国或国籍国有权对居住在其境内的所有居民和具有本国国籍的公民取得的来源于全世界范围的所得税类。

由此，各国在个人所得税上可能的课征范围是本国居民或公民取得的来源于全世界范围的所得，以及外国居民或公民取得的来源于该国疆域范围的所得。也就是说，居民或公民要承担全部所得的纳税义务，非居民或非公民则承担有限纳税义务。

3. 个人所得税的适用税率

目前，各国个人所得税的适用税率大多以累进税率为基本形式，税收负担随纳税人收入等级的上升相应递增。除规定基本税率外，对于某些特殊性质的收入项目，往往还规定特殊税率。英、美等许多国家都把资本利得从综合收入中划出来，规定较低的税率，一般只相当于个人所得税税率的 50%左右。其目的是为了照顾在资产持有期间可能发生的通货膨胀对资产价值的侵蚀影响，并对私人投资发挥刺激作用。

4. 个人所得税的课征方法

个人所得税的课征方法有从源征收和申报清缴两种方法。各国往往区分不同的收入项目，同时采用这两种课征方法。

从源征收是指在支付收入时代扣、代缴个人所得税。通常的情况是，在支付工资、薪金、利息或股息时，支付单位依据税法负责对所支付的收入项目扣缴税款，然后汇总缴纳。这种方法的优点在于：① 可以节约税务机关的人力、物力消耗，简化征收管理手续；② 可以避免或减少偷漏税，及时组织税款入库；③ 由于纳税人从未真正全部占有其收入，可以大大减轻纳税人的心理税收负担。

申报清缴就是分期预缴和年终汇算相结合，由纳税人在纳税年度申报全年估算的总收入额，并按估算额分期预缴税款。到年度终了时，再按实际收入额提交申报表，依据全年实际应纳所得税额，对税款多退少补。这种方法的主要优点是对税务机关和纳税人都方便易行。

5. 中国的个人所得税

目前，中国目前实施个人所得税管理的基本法规是 2018 年 8 月 31 日修订的《中华人民共和国个人所得税法》。

以下是当前中国个人所得税的概况。

（1）纳税人。区分居民纳税人和非居民纳税人：**居民纳税人**（resident taxpayer）指的是在中国境内有住所，或者无住所而在一个纳税年度内在中国境内居住满183天，并在中国境内取得所得的个人；**非居民纳税人**（non-resident taxpayer）指的是在中国境内无住所又不居住，或者无住所而一年纳税年度内在中国境内居住累计不满183天，并在从中国境内取得所得的个人。

（2）征税范围。居民纳税人须就其全球收入缴纳个人所得税，非居民纳税人只就其从中国境内取得的所得缴纳个人所得税。

（3）征税对象。征税对象是指税法规定的各项所得，具体包括：① 工资、薪金所得；② 劳务报酬所得；③ 稿酬所得；④ 特许权使用费所得；⑤ 经营所得；⑥ 利息、股息、红利所得；⑦ 财产租赁所得；⑧ 财产转让所得；⑨ 偶然所得。居民个人取得第一项至第四项所得（下称综合所得），按纳税年度合并计算个人所得税；非居民个人取得第一项至第四项所得，按月或者按次分项计算个人所得税。纳税人取得第五项至第九项所得，分别计算个人所得税。

（4）税率。依据不同所得适用不同的税率。

① 综合所得，适用3%～45%的七级超额累进税率，如表14-3所示。

表14-3 个人所得税税率表（适用于综合所得）

级　数	全年应纳税所得额*	税率（%）
1	不超过36 000元的部分	3
2	超过36 000元至144 000元的部分	10
3	超过144 000元至300 000元的部分	20
4	超过300 000元至420 000元的部分	25
5	超过420 000元至660 000元的部分	30
6	超过660 000元至960 000元的部分	35
7	超过960 000元的部分	45

*注：本表中全年应纳税所得额的计算方法是：① 居民个人取得的综合所得，以每一纳税年度收入额减除费用6万元以及专项扣除、专项附加扣除和依法确定的其他扣除后的余额；② 非居民个人取得的工资、薪金所得，劳务报酬所得，稿酬所得和特许权使用费所得，依照本表按月换算后计算应纳税额。

② 经营所得，适用5%～35%的五级超额累进税率，如表14-4所示。

表14-4 个人所得税税率表（适用于经营所得）

级　数	全年应纳税所得额*	税率（%）
1	不超过30 000元的部分	5
2	超过30 000元至90 000元的部分	10
3	超过90 000元至300 000元的部分	20
4	超过300 000元至50 000元的部分	30
5	超过500 000元的部分	35

*注：本表中全年应纳税所得额的计算方法是：以每一纳税年度的收入总额减除成本、费用以及损失后的余额。

③ 利息、股息、红利所得，财产租赁所得，财产转让所得和偶然所得，适用

20%的比例税率。

14.3.4 公司所得税

1. 公司所得税的定义

公司所得税（corporate income tax）是对公司在一定期间内的所得额课征的一种税收。其征税对象是净所得，即总所得减去可作为费用扣除的项目而得到的应税所得，而不是毛所得。公司所得税曾经是许多国家的主要收入来源之一，二战后，随着个人所得税和社会保险税的发展，公司所得税在各国税收中所占比重有所下降。

2. 公司所得税的课征范围

公司所得税的课征范围由各国所行使的税收管辖权决定。一般将公司分为居民公司和非居民公司。居民公司负无限纳税义务，就其来源于全世界范围的所得在本国缴纳公司所得税。非居民公司负有限纳税义务，就其来源于本国的所得缴纳公司所得税。也就是说，公司所得税的课征范围是，居民企业取得的来源于全世界范围的所得以及非居民公司取得的来源于该国疆域范围内的所得。

3. 公司所得税的适用税率

各国公司所得税大多采用单一的比例税率，即使是实行累进税率的国家，其累进程度也较为缓和。相当一部分国家表面上公司所得税税率不止一个，不过，那是依照纳税人的不同性质分类而定的。就一个特定公司来说，并没有因为所得额的大小而区别适用不同的税率，因而也属于单一税率结构。

4. 公司所得税的课征方法

各国对公司所得税的课征一般采取申报纳税方法。通常的情形是，纳税年度由企业根据其营业年度确定，一经确定就不能随意变更，一般在年初填送预计申报表，年终填送实际申报表，税款实行分季预缴，年终清算，多退少补。

5. 中国的企业所得税

目前，中国实施企业所得税管理的基本法规是 2017 年 2 月 24 日修订的《中华人民共和国企业所得税法》。

以下是目前中国企业所得税的概况。

（1）纳税人。在中国境内，企业（个人独资企业和合伙企业除外）和其他取得收入的组织为企业所得税的纳税人。企业分为居民企业和非居民企业。居民企业是指依照中国法律成立的或者依照外国成立但实际管理机构设在中国的企业。非居民企业是指在中国境内未设立机构，或者虽设立机构、场所但取得的所得与其所设机构、场所没有实际联系的企业。

（2）征税对象。居民企业应当就其全球收入在中国缴纳企业所得税，而非居民企业仅就来源于中国的收入缴纳企业所得税。

（3）税率。企业所得税的法定税率是 25%，非居民企业的适用税率为 20%。符合条件的小型微利企业，适用 20%的税率。国家需要重点扶持的高新技术企业，适用 15%的税率。

14.3.5 社会保险税

1. 社会保险税的定义和特点

社会保险税（social insurance tax），也称**工薪税**（payroll tax），是对纳税人的工资和薪金所得进行课征的一种税收。它是各国实施社会保险制度的主要资金来源。社会保险税于1889年在德国创立，迄今世界上已有八十多个国家开征该税种。在一些发达国家中，社会保险税已占全部税收的一半左右。

社会保险税具有以下特点。

（1）课征的目的性。社会保险税的收入专门用于社会保障支出，具有专款专用性。

（2）税收的累退性。社会保险税采用比例税率，并对应税所得额采取封顶办法，即对超过最高限额的工资部分不征税。因此，工资较高者纳税额相对较少，这是不符合税收纵向公平原则的。

（3）税负的转嫁性。社会保险税一般由雇主和雇员共同承担，双方按工薪的一定比例各出一部分。雇员上缴的部分，税收归宿是雇员自己。而雇主上缴的部分，有相当部分转嫁给雇员，表现为雇主以低工资的形式向雇员支付。

（4）征管的简便性。社会保险税的税基不包括纳税人的非工薪收入，如资本利得等，并且直接将毛工薪收入作为征税对象，因此无须经过复杂的计算过程，纳税人也没有逃避税收的机会。

2. 社会保险税的课征范围和对象

社会保险税的课征范围大都很广。只要是在本国有工薪收入的人，都是社会保险税的纳税人。此外，对不存在雇佣关系的自营人员，虽没有确定的工薪所得，也必须按规定缴纳社会保险税。也就是说，社会保险税的课征范围是全体工薪者和自营人员。

社会保险税的征税对象是雇员的工薪收入额和自营人员的事业纯收益额。工薪收入额具有以下特点：① 通常有最高应税限额的规定。也即，它不是全部的工薪收入额，而只是对一定限额以下的工薪收入额课征。② 不允许有减免或费用扣除。它不像个人所得税的课征对象那样，可以从总所得中扣除为取得收入而发生的费用开支，或可扣除一些个人减免项目，而是把毛工薪收入额直接作为课征对象，因而无须经过复杂的计算过程。③ 不包括纳税人除工薪收入外的其他收入，资本利得、股息所得、利息收入等均不计入社会保险税的税基。

3. 社会保险税的适用税率

社会保险税税率形式的选择视各国的国情而有所不同，但大多采用比例税率。社会保险税税率的高低是由各国社会保障制度的覆盖面和受益水平决定的。过去几十年来，由于各国社会保障制度的覆盖面不断扩大，受益水平逐步增加，社会保险税的税率有逐步上升的趋势。

4. 社会保险税的征管

社会保险税多采用从源课征法，即通过雇主这一渠道进行课征。雇员的应缴税款，由雇主在支付工资、薪金时扣缴，并与雇主的应缴税款一同向税务机关申报纳税。无须雇员填写纳税申报表，方法较为简便。至于自营人员的应纳税款，则必须由其自行填报，一般是同个人所得税一起缴纳。

5. 中国的社会保险税

中国尚未开征社会保险税，社会保险基金主要通过收费形式筹集。自 2019 年 1 月 1 日起，社会保险缴费由国家税务机关全责征收。

14.4 财 产 税 类

14.4.1 财产税类的特点与类型

财产税类是以纳税人拥有或支配的财产为征税对象的税收类别，主要包括一般财产税、特种财产税、财产转让税（如遗产税和赠予税）等。

在各国的税收体系中，财产税类一直是地方政府财政收入的主要来源。作为一种古老的税类，财产税类具有累退性和不公平性，在课征手段和评估技术上也存在种种弊病，因而被认为是税制中最不受欢迎的税类。尽管如此，许多国家至今仍在沿用财产税类，将其作为所得税类和商品税类的补充收入。

1. 财产税类的特点

财产税类是对社会财富的存量进行的课税。作为财产征税对象的财产，多数是不直接参与交易的。因此，财产税类既有别于以财富的流量作为征税对象的所得课税，也不同于以货币资金的流量作为征税对象的商品课税。

财产税类的主要优点有以下几方面。

（1）税负不易转嫁。财产税类中的多数税种具有直接税的性质，财产持有者在财产使用上一般不与他人发生经济交易关系，因而较难转嫁。

（2）收入较稳定。财产税类的对象是财产价值，税源比较充分，并且相对稳定，不易受经济变动因素的影响，因而是财政收入的稳定来源。

（3）符合纳税能力原则。财产可以作为衡量个人纳税能力的尺度，有财产者必有纳税能力。

（4）具有收入分配的职能。财产税类实行有财产者纳税、无财产者不纳税、财产多者多纳税、财产少者少纳税的征税原则，这在一定程度上有助于避免社会财富分配不均。

但财产税类也有明显的缺陷，主要表现在以下几个方面。

（1）税负存在一定的不公平。纳税人财富的主要评价标准是收入，而不仅仅是财产。财产中的动产，常常成为隐匿对象。不动产的估价也较难，在征管上难以掌握。因此，财产税类容易导致税负不公。

（2）收入弹性较小。作为财产征税对象的财产价值一般不易发生变动，因此财产税类收入不易随财政的需要而变动。

（3）在一定程度上有碍资本的形成。财产税类会减少投资者的资本收益，降低投资者的投资积极性。因此，在一国经济欠发达阶段，财产税类可能不利于资本的形成。

2. 财产税的类型

以课征范围为标准，可将财产税类分为**一般财产税**（general property tax）和**特种财产税**（selective property tax）。前者就某一时点纳税人所有的一切财产综合课征，课征时必须考虑对一定价值以下的财产和生活必需品实行免税，并允许负债的扣除。后者则是就纳税人所有的某一类或几类财产，如土地、房屋、资本等单独或分别课征。

以征税对象为标准，可将财产税类分为静态财产税和动态财产税。前者是就一定时点的财产占有额，依其数量或价值进行课征，如一般财产税和特种财产税。后者是就财产所有权的转移或变动进行课征，如遗产税和赠予税。

14.4.2 一般财产税

一般财产税以美国最具代表性，其征税对象主要是不动产、企业设备、存货、机动车等。财产税在美国基本上属于地方税种，各地税率高低不等，最低的在3%以下，最高的超过10%。税基主要是财产的评估价值，由地方税务部门的专职估价人员评定。

14.4.3 特种财产税

特种财产税的主要形式有：土地税、房屋税或房产税，对土地和房屋合并课征的房地产税，对车、船、金融资产等动产征税等。

1. 土地税

土地税（land tax）是指以土地为征税对象的税收，是世界上比较普遍的一种特种财产税。尽管各国土地税的具体名称各异，但根据税基不同，大致可以分为以下两类。

（1）财产性质的土地税，以土地的数量或价值为税基。具体税种有实行从量计征的地亩税，以及实行从价计征的地价税。目前世界各国普遍采用的是地价税。

（2）收益性质的土地税，以土地的收益额（或所得额）为税基。又可以分为两种情况：一种是以土地每年的总收入减除种子、耕作及其他农业投入品等生产费用、管理费用后的总收入为税基，按比例税率计税，其费用采用定率扣除方法；另一种是对转让所有权或使用权的土地，以土地销售价与进价之间的差额，或租赁的实际收入为计税依据，在有些国家被称为土地增值税。

2. 房产税

房产税（real estate tax）是指对房屋及有关建筑物课征的税收。由于房屋与土地关系密切，难以单独估价，因此许多国家是同土地合并课征房地产税，单独课征房产税的国家不多。

按课税标准的不同房产税可以分为三类：① 财产税性质的房产税，有从量税和从价税两种形式。早期的房产税多是从量税，且多以房屋的外部标志为课征标准，不易漏征，也简便易行。但从量税也有不能确切反映纳税人的纳税能力的弱点，所以当今各国房产税的课征多采用从价税，较为公平合理；② 所得税性质的房产税，以房屋的租金或出租所得扣除折旧和修理等费用后的纯收益为课税标准，较好地反映了纳税人的纳税能力，也相对公平合理；③ 消费性质的房产税，以房屋的消费使用行为作为征税对象，纳税人是房屋居住人。

14.4.4 财产转让税

财产转让税是对发生转让的财产课征的一种税收，主要包括遗产税和赠予税。

1. 遗产税

遗产税（inheritance tax）是以财产所有人死亡时所遗留的财产为征税对象进行课征的税收。按纳税人和征税对象的不同遗产税大致可分为三种类型：① 总遗产税制，是对财产所有者死亡后遗留的财产总额课征的制度；② 分遗产税制，又称继承税制，是对各继承人分得的遗产份额课征的制度；③ 总分遗产税制，也称混合遗产税制，是死亡者留下的遗产先课征一次遗产税，然后在税后的遗产分配给各继承人时，再就各继承人的继承份额课征继承税。

遗产税的功能是对继承遗产加以调节，防止贫富过分悬殊；同时，可以通过遗产税的减免税优惠政策，鼓励公民向慈善事业捐赠的社会风尚。

目前全世界大约有 2/3 的国家开征了遗产税。中国因种种原因一直未开征遗产税，但随着公民个人拥有的财产数量不断增加，开征遗产税的条件日益成熟，遗产税的开征也将被列入议事日程。

2. 赠予税

赠予税（gift tax）是以赠送的财产价值为征税对象而向赠予人或受赠人征收的税收，它是遗产税的补充税种。凡课征遗产税的国家大多同时课征赠予税，实行遗产税与赠予税并用的税制。

与遗产税课征制度相配合，各国的赠予税也分为总赠予税和分赠予税两种：总赠予税又称赠予人税，是对财产赠予人一定时期内赠予他人财产的总额课征的制度；分赠予税又称受赠人税制，是对受赠人一定时期内所获得的受赠财产总额课征的制度。

14.4.5 中国的财产税类

中国财产税类的税种主要有房产税和车船税。

房产税是对房屋和建筑物的所有人、使用人或者代管人征收的税种。其税率为房产原值的 1.2%。地方政府通常会提供 10%～30%的税收减免。另外，也可以按房产租金的 12%征收房产税。

车船税（vehicle and vessel tax）是对所有在中国境内的车辆和船舶征收的一种税。每年按定额缴纳。通常，载重汽车按其自重定额计税，而汽车、载客汽车和摩托车按单位数量定额计税。船舶则按其净吨位定额计税。

14.5 中国现行税制

14.5.1 现行税制一览

改革开放以来，中国税收制度经历了几次较大的变革。改革开放初期的税制改革是以适应对外开放需要，建立涉外税收制度为突破口的。1983 年、1984 年又先后分两步实施国营企业“利改税”改革，把国家与企业的分配关系以税收的形式固定下来。1994 年，国家实施了新中国成立以来规模最大、范围最广、成效最显著、影响最深远的一次税制改革，努力构建适应社会主义市场经济体制要求的税制体系。2003 年以来，围绕完善社会主义市场经济体制和全面建设小康社会的目标，分步实施了改革农村税费，完善货物和劳务税制、所得税制、财产税制等一系列税制改革和出口退税机制改革。

几经变革，目前，中国共有五大类十八个税种（见图 14-3），具体如下。

- 流转税类：增值税、消费税、关税、烟叶税。
- 所得税类：企业所得税、个人所得税。
- 财产税类：房产税、车船税。
- 资源税类：资源税、耕地占用税、城镇土地使用税、土地增值税。
- 行为税类：契税、印花税、船舶吨税、车辆购置税、城市维护建设税、环境保护税。

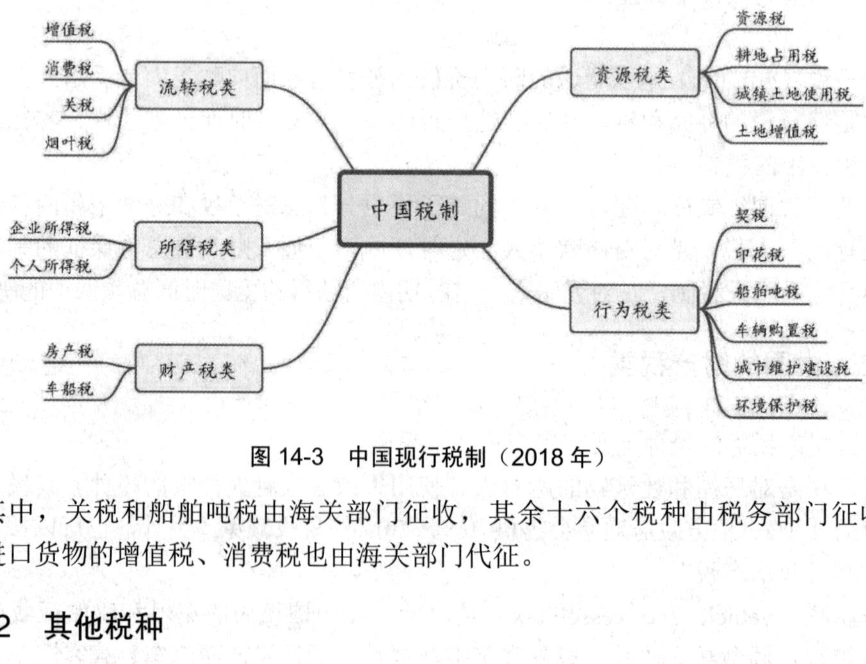

图 14-3 中国现行税制（2018 年）

其中，关税和船舶吨税由海关部门征收，其余十六个税种由税务部门征收。另外，进口货物的增值税、消费税也由海关部门代征。

14.5.2 其他税种

在上文关于流转税类、所得税类和财产税类的介绍中，我们大致了解到中国当前的增值税、消费税、企业所得税、个人所得税、房产税、车船税等六个税种。以下对另外十二个税种分别加以简要的介绍。

1. *流转税类*

中国对进口货物征收**关税**（customs duties）。关税由海关在进口环节进行征收。一般来说，关税采用从量税或从价税的形式征收。从量征收按货物的数量为计税依据，如每单位或每千克人民币 100 元。从价征收按货物的海关完税价格为计税依据。在从价征收方法下，按货物的海关完税价格乘以从价税率，计算应纳税款。

烟叶税（tobacco tax）是向在中国境内收购烟叶的单位征收的税种。纳税人按烟叶收购金额的 20%向烟叶收购地的主管税务机关申报纳税。

2. *资源税类*

资源税类是以各种应税自然资源为课税对象，为了调节资源级差收入并体现国有资源有偿使用而征收的一种税。目前中国的资源税类有资源税、耕地占用税、城镇土地使用税和土地增值税等四种。

资源税（resource tax）对在中国境内开采各种应税自然资源的单位和个人征收。征税范围包括原油、天然气、煤炭、其他非金属矿原矿、黑色金属矿原矿、有色金属矿原矿、盐等七大类。资源税以自然资源的销售额或销售数量为依据征收，具体税率由国务院规定。

耕地占用税（arable land occupation tax）对占用耕地建房或者从事非农业建设的单位和个人征收。税额是以纳税人实际占用耕地面积乘以地方政府核定的每平方米固定税额计算，并一次性征收。

城镇土地使用税（Urban land use tax）是指在城市、县城、建制镇、工矿区范围内，对使用土地的单位和个人，以其实际占用的土地面积为计税依据，按照规定的税额计算征收的一种税。

土地增值税（land appreciation tax，LAT）对有偿转让或处置不动产收入减去扣除项目后的增值收入，按 30%～60%的超率累进税率征收。房地产开发企业的扣除项目包括：① 取得土地使用权所支付的金额；② 房地产开发成本；③ 财务费用，如利息，在某些情形下可以扣除；④ 其他房地产费用（即销售费用和管理费用）可以有限扣除，最高扣除额为土地使用权支付的金额和房地产开发成本金额之和的 5%；⑤ 与转让房地产有关的税金（一般为增值税和印花税）；⑥ 经营房地产开发的企业另外可以按照前两项金额之和加计 20%扣除。转让旧房可扣除项目包括旧房的评估价格和在转让中缴纳的税金。

3. *行为税类*

行为税类是国家为了对某些特定行为进行限制或开辟某些财源而课征的一类税收。行为税类收入零星分散，一般作为地方政府筹集地方财政资金的一种手段，其最大特点是征纳行为的发生具有偶然性或一次性。目前中国的行为税类有契税、印花税、船舶吨税、车辆购置税、城市维护建设税、环境保护税等六种。

契税（deed tax）是对土地使用权或房屋所有权的买卖、赠予或交换等行为而向受让人征收的一种税，一般按成交价格或市场价格的 3%～5%征收。

印花税（stamp tax）对所有书立、领受应税凭证的单位和个人征收。印花税税率从借款合同金额的0.005%到财产租赁合同、财产保险合同金额的0.1%不等。对于营业执照、专利、商标以及其他权利许可证照按每本5元征收印花税。

船舶吨税（vessel tonnage tax）是海关对自中国境外港口进入境内港口的船舶征收的一种税。其所适用税率根据船籍不同分为优惠税率和普通税率。应税船舶按照船舶吨位和吨税执照期限确定税率，再乘以净吨位计算税额。

车辆购置税（motor vehicle acquisition tax）是对所有购买和进口汽车、摩托车、电车、挂车、家用运输车的行为，按计税价格的10%征收的一种税。

城市维护建设税（urban construction and maintenance tax）以纳税人实际缴纳的流转税（即增值税和消费税）税额为计税依据，按照一定税率进行征收的一种税。凡缴纳流转税的单位和个人，都是城市维护建设税的纳税义务人。城市维护建设税税率根据纳税人所在地区的不同分为三档：纳税人所在地为市区的，税率为7%；所在地为县城或镇的，税率为5%；其他地区税率为1%。

环境保护税（environmental protection tax）对在中国领域和中国管辖的其他海域的向环境排放应税污染物的企业、事业单位和其他生产经营者直接征收。应税污染物包括大气污染物、水污染物、固体废物和噪声四类。在计税依据方面，大气污染物、水污染物按照排放量折合的污染当量数[①]确定，固体废物按照固体废物排放量（吨）确定，噪声按照超过国家规定标准的分贝数确定。

需要说明的是，尽管中国税法规定有18种税，但并不是每个纳税人都要缴纳所有的税种。纳税人只有发生了税法规定的应税行为，才需要缴纳相应的税收；如果没有发生这些应税行为，就不需要缴纳相应的税收。从实际情况来看，规模比较大、经营范围比较广的企业涉及的税种一般在10个左右，而大多数企业缴纳的税种在6～8个。

本章小结

- 一国税收体系由货币资金运动过程中的课税和财产持有及转让的课税构成。在货币资金流动中选择并确定一些课税点或课税环节课征的税收，形成不同的税种。
- 主体税种的选择是合理配置税种的关键。所得税类因其在优化资源配置效率方面的优势，备受经济学家的推崇。
- 拉弗曲线表明，当税率提高到一定限度后，税收收入不仅不会增加，反而会下降。
- 增值税能够避免重复征税，这使其在促进专业化分工方面独具优势。
- 各国课征消费税的目的，一般不在于能取得多少财政收入，而在于调节收入

① 污染当量是指根据污染物或者污染排放活动对环境的有害程度以及处理的技术经济性，衡量不同污染物对环境污染的综合性指标或计量单位。同一介质相同污染当量的不同污染物，其污染程度基本相当。污染当量数就是污染当量的数量，无量纲。

或限制某些不良行为等。

- 重复课征和累积税负是营业税存在的最大问题。
- 累进个人所得税有助于实现社会公平，促进经济稳定。
- 社会保险税或工薪税是各国实施社会保险制度的主要资金来源。
- 凡课征遗产税的国家大多同时课征赠予税。

基本概念

- 所得税类/收益税类
- 流转税类/商品税类
- 财产税类
- 对人税
- 对物税
- 直接税
- 间接税
- 中央税
- 地方税
- 单一税制
- 复合税制
- 拉弗曲线
- 增值税
- 生产型增值税
- 收入型增值税
- 消费型增值税
- 消费税
- 一般消费税
- 特别消费税
- 分类所得税
- 综合所得税
- 分类综合所得税/混合税制
- 税收管辖权
- 从源征收
- 申报清缴
- 居民纳税人
- 非居民纳税人
- 公司所得税
- 社会保险税/工薪税
- 一般财产税
- 特种财产税
- 土地税
- 房产税
- 财产转让税
- 遗产税
- 赠予税
- 资源税类
- 行为税类

复习题

1. 你对税收体系有何认识?
2. 设计税制结构需要注意哪些问题?
3. 流转税类的特点是什么?
4. 增值税具有哪些优点?
5. 简述消费税的特点。
6. 所得税类有哪三种类型?
7. 简述财产税类的特点。

练习题

1．某进出口公司 2018 年 8 月进口一批小汽车 200 辆，每辆的完税价格为 2 万元，已缴纳关税 1 万元。当月在国内销售 180 辆，获得含税销售收入 850 万元。已知小汽车的消费税税率为 5%，计算该进出口公司当月应纳的消费税和增值税。

2．某中国公民 2018 年取得以下所得（均为境内所得），计算其应缴纳的个人所得税。

（1）租赁一项财产，取得年租金 36 000 元；

（2）对不同的使用者转让同一项特许权 3 次，特许权使用费所得分别为 3 000 元、8 000 元和 40 000 元；

（3）受聘讲授一门课程 18 次，每周 1 次，每次讲课费 300 元。连续 5 个月授完该门课程。

第 15 章　财政赤字与政府债务

本章学习目标

- 财政赤字与赤字率的衡量方法；
- 理解政府债务的概念及其分类；
- 掌握债务偿还能力与债务负担问题；
- 掌握政府债务与后代负担理论；
- 理解政府债务风险及其管理。

引例

波多黎各开启破产之路

2017 年 5 月 3 日，波多黎各总督 Ricardo Rossello 表示，根据 2016 年推出的波多黎各救助法 PROMESA 中的第三章（Title III），他将开始为波多黎各或者一些特定的公共机构申请破产。

Rossello 表示，他要求波多黎各的金融监督委员会（Financial Oversight Board）启动 Title III。昨日，几个主要债权人起诉了波多黎各政府——波多黎各政府在 730 亿美元的债券上发生违约。

波多黎各的破产程序将在美国 3.8 万亿美元的市政债券市场上创下历史纪录。2013 年，底特律申请破产，当时底特律负债 180 亿美元，创下当时的纪录。

破产将给予波多黎各法律权利，让其对债务进行大幅度打折。这可能会让投资者感到恐慌，也将进一步恶化波多黎各在债券市场上的融资能力。

Title III 是一项与美国破产保护类似的法庭内债务重组程序。波多黎各不得使用美国联邦破产法第 9 章，该法律旨在保护无力偿债的公共机构。

Rossello 说，进入破产的法律程序并不意味着与债权人达成一致的谈判必须结束。

总督在声明中表示："我希望政府的 TitleIII 进程能够最大限度地加速谈判，让双方达成一致意见。"

波多黎各的财政计划在 2017 年 3 月由金融监督委员会批准。在该财政计划中，预计波多黎各每年只有 8 亿美元用于偿债，这不足以支付其债务的 25%。

债务并不是波多黎各唯一的问题。波多黎各的贫困率高达 45%，其人口正在萎缩，而失业率是美国平均水平的两倍以上。

资料来源：朱一天（2017），作者整理。

在一定时期内，如果财政支出大于财政收入，则它们之间的差额就是**财政赤字**（fiscal deficit）。从理论上说，财政运行的理想结果是政府收支平衡，即政府收支相抵或略有盈余。但在实践中，由于政府一般需要安排支出解决大量的社会经济问题，因此经常出现入不敷出的局面，这是财政赤字难以避免的一个原因。

当出现财政赤字时，政府一般需要通过举借债务的方式获取收入，以弥补当期财政收入不足以应对财政支出的局面。因此，财政赤字的累积会带来政府债务的增加。事实上，某一既定时点上的政府债务就是所有过去财政赤字的总和。也即，政府债务是过去的财政支出大于过去的财政收入的累积差额。因此，在出现财政赤字的一年里，债务增加；在出现财政盈余的一年里，债务减少。用经济学术语来说，债务是一个“存量”（在某一时点上衡量），而财政赤字和盈余则是一个“流量”（在某一时期内衡量）。

2008 年年底，为了应对全球金融危机的冲击，中国决策层推出了“4 万亿”政府投资计划。尽管这一举措迅速提振了其时的中国经济，但在此后的数年间也让中国政府累积起巨额的债务，其所蕴含的风险引发了广泛的关注。关于政府债务问题的探讨也由此成为近年来经济政策争论的焦点之一。

本章首先讨论财政赤字的衡量方法；其次从会计学和公共风险的视角，分别探讨政府债务的含义及其类别；再次分析财政的债务偿还渠道及其能力，以及揭示谁来承担政府债务的问题；最后在揭示政府债务风险的基础上，提出应对风险的一些办法。

15.1 财政赤字

15.1.1 财政赤字的衡量问题

财政赤字的发生，表明政府通过税收、收费等方式筹集的资金无法应对政府支出的需要，从而出现财政上的缺口。为了弥补这一缺口，政府往往需要通过向私人部门借贷来为财政赤字融资，也即

财政赤字=财政支出-财政收入

=新增债务

由于财政赤字的状况不仅反映财政政策对当前经济的影响，而且会因新增债务而给未来的纳税人造成负担，因此如何准确衡量财政赤字的规模就成为一个重要的话题。在衡量财政赤字指标时，需要考察以下四个方面。

1. 通货膨胀

通常衡量的财政赤字没有根据通货膨胀加以调整，这可能导致较大的偏差。多数经济学家认为，应该用实际值而非名义值来衡量政府的债务。财政赤字应当等于新增的政府实际债务，而不是名义债务的变动。

假定实际政府债务不变，这就是说，以实际值衡量，财政是平衡的。在这种情况下，名义债务按通货膨胀率增加，即

$$\Delta D = \pi D$$

式中：π 为通货膨胀率。这意味着，政府所报告的财政赤字被高估了 πD 这么多。

专栏

被高估的预算赤字

因通货膨胀而造成的预算赤字调整可能是很大的，尤其是在高通货膨胀时，它有可能改变我们对财政政策的评价。以 1979 年的美国联邦政府为例，当年联邦政府的预算赤字是 280 亿美元，通货膨胀率是 8.6%，这一年年初公众持有的政府债务是 4 950 亿美元。因此，预算赤字被高估了 426 亿美元。

若根据通货膨胀进行调整，则所报告的 280 亿美元预算赤字就变成了 146 亿美元预算盈余！换句话说，尽管名义政府债务在增加，但实际政府债务却下降了。

2. 资本资产

个人和企业是对称地看待资产与负债的。例如，当企业借钱建厂房时，我们用资产的增加（厂房）抵消债务的增加（抵押贷款），净财富并没有发生变动。而在评估财政赤字时，我们却只记录政府债务的增加，而没有考虑资产的变动。为此，不少经济学家提出，要准确衡量政府的财政赤字，既要考虑政府的负债，也要考虑其资产。

既衡量负债也衡量资产的预算程序称为**资本预算**（capital budgeting）。例如，假设政府卖掉土地、办公楼等资本品，并用所得收入来减少政府债务。按目前的预算程序，所报告的财政赤字会减少。而根据资本预算，从出售资产得到的收入不会降低赤字，因为债务的减少将被资产的减少所抵消。类似地，政府为购买资本品融资而借款，也不会增加财政赤字。

资本预算的主要困难在于很难确定哪些政府支出算作是资本支出。例如，高速铁路系统应该算作政府的资产吗？如果算，它的价值是多少？教育支出应该被看作是人力资本支出吗？如果政府要采用资本预算，就必须对这些问题做出回答。

由于实践上的困难，不少人反对采用资本预算。而资本预算的支持者却认为，哪怕对资本资产的处理难以完美，也总比完全忽略为好。

3. 经济周期

财政支出中的不少变动是随经济波动而自发地产生的。例如，当经济陷入衰退时，人们的收入下降，所需缴纳的个人所得税随之减少。企业的利润下降，公司所需支付的企业所得税减少了。商品与服务的交易量下降，来自商品流转环节的商品税也相应减少。与此相对应，失业的人数增加，更多的人有资格领取失业保障与社会救助等项目。于是，在税收减少的同时，财政支出却在增加。在此情形下，尽管支配税收与财政支出的法律没有发生任何调整，财政赤字却在增加。

财政赤字的这种随经济周期而产生的自发变动并非衡量上的失误，这种变动的确使得单纯用财政赤字的状况来评估财政政策的变化变得困难。换句话说，财政赤字的上升或下降既可能是因为政府改变了政策方向，也可能是因为经济改变了方向。

为了解决这一问题，经济学家建议政府计算一种对经济周期加以调整的预算赤字：**充分就业预算赤字**（full-employment budget deficit）。该指标反映经济在其产出和就业的自然率水平运行时的财政支出和财政收入。这是一个有用的衡量指标，它排除了经济周期在当前阶段对财政收支的影响，因而能够反映财政政策的纯粹变动。

4. 隐性和或有债务

一些经济学家认为，所衡量的财政赤字没有包括一些重要的政府债务。以公务员的养老金为例。公务员现在向政府提供劳务，但他们的部分报酬要延期到未来支付。就本质而言，公务员向政府提供了贷款，他们未来的养老金津贴代表政府应负的责任。然而，这种应负的责任并没有作为政府债务的一部分包括在内，并且这种应负责任的积累也没有作为预算赤字的一部分包括在内。

未反映的公务员的未来养老金津贴是政府隐性债务（implicit liability）的一部分，政府债务中更难衡量的一种形式是或有债务。**或有债务**（contingent liability）指的是由于某一特定事件的发生而引起的债务。例如，政府为许多形式的私人信贷提供担保，如农业贷款、中小企业贷款、学生贷款、住房抵押贷款等。假如债务人及时偿还贷款，政府什么也不用支付；如果债务人拖欠贷款，政府就要负责偿还。当政府提供这类担保时，它承担了视债务人拖欠与否而定的债务。但这种不确定的债务并没有反映在财政赤字中，因为不清楚它的具体数额是多少。

15.1.2 中国财政赤字和赤字率的计算

中国当前的政府预算体系由一般公共预算、政府性基金预算、国有资本经营预算、社会保险基金预算四部分组成。其中，政府性基金预算和国有资本经营预算是中国独有的。

国有资本经营预算反映的是国有企业上缴的利润及其支出安排。2017 年，全国国有资本经营预算收入和支出分别为 2 578.7 亿元和 2 010.9 亿元，分别占政府收入和支出的 0.9%和 0.7%。由于数额相对较小，因此计算财政赤字时可以忽略不计。

社会保险基金预算是专项用于社会保险的收支预算，具有专款专用性，与其他三个预算相对独立，因此计算财政赤字时也不予考虑。

目前，中国官方的财政赤字情况只考虑一般公共预算收支，并且考虑了结转、结余及调入资金和预算稳定调节基金等项目。财政结转资金，指的是当年支出预算已执行但尚未完成，或因故未执行，下年需要按原用途继续使用的预算资金；财政结余资金，指的是项目实施周期结束、项目目标已完成或项目提前终止，尚未列支的项目支出预算资金。财政调入资金，指的是为了平衡一般公共预算收支，从其他预算资金结余调入的资金，以及按规定从其他渠道调入的资金。预算稳定调节基金，指的是通过财政超收收入安排，用于弥补短收年份预算执行的收支缺口，以及视预算平衡情况，在年初预算时调入并安排使用的专项储备性资金。财政超收收入是预算稳定调节基金的主要资金来源，同时也可以从政府性基金预算、国有资本经营预算中转入。

中国官方的财政赤字和赤字率的计算公式为

财政赤字=（全国一般公共预算支出+预算稳定调节基金+结转下年支出的资金）
－（全国一般公共预算收入+结转结余资金及调入资金）

财政赤字率=财政赤字/名义 GDP

这种计算方法存在两个问题：一是将结转、结余和调入资金纳入公式中；二是只考虑一般公共预算收支，没有考虑近年来在地方政府收支中占据较大分量的政府性基金收支。以 2017 年为例，政府性基金预算收入和支出分别占政府收支的 21%和20%，仅次于一般公共预算收支的 59.1%和 65.5%。

如果只考虑一般公共预算收支，则计算公式为

财政赤字=全国一般公共预算支出-全国一般公共预算收入

财政赤字率=财政赤字/名义 GDP

如果考虑政府性基金收支，则计算公式为

财政赤字=（全国一般公共预算支出+全国政府性基金支出）

-（全国一般公共预算收入+全国政府性基金收入）

财政赤字率=财政赤字/名义 GDP

15.2 政府债务的概念及其分类

15.2.1 政府债务的概念界定

债是指按照约定的条件，在当事人之间产生的特定的权利义务关系，享有权利的人是债权人，负有义务的人是债务人。**政府债务**是指政府作为债务人，与债权人发生的权利义务关系。对政府债务概念的界定，有必要分别从会计学和公共风险的视角加以考察。

在会计学意义上，政府债务是指政府由于过去事项引起的现时义务，该义务的履行预期会导致政府资源的流出，这种流出既可以体现为经济利益，也可以体现为服务形式。[①]据此我们可以知道：第一，政府债务是由过去的交易或者事项形成的，与过去交易或事项无关的，不属于政府债务，也就是说，如果某项义务需要由未来发生的事项引起，则不属于政府债务的范畴；第二，政府债务是现时义务，即现行条件下政府已经承担的义务，而不是未来义务或者不确定的义务；第三，政府债务的履行预期会导致政府资源的流出，而且流出的金额能够比较可靠地进行计量；第四，用于履行债务的政府资源既可以表现为经济利益，也可以表现为服务。

不过，政府是一个代表社会公众利益的公共组织，与本质上追求自身利益的私人组织有着显著的区别。尤其是在债务风险的承担方面，政府需要应对的是公共风险，即社会公众共同面对的风险；而不仅仅是由单个主体（包括个人、家庭和企业等）所面临的私人风险。这使得我们有必要突破会计学意义上的政府债务概念，而从更为广阔的经济社会的视角考虑。

私人风险基本上不具有外部性，其风险收益和风险成本基本上由私人承担。因此，单个主体一般会真实体现自己的风险偏好，进而通过合适的市场途径，如保险公

[①] 国际会计师联合会公共部门委员会：《2006 公共部门会计准则第 1 号——财务报告的表述》。

司提供的各种商业保险、企业的风险管理、个人的风险投资组合等，并选择合适的市场价格去化解风险。私人风险的固有特性，决定其主要通过市场机制加以化解，也就是说，私人风险的化解属于私人产品的范畴。

相比之下，公共风险的外部性较强，其风险收益和成本由社会公众共同承担。同时，公共风险的化解显现出两个特征：第一，公共风险的化解具有受益上的非排他性，如向问题银行注资增强银行体系的稳定性，所有企业和居民都可以从稳定的金融环境中获益，无法将谁排除在外。第二，公共风险的化解具有消费上的非竞争性，当金融环境变得稳定时，新增一个消费者不会影响到既有者的效用水平，因而产生额外的成本。由此可见，化解公共风险无异于提供纯公共产品。这意味着，公共风险的化解一般不能通过市场机制加以解决，而需要由政府来承担这一职责。而政府承担和化解公共风险，将导致财政资源的流出，不管这种流出是现时还是将来可能产生的义务。在此背景下，政府债务得以产生。

政府承担的现时义务体现为政府的**直接债务**。直接债务在得到履行之前，在任何情况下都存在，不会因将来某个事项的发生与否而改变。根据政府的现时义务是否得到法律或者合同的确认，可以将其区分为显性直接债务和隐性直接债务。

政府承担的未来义务体现为政府的**间接债务**，也称**或有债务**（contingent debt），这种债务是否转化为现实，取决于将来某个事项是否发生。同样地，根据政府的未来义务是否得到法律或者合同的确认，又可以将其区分为显性或有债务和隐性或有债务。

据此，从政府作为公共风险的承担者和化解者的角度出发，政府债务可以区分为显性直接债务、隐性直接债务、显性或有债务和隐性或有债务四类。而会计学意义上的政府债务概念，基本上等同于公共风险视角下的政府显性直接债务。因此，公共风险视角下的政府债务包含了会计学意义上的政府债务，同时还包含了更多的债务内容。

15.2.2 会计学视角的政府债务分类

会计学意义上的政府债务，实际上对应于政府显性直接债务。按照不同的标准，可以对其进行不同的分类。

1. 内债和外债

内债是政府在本国境内发行的公债，其认购主体是国内法人和本国公民，债权人为金融机构、机关团体、企业和居民个人，其发行与偿还一般以本国货币为计量单位。**外债**是本国政府在境外举借的债务，债权人可以是外国政府、国际金融组织、外国银行、外国企业、团体组织和个人，通常以债权国通货为计量单位，也可以以双方同意的第三国通货作为计量单位。

2. 国家借款和发行债券

国家借款是最原始的举债形式，它具有手续简便、成本费用较低等优点，因此现代国家在举借外债和向本国中央银行借债时仍主要采用这一方式。但借款通常只能在应债主体较少的条件下进行，不具有普遍性。而发行债券具有普遍性、法律保证性以及持久性等特点，应用范围较广，效能较高，因此对公众和企业的借债主要采用发行债券的方式。发行债券的主要缺陷是成本较高，需要有发达的信用。

3. 短期公债、中期公债和长期公债

短期公债多指 1 年以内到期的公债，其特点是周期短、流动性强，近似货币。**中期公债**一般是指 1 年以上 10 年以内的债券。它与短期公债和长期公债相配合，有利于吸收资金，既可以用来弥补财政赤字，又可以作为重点建设资金的来源。**长期公债**是指期限在 10 年以上的公债，一般用于特大的经济建设项目或应付突发事件。18 世纪时，英国还发行过一种统一公债（consols），又称永久公债或无期公债。它不规定到期时间，所有人无权要求清偿，但可以按期取得利息。政府在财力允许和愿意偿还公债时，可以按照市场价格购回公债券，以清偿债务。现在各国已不发行这种公债了。

4. 可转让公债和不可转让公债

可转让公债，也称**上市公债**，是指能够在证券市场上自由流通买卖的公债。认购者可以根据资金需求和市场行情随时兑现公债或转让给他人，从而满足投资者的流动性要求，降低其机会成本，因此特别受欢迎。不可转让公债，是指不能在证券市场上自由买卖的公债，只能由政府到期还本付息。由于其流动性差，投资的机会成本比较高，所以推销余地不大，在公债中所占比重较低。

5. 其他分类方法

按公债发行性质的差异，可以分为强制公债和自愿公债；按公债利率的确定方式，可以分为固定利率公债、市场利率公债和保值公债；按公债的计量单位，可以分为货币公债、实物公债、折实公债等。

15.2.3　公共风险视角的政府债务分类

从公共风险的视角看，政府所承担的现时义务体现为一种直接债务，所承担的未来义务体现为一种或有债务；同时，根据政府的义务是否得到法律或合同的确认，又可以区分为显性债务和隐性债务。Polackova（1998）按照上述标准创建了财政风险矩阵，对政府债务进行了较为完整的概括和分类，如表 15-1 所示。

表 15-1　财政风险矩阵

债务来源	直接债务（在任何情况下都存在的债务）	或有债务（在特定事件发生时才存在的债务）
显性债务（为一项法律或合同所确认的债务）	▸▸ 主权债务（中央政府签署合同的借款和发行的证券） ▸▸ 法定支出 ▸▸ 法定公务员养老金	▸▸ 中央政府对非主权债务及由次国家政府、公共和私营部门实体（如开发银行）所发行债务的担保 ▸▸ 对不同类型（抵押、学生、农业以及小型商业等）贷款的保护性中央担保 ▸▸ 中央政府提供的贸易和汇率担保 ▸▸ 中央政府对私人投资的担保 ▸▸ 中央保险体系（存款保险、来自私人养老基金的收入保险、农作物收成保险、洪灾保险、战争风险保险等）

续表

债务来源	直接债务（在任何情况下都存在的债务）	或有债务（在特定事件发生时才存在的债务）
隐性债务（政府出于公共利益或利益集团压力而承担的道义债务）	▸▸ 公共投资项目未来的维护成本 ▸▸ 非法定的未来公共养老金（与公务员养老金相对） ▸▸ 非法定的其他社会保障计划 ▸▸ 非法定的未来医疗保健融资	▸▸ 次国家级政府以及公共或私人实体对非担保债务的违约 ▸▸ 实行私有化企事业的债务清理 ▸▸ 非中央保险体系的银行破产的成本 ▸▸ 非担保的养老基金、失业基金、社会保险基金的投资失误 ▸▸ 中央银行不能履行其职责（外汇合约、保卫货币、国际收支平衡） ▸▸ 私人资本外逃带来的援助要求 ▸▸ 突发性环境破坏、灾害救济和军事支出等

资料来源：Polachova（1998）。

在表 15-1 中，显性直接债务即会计学意义上的政府债务，它构成了传统政府债务分析的主体，其主要内容包括主权债务、法定支出、法定的公务员养老金支出等。

隐性直接债务主要涉及法律没有规定的社会保障计划和未来公共项目再融资，它常常作为对政府支出政策的推定结果而在长期中发生。

显性或有债务主要产生于政府提供的显性担保和政府保险项目。除非要求兑付，否则显性或有债务的财政成本不会在传统的现金流量预算中得到反映，因此，它们代表了一种隐蔽的财政补贴。

政府作为社会管理者，不得不对各种公共风险承担最后兜底的责任，这种隐性担保机制成为政府隐性或有债务的主要来源。实践表明，在大多数国家，金融体系隐藏了最为严重的隐性或有债务。金融危机导致的财政成本通常十分巨大，市场对政府援助的期望通常会远远超过法律认可的范围。此外，上级政府对下级政府的隐性担保、政府对中央银行的隐性担保、政府对突发公共事件承担的最后支付人角色等，也成为隐性或有债务的重要来源。

根据中国的实际情况，李萍和许宏才（2006）对波娜柯娃（Polackova，1998）的财政风险矩阵进行了修正，构造出中国的政府债务矩阵，如表 15-2 所示。

表 15-2　政府债务矩阵

债务来源	直接债务（在任何情况下都存在的债务）	或有债务（在特定事件发生时才存在的债务）
显性/法定债务（为法律或合同所确认的债务）	▸▸ 各级政府的协议借款和发行的债券 ▸▸ 应支未支的法定支出 ▸▸ 法定公务员养老金	▸▸ 对下级政府债务的担保 ▸▸ 对公共或私人部门所发行债务的担保 ▸▸ 对政府性贷款（住房抵押贷款、学生贷款、农业贷款、中小企业贷款等）的担保 ▸▸ 政府提供的贸易和汇率担保 ▸▸ 对私人部门投资的政府担保 ▸▸ 政府保险体系（存款保险、证券投资基金保险、私人养老基金收益保险、农作物收成保险、洪灾保险等）

续表

债务来源	直接债务 （在任何情况下都存在的债务）	或有债务 （在特定事件发生时才存在的债务）
隐性/推定债务 （政府因公共利益或政治压力而承担的债务）	▸ 公共投资项目未来的经常性支出 ▸ 非法定的未来公共养老金（与公务员养老金相对） ▸ 非法定的其他社会保障计划 ▸ 非法定的未来医疗保健融资	▸ 下级政府对于非担保债务的违约 ▸ 公共或私人部门对非担保债务的违约 ▸ 政府保险体系以外的金融危机成本 ▸ 国有部门在私有化过程中的债务清理 ▸ 非担保社会保障基金的破产 ▸ 中央银行可能出现的负的净值或者不能履行其职责 ▸ 自然灾害等突发公共事件

对于表 15-2 中的内容，需要注意两点：第一，政府隐性担保与显性担保在对象方面存在很大的重叠，不同之处在于，对于相同的对象，如金融部门，如果担保有法律规定，则构成显性债务；超过法律规定的担保要求，则构成政府的隐性债务。第二，两项隐性或有债务需要提及，一项是针对国有部门私有化过程中的债务清理。在政府推动对有偿付能力的国有部门的私有化的过程中，或者对资不抵债的国有部门进行破产清算的过程中，国有部门债务有可能转化为财政部门的或有债务；另一项是中央财政对中央银行的隐性担保。理论上，中央银行不存在破产的可能性，但是，如果中央银行不能履行其基本职责，或者其净值变为负数，此时就很可能产生运用公共资源的要求。

15.3　债务偿还能力与债务负担

15.3.1　借新还旧与债务偿还

在了解政府债务的概念及其分类之后，我们再来考察它对经济的影响。我们关注的问题是，未偿还的债务如何影响经济的运行？或者说，过去债务政策的结果如何影响未来的经济状况？持续的债务累积会引发财政崩溃吗？

当债务的数量越来越大时，将来有可能偿还这些债务吗？对一个家庭来说，家庭债务迟早是要偿还的，因为家庭的行动是一种有终点的行为。而政府债务却不必偿还，因为预算和经济都是一种持续不断的事件。当某一特定债务到期时，政府可以在偿还的同时通过发行新债以获取必要的资金。这就是所谓的“**借新还旧**”。以前，这一过程涉及相当复杂的程序，市场也要求对政府债务收益做出精确的估算。但随着债务期限的短期化趋势和新技术的开发，这一过程变得日益简化、快捷。现在，可以通过拍卖体制发行新债券，与金融机构之间按投标方式成交，并在“先到先接待”的基础上进行。由于人们越来越信任短期债券，所以短期债券打折出售，使得运行十分方便。在加速借新还旧的过程中，中央银行由于和货币市场之间的最紧密的关系而与财政部进行着密切的合作，并且充当着财政部的代理人。

简言之，如何归还到期债务只是一个管理上的问题，而能否偿还债务则是一个技术上的问题。这一问题应该改为：利息支付对经济会产生什么影响？未偿还的债务如何进入经济的流通过程中去。

15.3.2 利息支付的税收负担

偿还债务必须同时支付利息，而征税以支付利息可能会给经济产生负担。不过，这一负担未必实际发生，因为还债资金也还是来自于经济。如果债务都为国内持有，那么，这只是"右手欠左手的债"（Musgrave，1985），征税以支付利息只不过是将资金从一个口袋转移到另一个口袋而已。尽管如此，和其他税种一样，支持这类转移费用而课征的税收同样会引起额外的经济损失，从而就对经济形成负担。随着为支付债务利息而课征的税收收入占 GDP 比率的不断上升，这类影响可能会变得越来越严重。当这一比率变得十分巨大时，将会成为一个严重的负担和抑制问题，这一点在"右手欠左手的债"这一命题中被忽视了。战争期间所累积的巨大债务数额，导致财政崩溃和战后时期的债务拒付，这些情况在第二次世界大战之后的欧洲国家中曾经发生过。

幸运的是，这种灾难在和平时期经济持续增长的情况下不大可能发生。在 GDP 不变、债务却持续扩大的情况下，债务占 GDP 的比重会变得过大。不过，由于 GDP 也在增长，只要债务增长的速度不超过 GDP 的增长速度，那么，债务占 GDP 的比重就不会扩大。同时，如果税收的增长速度不低于 GDP 的增长速度的话，可用于偿债的财政资金就不会出现困难，财政的可持续性问题也就不会受到挑战。在中央政府的层面上，最近几年来的情况看来如此；而在地方政府的层面上，债务风险的问题就值得重点关注了。

15.3.3 以通货膨胀的方式拒绝偿还债务

由于未偿还债务的票面价值是以本币的价格固定的，因此，通货膨胀只能降低其实际的价值。以美国为例，1970 年时，未偿还债务的票面价值是 3 700 亿美元。但在 1970—1980 年，物价上涨了 150%，或者说，以 8%的年复利上涨。这意味着，1970 年的这笔债务的实际价值下降到了 1 480 亿美元，即只有原来的 40%。那么，是否可以说通货膨胀造成了联邦政府隐性地拒绝偿还了 60%的债务呢？

问题的答案取决于这笔债务发行的条件。考虑以下情形：某投资者在 1970 年购买三年期政府债券，当时的收益率为 7%。1982 年收回债务，每 100 美元按年支付 7 美元。假设资本的实际回报率为 3%，这表明，投资者预期的是 4%的年通货膨胀率。在此情况下，7%的名义收益率就会产生 3%的实际回报率。不过，假定三年后通货膨胀率达到 8%，投资者获得的实际回报率就会为-1%。而如果投资者早知道这一点，他就会要求 11%的收益率。

因此，政府是否以通货膨胀的方式拒绝清偿债务，取决于债务发行时投资者对通货膨胀的预期程度以及这一预期如何从较高的名义收益率中反映出来。而这些又取决于债务的偿还期。如果是短期债务，如三个月期债券，那么收益率与货币市场的当前利率相联系，因此它会反映出通货膨胀率。如果是长期债，情况就不一样了——无法预见的高通货膨胀率会产生，而这些在债务发行时难以考虑到。因此，如果绝大部分债务是短期债务，那么，以通货膨胀的方式拒绝清偿债务也就不再是一个重要的问题了。

15.4 政府债务与后代负担

15.4.1 新古典模型

政府债务会不会对后代人造成不公平的负担？如果会，那么这种负担转移是怎样发生的？它对财政公平又会产生什么影响呢？

债务的新古典模型强调，如果资源得到充分利用，那么增加公共服务就会使资源从私人部门转移至公共部门，从而减少私人产品生产的资源。通常的假定是，用税收融资时，挪用的资源主要是减少了消费；而用债务融资时，政府就会与那些想将这笔钱投资于自己项目上的个人和企业争夺资金。这样，在用税收融资的情况下，以消费衡量的当代人的福利降低了，而后代人的福利并没有因此而受到影响。而在债务融资的情况下，当代人的消费福利并没有损失，而后代人却只有较少的资本存量可继承，从而享有的福利也较低。在这个意义上，后代人的负担加重了。据此，政府举债通过它对资本形成的影响而给后代人造成了负担。

上述分析隐含着公共部门的资本存量保持不变的假定。但是，如果公共部门用来自于私人部门的资源从事生产性投资，那么，总资本存量就会增加，公共支出的好处就会波及未来，因而负担的转移就成了代际公平的事情，从而是必要的。这一思路事实上构成了划分经常性预算和资本性预算的基础：经常性预算是由税收支持的，而资本性预算是由信贷支持的。

15.4.2 世代交叠模型

在不存在世代交叠的情况下，减少私人资本形成是唯一可以使内债负担转移给下一代的途径。但是，如果两代人在时间上是交叠的，这就不是必要的条件了。假设第一代人生活在第 1～50 年，第二代人生活在第 25～75 年；同时，假设所有的税收都来自于消费。现在，要求第一代人在第 1 年内纳税 20 万元，以承担某一使用寿命为 50 年的政府大楼的费用。要做到这一点，就必须以减少同等数量的消费为代价。

然而，在第 25～50 年里向第二代人征收 10 万元税收以偿还第一代人，也是完全可行的。这就涉及私人消费从第二代人向第一代人转移的问题了。这样，尽管第一代人承受了最初的全部负担，但以后可以将其中的一部分转给第二代人。而为了使第一代人放心，政府可以以债券的形式给予第一代人以偿还的承诺，而这些债券是通过以后对第二代人课税的方式来偿还的。这样，即便在对私人部门资本形成没有影响的条件下，这种代际交叠的债务转移方式也会发生作用。

在第一种情形下，第一代人愿意承担全部负担，而且并不要求第二代人今后加以偿还，这就相当于第一代人向第二代人提供了馈赠。这种机制只能在以下情形下才适用，即在实行养老金制度时，最初的老年人在无须纳税的情况下就可享受收益。

15.4.3 李嘉图模型

迄今为止，我们在讨论中没有考虑个人自愿的代际转移的潜在重要性，Barro（1974）认为，当政府举债时，老年一代认识到，他们后代的境况将会变差。假定老年一代关心其后代的福利，因而不想让后代的消费水平下降，老年一代能为此做些什么呢？一种可能的做法是，增加他们的遗产，使得遗产增量足以弥补未来应缴纳的额外税收。其结果是，一切都没有变化。每一代人的消费量恰好与政府借债前的完全相同。

这样，私人实际上能够消除政府债务政策的代际效应，从而使税收融资和债务融资实质上是等价的，这一认为政府融资的形式是无关紧要的观点常常被称为**李嘉图模型**，因为这一思想最早出现于19世纪英国经济学家大卫·李嘉图的著作中。[①]

Barro（1974）关于政府融资形式无关紧要的挑战性假说，引起了许多争论。有些人拒绝接受这种观点，认为它建立在难以置信的假设条件基础之上。另一种批评是，人们不像模型所说的那样，具有先见之明。

另外，有人可能认为，对于这一理论的最终检验，不在于它的假定是否合理，而在于它的预测结果能否得到数据的证实。迄今为止，有许多计量经济研究对该假说进行了检验，证据有正有反。因此，在职业经济学家中，既不乏李嘉图模型的批评者，也不乏它的拥护者。

15.4.4 总的看法

政府债务负担问题，实质上是放在代际背景下的税收归宿问题。和许多其他归宿问题一样，债务的负担是难以定论的。首先，甚至连“负担”应如何定义都不清楚。一种可能的办法是，以一组同龄人的一生消费来衡量；另一种办法是，以某一时点上所有活着的人的可能消费来衡量。其次，即便我们选定了其中一个定义，负担的存在与否还要取决于以下几个问题的答案——是内债还是外债？债务政策如何影响各种经济决策？哪种项目用债务来筹资？人们已经对其中的某些决策进行了经验研究，但至今尚未出现一致的结论。

15.5 政府债务风险及其管理

15.5.1 政府债务风险及其分析框架

政府债务风险是指政府债务与其资产在规模和结构上不匹配，使得政府债务的可

---

① 不过，李嘉图对现在冠以其名字的这一理论持怀疑态度。

持续性和经济社会发展受到损害的一种可能性。20 世纪 90 年代以前，出于弥补政府赤字的需要，政府债务管理只是作为货币政策的延伸，仅仅被视为一项与通货膨胀融资相并列的选择。20 世纪 90 年代之后，越来越多的国家开始将债务管理作为一项独立的公共政策，并在成本—风险权衡的基础上赋予其独立的政策目标。2000 年以来，政府债务管理领域系统引入了资产负债管理办法，这一方面使得政府债务管理超越纯粹债务组合的孤立的成本—风险分析，转入对政府资产和负债财务属性的匹配分析，从而更加贴近财政风险管理的实质与核心；另一方面使得政府资产与负债的内涵都得到很大扩展，极大地拓展了政府债务管理的手段和领域。

对于政府债务风险的分析，可以沿着以下四个步骤展开（李萍和许宏才，2006）。

第一层次，政府债务与资产存量的对比，以判断政府债务风险是扩散还是收敛。如果呈现扩散特征，则进入第二层次的分析。

第二层次，政府债务增量与资产增量的对比，以发现债务风险扩散的程度。如果扩散程度很大，超出现有的财政能力，则进入第三层次的分析。

第三层次，政府债务与经济总规模的对比，以判断债务风险是否处于可控的范围之内。如果债务风险处于失控的境地，则进行第四层次的分析。

第四层次，政府债务与无形资源的对比，以判断财政风险是否会演变为政治危机和社会危机。

15.5.2 财政对冲矩阵

与财政风险矩阵相对应，Polackova & Schick（2002）提出了财政对冲矩阵（fiscal hedge matrix）。该矩阵按照直接与或有、显性与隐性的分类标准，列举了政府财政安全性的各项来源，如表 15-3 所示。

表 15-3 财政对冲矩阵

财政安全性来源	直接来源 （建立在现有资产存量的基础上）	或有来源 （依赖于未来事件，如未来价值的创造）
显性来源（建立在政府的法定权力之上，即财产所有权和筹集收入权）	▸▸ 资产恢复（不良资产的处置和出售，国有股份出售） ▸▸ 国有企业和其他公共资源的私有化 ▸▸ 政府贷款资产的恢复（产生于较早的政府直接贷款）	▸▸ 来源于资源开发和出售的政府收入 ▸▸ 税收收入 ▸▸ 政府从金融机构购买的对冲工具和（再）保险
隐性来源（建立在政府间接控制的基础之上）	▸▸ 稳定和或有事件基金 ▸▸ 中央银行正的净值	▸▸ 国有企业利润 ▸▸ 从官方债权人获得的或有信贷额度和融资承诺 ▸▸ 以各种货币计价的经常账户盈余

Polackova & Schick（2002）认为，显性直接来源反映了政府通过现存的有形资产筹集收入的法定权力。隐性直接来源同样建立在现存资产的基础之上，但这些资产不在政府的直接控制之下，因而只有在有限的程度上抵消财政风险。显性或有来源与政府拥有的在未来筹集收入的法定权力相联系（这种收入来自于资源而不是自有资产），

其中最重要的是政府的征税权。隐性或有来源主要包括国有企业利润、官方债权人融资承诺和外汇储备。

李萍（2006）在 Polackova & Schick（2002）的财政对冲矩阵的基础上，根据中国的实际情况，提出政府资产矩阵，如表 15-4 所示。

表 15-4　政府资产矩阵

资产来源	直接资产（建立在现期资产存量和收入流量的基础上）	或有资产（依赖于未来事件）
显性资产（建立在政府的法定权力之上，即财产所有权和筹集收入权）	▸ 国有资产（包括经营性与非经营性）出售收入 ▸ 政府拥有的自然资源 ▸ 税收收入 ▸ 来自于上级政府的转移支付 ▸ 政府收费	政府从金融机构购买的避险工具
隐性资产（建立在政府间接控制的基础之上）	▸ 国有企业利润 ▸ 中央银行正的净值 ▸ 官方外汇储备	从上级政府或其他部门获得的融资承诺

15.5.3　构建政府债务风险管理的基础制度

政府债务风险管理的目标，不在于完全消除债务，而在于通过风险消除、风险转移、风险化解等手段，有效控制政府债务的规模和结构，使资产和负债结构趋于合理，以实现经济的平稳、健康、可持续发展。

如图 15-1 所示，风险管理一般包括风险消除、风险分担、残余风险处置三个环节。对于政府债务而言，风险消除与风险分担的主要目标在于通过制度建设，从源头上控制风险，从规模上减少风险。残余风险处置则是针对无法消除或转移的系统性风险，设计相应的风险应急管理机制加以化解。为此，需要构建政府债务风险管理的基础制度，以便为制度建设和残余风险处置提供基础性数据资料。

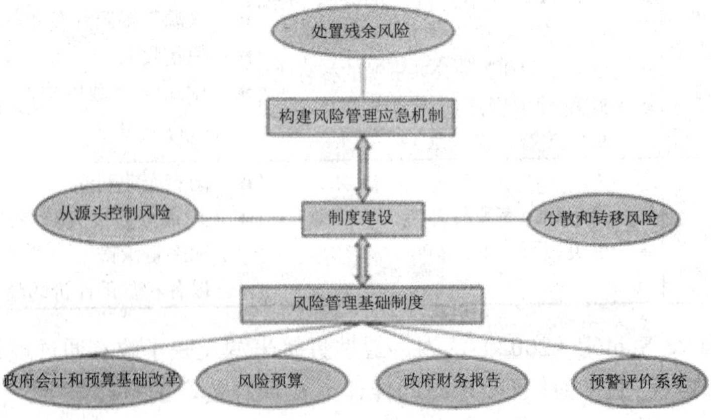

图 15-1　政府债务风险管理系统

注：资料来源于李萍（2006）。

具体来说，政府债务风险管理基础制度的构建，主要包括以下四个方面。

1. 传统政府会计和预算改革

传统政府会计和预算一般采用收付实现制，它在财政风险管理方面显示出多方面的不足。

（1）基于收付实现制的传统预算的时间跨度偏短。在仅实行年度预算的国家，预算周期为 1 年；即使在建立中期财政框架的国家，预算周期也只有 3～5 年。这容易导致政府出现在不同时段之间转移债务风险的机会主义行为。

（2）收付实现制导致对现时交易的测量不完全或者不准确。许多情况下，当做出承诺并且实际使用资源时，并没有同时发生现金支付。例如，如果没有实际履行，纯粹收付实现制的财务报告就不会反映或有债务。

（3）在收付实现制下，缺乏关于资产债务存量及其变化的信息。如政府固定资产的折旧，在收付实现制下通常不会反映，从而导致资产到期重置的风险被隐藏起来。

（4）收付实现制下政府对支出的延期确认可能造成隐藏的风险逐渐累积，直至达到非常剧烈的程度。

鉴于收付实现制在政府债务风险管理方面所存在的局限性，可以考虑在政府会计与预算中分阶段引入权责发生制，以全面反映政府债务风险信息。

2. 编制财政风险预算

财政预算所依据的一些估计结果和经济预测常常面临着各种风险，这包括宏观经济预测与项目估计的假设和参数发生变化的影响以及具体支出承诺的成本的不确定性。最好的做法是在政府的预算文件中包括有关财政风险的说明，以便评估预算的可行性，确保预算的有效施行。财政风险预算从动态的角度分析政府面临的各种不确定性可能给财政带来的冲击，以此来预测财政风险的发展趋势和财政的可持续性。

3. 建立完整的政府财务报告制度

财政资产负债管理是一种可以有效监督、控制和预测财政风险的重要手段。而编制和公布政府广义的资产负债表是财政资产负债管理的重要内容，政府的资产债务表应当反映政府的全部债务，并披露对政府全部金融和实物资产的登记。国际货币基金组织在《提高财政事务透明度的准则》中指出：财务报表公布时，年度财政预算应说明或有债务、税式支出、准财政行为的性质及其财政重要性。

4. 建立政府债务风险的预警评价系统

衡量政府债务风险状况必须选择与债务运行紧密相关的统计指标，建立一个能够综合反映政府债务运行的政府债务风险预警指标体系，如表 15-5 所示，对政府的债务运行状况进行定性描述和定量分析，实现政府债务风险预警的信息化。这种预警指标体系综合反映了政府显性直接债务和隐性或有债务所引致的风险。不同国家的政府可以根据具体情况选择不同的风险指标组合，在此基础上建立相应的地方债务风险评价因素集合，并根据相应的理论模型和历史经验，对各个风险评价因素赋予相应的权重。把各个风险因素的计算值进行风险加权，最后得出政府债务风险综合评判结果。

表 15-5　政府债务风险预警指标体系

指　标	定　义	与债务风险的相关性
I. 反映显性直接债务风险的指标		
负债率	年末政府债务余额/当年 GDP	+
赤字率	当年财政赤字额/当年 GDP	+
债务依存度	当年债务发行额/（当年财政支出+当年债务还本付息额）	+
偿债率	当年债务还本付息额/（当年财政收入+当年债务发行额）	+
借新还旧率	当年债务还额/当年债务发行额	+
债务备抵率	年末财政后备额/年末债务余额	+
外债占比	年末政府外债余额/年末债务余额	+
债务违约率	当年债务违约额/当年到期债务额	+
逾期债务率	年末逾期债务总额/年末债务总额	+
短期债务占比	年末短期债务余额/年末债务余额	+
II. 中期预警指标：中期预警指标将传统的年度指标扩展到中期框架（3～5 年）		
III. 反映隐性或有债务风险的指标		
风险调整：隐性直接债务	在未来 n 年内可能要求兑付的风险（r）加权隐性直接债务（风险权数的确定，需要综合考虑统计和计量分析的结果，以及专家意见等）	+
风险调整：显性直接债务	在未来 n 年内可能要求兑付的风险（r）加权显性直接债务（风险权数的确定，需要综合考虑统计和计量分析的结果，以及专家意见等）	+
隐性或有债务风险预测	基于宏观经济、社会状况以及环境变化趋势等，对未来可能出现的隐性或有债务兑付风险进行大致评估	+

本章小结

- 在会计学意义上，政府债务是指政府由于过去事项引起的现时义务，该义务的履行预期会导致政府资源的流出，这种流出既可以体现为经济利益，也可以体现为服务形式。
- 从政府作为公共风险的承担者和化解者的角度出发，政府债务可以区分为显性直接债务、隐性直接债务、显性或有债务和隐性或有债务四类。
- 财政风险矩阵对政府债务做了较为完整的概括和分类。
- 对一个家庭来说，家庭债务迟早是要偿还的。而政府债务却不必偿还，当某一特定债务到期时，政府可以在偿还的同时通过发行新债以获取必要的资金。
- 当为支付债务利息而课征的税收收入占 GDP 的比率不断上升，并且变得十分巨大时，债务将会成为一个严重的负担和抑制问题，这一点为“右手欠左手的债”这一命题所忽视。
- 政府是否以通货膨胀的方式拒绝清偿债务，取决于债务发行时投资者对通货膨胀的预期程度以及这一预期如何从较高的名义收益率中反映出来。

- 新古典模型强调，政府举债通过它对资本形成的影响而给后代人造成了负担。
- 世代交叠模型表明，即使债务对私人部门资本形成没有影响，债务负担也会在代际之间发生作用。
- 李嘉图模型认为，私人能够消除政府债务政策的代际效应，从而使税收融资和债务融资实质上是等价的。
- 资产负债管理办法引入政府债务管理系统之后，一方面使政府债务管理超越纯粹债务组合的孤立的成本—风险分析，转入对政府资产和负债财务属性的匹配分析；另一方面使政府资产与负债的内涵都得到扩展，极大地拓展了政府债务管理的手段和领域。
- 财政对冲矩阵按照直接与或有、显性与隐性的分类标准，列举了政府财政安全性的各项来源。
- 政府债务风险管理的基础制度包括：① 在传统的政府会计和预算中引入权责发生制；② 编制财政风险预算；③ 建立完整的政府财务报告制度；④ 建立政府债务风险的预警评价系统。
- 在基础性制度之上，应着重通过加强制度建设和制度改革，转移和分散政府债务风险。

基本概念

- 债
- 政府债务
- 直接债务
- 间接债务/或有债务
- 内债
- 外债
- 短期公债
- 中期公债
- 长期公债
- 可转让公债/上市公债
- 借新还旧
- 李嘉图模型
- 政府债务风险

复习题

1. 在会计学意义上，政府债务是如何定义的？在公共风险的意义上，政府债务又是如何定义的？二者之间的关系是什么？
2. 什么是财政风险矩阵？中国的政府债务矩阵是怎样的？
3. 如何理解债务偿还能力与债务负担问题？
4. 试述关于政府债务与后代负担的有关理论解释。
5. 什么是政府债务风险？如何进行政府债务风险分析？
6. 什么是财政对冲矩阵？中国的政府资产矩阵是怎样的？

7．如何进行政府债务风险管理与控制？

练习题

1．解释以下看法背后的逻辑：“如果人们关心其后代的福利，那么债务政策对资本形成可能不会有任何影响。”

2．2000 年，俄亥俄州某参议员说：“常识告诉我们，第一选择应当是用我们的预算盈余偿还我们的巨额国债。”评价这一说法。

第16章 公共企业

本章学习目标

- 掌握公共企业存在的一般原因和具体原因；
- 了解政府与公共企业之间的财政关系；
- 了解公共企业的政府管制的理由、主要措施及其效果评估；
- 掌握公共企业绩效低下的原因及其改革。

引例

"最赚钱"国企为什么还要拿政府补贴

2014 年国内上市公司三季报显示，一批"最赚钱"国企获得了各类政府补贴。万得资讯统计，2014 年前三季度，中石油获得政府补贴 21.99 亿元，中石化则获得政府补贴 15.94 亿元。此外，多家国有控股银行成为"进补新生"。福建省财政厅等国有法人绝对控股的兴业银行最新披露的季报显示，该行前三季度共获得政府补助 3.22 亿元；而央企中信集团控股的中信银行前三季度获得政府补助 5 800 万元。

国有银行获得政府补贴可能有哪些途径呢？其一是居民买房、银行获补贴。成都市财政局官网 2014 年 7 月 31 日称，四川省财政厅决定，对金融机构按照国家政策规定向居民家庭在四川省行政辖区内首次购买自住普通商品房提供贷款，且贷款利率不超过（含）人民银行公布的同期贷款基准利率，按金融机构实际发放符合条件贷款金额的 3%给予财政补助。

此外，记者还在成都市人民政府下发的一份《关于进一步加快金融业发展的若干意见》中看到，当地金融集聚区对金融机构总部、地区总部购买自用办公用房，给予一次性购房补贴，标准为 1 000 元/平方米；租赁自用办公用房给予连续 3 年租房补贴，标准为每月 20 元/平方米。这意味着，银行在成都某些区域租房或购房办公，政府将给予财政补助。

为争夺"总部经济"，由政府出资补贴银行租房的现象并非个例。在江苏省南京市 2011 年发布的相关文件中，对银行等机构入驻的补助标准，曾被提至购房最高 2 000 元/平方米，租房 1 200 元/平方米。

"国有企业和国有金融机构是地方招商引资的重点目标，自然成为补贴大户。"上海一家国有银行会计负责人透露，财报中显示的还只是企业获得政府补贴的一部分。一些政府补贴因与日常信贷业务紧密相关，直接计入了存款或主营业务收入。从近期发布的财务报告看，银行大多“闷声发财”，尽量避免公开披露这一事实。2014年三季报中，在四川开设营业部的绝大多数银行公布的“政府补助”一项均为零。

资料来源：杨毅沉和杜放（2014），作者整理。

公共企业（public enterprises），也称**国有企业**（state-owned enterprises），是指所有权或控股权属于政府，并且受政府直接控制的经济实体。与私人企业和政府机构相比，公共企业具有两个特点：① 公共性，即公共企业的资产全部或大部分由政府拥有，这一点使其与私人企业相区分；② 企业性，即公共企业从事生产、销售商品或服务等经营性活动，这一点使其与政府机构相区分。

人们对公共企业的关注主要集中在两个方面：① 政府如何通过公共企业的活动弥补市场失灵；② 公共企业这一特殊的经济实体如何高效率地运营。本章首先阐述市场经济中存在公共企业的原因，接着介绍政府与公共企业的财政关系，之后分析公共企业的政府管制，最后探讨公共企业的效率问题及其改革。

16.1　公共企业存在的原因

16.1.1　公共企业存在的一般原因

在西方国家，公共企业的产生和发展主要与市场经济发展过程中出现的问题有关。当自由放任的市场经济发展到一定阶段，自由竞争带来的许多问题无法由市场本身来解决，自由市场本身也无法提供社会所需的所有商品和服务。在这种情况下，各国政府往往通过建立公共企业来控制、干预或引导市场。

对中国来说，公共企业的产生和发展主要源于社会主义实践和计划经济体制的推行。马克思（2004）认为，财产私有制不仅是资本主义社会财富分配不平等的根源，而且是资本主义社会无法长期存续的根本原因。[①]因此，从实现分配公平和促进经济发展考虑，必须改变社会上的多数财产被少数人占有的局面，建立起全体人民共同拥有财产的经济制度。在这一经济思想的指导下，中华人民共和国成立后完成了生产资料占有上的社会主义改造。此后，公共企业主要作为国家组织工业品生产的基本经济单位得以形成和发展。近年来，随着市场化改革的推进，私人企业的合法性逐步得以确认，公共企业的活动领域则发生了很大变化。如何合理界定公共企业在社会主义市场经济中的活动范围及其运营方式，已经成为社会各界关注的焦点。

[①] 马克思（2004）对这一问题的论证思路是，财产私有制导致雇佣劳动者只能获得生存工资，而资本家则获得剩余价值。随着扩大再生产的进行，资本家不断积累起财富，而雇佣劳动者则不断积累起贫困。财富分配上不断加深的鸿沟，必然使源源不断生产的产品因占人口绝大比重的雇佣劳动者缺乏购买力，而出现相对过剩的局面。因此，资本主义社会始终无法摆脱周而复始、不断爆发的经济危机的困扰。同时，每一次经济危机的爆发，都以更大的财富分配差距和日益恶化的社会矛盾为结果，并以此作为下一次经济危机的起点。其结果是，资本主义社会将无可避免地敲响自己的丧钟。

总的来说，公共企业存在的原因多种多样，不同原因在各个国家中的重要程度既与其经济发展水平有关，也与其历史、政治因素及经济思想、经济体制有关。下面简要介绍西方国家存在公共企业的具体原因。

16.1.2　公共企业存在的具体原因

1. 提供公共产品

公共产品与私人产品的区别在于，不管个人是否愿意购买公共产品，公共产品供给所带来的效益总是为社会成员共同享用，如国防、路灯、广播、洁净的空气等。相反，私人产品的购买者对所购产品享有独用权，别人无法享受不属于自己的私人产品的效益。由于存在免费搭车问题，单纯依靠市场无法充分提供社会所需的公共产品。因此，政府必须通过税收从私人那里取得收入，用以生产和提供公共产品。建立公共企业则是政府直接提供公共产品的重要形式之一。

2. 对大规模或战略性项目进行投资

在不少工业化国家，许多需要大规模资本投资的工业部门，如钢铁、石化、电信、生物工程、机器人制造等国有化的程度很高。原因在于：一方面，这些部门所需的大规模投资往往超出私人公司的投资能力或资金市场的融资能力；另一方面，许多项目的投资风险大、回收期长，使得私人企业望而却步。在这种情况下，如果一国政府希望尽快发展这些行业，就可能使用财政收入进行直接投资。

另外，出于战略方面的考虑，如避免某些行业过多地被私人或者外国资本所控制，政府也可能直接投资于某些行业。这些行业往往对国民经济的稳定和发展具有战略意义，如果被私人或外国资本所操纵，一旦发生紧急情况，政府可能无法保证经济的正常运行。还有一些战略性的“制高点”行业，它们能带动许多相关产业的发展。这些战略性的行业主要包括自然资源开采、电力、重型机械、银行、飞机制造、高科技军工等。第二次世界大战之后的英国便是依据这种观点来支持其国有化政策的。

3. 控制自然垄断行业以保护公众利益

自然垄断指的是一个行业中只有独家垄断者，并且没有其他行业能够提供该企业产品的替代品的情形。在现实经济生活中，不少行业的垄断属于自然垄断，是很难避免的。这种情况经常发生在需要有网络建设的行业，如自来水供应、电力供应、电信等。对这些行业来说，在社会需求的范围内，行业的平均生产成本随生产规模的增加而下降。这样，整个行业由一家企业投资运营才能取得最大限度的规模效益，由两家以上的企业投资运营反而会造成生产的低效率。因此，整个行业的独家经营具有其合理性。

问题是，为谋取最大利益，垄断者往往会凭借其垄断地位实施垄断行为。为减少垄断引起的价格上涨和对消费者福利的负面影响，各国政府或者直接经营这些行业，或者对私人垄断企业进行严格的管制。如果政府拥有垄断性企业的所有权，那么至少在理论上可以根据公共利益（而不是像私人垄断公司那样为追求超额垄断利润）决定产量和价格，以实现社会福利的最大化。

4. 增加财政收入

一些国家为了财政上的需要，通过垄断经营那些需求弹性小、利润高的行业来直接获取财政收入。例如，邮政行业不仅在许多发展中国家，而且在不少西方发达国家都是由公共企业运营的。法国从1674年起至今，一直由政府垄断经营烟草行业。其他由政府垄断经营的高利润的行业还有制糖业（日本、意大利）、盐业（奥地利、意大利、日本）、酒（德国、法国、加拿大和美国的许多州）。

在不少国家，政府为了增加财政收入，还通过设立公共企业经营彩票发行和赌博业。尽管这些国家视私营彩票和赌博为非法，但乐于自己经营这些行业来获取财政收入。例如，瑞典在20世纪30年代就成立了全国性的彩票发行和赌博经营机构。

5. 挽救亏损企业

在许多情况下，政府为了避免造成大规模失业或社会动荡发生，决定挽救亏损和面临倒闭的私人企业。在20世纪30年代初的经济大萧条时期，许多欧洲国家的政府便对汽车、钢铁、造船等私营企业实行公共化。近期的例子如1978年法国政府对两个大型私营钢铁公司的拯救行动，以及让国有雷诺汽车公司收购亏损的伯利特卡车公司。在1977年和1978年两年内，瑞典政府将世界上最大的私营造船业收购归国有；曾经是瑞典最有竞争力的私营钢铁公司，也因亏损被国有瑞典钢铁公司合并。此外，瑞典政府还收购了两个最大的纸浆造纸公司和两个大型纺织公司。

国有化当然不是挽救危机的唯一措施或最有效的方法，如果私人经营亏损，政府经营也很难扭亏为盈。美国政府就很少借助这种方法，美国对一些危机企业的帮助，如20世纪70年代末麦克唐纳·道格拉斯飞机公司、洛克希德飞机公司和克莱斯勒汽车公司等，主要是通过政府保证贷款的方式，并经审查批准。

6. 控制金融机构

由于金融体系对一个国家的稳定发展至关重要，因此各国政府对银行的干预和保护也特别多。尽管许多商业银行是私营的，但仍有不少国家设立一些重要的公共金融机构，以增强政府对金融的控制能力，保障金融体系的正常运营。美国于1933年建立了联邦储蓄保险公司，为商业银行提供存款人保险，以达到防止挤兑、稳定金融的目的。

政府直接拥有或控制一些金融机构的另一个重要目的是根据国家的经济状况来调节资金流向。多数西方国家设立公共发展银行，实现战后的经济复兴或达到其他经济发展目标。在美国，这方面的公共金融机构有进出口银行、联邦房屋贷款协会、小企业发展局和农业银行。几乎在所有西方国家都有公营机构为农业和房屋提供长期融资。

7. 其他原因

许多国家在对企业的国有化过程中，一些政治方面的因素也起到相当的作用。有时，政府为处罚私人企业而将其收归国有。例如，第二次世界大战后，法国和挪威就将许多与纳粹德国合作的私营企业收归国有，其中包括法国著名的雷诺公司。有些国家有时还为了某种“国家尊严”而设立公共企业。例如，不少国家都设有国有航空公司，以体现国家的体面和骄傲。政府拥有企业的原因还包括：保护国内工业，保存某些夕阳产业，维持国家在高科技中的“冠军”地位，向边远地区和低收入者提供服务等。

16.2　政府与公共企业间的财政关系

16.2.1　政府对公共企业的投入

公共企业的初始投资一般来自财政。此外，许多国家的政府还对公共企业提供各种优惠货款。如果公共企业发生亏损，政府往往要提供补贴。与此同时，政府从一些公共企业取得税收或利润。政府对公共企业的投入和从公共企业取得的收入，可能影响到财政收支的平衡。

各国政府对公共企业的投入主要包括三种形式：直接投资、贷款和补贴。

1. 贷款和直接投资

贷款和直接投资是政府出资建立公共企业的两种基本方式。英国的公共企业大多以债务融资。英国财政部的观点是，只有那些利润率高、波动较大的企业才适合用股本融资。在意大利，政府对公共企业的所有权大多是通过几个主要国有控股公司，如工业重整机构、国家石油公司、工业制造业国家融资机构等来掌握的，而政府则拨款给这几家控股公司，用于购买企业股份。意大利政府建立工业重整机构（一家国有控股公司）的目的，就是要让它收购危机企业并在扭转企业亏损局面后再将企业卖给私人。另外，1977 年，意大利通过一项法律，要求估算政府强加于公共企业的非商业性目标的成本。例如政府要求国有控股公司为四个贫困地区创造就业机会，但由于在这些地区创造就业机会不仅无利可图，而且使企业造成直接的经济损失，因此根据法律政府需要补偿这一损失。每年政府拨给企业的基金款项中，就包含了这笔补偿金额。

2. 补贴

政府对公共企业的补贴可分为两种情况：政策性亏损补贴和非政策性亏损补贴。

政策性亏损补贴是针对因政府实行强制性政策导致公共企业亏损而提供的补贴。出于保护下游企业或消费者利益等方面的考虑，政府有时采取限价政策，要求公共企业以低于成本的价格销售产品。例如，新西兰工党政府曾要求电力企业低价供电，由政府补贴成本与价格之间的差额。此外，基于公平方面的考虑，政府还可能要求公共企业为全体社会成员提供平等服务。典型的例子有运输和邮电通信行业。从经济角度看，向偏远地区或不发达地区提供运输、通信业务，往往无利可图。但政府不但要求公共企业向这些地区提供服务，而且还要求公共企业用盈利地区的业务利润弥补偏远地区业务的亏损。不少西欧国家都采取这一措施。另外，政府为减轻社会上的就业压力，也会要求公共企业雇用过多的人员，由此造成的部分亏损也可能由政府补贴。

非政策性亏损补贴是政府对公共企业因经营不善导致的亏损进行的补贴。政府提供补贴的主要目的一般是为了维护就业和支持企业的国际竞争力。

3. 其他优惠政策

许多国家的政府向公共企业提供优惠利率贷款，有时还会允许延缓甚至减免贷款本息的支付。例如，20 世纪 80 年代中期，意大利国有控股公司从欧洲投资银行得到的贷款本息由政府偿还。此外，在有些国家，公共企业在投标竞争政府合同项目时，享有优先权。有些公共企业还享受免费使用国家土地等优惠。

16.2.2 政府从公共企业取得的收入

政府从公共企业取得收入的形式主要有三种：税收收入、利息和股息、利润分成。与私人企业一样，公共企业负有向政府纳税的义务。不过，当公共企业因其经营收入而无法完成纳税义务时，政府有时会延缓或减免公共企业的税收。当然，反过来，政府有时会通过高税率的办法取得公共企业部分利润。

除税收外，政府还从公共企业获得与其两种融资方式——债务融资和股份融资相对应的两类收入——利息和股息。由于政府对公共企业投资的特殊性，通常这两类收入相对于同类私人投资的收益要低。利息低的原因包括政府提供的贷款利率低、利息减免和利息再投资。股息低的原因包括许多公共企业利润较低、不给政府发股息和股息再投资。例如在 20 世纪 70 年代，新西兰的公共企业平均每年支付给政府的利息和股息，仅占政府投资总额的 4.67%。

直接以利润分成的形式将公共企业利润上缴国库的做法不多，但有些国家要求公共企业将部分利润交由专门机构统筹运用。例如在意大利，公共企业 65%的利润首先要用于归还政府投资，还清后仍要存入专门基金，政府将用这笔基金拨款给国有控股公司，用于收购企业。在加拿大，公共企业的资金中超出当时所需的富余资金，要交由财政部管理。中国也从 2007 年开始试点对部分国企分类按比例收缴当年盈利。

16.2.3 公共企业赤字与政府财政

财政以直接投资、贷款、补贴等多种形式向公共企业投入资金，又从公共企业得到税收收入、利息和股息、利润分成等多种收入，那么，从整体来看，公共企业对财政又有什么影响呢？下面从西方国家政府从公共企业获得的净收益（或承担的净赤字）占国民收入总值的比例，考察公共企业对财政收支的影响。

政府从公共企业获得的净收益指的是政府对公共企业的投入与从公共企业取得的收入之差额。如果该数额为负值，则称为净赤字。20 世纪 70 年代中期，净赤字平均占西方国家国民收入总值的 1.75%。其中澳大利亚为 3.5%，芬兰为 2.6%，法国为 1%。20 世纪 70 年代末，比利时为 0.5%，意大利为 3.9%，日本为 2.7%，荷兰为 0.5%，挪威为 2.6%，西班牙为 3.1%，美国为 0.6%。20 世纪 80 年代初，加拿大为 3.1%，英国为 0.8%。平均来说，西方国家公共企业的净赤字约占中央财政赤字的一半。

再从另一角度分析公共企业的赤字问题。一方面，政府对公共企业投入大量资金促使企业资本形成。西方国家在 20 世纪 70 年代中期公共企业的资本形成占国民生产总值的 2.5%，其中大部分源于政府资金。另一方面，公共企业的投资回报率很低。20 世纪 70 年代中期，西方国家公共企业净留利（营业利润减去利息、股息及税金）仅占国民生产总值的 0.5%。如果再减去资本消耗，这一数字往往就会变为负数，约占国民生产总值的-0.5%～-1%。另外，在同一时期，公共企业投资额中只有 25%是由企业净留利实现的。

公共企业赤字直接影响到财政收支的平衡。当企业无法及时还债时，这些债务有时会转为股本。为减少对预算的影响，政府有时需要发行公债或减少其他方面的支出。如果减免亏损企业的税负，则会影响财政税收账户预算。为弥补这些损失，政府可以通过提高其他税收来弥补，这会加重交税企业和个人的税负，抑制投资和劳动力供给。如果政府选择以发行公债来填补预算赤字，又会加剧政府债务负担，导致今后财政的不平衡。

16.3　公共企业的政府管制

16.3.1　政府管制的理由

公共企业的政府管制是政府为达到某些社会和经济目标而对企业行为采取的限制性政策措施，其范围涉及企业投资、定价、雇工、工资福利、销售等方面。一般来说，每种管制措施都有其理论依据，但也可能造成一些问题，如过于严格的政府管制可能会导致企业丧失提高经营业绩的动力和自主权。不同的管制措施之间可能相互冲突，使企业无所适从等。

政府对公共企业的管制有以下几个方面的理由。

1. 政府作为公共企业的所有者，具有管制甚至直接控制企业经营的权力

相反，私人企业的股东是企业的所有者，政府对企业内部资源配置进行管制缺乏足够的理由。

2. 公共企业往往缺少私人企业面临的市场约束，没有追求效率的积极性，因此必须寻求替代市场约束的机制

公共企业从政府那里获取投资和补贴，并且可能享受税收减免，此外还可能享有获取原材料和销售产品方面的优惠，由此导致公共企业的管理人员很少担心亏损和由此引起的破产。因此，许多人认为，政府应该对公共企业的工资、福利、定价、投资等行为进行管制，并以此作为市场规范的替代品。

3. 政府要求公共企业的一些做法应能维持社会道德标准和公平性

例如，美国和加拿大的公共企业必须贯彻政府机构公平雇佣的原则，遵守对族裔的规定比例。作为公共企业本身，有可能认为这些规范和标准会影响企业的经营效率而不愿贯彻执行。此时，政府就必须通过管制措施来强制推行。

4. 政府希望公共企业的运营与国家的宏观经济政策目标相一致

作为公共企业的所有者，政府可以通过管制手段有效干预企业的就业、定价、投资等决策，以达到增加就业、抑制通货膨胀、发展重点产业等目标。为了使企业发挥上述作用，政府制定了许多管制措施。

16.3.2 政府管制的主要措施

政府对公共企业的管制领域主要包括投资管制、产量管制、价格管制、雇工和工资管制、道德行为管制、市场导向管制等。

1. 投资管制

政府对公共企业投资的管制，主要是为了达到政府所希望的资源分配格局，以产生较大的经济和社会效益。投资管制措施主要体现在：要求公共企业的投资必须与政府的宏观经济政策一致，投资成本和效益分析必须包括社会成本和社会效益以及其他机会成本，企业投资的方向必须和建立企业的目标一致等。例如，美国马萨诸塞州的港口管理企业是由州政府直接管辖的一家公共企业，尽管企业连年亏损，但政府仍然不惜投入大量资金进行改造建设。州政府将从其他公共企业获得的收益统一用来投资规划，并规定所属企业不得将资金用于某些盈利性的行业（如房地产开发等），用来弥补企业亏损。这些措施旨在保证公共企业能产生最大的社会效益，而不仅仅是企业的效益。

2. 产量管制

政府控制公共企业产量的目的是保证某些关系到国民经济和人民生活的重要产品达到特定的供给量，以稳定经济和保护消费者利益。在垄断性行业，私有的垄断企业可以通过减少产量来提高市场价格，从中获取高额利润。假如公共垄断企业不受限制，也会产生同样的问题。因此，对一些公共垄断企业，政府可能会采用确定最低产量的办法，保证消费者的利益。对另外一些企业，如煤炭发电、化工厂等，政府会采取设置产量上限的办法加以控制。

3. 价格管制

政府为了控制垄断性企业产品定价过高的倾向，经常采用限价的办法。这一做法比规定产量的做法更为普遍。政府限价的形式包括制定一个固定的价格上限或制定一个利润率的上限。例如，美国对很多公用行业，如民用电力、电信行业的定价有严格的规定。假如企业定价超过限价，政府有权直接干预，消费者也可以直接向政府提出控告。价格管制除了在垄断性行业广泛使用外，有时还用作提高国内产品在国际市场上的竞争力的手段。例如，政府为了增加出口，经常让企业制定较低的价格，差价由国家补贴。另外，一些国家政府规定对某些行业（如农业）提供低价格的原材料和其他投入品（如优惠电价），以促进这些行业的发展。

4. 雇工和工资管制

在西方国家，公共企业的雇工政策受到政府的多种约束。在种族多元化的国家（如美国和加拿大），政府要求公共企业按一定种族比例招收员工，同时对解雇员工有严格的限制。另外，由于公共企业的公共性，管理人员和职工对成本控制没有兴趣，如果对工资不加以控制，便会出现工资福利膨胀、企业效益下降的问题。为防止这些问题发生，政府经常制定或核准工资等级，其雇员之间的工资等级差别往往比私营企业小得多。大多数公共企业的主管的年薪大大低于同等规模的私人企业主管的年薪。

5. 道德行为管制

公共企业中的贪污受贿和裙带关系现象经常成为较为严重的问题。公众往往将公共企业的管理人员视为公务员，而有些国家也把公共企业雇员划归政府雇员，因此他们的举动会比私人企业雇员引起更多的公众注意。政府为维护声誉，对公共企业的雇员的职业道德规范制定了许多标准和管制措施。例如，美国公共企业要求一定级别的雇员必须公布工作以外的商业活动和收入，雇员及其亲属不得从事任何与本公司利益冲突的活动。

6. 市场导向管制

相对于其他管制方式，市场导向管制是一种较新的管制方式，它主要是通过政府和企业之间签订目标合同来实现。目标合同确定企业应达到的利润目标和经营投资方向等总体目标，而企业内部管理，如定价、雇工等经营政策则由企业独立决定。这种管制措施实际上是让企业在微观上自主经营，使企业在市场竞争中发挥最大效益，达到国家设定的总体经营目标。法国是较为普遍地采用这种方法的国家。法国政府的有关主管部门与企业协商订立 4～5 年的目标合同，规定企业应达到的经营目标，政府则承诺提供投资或优惠贷款、给企业更大的自主权等。这些合同一经订立，便具有法律效力。

16.3.3　政府管制的效果评估

经验证据表明，尽管政府对公共企业的管制在理论上具有合理性，但在实践上并非十分有效。当政府对人事、工资、购销和其他经营程序进行过度管制时，企业往往不能吸引有能力的、富有创新精神的管理人才，企业经理缺乏足够的自主权来提高企业运行的效率。另外，政治家们往往从自身的政治利益出发，干预企业的决策，而他们的利益并不一定与公众的利益一致。

近年来，放松政府对公共企业进行过多管制的呼声在各国得到了越来越多的共识。许多专家指出，当政府管制超过一定限度而导致企业利益受损时，政府必须对企业进行合理的补偿。但这种做法在实践上有很大的困难。第一，这种做法要求有足够详细的账目和经营记录，以便政府和企业能够决定企业的损失在多大程度上是由政府的过度管制造成的。第二，政府和企业必须对政府的“不合理管制”或不合理收费达成共识。在许多情况下，企业认为的“不合理管制”（如意大利的国有铁路在年度预算中把所有的政府部门收费统称为“不合理收费”）被政府认为是完全合理的。

总之，在对公共企业管制的同时保持企业的效率方面，各国还没有成功的经验。管制方法要么过于严格，要么过分松弛，而且经常受各种人为和政治的影响，很少有统一和长期有效的管制措施。在一些情况下，管制的渠道（如政府职能部门和董事会）转变成为企业向政府施加影响的有力工具，而非政府管制企业的有效手段。

16.4 公共企业的绩效及其改革

16.4.1 公共企业绩效低下的原因

1980 年以来，鉴于效益低下、大量亏损的公共企业给各国财政带来沉重的负担，公共企业的绩效问题成为备受世人关注的一个重要课题。许多人认为，公共企业经营绩效不佳的根本原因在于公共企业的所有制特点决定了它们不会将利润最大化作为自己的经营目标，这就导致它们在运行效率上不如私人企业。基于这个理由，只要是私人企业可以生产的产品或服务，就应该让私人部门去承担，这些领域中的公共企业就应该实行私有化。许多研究认为，由于公共企业的固有特性，其经营绩效必然低于私人企业。主要依据如下。

1. 公共企业所有权与经营权分离

由于所有权与经营权相分离，使得经营者不以所有者（社会公众）的利益最大化为目标。由于管理者比所有者更了解企业经营情况，掌握更多的信息，所有者难以有效监督管理者的所作所为和评估其对企业的影响。因此，所有者无法依照管理者的表现对其进行全面、准确的奖励和惩罚。这样，管理者就可能为了追求自身利益而做出有损于所有者利益的决定，这就是所谓的**公司治理问题**。[①]相形之下，在只有一个或几个人所有的私人企业中，所有权和经营权往往集于一身，因此不存在这个问题。实行股份制的大公司则通过股票市场作为监控管理者行为的机制。此外，私人公司还经常借助经理市场、控股人等制约经理行为。但是，公共企业的所有权缺乏真正的代表，一旦政府放松管制，就很可能出现经理滥用权力为自身和雇员谋求短期利益的现象。而一旦政府加强管制，则又会出现如瞎指挥和企业缺乏活力等问题。

2. 公共企业存在预算软约束问题

大多数公共企业并非处于竞争性的环境中，有些是垄断性企业，有些则受到政府保护。垄断企业不会出现亏损，如果成本上升，企业便会要求政府允许涨价。受保护的企业一旦出现亏损，政府便会以各种方式进行解救，或者提供补贴，或者允许延期还贷，或者免去债务。这种**预算上的软约束**导致公共企业很少有降低成本、提高生产率的动力。相比之下，私人企业没有政府这个保护伞，如果成本上升、竞争力下降，就有可能被挤出市场而倒闭。同时，金融市场会随时评估私人企业的业绩，一旦企业经营上出现问题，股价就会下跌或者信用会被降级。公共企业大部分依靠政府融资，不受金融市场的制约。

[①] 现代企业最重要的特征是所有权和经营权的分离，即所有者因自身经营能力的制约，将企业的经营决策权交给有经营才能的职业经理人来管理。由于所有者和经营者具有不同的目标，前者侧重于资本回报，后者侧重于追求经济报酬、闲暇时间、在职消费、个人声望等目标，为了使公司经营者目标与所有者目标趋于一致，良好的企业制度就必须在二者之间建立一种制衡关系，这就产生了现代企业制度条件下的公司治理问题。

3. 一个公共企业通常有多个主管部门，令出多门，致使企业无所适从，丧失独立性

公共企业的产权模糊，名义上属于整个社会，但实际上政府是公共企业产权的代理人。这就使得各政府部门有机会借助公共企业追逐各自的部门目标，而这些目标经常是相互冲突的，致使公共企业无所适从。政府主管部门的干预，经常使公共企业作为独立经济实体地位的丧失，这些公共企业经常演变成庞大政府机构的一个分支。

可见，公共企业的绩效低下在很大程度上源于其产权和政府管制的特点。为了提高公共企业的绩效，政府必须强调公共企业的商业目标，应使公共企业承载市场竞争压力并在融资上给予真正的约束。对公共企业的管理人员要加强监督，同时赋予其经营自主权，实行能够调动其积极性的奖惩措施，对亏损严重的公共企业则应停止经营。

16.4.2 公共企业绩效问题的经验证据

上述关于公共企业绩效的理论是否得到了经验证据的支持呢？尽管经济学家对公共企业绩效问题进行过很多的经验研究，但这些研究面临种种困难。主要困难之一是如何对公共企业经营绩效进行评估。一方面，公共企业的绩效受到很多外界因素的影响，包括各种政府管制措施。政府强加给企业的社会目标往往与利润最大化目标相矛盾，而这些政策对企业利润造成的损失很难量化。另一方面，公共企业存在产权不清晰的问题，管理人员不一定有追求利润最大化的动机，企业经营绩效不佳可能部分是经营不善的结果。由于政府无法准确判断企业绩效不佳是因为管理不善还是因为政策因素，加上管理者常常以社会目标影响企业绩效为由来辩解，因此很难具体分辨企业绩效的优劣。

对公共企业经营绩效的评估大致通过以下方式进行：首先，选取某一衡量企业效率的指标（如生产某一产品的单位成本），使用该指标来对比同行业的公共企业和私人企业；其次，由于公共企业和私人企业可能采用不同的技术，以不同价格购入投入品等，因此很难找到两个真正可比的企业；为此经济学家使用一些计量经济学的方法来控制其他变量对效率的影响，在此基础上设法比较不同类型企业的真正的效率指标。

在美国，这方面的经验研究主要集中在对供电公司、垃圾处理公司，以及对消防队、邮政公司的研究上。例如，美国供电公司有两类，即私人公司和市属公司（地方公共企业），比较这两类公司效率的经验研究虽然很多，结论却不尽相同。市属公司在有些研究中效率较低，但在另一些研究中则较高。而对英国供电公司所做的类似研究，也不能对公共和私有企业效率的优劣做出定论。再如，垃圾处理在美国也同时由公有公司和私人公司来提供，不同的研究对二者提供同样服务的成本高低也有不同的结论。一份对美国亚利桑那州的一个私营消防队和其他三个附近地区的公营消防队的研究发现，私营消防队对火灾反应最快，而人均消防费用却只有其他三个平均值的一半。

对西方国家公共企业效率的经验研究，还不能完全证明公共企业的绩效必然劣于私营企业。尤其是由于公共企业经常受到较多的政府管制，又经常是处于非竞争性市场环境下。公共企业效率的高低究竟在多大程度上受到政府管制的影响，在多大程度上受其所处市场环境的竞争性程度影响，又在多大程度上由其产权属性决定，对这一问题迄今尚未达成共识。

16.4.3 公共企业的改革

鉴于公共企业给财政造成的沉重压力，许多国家先后将公共企业的改革提上日程。从历史上看，直到 20 世纪 70 年代末，多数国家改革公共企业的努力还仅限于在对某些业绩不佳的企业进行内部重整，以期提高效益，减轻对财政的压力。不过，人们逐步认识到，不同行业中的公共企业存在相同的问题，而这些问题都是因企业的治理结构和政府管制的特点引起的。因此，公共企业的改革应该从更高的层次着手，改变企业面临的多重目标、多个上司的情况，改变企业动力机制僵硬、预算软约束的状况。主要改革措施包括：建立有效的奖惩机制，使职工和经营人员有动力改善企业经营；建立国家控股公司，使政府以国家产权代表人的身份进入企业。

这些改革措施取得了一定的效果，但从总体上看，这些效果要么不够显著，要么无法持久。20 世纪 80 年代以来，随着公共企业对财政的压力逐渐增大，越来越多的国家决定采用私有化的方式将公共企业转化为私人企业，希望产权的转变能够使企业效益明显改观，并借此迅速减轻财政负担，同时给国家带来直接的财政收入。在私有化条件不成熟的情况下，政府则在保留产权的同时将公共企业的经营权出让给私人，希望他们能够扭转公共企业的亏损局面。以下简要介绍一下西方国家改革公共企业的措施。

1. 改革公共企业的管制方法

西方国家在对公共企业进行改革的初期，是以促进竞争、加强监督和改革奖惩制度为重点的。例如，政府给予经营者更多的自主权，并与经营者签订比较明确的奖惩合同，将企业的经营效益与经营者的收入直接挂钩等。研究表明，这些措施没能取得明显的成效，主要原因是在实施过程中，合同包含过多的目标，而且每年更改，目标实现与否一般很少跟经营者的收入相联系，再加上政府和企业的隶属关系没有发生根本改变，行政干预并没有实质上的减少。

新西兰政府从 1987 年开始对一些公共企业进行公司化改革，试图将企业变成有明确经营目标，自主经营、自负盈亏的独立法人。新西兰邮电公司在改革前后的对比显示了这一措施的成效。改革前，邮电公司长年亏损；改革后第一年，公司税后利润上升到 7.21 亿美元，此后一直保持利润。该公司还在改革后三年（1987—1990 年）使快件的邮递速度提高了 15%。类似地，供电公司在改革后电力生产的单位成本降低了 11%，职工人均发电量提高了 19%。

2. 建立国有控股公司

在一定程度上，公共企业的绩效低下问题是由于政府干预过多且各种干预措施互不协调的结果。为赋予公共企业以更大的经营自主权，一些国家建立国有控股公司，由这些控股公司而不是政府来管理国有资产。在意大利，政府主要通过三家国有控股公司（工业重整机构、国家石油公司和工业制造业国家融资机构）对大多数公共企业控股。工业重整机构控股的公司涉及很多行业，主要包括危机企业及私人投资不足的钢铁、造船、航空、电信、公路建设等行业。1991 年，工业重整机构在 540 个企业中拥有多数股份，并在 300 个左右的企业中有少数股份。国家石油公司收购以石油勘探、加工等业务为主的企业。工业制造业国家融资机构收购的企业则包括军工、平板玻璃、火车、直升机等行业。

利用控股公司来管理公共企业的做法在其他西欧国家也十分流行。奥地利工业控股公司持有几乎奥地利所有公共企业的股份。奥地利工业控股公司在 1986 年前隶属于交通和国有企业部，其董事会由两大政党各选派一半董事组成。1986 年这一公司进行了重组，组成七个产业集团。原有的二百五十多家企业转为有限责任公司后，分别归入这七个产业集团。奥地利工业控股公司虽仍属联邦所有，但需依照公司法经营。政府强调利润目标，并取消对其保护。政府对控股公司的人事政策也做了调整：公司董事会成员选任权不再由两大政党均摊，公司也可以裁员。据 1989 年的数据，这些措施有效地提高了公司的经营绩效。

3. 私有化

自 20 世纪 80 年代起，私有化成为西方国家公共企业改革的主要手段。西方国家在 1980—1987 年共出售了 240 家公共企业，而在 1988—1993 年共出售了 376 家企业，总价值达 1 749 亿美元。公共企业私有化在多数国家，尤其是在英国、法国、日本、新西兰等国产生正面的社会效益。其主要表现为：公共企业私有化后劳动生产率提高，企业生产结构合理化，投资增加，市场竞争加剧。

对非垄断性（如航空、零售等）行业中的公共企业进行私有化相对比较容易，只要保证公平的市场竞争环境，一个透明的私有化过程会成功地提高企业效益，使消费者享受到质优价廉的产品和服务。对自然垄断性企业（如供电、供水、电信）进行私有化则较为困难，因为这些企业往往规模大、售价高。如果一个国家既有实力雄厚的资本市场，又有有效的政府管制机构，那么私有化是可行的。国家在出售这类企业之前，通常应当将它们分成多个小企业，以创造私有化后的竞争局面。

英国的很多垄断性企业在 20 世纪 80 年代相继被出售，包括英国电信公司、英国航空公司及英国煤气公司。撒切尔政府考虑到如果将这些企业分成多个小企业出售，会使私有化过程变得更复杂而漫长，因此决定将这些企业整个出售。尽管政府允许其他私人公司与这些公司竞争，但由于其他私人公司规模很小，市场份额不大，带来的竞争压力也就非常有限。批评者认为当初如果分割出售会有更好的效果，现在出售已经完成，再分割就很困难了。20 世纪 90 年代初，英国电信业管制机构考虑把英国电信公司分成多个竞争性小公司。与电信公司的情况不同，英国供水公司和供电公司在出售前就被分成 10 个和 16 个小公司，这些公司相互之间直接竞争。

公共企业私有化对财政的直接意义体现在两个方面：一是公共企业的产权出售会在短期内增加财政收入；二是政府无须向这些企业继续提供补贴或贷款。当然，私有化应从整个经济的长远利益出发，而不应是简单追求短期的财政收入。因此，政府应尽量创造竞争性环境，使私有化的企业在竞争压力下不断提高效率。有些国家为获得高的卖价，将垄断性企业卖给私人并保证其长期垄断地位，有时甚至保证对该企业的价格管制不会使企业的利润率低于某一水平。在这种保证下，私人企业自然不会有降低成本、提高经营效率的积极性。财政上的短期利益却带来了长期经济效益的损失。

4. 转让经营管理权

尽管将公共企业卖给私人是提高企业效益的有效办法，但对一些国家来说，大规模的私有化从资金上或政治上讲都不是一个现实的选择。而将公共企业的经营权（而不是产权）出售给私人，即政府将公共企业以合同或租赁的方式交由私人经营则是一种更可行的办法。在西方国家的航空、农业和旅店业中，政府转让经营权的例子很多。

政府转让经营权的典型做法是政府与私人签订合同，以工资（通常与企业效益相联系）作为报酬换取他们经营企业的服务。通常经营者有较大的自主权，这样有利于企业效益的提高，政府也得益于企业经营效益的提高和公共资产的增值。然而，经营权与产权的分离使得经营者并不承担完全的风险，企业亏损经常仍由政府承担，而且合同本身的制定和执行也很复杂，如果法制不健全而经营人的行为无法很好被监督的话，经营者有可能会滥用公共财产。

政府出售经营权的另一种典型做法是租赁，即由政府将企业经营权转交给私人，每年收取定额租金。承租者在交付租金后获得企业剩余的利润，但必须对公共财产负责，而且要承担全部的商业风险。与合同形式相比，租赁方式比较能够调动经营者的积极性，有利于企业降低成本、提高效率。

值得强调的是，转让企业经营权只是一种临时性的措施，企业效益的提高最终要靠产权私有化来实现。有时，政府会授权私人经营者以扭转公共企业的亏损局面，但当公共企业表现见好时，政府常常忍不住会重新干涉企业经营。政府行为的不确定性可能从一开始就会抑制经营者的积极性。

16.4.4 结论

对各国公共企业改革经验的分析表明，公共企业的改革速度和方式应取决于该国市场、法制、社会及政治状况。非垄断性企业应尽量采用私有化方式，要注意创造竞争性市场并保证私有化过程的透明度。垄断性企业的私有化过程相对复杂，应尽量在出售大型垄断性企业之前将企业分为多个较小规模的企业，以保证私有化后的竞争环境。另外，建立有效的管制机构，要对企业行为进行公平合理的管制。如果大规模私有化的时机还不成熟，可以考虑出售公共企业竞争业务，包括公共企业的经营管理权。对仍然由政府经营的公共企业应努力做到政企分开，一方面政府不干预企业的日常经营决策，另一方面减少对企业的财政补贴，实现预算约束的“硬化”。

本章小结

- 在市场经济中，公共企业存在的具体原因包括提供公共产品，对大规模或战略性项目进行投资，控制自然垄断行业以保护公众利益，增加财政收入，挽救亏损企业，控制金融机构，以及保护和扶植国内产业等。

- 公共企业赤字直接影响到一国财政收支的平衡。
- 尽管政府对公共企业的管制在理论上具有合理性，但在实践中却并非十分有效。
- 由于公司治理问题、预算软约束、令出多门等方面的原因，各国公共企业均不同程度地出现经营绩效低下问题。
- 私有化是西方国家公共企业改革的主要手段之一。

基本概念

- 公共企业/国有企业
- 政策性亏损补贴
- 非政策性亏损补贴
- 公共企业的政府管制
- 公司治理问题
- 预算软约束

复习题

1．请解释公共企业存在的一般原因和具体原因。
2．政府对公共企业投入和从公共企业取得收入的主要形式分别有哪些？
3．为什么要对公共企业实施政府管制？其主要措施有哪些？实施效果如何？
4．试述公共企业绩效低下的原因及其改革。

练习题

1．1997 年，美国得克萨斯州邀请私人公司就管理本州整个福利制度进行投标。克林顿政府让得克萨斯州停止执行该计划，他认为福利必须由政府雇员来管理。福利是公共产品吗？它应当由公共企业生产还是由私人企业生产？把你的答案与下列情况联系起来，即能否与私人企业签订比较完备的合同？

2．2007 年以来，中国物价水平一路走高，在国家统计局公布的 2007 年 6 月份居民消费价格指数（CPI）上涨 4.4%的大背景下，不同行业再次掀起涨价大潮。7 月 24 日，《京华时报》的记者了解到，五大国有发电集团 2007 年内第三次集体上书国家发改委，要求上调电价；而几乎与此同时，中石油等石油三巨头“再次上书国家发改委，要求对成品油进行提价”。请对上述事件发表你的看法。

第17章　政府间财政关系

本章学习目标

- 掌握财政分权的理论依据；
- 理解政府间财政职能和支出责任的分工；
- 理解政府间的收入安排原则及其具体划分；
- 掌握政府间转移支付的概念、形式及其经济效应。

引例

首个细分基本公共服务领域央地财政事权和支出责任划分改革方案出炉：医保计生等支出责任央地按五档比例分担

2018 年，国务院办公厅印发《医疗卫生领域中央与地方财政事权和支出责任划分改革方案的通知》（国办发〔2018〕67 号）（下称 67 号文）。方案将财政事权分为中央财政事权、中央与地方共同财政事权以及地方财政事权三个种类，与之匹配的是，支出责任分别为中央承担、央地按照五档分担，以及地方承担。

具体来看，基本公共卫生服务、城乡居民基本医疗保险补助、医疗救助、计划生育扶助保障四类纳入中央与地方共同财政事权。

以城乡居民基本医疗保险补助为例，中央与地方分档按比例分担。第一档为 8∶2，第二档为 6∶4，第三档为 5∶5，第四档为 3∶7，第五档为 1∶9。

2016 年 8 月，国务院印发《关于推进中央与地方财政事权和支出责任划分改革的指导意见》（国发〔2016〕49 号），明确了财政事权和支出责任划分改革的总体要求、划分原则、主要内容、配套措施等。2018 年年初，国务院办公厅印发《基本公共服务领域中央与地方共同财政事权和支出责任划分改革方案》（国办发〔2018〕6 号），明确义务教育、学生资助等基本公共服务领域中央与地方共同财政事权范围。

67 号文是首个公布的细分基本公共服务领域央地财政事权和支出责任划分改革方案。

财政部相关负责人曾表示，在财政事权和支出责任划分改革中，中央财政事权或地方财政事权及支出责任划分相对清晰；共同财政事权和支出责任划分是整个财政事权和支出责任划分改革的重点和难点。

记者注意到，医疗保障方面，主要包括城乡居民基本医疗保险补助和医疗救助，明确为中央与地方共同财政事权，由中央财政和地方财政共同承担支出责任。

计划生育扶助保障方面，包括农村部分计划生育家庭奖励扶助、计划生育家庭特别扶助、计划生育“少生快富”补助。

67 号文中规定的改革分担比例于 2019 年 1 月 1 日实施。具体来看，中央分档分担办法为：第一档包括内蒙古、广西、重庆、四川、贵州、云南、西藏、陕西、甘肃、青海、宁夏、新疆 12 个省（自治区、直辖市），中央分担 80%；第二档包括河北、山西、吉林、黑龙江、安徽、江西、河南、湖北、湖南、海南 10 个省，中央分担 60%；第三档包括辽宁、福建、山东 3 个省，中央分担 50%；第四档包括天津、江苏、浙江、广东 4 个省（直辖市）和大连、宁波、厦门、青岛、深圳 5 个计划单列市，中央分担 30%；第五档包括北京、上海 2 个直辖市，中央分担 10%。

资料来源：张钟尹（2018），作者整理。

在当今世界上，除少数单一制小国（如新加坡等）实行一级财政外，大多数国家实行**分级财政体制**，即有一级政府就有一级财政，以便使每一级政府都具备组织收入和安排支出的权力，为顺利履行各自的政府职能创造条件。事实上，如何确定各级政府在整个财政活动中的地位和职责，如何在它们之间划分财政收入和支出，如何安排和处理它们之间的财政转移支付关系，以及如何使这些各自行事的部分组成一个有机统一体等，是各国政府必须面对的重要问题。

本章首先探讨分级财政体制的理论依据，之后分别介绍分级财政体制的三个组成部分，即政府间的支出划分、收入安排和转移支付。

17.1 财政分权的理论依据

17.1.1 地方辖区的形成及其最优规模的确定

分级财政体制的核心问题是如何在各级政府间形成适当的经济职能分工，即如何进行财政分权。但这首先要在理论上解决一个问题：为什么要进行地方财政分权？或者说，地方政府存在的经济依据是什么？

在经济学中，对财政分权或地方政府存在的合理性的探讨有多个不同的角度，其中最著名的理论之一是由美国经济学家布坎南（J. M. Buchanan）提出的**俱乐部理论**。众所周知，俱乐部是人们为分享某种利益而自愿联合起来的一种组织。布坎南的俱乐部理论就是把地方辖区比作俱乐部，这实际上意味着，之所以会有众多不同的地方辖区的存在，是因为有着不同兴趣、爱好、习俗等的人们自愿选择各自居所的结果。在这一类比的基础上，布坎南分析了实现地方辖区最优规模的条件。首先，随着新成员的加入，现有辖区居民所承担的成本将由更多的成员分担。其次，新成员的加入会使辖区逐渐变得拥挤，辖区提供的公共产品变得更加紧张。因此辖区的最优居民规模应当确定在这样的水平上：因新成员加入而节省的边际成本恰好与新成员加入所带来的边际拥挤成本相等。显然，如果公共产品的数量增加，那么辖区的最优居民规模也会增加，如图 17-1 中的曲线 M。曲线上的点 A 表示当公共服务的数量为 Q_1 时，最优居民规模为 N_1^*。

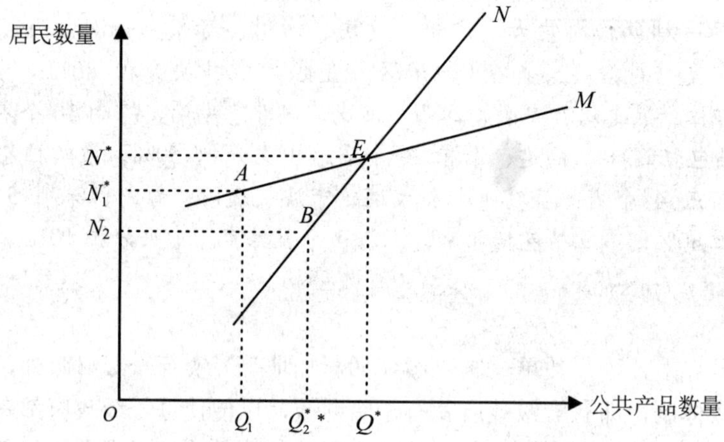

图 17-1　辖区的最优规模

接下来，转入这一问题的另一方面，即假如辖区的成员数量是任意给定的，那么，它所提供的公共产品（如公园）的最优数量是多少？尽管和大多数商品一样，较大规模的公园给辖区居民带来较大的效用，但我们还是假定公园规模受到边际效用递减规律的制约。而增加公园规模的人均边际成本等于新增公园用地的价格除以分担其成本的居民数量。这样公园的最优规模确定在这一点：人均边际效用等于人均边际成本。此外，当居民数量增加时，公园的最优规模也相应增加，如图 17-1 中的曲线 N。曲线上的点 B 表示当居民数量为 N_2 时，公园的最优规模为 Q_2^*。

现在，我们就可以把辖区居民规模和公共服务规模结合在一起分析。理想的辖区规模应当是：其中的居民数量和公共服务水平应同时满足边际成本等于其对应的边际效益的条件。在图 17-1 中，辖区的最优规模应落在曲线 M 和曲线 N 的交点 E 上。

总体来说，上述俱乐部模型是十分简单的，不过，它可以用来说明辖区形成过程的主要方面，也即，在其他因素相同的情况下，辖区的最优规模将取决于人们所要消费的公共产品的类型、公共产品在消费上的拥挤程度，以及取得这些产品的成本。

17.1.2　蒂伯特模型

俱乐部模型有助于说明地方辖区的形成过程，但尚未回答几个与地方财政有着密切关系的重要问题：第一，公共服务资金怎样筹措？在通常情况下，俱乐部能向其成员收费，而地方辖区一般通过税收筹资。第二，俱乐部可以通过收费方式排斥非成员的参与，但地方辖区通过什么途径来达到这一目的？第三，假如一国公民能够自行组织成为许多不同的俱乐部或社区，那么公共产品的总体配置会是公平而有效的吗？

我们知道，公共产品具有非排他性的特点，这使得在公共产品供给问题上，人们普遍存在免费搭车心理，因此不能期望消费者能够真实地显示其对公共产品的偏好。

由于公共产品的最优供给决策有赖于提供者准确了解消费者对公共产品的需求情况，但在消费者有充分的动机隐瞒自身对公共产品的真实偏好的条件下，我们实际上是无法获得准确的公共产品的需求曲线的。这就意味着，在缺乏一种对公共产品的偏好显示机制的情况下，期待地方政府比中央政府更准确地了解当地居民关于公共产品需求方面的真实信息，或许只是一个美好的愿望。这样，如何有效提供公共产品，仍然是一个有待解决的理论问题。

美国经济学家蒂伯特（Tiebout，1956）提出了一个关于地方政府提供地方性公共产品的理论模型。他认为，假定居民具有迁移的完全自由，那么在竞争性的地方辖区之间，居民出于最大化自身效用的动机，会在全国范围内寻找地方政府所提供的公共产品与所征收的税收之间的最佳组合，选择他们最喜欢的社区，并接受和维护该辖区地方政府的管理。这个过程就是所谓的**“用脚投票”**。

蒂伯特的“用脚投票”模型有一系列严格的假设前提，具体如下。

- 有足够多的可供选择的辖区。
- 人们可以自由流动，每个人都能够无代价地迁移到一个最能满足其偏好的辖区。
- 人员的流动性不受任何就业机会的约束或限制。
- 人们完全了解各辖区之间公共产品和税收的差别。
- 公共产品或税收在各辖区间不存在任何外部效应。
- 各辖区都以最低的平均生产成本提供公共产品。

在上述条件下，蒂伯特认为，人们会像选购商品一样挑选所愿意居住的辖区，并选择那种公共产品最能满足他们意愿而税收又最合理的辖区去居住。如果人们都能自由地去寻找自己的居所，那么各地方之间在公共产品供给和税收征收的组合上就会相互模仿和学习。因为偏好相同的人聚集在一起，就有可能以最低的成本为基础来提供公共产品。而当人们纷纷从公共产品供给成本较高的辖区移向公共产品供给成本较低的辖区时，辖区之间公共产品的供给成本差距就会逐渐缩小，公共产品的供给效率将不断提高。长此以往，就有可能实现社会福利的最大化。

当然，在现实生活中，蒂伯特模型所依赖的各种假设条件是很难成立的。如人员的流动不可能无成本，人们不可能对各辖区之间公共产品与税收的情况具有完全的信息，辖区间公共产品的外溢性是普遍存在的等。因此，蒂伯特模型一般被人们视为关于地方公共产品的完全竞争市场理论。尽管如此，蒂伯特模型的理论意义仍是巨大的。首先，它为人们对地方公共产品的偏好显示提供了一种“用脚投票”的准市场办法；其次，在竞争性辖区之间，人员的流动性有助于促进地方公共产品供给效率的提高。

17.1.3 财政分权的优势与不足

首先，财政分权的优势之一在于它能够使公共产品的供给更好地满足地方居民的偏好。在现实生活中，有些人喜欢公园，另一些人则不喜欢；有些人想让自己的孩子在教育中使用昂贵的计算机，另一些人则认为没有必要。一般来说，实行集权制的政府倾向于为全体居民提供相同水平的公共服务，往往不会顾及人们的不同偏好。而在分权制下，比起中央政府来，地方政府与当地居民更为亲近，这将使地方政府更关心他们的偏好，从而有助于地方性公共产品的有效提供。

其次，财政分权有利于促进政府间的竞争。公共选择理论表明，政府官员可能缺乏以最低的可行成本从事生产的激励，一个重要的原因是政府管理者往往置身于缺乏竞争的环境之中。在竞争性市场上，如果私人企业的管理者们无法实现成本的最小化，企业就会丧失竞争优势，从而最终被淘汰出局。相反，由于政府集权制缺乏竞争淘汰机制，管理绩效不佳的官员们常常能够继续混下去。而在分权制下，如果居民能够在不同的辖区间进行选择，那么一旦当地政府管理不当，公民就可能决定居住到其他地方去。这种潜在的威胁有可能激励政府官员更加有效地执政，并促使其更加关心公民的愿望。

最后，财政分权有利于推动公共服务的创新。对许多政策问题来说，没有人能够肯定最佳的答案是什么，有时甚至不能肯定是否存在最佳的答案。寻找答案的途径之一就是让每个辖区各自选择自己的方法，然后对这些结果进行比较。也就是说，由于分权制允许各辖区政府在遵循某些基本制度框架的前提下，灵活采取不同的制度和政策，因而能够为更多的政策实践提供实验场所，其结果是增加了寻求新的解决问题的方法和机会。

不过，财政分权也有不足之处，由于某些方面的原因，它有时会导致资源的无效配置。这些原因包括以下几方面。

（1）辖区间外溢。在财政分权下，资源有效配置的基本原则之一是地方财政活动中的效益和成本相对等。也就是说，地方政府提供公共产品与服务所带来的效益完全为当地居民所享有，而为此付出的成本则全部由当地居民承担。但是，在许多情况下，一个辖区所从事的活动可以影响到另一个辖区居民的效用水平，这被称为**辖区间外溢**。辖区间外溢不外乎包括两种情形：一是辖区间效益外溢；二是辖区间成本外溢。例如，某个辖区为当地的年轻人提供良好的公共教育，而他们中的有些人实际上要移居到外边，于是，其他辖区就可能会从受过良好教育的劳动力中得益。这是效益外溢的情形。再如，某个辖区的人往河流里倒垃圾，结果一些废弃物流到了位于河流下游的辖区里，那里的居民的正常生活就难免会受到一些负面的影响。这是成本外溢的情形。辖区间外溢性的存在，表明不同辖区之间互相施加了或为正面或为负面的影响，而分权制又往往造成每个辖区只关心自己的成员，在此情况下，这些外溢性影响在公共决策中就会被遗漏，进而导致低效的资源配置格局。

（2）规模经济。对某些公共服务（如社会治安）来说，可能会出现使用人数越多人均成本越低的情况。假如几个辖区能够共同使用这些服务，那么所有社区的成员的境况就会得到改善，因为每个人只需分担较少的成本就够了。这意味着，在财政分权的格局下，假如各地方政府只喜欢独自行动，仅仅满足于为辖区内的居民提供公共服务，而不注重与其他辖区的联系，就有可能会因公共服务的受益范围过窄，而难以充分发挥规模经济的优势。

规模经济不仅可能出现于地方性公共产品的提供过程中，而且也可能发生在税收的征集过程中。对那些辖区范围较窄的税务当局来说，与其让每个辖区的税务机关各买各的用以记录税单的计算机，还不如组成联合的征税机关，共同使用计算机之类的设备和资源，就可以达到节约税务成本的效果。

（3）低效的税制。假定一个国家的资本供给是固定的，而资本在不同地区又是高度流动的。如果由地方政府对资本课税，地区间的税收差异就会使资本由高税地区流向低税地区，而不是根据经济效率的要求，从边际产出较低的地区流向产生较高的地区，这会造成资源配置的扭曲。同时，由地方政府对资本课税的结果是，为了吸引更多的产业和个人进入本地区，扩大当地的税基，各地政府就会纷纷通过降低税率、提供财政补贴等手段进行竞争，这种税收竞争的最终结果是压低了所有地区的税率，地方政府因而无法取得足够的收入，财政支出也只能维持在一个较低的水平上。而由中央政府统一对资本课税，就可以在全国范围内形成统一的税收标准，避免税基向低效率地区的流动及税收竞争局面的出现。

17.2 政府间的支出划分

17.2.1 政府间财政职能的分工

实现经济职能在各级政府间的合理分工是财政分权的核心问题。我们已经知道，在市场经济中，政府有三大财政职能，即有效配置资源、公平收入分配和维护经济稳定，这三大职能有一定的层次性，中央与地方政府在履行职能时应当有所分工。

1. 效率职能的分工

效率职能的分工应当以地方为主，中央为辅。

之所以有必要在各级政府间形成必要的财政分工，根本原因之一在于各种公共产品有不同的受益范围。具体来说，有些公共产品的受益范围是全国性的，如国防、外交等；有些公共产品则主要是地方性的，而且地方性公共产品还有范围大小之分，如铁路、高速公路可能主要是州或省一级的，而消防、路灯等市政设施则可能是城市级的。受益范围的空间限制，使得中央政府不能包揽所有的不同范围和层次的公共产品的供应，相反，应当按照公共产品的受益范围并考虑相应的效益外溢问题来确定各级政府的职能分工。

为了说明上述问题，我们来看一个模型。如图 17-2 所示，假定某种地方性公共产品的供给曲线是一条水平线，这意味着该产品的边际成本 MC 是一个固定不变的量。现有 A 和 B 两个地区，每个地区内部的居民对该公共产品的需求完全相同。A 地区的需求曲线或社会边际收益曲线由 D_A 表示，B 地区的需求曲线或社会边际收益曲线由 D_B 表示。根据资源的最优配置原则，当两个地区的社会边际收益曲线与边际成本曲线相交时，它们所对应的数量 Q_A 和 Q_B 就是两个地区公共产品的最优供应量。

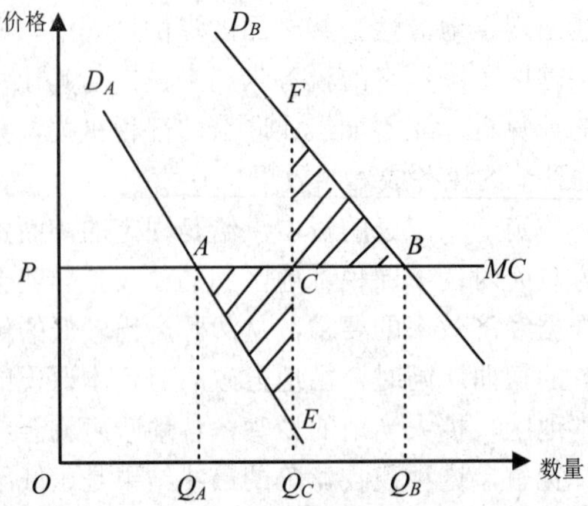

图 17-2　中央政府统一提供公共产品的效率损失

中央政府通常按照统一的标准为各地提供公共产品，在本例中，中央政府统一提供的标准是介于高需求地区 B 与低需求地区 A 之间的某个量，如图 17-2 中的 Q_C。这样，对 A 地区来说，中央政府所提供的公共产品超过该地区的最优数量，即 $Q_C > Q_A$；此时对 A 地区造成的福利损失为三角形 ACE 的面积。而对 B 地区来说，中央政府所提供的公共产品又发生数量不足的情形，即 $Q_C < Q_B$；此时 B 地区的福利损失为三角形 BCF 的面积。可见，由中央政府统一提供公共产品，往往会造成资源配置的扭曲，从而带来社会福利的损失。

如果由各个地区自行决定地方性公共产品的供应量，那么，由于地方政府更接近本地的居民，更了解他们的偏好，因此，地方政府所提供的公共产品的质和量往往更能符合当地居民的需要，这有助于提供合适的公共产品数量。在理想状态下，A 地区将公共产品的数量确定在 Q_A 水平上，而 B 地区则将公共产品的数量确定在 Q_B 水平上，这样，两个地区都会因此而最大化其福利水平。可见，对于地方性公共产品来说，由各地政府进行的分散决策有助于实现社会福利的最大化，而由中央政府进行的集中决策则可能降低社会福利。

此外，因地方公共产品的影响范围与辖区边界之间的不一致而引发的效益外溢或成本外溢的问题，以及因辖区有限而使地方公共产品的供给无法达到规模经济的问题，往往有着明显的区域性，应当根据外溢性的范围和最优经济规模来决定由哪级政府来承担，或者由各级政府之间协调承担，并不一定需要中央政府的介入。当然，像国防、外交等全国性公共产品的提供以及全国范围内外溢性的矫正，则应由中央政府负责。

2. 公平职能的分工

公平职能的分工应以中央为主，地方为辅。

先看居民之间的收入再分配。在各辖区间商品、资金和人员等各种生产要素可以自由流动的情况下，辖区之间的收入再分配计划会引起居民的流动。如果某一辖区想加大收入再分配的力度，即对高收入者多征税，而对低收入者发放更多补助，那么该辖区的高收入者就会迁往其他辖区，而低收入者就会迁入该辖区。这种使富人迁出而穷人迁入的收入再分配计划，是地方政府所不愿实施的。地方政府对居民之间的收入再分配缺乏影响力，就会在全国范围内形成一个统一的较低的收入再分配标准，公平目标难以实现。因此，居民之间收入分配的协调需要由中央政府来负责。

再来看辖区之间的收入再分配。由于各地方之间的关系是平等和独立的，因此，贫困的辖区不具备强迫富裕地区无偿转让部分收入的权力，而从自身利益出发，富裕的辖区也很难自愿地给予贫困地区单方面的补助。这就难以改变辖区之间的贫富差距。因此，协调辖区之间的收入分配差距，需要由中央政府负责。

3. 稳定职能的分工

稳定职能的分工同样应以中央为主，地方为辅。

稳定职能是指政府通过运用财政政策和货币政策来维持就业和物价稳定的职能。一般认为，地方政府难以担当稳定经济的重任，单个地方政府是几乎控制不了其辖区内的物价和就业的。这主要有以下两方面的原因。

一方面，地方缺乏可供操作的货币政策工具。由于地方政府不具备发行货币的权力，因此要像中央银行那样追求独立的货币政策是不可思议的。那么，为什么地方政府不能拥有货币发行权呢？其中的原因是，假如货币发行分别由各地方政府自行决策，势必会使货币流通失控，从而增加各地方辖区之间的交易成本；同时，各地方政府具有通过扩张货币供给来为辖区间的贸易付款的动机，由此造成的通货膨胀压力却要由辖区外的居民负担。

另一方面，地方辖区间经济的开放性限制了财政政策的有效性。假如某一地方政府试图单独实行扩张性财政政策（即降低地方税收，给居民提供现金补助，或扩大政府购买等），居民就很可能增加消费支出，但在辖区之间自由贸易往来的情况下，该辖区的绝大部分购买力将用于购买其他辖区的商品，从而带动商品和劳动的销售或生产在其他辖区的增长，这种现象称为进口漏损。同样，如果某一地方政府想要单独实行紧缩性财政政策，又会造成出口漏损。进口漏损和出口漏损问题的存在，严重限制了地方政府实行财政政策的能力。

当然，地方政府在稳定经济方面的能力受到限制，并不意味着地方政府与稳定经济之间没有任何联系。事实上，地方政府的财政决策作为总体经济的组成部分，对国民经济状况是有影响的。因此，宏观经济的稳定问题需要，甚至必须有地方政府的参与。在考察政府宏观经济政策时，只注意中央政府的经济行为可能是片面的。

17.2.2　政府间支出责任的分工

根据中央与地方政府经济职能的特点，以及公共产品的层次性特点，我们可以确立一个关于中央和地方政府间支出责任分工的基本框架。

（1）全国居民享用的公共产品和服务应完全由中央政府来提供。这些产品和服务主要包括国防、外交、外贸管理、全国性的立法和司法、中央银行等。宏观经济稳定是一种特殊的全国性的公共产品，其支出责任应主要由中央政府来承担。

（2）地方政府应提供适合本地居民享用的地方性公共产品和服务。这些产品和服务包括地区性交通、警察、消防、教育、环保、绿化、城市供水、下水道、垃圾处理、公园、地方性法律的制定和实施等。

（3）对具有跨地区外溢性的公共项目和工程，主要由地方政府之间协调解决，但中央政府也可以在一定程度上参与。例如，跨地区的公路、铁路、水陆运输、邮政、通信等项目。另外，有些项目虽然位于一个地区，但受益者却不限于本地居民，邻近地区的居民也能受益，如防洪设施、兴修水利、控制环境污染、教育等项目。从理论上讲，这些项目在多大的程度上使外地居民受益应成为中央政府在多大程度上参与的主要依据。但在实践中，这个程度很难判断。因而，各国的做法也不尽相同。例如，教育项目的外部效应主要在于一些受教育者在学业结束后会移居其他地区，但究竟这些人的比例有多大，本地损失的效益有多少，则几乎无法估计。

（4）调节地区间和居民间收入分配在很大程度上是中央政府的职责，如和社会保障制度有关的职责，应在全国范围内实行统一标准的社会保障制度。因为地区间标准和计划的不一致会由于人口的流动而使各地的计划难以实现。但在人员不能自由而无代价流动时，地方政府在这方面可以有所作为。例如，中国目前的基本养老保险制度不统一，各地的最低生活费标准不一致，社会统筹的层次低，社会保障一下子还难以做到在全国范围的统一，但应该逐步提高统筹的层次和扩大统筹的范围，要逐步从县市一级提高和扩大到省、自治区一级，最后扩大到全国范围内的全社会统筹。

综上所述，中央和地方支出责任划分的基本内容如表17-1所示。

表17-1　中央和地方支出责任的划分

内　容	责任归属	理　由
国防	中央	全国性公共产品或服务
外交	中央	全国性公共产品或服务
国际贸易	中央	全国性公共产品或服务
金融与货币政策	中央	全国性公共产品或服务
管制地区间贸易	中央	全国性公共产品或服务
对个人的福利补贴	中央、地方	收入再分配、地区性服务
失业保险	中央、地方	收入再分配、地区性服务
全国性交通	中央、地方	全国性服务、外部效应
地区性交通	地方	地区性服务
环境保护	地方、中央	地区性服务、外部效应
对工业、农业、科研的支持	地方、中央	地区性服务、外部效应
教育	地方、中央	地区性服务、外部效应
卫生	地方	地区性服务
公共住宅	地方	地区性服务
供水、下水道、垃圾	地方	地区性服务
警察	地方	地区性服务
消防	地方	地区性服务
公园、娱乐设施	地方	地区性服务

资料来源：马骏（1998）。

在各国的实践中，国防、外交、国际贸易、中央银行、全国性的立法和司法等均为中央政府的职责，而交通、教育、卫生、环保、警察、消防、公园、社会福利等的大部分（或至少一部分）为地方政府的职责。不同国家之间的区别只是在于中央政府在多大程度上介入上述地方政府的功能，并通常与财政分权程度（以地方税收占全国税收的比例来衡量）有关。财政分权程度较高的国家，中央政府在这些项目上支出的比重较少；而在财政分权程度较低的国家，中央政府在这些项目上的支出比重较大，其形式包括中央直接投资、各种拨款等。

各国之间支出责任划分的区别还体现在某些具体的项目上。如教育，在澳大利亚、印度、阿根廷主要是省（州）级政府的责任，在美国是州和县市地方政府的共同责任，在巴西和墨西哥则是中央与省级政府的共同责任，在中国，中小学教育主要是由县市政府来承担，大学教育则由省政府和中央政府来共同承担。社会保障和社会福利在澳大利亚、德国、瑞典等国是中央政府的责任，在巴西为各级政府的共同责任，而在印度则为州政府的责任。表 17-2 显示了中国中央政府和地方政府支出职责的划分情况。

表 17-2　中国中央政府和地方政府支出职责的划分

中央财政支出	地方财政支出
国防、武警经费 外交和援外支出 中央级行政管理费 中央统管的基本建设投资 中央直属企业的技术改造和新产品试制费 地质勘探费 中央安排的农业支出 中央负担的国内外债务的还本付息支出 中央一级承担的公检法支出和教育、卫生、科学等各项事业费支出	地方行政管理费 地方公检法经费 民兵事业费 地方统筹安排的基本建设投资 地方企业的改造和新产品试制经费 农业支出 城市维护和建设经费 地方文化、教育、卫生等各项事业费以及其他支出

资料来源：国家财政部网站（2012）。

除了中央政府与地方政府之间有必要进行支出责任的分工外，由于地方政府本身也是由多级政府组成的，因此，政府间支出责任的分工还涉及地方政府间的分工。一般来说，地方各级政府间支出责任划分的框架如下。

（1）中央政府制定政策和规范，省或自治区政府监督和指导，省或自治区以下政府具体实施。

（2）在决定某项公共服务由哪一级地方政府具体实施时，应考虑规模效益和受益范围。如每个数百人的村都修建一所医院，人均成本很高，利用率却很低，缺乏规模效益，因此，不如在管辖数万人的乡镇修建来得合算。中国某些地区都纷纷取消村办小学，集中建好乡中心小学，既保证了教学质量，也提高了办学的规模效益。

根据目前有关的研究成果，市（县）政府与基层政府（城镇街道和农村乡镇）之间的分工可参考如下办法，即消防、警察、垃圾处理、居民区绿化和公园、道路维护、交通管制、基层图书馆、部分初等教育和中等教育的责任应由基层政府承担；公共交通、水供应、废物处理、污水处理、大气污染处理、公共卫生、医院、供电、特种警察、地区性图书馆、地区性公园和娱乐设施等应归总人口一百万或以上的市（县）政府来承担。

（3）某些服务如果由私人部门来生产和提供，可能会更有效率。私人部门的参与形式包括竞价承包（如城市垃圾处理、绿化）、由地方政府发证营业、政府拨款支持（如对某些文化、艺术和娱乐活动）、居民义务活动（如医疗服务）、居民自助（如社区防盗）、非营利机构等。

17.3 政府间的收入安排

17.3.1 政府收入安排的原则

与各级政府之间的支出划分制度密切相关的一个问题是中央和地方政府如何通过最佳的方式筹资？显然，如果缺乏完善的收入安排制度，那么即便是谨慎制定的政府支出划分制度也难以实现令人满意的结果；反之亦然。

多数财政学文献认为，在明确哪些税收由哪一级政府课征、归属哪一级政府或者由哪些政府分享时，应考虑以下各种因素。

- 如果所涉税种针对的是稳定经济的目的或各种再分配目标，且该税种也适合被用作这些目的或目标，则应该作为中央税。
- 分配给地方政府的税种的税基流动性不应过大，否则纳税人将从高税地区迁往低税地区，同时地方政府调整税率的自由度也将受到限制。因此，只有当国家的面积较大时，一般消费税才可以作为地方税。税种的税基流动性越大，就越可能由中央政府保留该税种。
- 税基在各地区分配极为不均的税种应该由中央政府保留。
- 地方税的纳税义务应该简单明了，能够清楚地被当地纳税人了解，这将增强地方政府在这方面的责任感。
- 地方税不具备转嫁给非当地居民的可能性，否则会弱化税收支付与居民所获得的公共服务之间的联系。
- 地方税应当能够帮助地方政府筹集足够的收入，以避免出现严重的纵向财政不平衡。地方税收收入应当呈现理想的上升趋势，同时不应出现过大的波动。
- 分配给地方政府的税种应便于管理。换句话说，规模经济在特定税种的征管过程中越重要，就越能证明应该由中央政府保留该税种的税基管理权。规模经济可能需要依靠数据的支持，如国家纳税人识别号码及计算机化的数据等。
- 基于受益原则的税种和使用费项目可以被充分安排给各级政府，尤其适于安排给地方政府。

一般认为，最适于作为地方税的是土地税、财产税或一定范围内的个人所得税。除一些特例外，由于税基流动性较大，流转税或消费税、资本收益税，尤其是公司所得税等不太适合充当地方税种。

17.3.2　政府间的收入划分

从西方国家对分税原则的讨论及分税实践看，政府间税种划分的基本框架在各国是趋于一致的。

1. 关税

关税主要是对进口商品所课征的国际贸易税，对国家的进出口具有较强的调控能力，应作为中央税。

2. 所得税

所得税包括个人所得税和公司所得税两个税种，都属于税基流动性较大的税种，同时，还具有收入再分配和稳定经济的功能，因此应作为中央税。

3. 流转税

在单一环节征收的流转税，如在商品零售、批发或产制环节征收流转税，因税基容易确认和协调，可以由任一级政府征收。而多环节的流转税，如增值税，假如把它作为地方税，那么对各地方辖区间流通的商品或劳务征税就会有较大的征管难度。因为增值税中的税款抵免制度要求确认各地在边际上发生的交易，以便抵免在前面的销售环节上缴纳的税款，假如各地方辖区的税基和税率有差异，税收征管就会变得相当困难。同时，辖区差别税率也容易形成企业在生产经营上的扭曲现象，即企业为了避税，会使税基从高税区流向低税区，而不是按效率要求，从边际产出较低的辖区流向边际产出较高的辖区。因此，增值税应作为中央税。

4. 自然资源税

自然资源具有不可流动性，本应由地方政府征税。但是，一国资源在各辖区间的分布往往很不均匀，让地方政府征收资源税，会使地区间的不平衡永久化；同时会导致生产要素向资源富饶地区的不合理流动，降低资源配置的整体效率。此外，由于多数自然资源具有不可再生性，其税收也具有不稳定性和不可预见性特征，作为地方政府长期稳定的收入来源是不可靠的。因此，将自然资源收归国有，由中央课征资源税，然后与地方按一定比例分享有关的税金，是一种较为合适的制度安排。当然，对于那些在各辖区间分布较为均匀的自然资源，由于不具有可流动性，可以作为地方税。

5. 财富税

对资本、财富的转移及继承和遗产等所课征的税收，较适合于由中央集中课征，因为假如由各级地方政府分散课征，就可能因各辖区之间的税收竞争而引起资本的不合理流动，降低资源的整体配置效率。

6. 有害产品税

对某些有害产品，如烟、酒、鞭炮、焚化品等（这类物品过量的生产与消费不利于资源合理配置和人们的健康）课征的国内消费税，以及为控制环境方面的外部效应（如拥挤和污染）而课征的税收，适合于由各级政府来征收，如排污税、汽车燃料税、通行税等适合由地方政府课征。

7. 使用费和规费

使用费和规费因其能够按受益原则确定特定的消费者，适合于各级政府尤其是基层地方政府征收。

政府间税种划分的一般情况如表 17-3 所示。

表 17-3　政府间税种划分的一般情况

税　　种		税基的决定权	税率的决定权	税收征管权	税收功能与特征
关税		C	C	C	进出口贸易税
个人所得税		C	C、P、L	C	流动性要素，再分配和稳定工具
公司所得税		C	C、P	C、P、L	流动性要素，稳定工具
营业税	单一环节	C、P	C、P	C、P、L	税基可协调，较低的奉行纳税费用
	多环节	C	C	C	税基可协调，较高的奉行纳税费用
财富税		C	C	C	再分配功能，税基流动
资源税	地区间分布不均匀的资源	C	C	C	调节税源不均衡功能
	地区间分布均匀的资源	C、P	C、P	L	税源分布均衡，且具有不可流动性
财产税		P、L	P、L	L	税基流动性小，地方征管效率高
“有害产品”税		C、P、L	C、P、L	C、P、L	有害产品的影响可能是全国性、地区或地方性的
使用费和受益税		P、L	P、L	P、L	可能确定特定的消费者

注：表中 C 代表中央政府；P 代表省或州等中间层次的政府；L 代表省（州）以下的地方政府。
资料来源：钟晓敏（2001）。

表 17-4 反映了中国政府间收入的划分情况。

表 17-4　中国政府间的收入划分

中央固定收入	地方固定收入	中央与地方共享收入
关税 消费税 海关代征消费税和增值税 铁道部门、各银行总行、各保险公司总公司等集中缴纳的收入（包括营业税、利润和城市维护建设税） 未纳入共享范围的中央企业所得税、中央企业上缴的利润等	营业税（不含铁道部门、银行总行、各保险公司总公司集中缴纳的营业税和部门） 地方企业上缴利润 城镇土地使用税 城市维护建设税（不含铁道部门、各银行总行、各保险公司集中缴纳的营业税） 房产税 车船使用税 印花税 耕地占用税 契税 遗产与赠予税 烟叶税 土地增值税 国有土地有偿使用收入等	增值税（中央分享 75%，地方分享 25%） 纳入共享范围的企业所得税和个人所得税（中央分享 60%，地方分享 40%） 证券交易印花税（中央分享 97%，地方分享 3%） 资源税（海洋石油企业缴纳的部分归中央政府，其他部分归地方政府）

资料来源：国家财政部网站（2012）。

17.4　政府间转移支付

17.4.1　政府间转移支付的概念和形式

政府间的支出划分和收入安排常常引起一国政府间财政的纵向和横向不平衡。当各级政府的自有收入与支出不匹配时，就会产生纵向不平衡；当同级政府之间存在财政能力差距时，就会产生横向不平衡。为了使各级政府能在全国统一的政策框架内履行其职能，国家经常通过转移支付来消除这些不平衡。

财政转移支付的对象可以是个人和企业，但这里所说的政府间转移支付仅指那些发生在各级政府之间资金的无偿转移。政府间转移支付是通过财政补助制度来完成的，从这个意义上说，对政府间转移支付理论的分析实际上就是对财政补助理论的分析。

财政补助可能涉及有条件或无条件的补助；补助的数额可以不加限制，也可以设置上限；此外，某些有条件的补助可以要求接受补助金的政府提供配套资金，由此形成了不同类型的财政补助。

无条件补助和有条件补助是财政补助的两种基本类型。**无条件补助**（unconditional grant）是指对补助金的用途不作限定，由受补助者自主决定和支配，这种无限制的总额补助有时被称为**收入分享**（revenue sharing）或**一般性补助**（general grant）。**有条件补助**（conditional grant）是指附带条件的补助，受补助者必须按指定的条件使用补助金，如专门用于教育、道路建设、环境保护等特定项目，因此又称为**专项补助**。

有条件补助可以分为配套补助和非配套补助。**配套补助**（matching grant）是指受补助者不仅需要按指定用途使用资金，而且需要提供一定数额或比例的配套资金。有条件配套补助还可以分为**封顶的配套补助**（close-ended matching grant）和**不封顶的配套补助**（open-ended matching grant），前者规定了受补助政府可以得到的补助款的最高限额，而后者则不做规定。**非配套补助**（non-matching grant）则由补助者提供一笔固定资金，并规定用于指定的项目。

政府间财政补助的主要类型可用图 17-3 来表示。

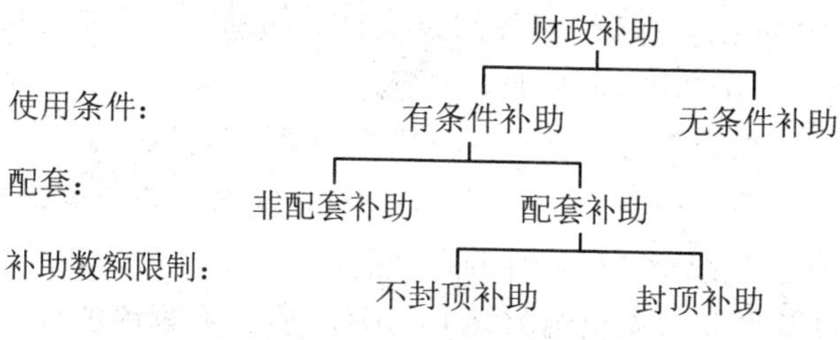

图 17-3　政府间补助的主要类型

17.4.2　政府间补助的经济效应

政府间补助会产生收入效应和替代效应，前者是指受补助的政府在接受补助款之后，可支配收入增加，从而放松课税的努力，结果私人部门的消费增加；后者是指受补助的政府在接受补助款之后，提供公共产品的实际成本下降，从而倾向于进一步扩大公共产品的消费。下面分析各种财政补助类型的经济效应。

1. 无条件补助

无条件补助只产生极强的收入效应。假设有一个名叫芙蓉镇的辖区，如图 17-4 所示，该镇每年的公共消费为 G，私人消费为 C。在接受财政补助前，芙蓉镇的预算约束线是 AA'，社会对两种产品的无差异曲线是 U_1，它与 AA' 相切于 E_1。可以看出，芙蓉镇每年分别有 G_1 单位的公共消费和 C_1 单位的私人消费。

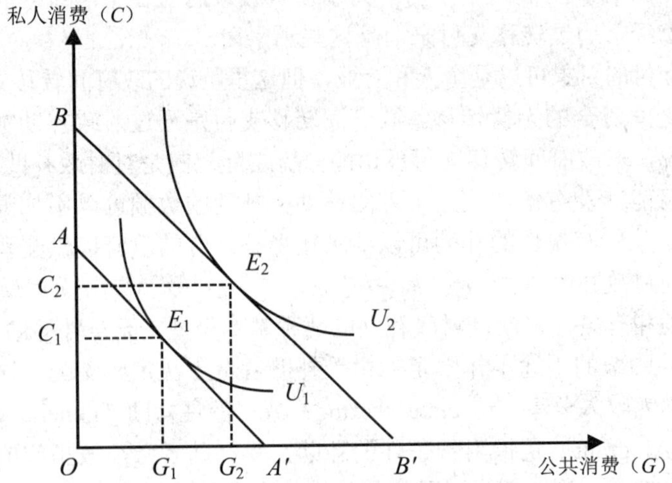

图 17-4 无条件补助的经济效应

现在假设芙蓉镇获得无条件补助，此时，预算约束线变为 BB'，它与 AA' 之间的距离就是芙蓉镇获得的补助额。新的预算约束线 BB' 与另一条无差异曲线 U_2 相切于 E_2。这时，芙蓉镇每年的公共消费量为 G_2，而私人消费量为 C_2。从图 17-4 中可以看出，芙蓉镇在获得无条件补助后，公共消费和私人消费的数量都增加了。

2. 有条件的非配套补助

在这种情况下，假设拨款者为芙蓉镇提供一笔补助款用于购买 AH 单位的公共产品，于是，新的预算约束线是在原预算约束线 AA' 的基础上横向平移了 AH 的距离，结果得到弯折的预算线 AHB'，如图 17-5 所示。

芙蓉镇在 E_3 点上使效用最大化。值得注意的是，尽管公共消费的数量从 G_1 提高到 G_3，但是两者之间的差额小于补助额 AH。这意味着，即便芙蓉镇遵守协定，将全部补助花在提供公共产品上，但与此同时，它减少了本身对公共产品的消费。如果拨款者期望花在公共消费上的支出恰好增加 AH，那么芙蓉镇的反应就挫伤了这种愿望。现实中的情况也的确如此，研究表明，辖区往往会使用一些非配套补助金来减少其本身的税收。

3. 有条件的不封顶配套补助

假设拨款者为芙蓉镇提供一笔用于公共消费的款项，并且要求芙蓉镇按 1∶1 的比例拿出配套资金。也就是说，如果芙蓉镇自己花掉 1 元钱的收入，它就可以得到 2 元钱的公共产品 M——1 元钱是自己的，1 元钱来自补助者。于是，芙蓉镇新的预算线就由原来的 AB 变为 AB'，而且 $OB=BB'$，如图 17-6 所示。

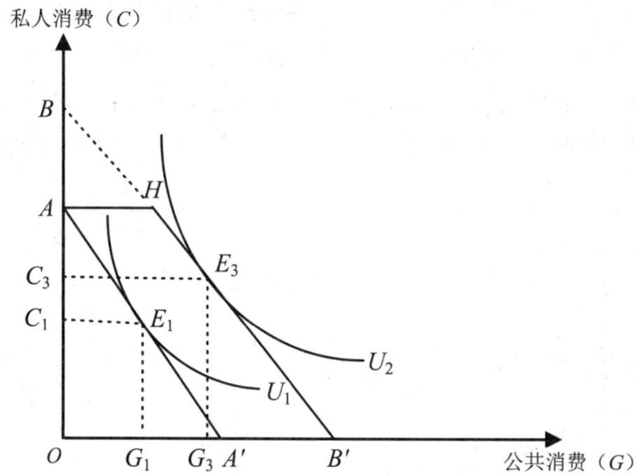

图 17-5　有条件的非配套补助的经济效应

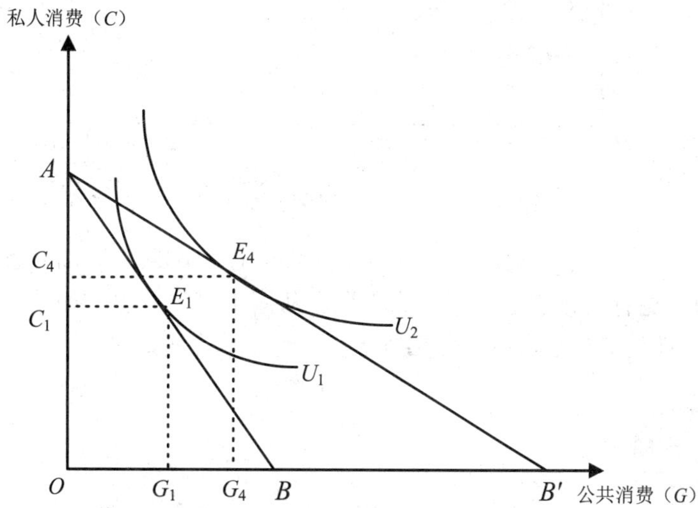

图 17-6　有条件的不封顶配套补助的经济效应

在新的均衡点 E_4 上，芙蓉镇的公共消费量为 G_4，私人消费量为 C_4。值得注意的是，不仅 G_4 大于 G_1，而且 C_4 大于 C_1。也就是说，芙蓉镇使用部分补助用于购买更多的公共产品，并使用别的部分来减轻其税负。这说明，旨在刺激公共消费的部分补助有可能被用以获得税收上的减免。

值得注意的是，配套补助是矫正辖区之间正外溢性的一种切实可行的办法。通过对产生正外溢性的辖区的适当补助，资源配置的效率将得到改进。当然，补助额大小的确定尚有赖于对这种外溢性影响的实际规模的度量。

4．有条件的封顶配套补助

在实行不封顶配套补助时，拨款者的补助数额最终取决于受补助者的行为。如果补助计划大大刺激了受补助者对补助项目的支出，那么过大的补助数额就会引起拨款者预算上的困难。因此，为了将补助数额限制在一定的范围内，拨款者可以确定一个愿意提供的最高金额，即实行封顶的配套补助。

如图 17-7 所示，在封顶补助计划下，芙蓉镇的预算线变为折线 *ADF*。在 *AD* 段，拨款者按 1∶1 的比例提供补助金。但在 *D* 点以下的部分，即 *DF* 段，拨款者不再提供配套资金。在新的均衡点 E_5，公共消费量 G_5 大于没有拨款时的公共消费量 G_1，但小于不封顶配套补助时的公共消费量 G_4。这说明芙蓉镇在用完补助金之后，就失去了对增加公共消费支出的激励。

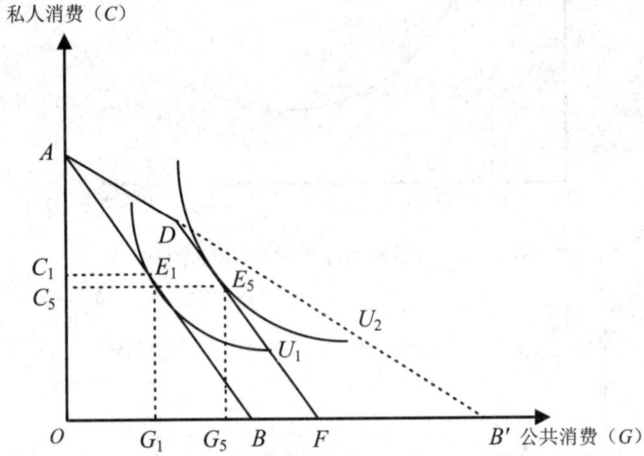

图 17-7　有条件的配套补助的经济效应

值得注意的是，在有些情况下，封顶与否可能无关紧要。假如辖区对 *G* 的意愿消费量低于限额，进行封顶就起不了什么作用。从图中可以看出，如果均衡点一直落在 *AD* 部分，那么即便 *DF* 上的各点得不到补助，也是无关紧要的。

本章小结

- 地方辖区的形成可以用俱乐部模型来分析。该模型表明，辖区的最优规模取决于公共产品的类型、公共产品在消费上的拥挤程度，以及取得这些产品的成本。
- 蒂伯特模型强调流动性。在一定条件下，“用脚投票”会导致地方公共产品的有效率配置。
- 分权式财政的优点是，能使公共产品的供给更好地满足地方居民的偏好，促进政府间竞争，推进公共服务创新等。
- 分权式财政的缺点是，存在辖区间外溢性、公共产品提供时的规模不经济、无效率课税等。
- 在财政三大职能的分工问题上，地方政府侧重于履行效率职能，而中央政府则侧重于履行公平和稳定职能。

- 财政补助可以是有条件的（专项的），也可以是无条件的（一次总额的）。每种补助对地方政府积极性的影响是不同的。

基本概念

- 分级财政体制
- 俱乐部理论
- 蒂伯特模型
- 辖区间外溢
- 无条件补助/收入分享/一般性补助
- 有条件补助
- 配套补助
- 非配套补助
- 封顶的配套补助
- 不封顶的配套补助

复习题

1．试述俱乐部理论的基本内容。
2．试述蒂伯特模型的基本内容。
3．试述财政分权的优势与不足。
4．财政职能如何在各级政府间进行分工？
5．试述政府间支出责任分工的基本框架。
6．试述政府间收入划分的原则及其内容。
7．简述政府间转移支付的概念及其类型。

练习题

1．下列各项活动应该由中央政府还是地方政府来管理？并加以解释。
（1）汽车污染控制条例；
（2）提供气象卫星；
（3）处理公共垃圾。
2．运用社区无差异曲线与地方政府预算约束线说明下列几种情况：
（1）无条件补助既提高了公共产品的购买量，又提高了地方税；
（2）配套补助不改变公共产品的提供；
（3）封顶配套补助与有条件非配套补助具有相同的影响；
（4）封顶配套补助不改变地方税。

3．假设芙蓉镇和水仙镇对消防人员有不同的需求曲线，而且能按相同的不变边际成本雇用消防人员。假定在历史上，县政府要求两个镇配备相同数量的消防人员，但该县最近下放了决策权。说明：在其他条件相同的情况下，分权化的福利收益大于社区需求无弹性的福利收益。

第 18 章　财政政策与经济稳定

本章学习目标

- 理解经济波动的机理和 *AD—AS* 模型；
- 掌握财政政策的乘数效应和挤出效应；
- 掌握财政政策与货币政策的协调与配合；
- 了解财政政策的纷争及其发展。

引例

中国出台新一轮积极财政政策

2007 年 8 月，美国爆发次级抵押贷款危机，经过一年多的演变，次贷危机最终引发了华尔街金融海啸。2008 年 9 月 15 日，美国住房抵押贷款巨头房利美和房地美两家公司由美国政府接管。华尔街前五大投资银行或破产，或被收购，或转为银行控股公司，全军覆没。世界最大保险公司美国国际集团（AIG）和美国最大储蓄银行华盛顿互惠银行先后被联邦监管机构接管。在华尔街金融风暴的冲击下，中国经济增长率急剧下降。2008 年上半年 GDP 同比增长 10.4%，第三季度的增长下降为 9.0%，第四季度仅实现 6.8%的增速。

面对不容乐观的经济前景，中央政府快速做出反应。2009 年 10 月，货币政策由 2007 年年底的紧缩转变为扩张，同时财政政策也由稳健转为积极。11 月，开始启动旨在扩大内需的规模高达 4 万亿元的经济刺激计划。重点用于加大交通基础设施、农村民生工程及农村基础设施、生态环境工程和社会保障性住房等方面的投入。

为减轻外贸出口企业的负担，缓解出口持续下滑的颓势，财政部在 2009 年内三次提高出口退税率，以刺激出口增长。其中箱包、鞋帽、伞、毛发制品、玩具、家具等商品的出口退税率提高到 15%，电视用发送设备、缝纫机等商品的出口退税率提高到全额的 17%。

在消费领域，积极出台消费信贷优惠政策，其中主要是汽车、住房两大物品的消费政策优惠，如汽车补贴、二手房交易营业税减免、住房贷款利率七折、首付二成等，鼓励居民进行信贷消费。同时，推广家电下乡行动，加大财政支农力度。2009 年 2 月 1 日起，家电下乡在原来 14 个省市的基础上，开始向全国推广，产品也从过去的四个增到八个，除了之前推出的“彩电、冰箱、手机、洗衣机”之外，本次家电下乡又新增了摩托车、计算机、热水器和空调。它们和彩电等产品同样享受国家 13%的补贴。各个省市可以根据各地区不同的需求在这四个产品中选择两个进行推广。

资料来源：作者自撰。

在一国经济运行过程中，总产出通常会围绕长期增长趋势而呈现出时上时下、高低起伏的波动状态，这一情形称为经济波动（economic fluctuations）或经济周期（business cycles）。经济波动现象反映的是一国经济在景气与不景气之间的交替往复：经济景气时，产出扩张，就业良好，物价面临上涨压力；经济不景气时，产出收缩，失业增多，物价面临下行压力。为了熨平经济波动，避免经济大幅振荡给社会经济带来的负面影响，政府往往会依据对经济形势的判断，适时采取相应的宏观经济政策举措。

常见的宏观经济政策有两种：一是财政政策；二是货币政策。财政政策是政府为稳定经济而运用政府支出、税收和公债等工具进行调节的决策。货币政策是政府为稳定经济而对货币供给进行管理的决策。本章着重探讨财政政策在宏观经济运行中的作用机理，兼谈财政政策与货币政策之间的协调和配合。

18.1 经济波动

18.1.1 长期增长与短期波动

要探讨一国的总体经济状况，通常需要从把握国内生产总值这一概念入手。我们知道，国内生产总值（gross domestic product，GDP）指的是一国在一定时期内所生产或提供的最终产品和服务的市场价值。由于市场是买卖双方（即需求方和供给方）之间关系的反应，因此，我们可以分别从供给侧和需求边来考察 GDP。

从供给侧来说，GDP 是一国在既定时期生产或提供产品和服务的潜在能力的现实体现，也即，它反映的是该国在既定时期创造财富的能力。毋庸置疑，一国人均 GDP 水平越高，该国创造财富的能力就越强，其国民的人均收入水平往往也越高。反之则反是。因此，人均 GDP 的高低事实上是成为衡量国富或是国穷的关键性指标。

纵观世界各国经济增长史，有些国家由穷变富，有些国家由富变穷，有些国家则长期处于贫困状态。当然，不管发生怎样的增长故事，一个贫穷落后的国家若要变成一个发达富裕的国家，很难指望在三年五载这样的短时期内达成，而一般都要经过较长时期（通常是 50 年以上）的逐步演进。这意味着，如果我们关切的是“国富国穷”这样的课题，那么，我们可以将重心放置在 GDP 的总供给一侧，集中于探讨长期经济增长的各种驱动因素，如劳动力、物质资本、技术进步、人力资本积累等。

当然，即便一国创造财富的能力很强，它也很可能在某一时期内经历经济增速很低甚至出现负增长的现象。例如，在 1929 年 8 月至 1933 年 3 月间的大萧条时期，美国实际 GDP 下跌了近 33%。再如，在 2007 年“次贷”危机和 2008 年华尔街金融风暴的冲击下，2008 年和 2009 年美国实际 GDP 分别下降了 1.2%和 3.6%。因此，如果说供给侧视角下的 GDP 反映的是一国制造产品和提供服务的潜力，即潜在 GDP 的话，那么，这种潜力要转化成现实的 GDP，则需要转向总需求一边。

从需求边看，GDP 所体现的最终产品和服务无非体现为两类：一类是用于满足人们日常生活需要的消费品，如食品、服装等；另一类是主要用于满足生产需要的资本品，如机器、设备、厂房等。社会对消费品的需求称为消费需求，对资本品的需求称为投资需求，消费需求和投资需求共同构成一个经济社会的国内需求，简称内需。而在开放经济中，一国境内生产的产品或提供的服务还可能用于满足国外居民、企业等的需求，这便是出口；当然，本国居民、企业等也可能向外国购买产品和服务，即进口。出口与进口之差称为净出口，它衡量的是国外居民、企业等对一国产品和服务的净需求。消费、投资和净出口，在短期（即所谓的一年半载或三年五载）之内共同构成了拉动 GDP 增长的“三驾马车”。

图 18-1 刻画了理解长期增长和短期波动的基本分析框架。

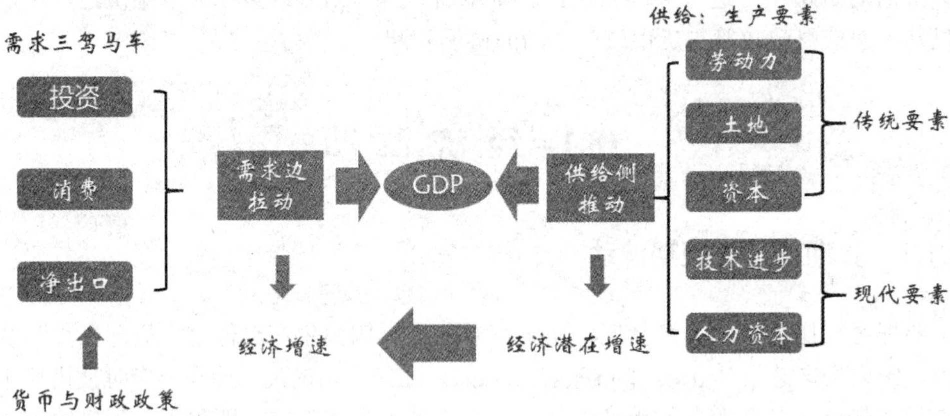

图 18-1　长期增长和短期波动的分析框架

图 18-1 表明，在较短的时期内，一个经济体可用于制造或供给产品和服务的生产要素的数量，尤其是质量通常不会发生太大的变动。为此，在短期之内，我们可以视供给侧所体现的经济增长潜力为既定，而经济潜力的实际发挥——GDP 的现实增速如何，主要取决于需求边的“三驾马车”。这意味着，如果消费、投资和净出口这三驾马车所体现的驱动力强劲，则 GDP 的增速就会快；反之，若三驾马车的动力不足，则 GDP 的增速就会慢；而在 GDP 增速的快慢转换之间，一国经济产出就会呈现出时上时下、高低起伏的波动现象，这就形成所谓的经济波动或经济周期。

随着时间的推移，一国生产要素的数量尤其是质量将缓慢发生变化，如果这一变化始终是朝着数量增加尤其是质量改善或效率提高的方向演进的话，那么，该国制造产品和提供服务的能力将逐步增强。这样，在日积月累之间，该国创造财富的能力将不断提升，从长期来看的 GDP 增长自然就会呈现出不断向上攀升的趋势。

因此，结合供给侧与需求边的分析，一国现实的 GDP 增长或产出变化将是长期增长趋势与短期经济波动的结合体。为表明这一点，这里用 1995—2018 年中国国内生产总值（GDP）的季度数据加以说明。如图 18-2 所示，图上部的虚线反映了中国按照可比价计算的实际 GDP 变化的轨迹。考察经济波动的一般做法是衡量实际 GDP 背离趋势线的程度，后者反映了产出长期变化的特征。图上部的实线表示了这一趋势。①实际 GDP 和趋势线之间的差距是消除了趋势的 GDP，它反映着产出的周期性波动部分，这可以用图下部的虚线表示。

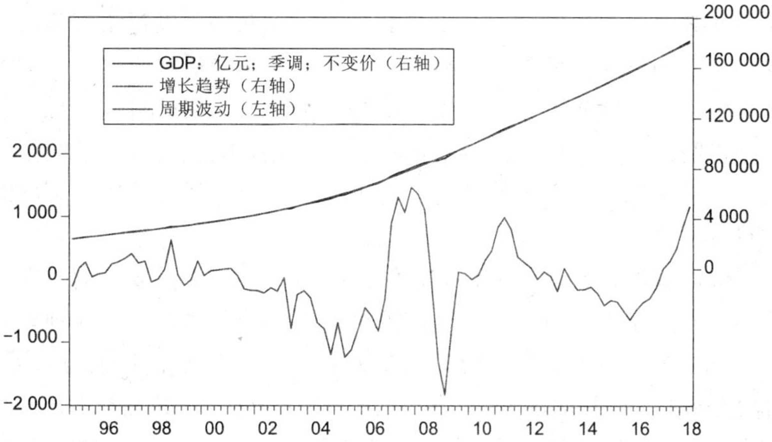

图 18-2　实际 GDP：趋势与周期

数据来源：厦门大学宏观经济研究中心季度宏观经济数据库。

18.1.2　经济波动的机理

经济的周期性波动是一国经济繁荣与衰退相互交替的反应。一般来说，在经济繁荣时期，需求高涨，产销活跃，物价攀升，失业减少；在经济衰退时期，需求低落，库存增多，物价低落，失业上升。经济波动的极端情形便是经济危机，主要表现为过高的通货膨胀率、过低的经济增长率、过高的失业率等。典型的表现有：20 世纪 30 年代初期的西方经济大萧条，1997 年前后的亚洲金融危机等。经济危机不仅导致经济资源的低效率配置和社会财富的不公平分配，而且常常引发社会动荡，从而给经济社会带来巨大的威胁。为此，熨平经济波动，避免经济危机，成为经济学家试图揭示经济波动内在机理的基本动因。

由于经济系统既是置身于其间的无数个体的决策交互作用的场所，也是人类社会与自然界之间交互作用的场所，这就决定了经济系统是一个极为复杂的系统。迄今为止，尽管经济学家们在经济波动的研究方面已经投入了大量的智力资源，但在有关经济波动的运作机理以及相应的稳定政策的认识方面，还远未达成共识。在很大程度上，“十个经济学家有一打观点”这句俏皮话就是针对宏观经济学家而言的。当然，即便如此，在解释经济波动和提供相应的政策建议方面，以萨缪尔森、曼昆等经济学家为代

① 对长期趋势、周期波动性质的不同假设形成了不同的剔除时间序列趋势项的方法，常见的方法有差分法、Band-Pass 滤波法、HP 滤波法等，这里采用由 Hordrick and Prescott（1981）提出的 H-P 滤波法。

表的新古典综合学派所确立的总需求—总供给（*AD*—*AS*）模型，仍以其明晰的风格和深邃的洞见，在众多的理论观点中占有重要的一席之地。这里重点予以介绍。

如前所述，波动是对长期趋势的短期背离。因此，理解经济波动机理的第一步，就是要对一国经济变动的短期和长期驱动因素加以区分。多数宏观经济学家认为，短期与长期之间的关键差别在于价格行为。在长期中，价格是有**伸缩性的**（flexible），并且能够对供给或需求的变动做出反应；而在短期中，许多价格无法做出迅速而完全的调整，因而在某个以前决定的水平上是**黏性的**（sticky）。以餐馆为例，假如一个星期以来，农产品市场上各种肉类的价格持续上涨，餐馆的进料成本就会加大，但这可能不会让所有餐馆更换新的菜单；当然，如果肉类价格上涨的时间较长，餐馆就可能提高菜价。这说明，在短期内，肉类价格的变动不会影响到所有餐馆的菜价，但在长期中则不然。由于短期与长期中的价格行为不同，因此，经济政策在不同的时间范围内会带来不同的影响。

引入短期价格黏性因素，对于我们理解经济运行将产生重要影响。在长期中，价格具有伸缩性，产出仅仅取决于一国经济提供商品和劳务的能力，这种能力又取决于资本、劳动、自然资源和技术等因素。而在短期内，价格是黏性的，产出不仅取决于一国经济的供给能力，而且取决于商品和劳务的需求。由于需求受到财政政策、货币政策和其他各种变量的影响，因此财政和货币政策可以在价格为黏性的时间范围内影响经济的产出，这就为财政和货币政策能够在稳定经济方面发挥作用提供了理论依据。

下面，我们用图 18-3 所示的总需求—总供给模型来分析整个经济的波动。横轴是用实际 GDP 衡量的经济的物品与劳务总产量，纵轴是经济的物价总水平。**总需求曲线**（aggregate-demand curve，AD）表示在每一既定物价水平时经济中需求的物品与劳务总量，**总供给曲线**（aggregate-supply curve，AS）表示在任一物价水平时企业生产并销售的物品与劳务总量。根据这一模型，物价水平与产量的调整将使总需求与总供给达成均衡。

在图 18-3 中，总需求曲线向右下方倾斜。这意味着，在其他条件不变的情况下，物价总水平的下降将会增加物品与劳务的需求量。这是为什么呢？

我们知道，从支出的角度看，GDP（这里用 Y 表示）是消费（C）、投资（I）、政府购买（G）和净出口（NX）之和，即

$$Y=C+I+G+NX$$

假设政府支出由政策确定，那么，为了考察总需求曲线的形状，我们必须考察支出的其他组成部分——消费、投资和净出口是如何影响物品与劳务的需求总量的。

一般来说，物价水平的下降将带来三种效应：一是财富效应，物价越低，消费者感到越富裕，而这将刺激对消费品的需求；二是利率效应，物价越低，家庭为购买物品与劳务所需持有的货币就会越少，经济中的货币供给就会增多，利率下降，而这将刺激投资品的需求；三是汇率效应，本币供给增加，本币相对于其他通货就会贬值，而这将刺激净出口品的需求。由于这三个原因，总需求曲线向右下方倾斜。

在图 18-3 中，总供给曲线有两条，即垂直的长期总供给曲线和向右上方倾斜的短期总供给曲线。为什么长期总供给曲线是垂直的？原因在于，在长期中，一个经济的

物品与劳务供给取决于它的资本、劳动和自然资源量，以及将这些投入转换为产出的技术。由于所有企业都能够在长期内针对物价水平的变动做出反应，物价水平不会影响到实际 GDP 的这些长期决定因素，因此，长期总供给曲线是在自然产出率时的一条垂线。这就是说，在长期中，无论物价水平如何变动，供给量都是相同的。

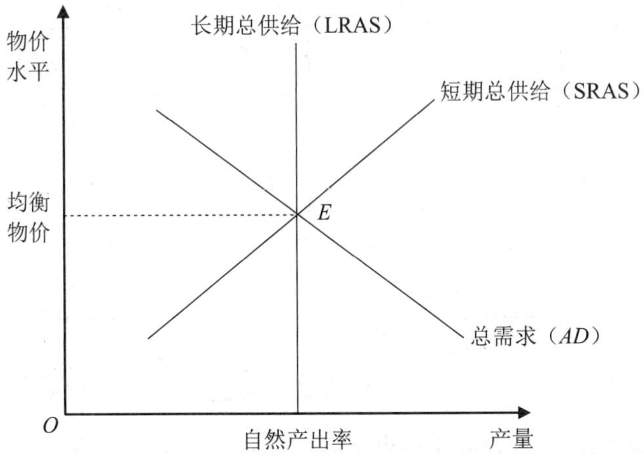

图 18-3　总需求—总供给模型

为什么短期总供给曲线是向右上方倾斜的？可能的原因之一是黏性价格对总供给的影响。假设经济中每个企业都根据它所预期的经济状况事先宣布其价格，在价格宣布后，物价水平出现了未预期到的上升。此时，尽管有一些企业根据经济状况的变动迅速调高价格，但仍有一些企业由于不想引起额外的价格调整成本[①]而保持原有的价格，这将使其销售增加，从而引起企业增加生产和就业。这样，在短期中总供给曲线向右上方倾斜。

至此，我们可以考察短期经济波动的基本原因。图 18-3 表示经济处于长期均衡的状态，此时均衡产出和物价水平由总需求曲线（*AD*）和长期总供给曲线（LRAS）的交点 *E* 决定。此时，产出为自然产出率。短期总供给曲线（SRAS）也通过点 *E*，这表示价格、工资等的调整使总需求和短期总供给的交点与总需求和长期总供给的交点相同。

假如由于战争、股市崩溃等原因，悲观的情绪突然袭击经济，那么许多人可能会对未来失去信心并改变他们的计划。家庭减少支出，并延迟重大购买，企业则放弃购买新的设备，其结果是在任何既定的物价水平上，家庭和企业所要购买的物品与劳务减少。于是，如图 18-4 所示，总需求曲线向左从 AD_1 移动到 AD_2。在短期中，经济将沿着短期总供给曲线 $SRAS_1$ 从点 *E* 移动到点 *B*，产量从 Y_1 下降到 Y_2，而物价水平从 P_1 下降到 P_2。产量下降表明经济处于衰退之中，此时，企业对于销售和生产下降的反应是减少就业。

面对经济衰退，决策者应该做些什么呢？一种可能的做法是迅速而准确地采取增加总需求的行动，使总需求曲线回到 AD_1，并使经济回到点 *E*。下一节将详细探讨财

① 称为菜单成本，例如，餐馆因印刷菜单目录和改变价格标签而耗费的时间和成本。

政与货币政策影响总需求的方法。

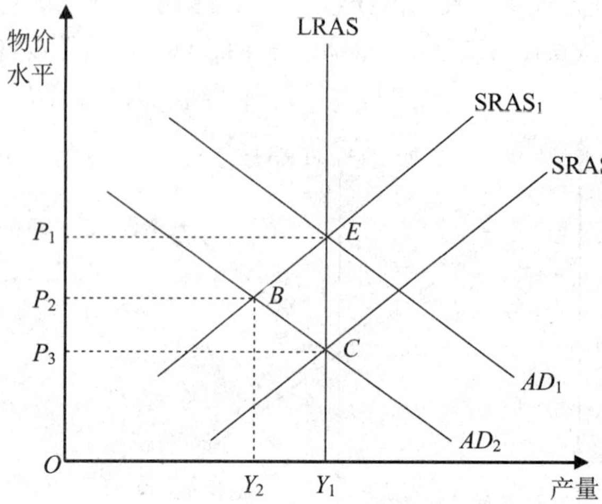

图 18-4 总需求减少

另一种可能的做法是决策者什么也不做，任由衰退自行消失。原因在于，由于总需求减少，物价水平下降，因此，人们对物价水平的预期将逐渐下降，这一变化将改变价格和工资等，从而使短期总供给向右从 $SRAS_1$ 移动到 $SRAS_2$。这种预期的调整使经济随着时间的推移回到点 *C*，此时，新的总需求 AD_2 与长期总供给曲线 LRAS 相交，产出回到自然率水平。可以看出，在长期中，总需求曲线的移动完全反映在物价水平上，而根本不反映在产出水平上。也就是说，总需求曲线移动的长期影响是名义变动（物价水平下降），而不是实际变动（产出相同）。

18.2 财政政策与经济稳定

18.2.1 财政政策的效应

以上分析表明，即使没有决策者的行动，经济衰退或高涨的情形也有可能自行消失。不过，这种调整通常要经历较长的时间，在一国经济严重衰退或恶性膨胀的情形下，甚至要付出高昂的经济、社会和政治代价。现代宏观经济学之父凯恩斯曾经说过，“从长期来看，我们都将死去。如果在暴风雨的季节，他们只能告诉我们，暴风雨在长期中必将过去，海洋必将平静，那么，经济学家给自己的任务就太过于容易而无用了。”因此，为了应对经济波动，尤其是应对严重的经济衰退或通货膨胀问题，采取恰当的政策行动往往成为一种必要。在政府稳定经济的政策行动中，财政政策和货币政策是两类最为常用的工具，由于它们着眼于对总需求的调节，因此也被称为**需求管理政策**（demand management policy）。

财政政策通过增减政府支出或调节税收的方法，来影响总需求和产出。仍以图 18-4 来说明，假如一国经济因总需求冲击而进入衰退期，政府通过增加对物品或劳务的购买，就可以直接使总需求曲线向右移动。不仅如此，一般来说，政府购买支出每增加 1 元，总需求的增加会大于 1 元。这就是说，政府购买支出对总需求有一种乘数效应。在理想的情形下，政府购买支出乘数为

$$k_G = \frac{1}{1-\text{MPC}}$$

其中，MPC 表示**边际消费倾向**（marginal consumption propensity），即家庭额外增加的收入中用于消费的比例。由于家庭倾向于在收入增加时提高消费，因此 MPC>0；但家庭额外增加 100 元收入，它往往不会把这 100 元全部花掉，因此 MPC<1。由此可知

$$k_G > 1$$

除了增加政府购买支出之外，还可以通过增加政府转移支付（如失业救助、贫困救助等）和减少税收（包括降低税率、取消税种等）的方式来刺激总需求，它们也能够产生乘数效应。在理想的情形下，政府转移支付乘数为

$$k_{Tr} = \frac{\text{MPC}}{1-\text{MPC}}$$

税收乘数为

$$k_T = -\frac{\text{MPC}}{1-\text{MPC}}$$

由于 0<MPC<1，因此，与政府购买支出相比，增加政府转移支付或减少税收的乘数效应相对较弱，也即

$$k_{Tr} < k_G,\quad |k_T| < k_G$$

以上对财政政策的三种乘数的分析表明，在刺激需求、促进增长方面，财政政策可以起到倍增的效果。因此，无须耗费大量的经济资源，政府的稳定政策有望达到良好的效果。

当然，经济变量之间是相互影响的。事实上，在乘数效应发挥的过程中，另一种效应在相反的方向产生作用。当政府购买的增加刺激了物品和劳务的总需求时，它也引起了利率的上升，而较高的利率往往导致投资支出的减少，并阻止了总需求的增加。这种由于财政扩张使利率上升时所引起的总需求减少的现象被称为**挤出效应**（crowding-out effects）。

挤出效应的存在，将使财政政策的实际效果受到削弱。为此，必须寻找相应的解决办法。我们注意到，挤出效应的产生根源在于需求变动所导致的利率变动，这样，如果能够对利率的变动加以调节，问题就将迎刃而解。由于利率的调节问题是货币政策的核心，因此，这一思路将我们引向了一个新的课题：财政政策与货币政策的协调与配合。

18.2.2　财政政策与货币政策的协调与配合

货币政策是政府通过改变货币供应量，调节物价水平和利率，以影响投资需求和产出。从政策着力点看，财政政策重在对产品市场进行调节，可以直接影响总需求和产出；货币政策重在对货币市场进行调节，通过货币供应量的变动来影响物价水平和利率，它对于总需求和产出的影响通常是间接的，而对物价水平的调整则是直接的。

根据财政政策与货币政策在调节总需求方面的不同作用，可以将其划分为扩张的、紧缩的和中性的三类。这样，在财政政策与货币政策的协调方面，将形成不同的政策组合。由于中性的财政政策和货币政策旨在维持既定的总需求结构，不对总需求产生倾向性的调节作用，为此，我们集中分析以下四种政策组合方式。

1. 扩张性财政政策与扩张性货币政策搭配，即“双松”政策组合

在这种政策组合中，在财政政策扩大总需求的同时，中央银行增加货币供应量，阻止利率上升，抵消财政政策的挤出效应，因此会使总需求在短时间内迅速扩张，对经济具有很强的刺激作用。这种组合适于总需求严重不足、生产资源大量闲置、解决失业和刺激经济增长成为宏观调控首要目标时使用，否则可能导致严重的通货膨胀。

2. 紧缩性财政政策与紧缩性货币政策搭配，即“双紧”政策组合

在这种政策组合中，政府通过增加税收、减少政府支出等手段抑制总需求；中央银行紧缩银根，减少货币的供给，刺激利率上升，私人投资减少，导致总需求下降。这种双管齐下的措施使总需求迅速收缩，能够有效遏制恶性通货膨胀，但会导致经济增长缓慢，甚至陷于衰退的境地。这种组合主要在总需求膨胀，物价大幅攀升，抑制通货膨胀成为首要目标时采用。

3. 扩张性财政政策和紧缩性货币政策搭配，即“一松一紧”政策组合

在这种政策组合中，政府适当扩大财政支出和减税，同时中央银行严格控制货币供应量，促使利率上升，产生挤出效应，使总需求不会大幅度上升。这种组合主要在经济比较繁荣但公共投资不足时采用。

4. 紧缩性财政政策和扩张性货币政策搭配，即“一紧一松”政策组合

在这种政策组合中，政府对财政支出严加控制，同时采用增税措施，抑制总需求；同时中央银行根据实际情况，采取适当放松银根的货币政策，促使利率下降，以刺激私人投资。这种组合适于财政赤字较大但经济处于轻度衰退时采用。

财政政策和货币政策的各种搭配组合，为政府根据经济形势的变动而采取恰当的干预方式提供了各种选择。当然，无论是哪一种政策组合方式，实际上都遵循了“涨时抑制，跌时拉动，稳时旁观”的反周期操作的基本思想。这种依据经济运行的实际情况，选择在合适的时机切入，以熨平经济波动、实现经济稳定的政策举措，一般被称为**相机抉择的经济政策**（discretional policy）。

18.2.3 财政政策的论争及其发展

立足于 *AD—AS* 模型的政策分析为政府稳定经济提供了有力的理论支持。然而，现实的经济系统毕竟是复杂的，政府干预宏观经济的有效性如何，往往要受到各种因素的制约。在多年的理论纷争和政策实践中，人们逐步认识到，相机抉择的政策行动的有效性如何，至少取决于三个条件：① 政府应当能够准确把握经济的未来走势；② 决策时间不宜过长，以免错过合适的调控时机；③ 政策行动不为公众所预期。很显然，在现实经济中，这些条件是很难得到满足的，这就使得政策的实际效果往往会大打折扣。此外，迄今为止我们关于 *AD—AS* 模型的探讨还只是局限于一国封闭经济的背景，如果考虑到中国融入全球经济的现实格局，采取相机抉择行动所面临的难度和复杂性将大大增强。

事实上，从国际视野来看，最近三十多年来，不少经济学家意识到，政府稳定经济的真实能力不仅会因诸多因素的制约而受到削弱，而且认为经济的周期性波动是市场的失败的观点也有必要重新加以解读。毫无疑问，实施稳定政策的主要目的在于克服因经济波动而带来的诸如失业、通货膨胀等资源配置效率低下、财富分配不公问题。然而，既然自然界存在着春夏秋冬、昼夜更替之类的周期性变动规律，而且有时也会给人类带来许多不利的结果，那么，为什么就不能把经济波动看作是经济系统对于外在冲击的一种自然的反应，从而即便是在可能带来不太严重的资源浪费和分配不公的情况下，有时也听之任之呢？基于这一认识，许多经济学家认为，与实现一国长期经济增长相比，克服经济波动的重要性要逊色得多。为此，他们主张，除非可能出现严重的经济萧条或恶性的通货膨胀，否则政府并无出手调控经济的必要性。在上述理念的引导下，让财政政策和货币政策诉诸规则的约束，而非根据经济风向而采取相应的政策行动，正在国际上成为一种潮流。

规则约束下的财政政策旨在保持财政收支的平衡，不对总需求构成倾向性的影响，因而可以视为中性的财政政策；规则约束下的货币政策则以既定的利率、货币供应量、物价水平或汇率等为目标，同样不对总需求构成倾向性的影响，因而可以视为中性的货币政策。在规则约束之下，关于财政政策及其与货币政策之间的关系需要注意以下两点。

第一，若货币政策受制于规则的约束，那么财政政策也应按规则行事。研究表明，如果货币政策受到规则的约束，而财政政策仍按相机抉择行动，那么这样的政策组合将是无效的。因为财政赤字和国债的增加必然给通货膨胀带来压力，从而破坏货币政策的规则。

第二，应重视并强化财税制度的自动稳定功能。现实经济的某些制度设计，主要是税制、失业保障津贴、贫困救助计划等一旦存在，就能够自动起到稳定经济的效果，这些制度有时被称为**自动稳定器**（auto-stabilizer）。以累进所得税制为例，当经济衰退时，收入、工薪和利润就会减少，政府课征的税收相应减少。这种自动的减税能够刺激总需求，因而有助于产出增长；反之，当经济繁荣时，收入、工薪和利润就会增加，政府课征的税收就会相应增加，这种自动的增税有助于抑制总需求，从而稳定物价。无疑，在相机抉择的宏观经济政策的重要性减弱的背景下，通过调整已有的财税制度结构，以充分发挥其自动稳定功能，对于一国经济的稳定将产生有益的结果。

本章小结

- 考察经济波动的一般做法是衡量实际 GDP 背离趋势线的程度，后者反映了产出长期变化的特征。
- 经济波动的典型事实是对 GDP、消费、投资、进出口、就业、利率等总体变量自身的易变性和相互之间关系等特征的描述。在经济变量的协同变动中，可分别呈现出顺周期、反周期和非周期性的特征。

- 熨平经济波动，避免经济危机，是经济学家试图揭示经济波动的内在机理的基本动因。
- 在解释经济波动和提供相应的政策建议方面，总需求—总供给（*AD—AS*）模型在众多的理论中占有重要的一席之地。
- 理解经济波动机理的第一步，就是要对一国经济变动的短期和长期驱动因素加以区分。
- 在长期中，价格具有伸缩性，产出仅仅取决于一国经济提供商品和劳务的能力，这种能力又取决于资本、劳动、自然资源和技术等因素。
- 在短期中，价格是黏性的，产出不仅取决于一国经济的供给能力，而且取决于商品和劳务的需求。
- 财政和货币政策可以在价格为黏性的时间范围内影响经济的产出，这为其在稳定经济方面发挥作用提供了依据。
- 财政政策的乘数效应表明，在刺激需求、促进增长方面，财政政策可以起到倍增的效果。
- 挤出效应的存在，将使财政政策的实际效果受到削弱。
- 财政政策与货币政策可以划分为扩张性的、紧缩性的和中性的三类。这样，在财政政策与货币政策的协调方面，将形成不同的政策组合。
- 相机抉择的政策行动的有效性如何取决于：① 政府应当能够准确把握经济的未来走势；② 决策时间不宜过长，以免错过合适的调控时机；③ 政策行动不为公众所预期。由于现实中这些条件难以满足，因而政策效果往往大打折扣。如果考虑到开放经济背景，采取相机抉择行动的难度和复杂性将大大增加。
- 让财政政策和货币政策诉诸规则的约束，而非根据经济风向而采取相应的政策行动，正在国际上成为一种潮流。

基本概念

- 经济波动/经济周期
- 经济波动的典型事实
- 顺周期
- 反周期
- 非周期性
- 经济危机
- 伸缩性价格
- 黏性价格
- 总需求曲线
- 总供给曲线
- 长期总供给曲线
- 短期总供给曲线
- 需求管理政策
- 财政政策
- 乘数效应
- 边际消费倾向
- 挤出效应
- 货币政策
- 扩张性政策
- 紧缩性政策
- 中性政策
- 相机抉择
- 自动稳定器

复习题

1．如何利用总需求—总供给（*AD*—*AS*）模型考察经济波动的基本原因？

2．什么是财政政策的乘数效应？什么是财政政策的挤出效应？

3．试述财政政策与货币政策的协调与配合。

4．谈谈财政政策的论争及其发展。

练习题

1．假设经济学家观察到，政府支出增加 100 亿元使物品和劳务的总需求增加了 300 亿元。① 如果这些经济学家不考虑挤出效应的可能性，他们估算的边际消费倾向（MPC）是多少？② 现在假设经济学考虑挤出效应，对 MPC 新的估算大于还是小于原来的估算？

2．由于各种原因，当产量和就业波动时财政政策自动发生变动。① 为什么当经济进入衰退时税收收入变动？② 为什么当经济进入衰退时政府支出变动？

词 汇 表

“哈伯格三角”：美国学者哈伯格提出的测定税收超额负担的方法。

“铁三角”：特殊利益集团与政治家、官员之间形成的利益架构——政治家批准某一方案，官员实施某一方案，特殊利益集团则从中获益。

阿罗不可能定理：在个人理性、无限制领域、帕累托条件、无关备选方案的独立性和非独裁性等条件下，如果不违背至少一个所列的伦理上可接受的条件，就不可能将个人偏好转换为集体偏好。

半强制性收入：收入的取得是国民的自愿行为，但为达到一定的目的，仍然以一定的政府活动为前提，因此具有半强制的性质，主要以规费和使用费为代表。

半仙女模型：当选政治家尽管无法做到不使任何人的境况变差，但还是可以保证受益者在补偿受损者之后还能够有一些剩余，从而实现潜在的帕累托改善。

鲍莫尔法则：从公共部门和私人部门劳动生产率的差异所导致的产品单位成本的不同，分析财政支出的增长。

比例税率：对同一征税对象，不论数额大小，采用相同比例征税的税率，即边际税率为常数。

避税：通过改变行为来减少其法定纳税义务。

边际技术替代率：在保持产量不变的条件下，增加一个单位的某种要素可以替代另一种要素的数量。

边际社会成本：从一种微小的变化中增加的社会成本。

边际社会收益：从一种微小的变化中增加的社会收益。

边际税率：应纳税额的增量与税基增量之比，即最后一个单位税基所适用的税率。

边际私人成本：为生产额外的一单位的产品所耗费的货币价值。

边际私人收益：为获得额外的一单位的产品所愿意支付的货币价值。

边际替代率：在保持效用水平不变的条件下，增加一单位某种产品的消费可以代替的另一种产品的消费量。

边际外部成本：新增每一单位的某商品生产所导致的由第三方承担的额外成本。

边际消费倾向：家庭额外增加的收入中用于消费的比例。

边际效用递减：每增加一单位消费或收入所带来的额外效用是减少的。

边际转换率：在资源既定的条件下，增加一单位产品而需要放弃的另一种产品的产量。

补差机制：按照家庭人均收入低于当地贫困线标准的差额提供补助金。

补偿需求曲线：反映在消除收入效应的条件下需求量发生变化的情况。

不封顶的配套补助：不规定受补助政府可以得到的补助款的最高限额。

不确定世界模型：尽管当选的政治家一心谋求帕累托效率，但由于现实世界充斥着不确定性和不完全信息，从而造成好心办坏事的结果，使社会福利降低。

部分积累制：在通过现收现付制满足当前支付需要的前提下，留出一定的储备以适应未来的支出需求。

财产课税：对纳税人的财产按数量或价值进行课税。

财产转让税：对发生转让的财产课征的一种税收，主要包括遗产税和赠予税。

财政：政府的收支活动及其管理。

财政收入：政府为满足支出的需要，从私人部门那里取得的一切收入。税收是财政收入的最主要形式。

财政学/公共经济学：研究政府收支活动及其对经济运行所产生的影响的经济学分支。

财政预算：由政府编制，经立法机关审批，反映年度内财政收支状况的计划。

财政政策：中央政府通过增减政府支出或调节税收的方法促进经济的稳定。

财政支出/公共支出/政府支出：政府为履行职能而耗费的一切费用。

产品同质：在市场上，所有企业都只向消费者提供一种标准化的产品，或者至少在消费者看来无差别。

产品转换曲线：见生产可能性曲线。

产品组合效率：在产出给定的条件下，既有的产品组合能够最大限度地满足社会的要求和愿望。

产权：人们对自己拥有的资源行使权力的能力。

长期公债：期限在 10 年以上的公债。

超额累进税率：将税基分成不同等级，每个等级由低到高分别规定税率，并分别计算税额。

乘数效应：经济变量变动对国民产出所产生的倍增效果。

充分就业：愿意就业的劳动力都能按市场的一般工资率水平得到工作。

次优税收：在现实中，丝毫不损及经济效率的最优税收是不存在的。为此，只能寻求在保证一定收入规模的前提下，使课税行为导致的经济扭曲程度最小化。

从价税：以商品价格为税基进行征税。

从量税/单位税：按销售商品的数量征税。

从源征收：在支付收入时代扣、代缴个人所得税。

单峰偏好：选民偏离其最偏好的结果时，效用随之下降。

单一税制：由一种税构成的税制。

道德风险：市场交易中的一方无法观察到另一方所控制和采取的行动时，发生知情方故意不采取谨慎行为的情形。

等产量曲线：在给定技术条件下，可生产相同产品产量的各种要素组合的轨迹。

迪克拉特定律：公共支出主要有益于中产阶级，而用于筹资的税收中的大部分却由穷人和富人承担。

地方税：由地方政府征收、收入归地方政府支配的税种。

蒂伯特模型：若居民有迁移的完全自由，则他们会在全国范围内寻找地方政府所提供的公共产品与所征收的税收之间的最佳组合，并选择他们最喜欢的社区。

定额税率/固定税额：按每一单位征税对象直接规定某一固定的税额，即边际税率为零。

短期公债：一年以内到期的公债。

对等性收入：基于政府对国民个人个别给予的利益，按照对等自愿原则，作为利益的报酬，向国民取得的收入，主要以国有财产收入为代表。

对人税：着眼于人，根据人的纳税能力课税。

对物税：着眼于物，根据经济活动（如商品买卖或持有财产等）课税。

罚没收入：政府按规定依法处理的罚款和没收品收入，以及依法处理追加的赃款和赃物变价款收入。

反周期：经济变量的变化与 GDP 的变化方向相反。

非合作均衡：博弈双方在不合作的情况下达成的均衡。

非竞争性：产品一旦提供，新增消费的边际成本为零。

非均衡增长理论：财政支出的增长源于公共部门和私人部门之间劳动生产率的差异。

非排他性：技术上难以将那些不愿付款者排除在公共产品的受益范围之外。

非配套补助：由补助者提供一笔固定资金，并规定用于指定的项目。

非政策性亏损补贴：政府对公共企业因经营不善导致的亏损所进行的补贴。

非周期性：经济变量的变化与 GDP 的变化没有统计上的规律性联系。

分级财政体制：一级政府一级财政，以使每一级政府都具备组织收入和安排支出的权力。

分类所得税：将所得按来源划分为若干类别，对各种不同来源的所得分别计征所得税。

分类综合所得税/混合税制：实行分项课征和综合计税相结合的所得税制。

封顶的配套补助：规定受补助政府可以得到的补助款的最高限额。

福利依赖：提供社会救助可能改变某些人的行为，使他们形成依赖于福利的习惯。

负税人：最终承受税款的单位和个人。

负所得税：确定一个最低的收入额和适当的税率，对那些收入较低的人给予补助，补助额随收入的增加而减少。

负外部性：经济主体的行为给他人带来消极影响、对他人施加了成本的情形。

复合税制：由多种税种构成的税制。

个人账户：由政府推行的职工在职期间强制储蓄，账户上的基金归个人所有。

公共产品：在消费上具有非竞争性的产品，也即该产品一旦被提供，新增消费的边际成本为零。

公共地的悲剧：公共资源因其具有竞争性和非排他性，因而被过度开发和使用的情形。

公共企业/国有企业：所有权或控股权属于政府，并且受政府直接控制的经济实体。

公共企业收入：政府从那些以法人资格经营的公共企业所取得的收入。

公共选择：政治过程的参与者依据一定的规则，共同确定集体行动方案的过程。

公共欲望：能够与别人共同享用而不是独自享用的欲望。

公共资源：具有竞争性但不具有排他性的产品。

公司所得税：对公司在一定期间内的所得额课征的一种税收。

公司治理问题：由于管理者比所有者更了解企业经营情况，掌握更多的信息，所有者难以有效监督管理者的所作所为和评估其对企业的影响。因此，所有者无法依照管理者的表现对其进行全面、准确的奖励和惩罚。这样，管理者就可能为了追求自身利益而做出有损于所有者利益的决定。

功能性活动：人们认为值得去做的各种事情或所要达到的状态。

规范分析：对经济行为或政策手段的后果加以优劣好坏评判的研究方法。

规费：政府为居民或企业提供特定服务所收取的手续费和工本费。

国际收支平衡：一国在进行国际经济交往中，其经常项目和金融项目大致维持收支平衡。

国有财产收入：政府凭借其所拥有的财产而取得的租金、利息或变卖价款等收入。

合作均衡：在合作均衡状态下，搭便车的问题可以得到解决。

横向公平：纳税能力相同的人应缴纳相同的税。

后转/逆转：纳税人用压低进价、压低工资、延长工时等方法，将所纳税款向后转移给商品或要素提供者的一种形式。

混合产品：具有公共产品部分特征的产品。

混合经济：由私人部门经济和公共部门经济共同组成的经济。

混转/散转：纳税人一方面通过提高售价的方式将一部分税负向前转嫁给买方，另一方面通过压低进价的方式将一部分税负向后转嫁给卖方。

或有契约：企业许诺对商品的质量问题承担责任，或者同意只有当产品质量满足了既定标准时才进行支付。

货币政策：中央政府通过调节货币供应量或利率等方法，促进经济的稳定。

基尼系数：基于洛伦茨曲线、用于衡量收入不平等程度的指标。

挤出效应：因财政扩张等使利率上升时所引起的总需求减少的现象。

价格接受者：在完全竞争市场上，任何一个消费者或企业的决策都无法单独影响价格。也即无论是消费者还是企业，他们都视价格为给定。

间接成本：项目附带产生的成本。

间接收益：项目附带产生的收益。

间接税：税负比较容易转嫁的税种，主要包括对商品或劳务的交易课征的税种。

间接债务/或有债务：政府承担的未来义务。

简单功利主义：认为社会福利是社会各成员的个人效用的简单加总。

交换契约曲线：在埃奇沃斯框图中无差异曲线相切的点连接而成的曲线，曲线上的每一点均符合交换效率。

交换效率：在产出给定的条件下，不同的产品最为理想地被各个人所利用。

借新还旧：当某一特定债务到期时，政府可以在偿还的同时通过发行新债以获取必要的资金。

金融成本：因市场相对价格发生变化而产生的成本，其结果是某些人所得即为其他人所失，社会福利并没有发生变化。

金融收益：因市场相对价格发生变化而产生的收益，其结果是某些人所得即为其他人所失，社会福利并没有发生变化。

经济波动：一国产出围绕长期增长趋势呈现时上时下、高低起伏的波动现象。

经济波动的典型事实：对 GDP、消费、投资、进出口、就业、利率等总体变量自身的易变性和相互之间关系等特征的描述。

经济计量分析：利用经济理论、数学、统计推断等工具对经济现象进行分析，对构建于数理经济学基础之上的经济理论模型提供经验支持，并得出数量结果。

经济危机：经济波动的极端情形，主要表现为过高的通货膨胀率、过低的经济增长率、过高的失业率等。

经济周期：同经济波动。

经验分析：通过调查或实验取得实际资料而进行的定量分析。

竞争性：指一种产品让更多人消费会发生额外的成本，某个人已经享用的给定数量的产品无法同时被其他人享用。

局部均衡分析：在其他条件不变的条件下，分析某一商品或要素的供给和需求达到均衡时的价格和数量。

俱乐部理论：人们自愿组织起来，一起筹资并分享某种利益。

抗税：纳税人对抗税法拒绝纳税的严重违法行为。

科斯定理：假定资源所有者能够分清对其财产损害的来源，并且能合法地防止损害，同时私人各方可以无成本地就资源配置进行协调，那么，无论谁获得产权，有关各方总能达成一种协议。通过这一协议，每个人的状况都能变好，而且其结果是有效率的。

可竞争市场：若某行业可以自由进入和退出，则潜在进入者的存在，将使现有企业的行为像是受到这些潜在进入者的控制。

可行能力：一种实现各种可能的功能性活动组合的实质自由。

可转让公债/上市公债：能够在证券市场上自由流通买卖的公债。

拉弗曲线：税率水平是有限度的。在一定限度内，税率提高，税收收入将增加，因为税源不会因税收的增加而等比例地减少；但当税率提高超过一定限度后，就会影响人们工作、储蓄和投资的积极性，导致税基减少的幅度大于税率提高的幅度，税收收入不仅不会增加，反而会下降。

累进税率：将税基划分为若干等级，分别规定相应的税率，并使税率随着税基的增大而提高，即边际税率递增。

李嘉图模型：认为税收融资和债务融资实质上是等价的观点。

理论分析：从某些假设前提出发，借助一系列的假说和推论，对经济变量关系进行简化描述或推导的定性分析。

理性选民假说：选民在投票中同样追求自身利益的最大化，只会投票给那些能给他带来最大利益的政治家。

理性政治人假说：政治家也是追求自身利益的行为主体，其最大的利益就是当权执政。

劣值品：消费者评价高于合理评价的物品。

林达尔均衡：公共产品的需求各方就公共产品的供给水平和相应的纳税份额达成一致意见的情形。

流转课税/商品课税：指对商品或劳务交易中的流转额或增值额进行课税。

垄断：市场仅由一个或少数几个企业控制。

罗尔斯主义：认为社会福利的高低取决于社会上境况最差的那个人的效用。

洛伦茨曲线：反映收入分配离散程度的曲线。其中，横轴表示人口按收入由低到高排列的累积比例，纵轴表示相对应的人口的收入占总收入的比重。

免费搭车问题：具有非排他性特征的公共产品会使人们产生一种让别人付钱而自己享用的动机。

免征额：税法规定征税对象的全部数额中免予征税的数额。

名义税率：税法上规定的税率。

内部成本：项目在辖区范围内产生的成本。

内部收益：项目在辖区范围内产生的收益。

内债：政府在本国境内发行的公债。

纳税人/课税主体：税法规定的直接负有纳税义务的单位和个人，即税款的缴纳者。

逆弹性法则：比例税率与课税商品的需求价格弹性成反比。

逆向选择：因市场交易中的一方无法观察到另一方重要的特征时，发生劣值品驱逐优值品的情形。

女巫模型：当选者一心以保住权力或获得更大权力为目标，即使经济效率碰巧得到提高，那也只是其追求权力过程中的副产品。

帕累托改善：可以通过资源的重新配置，达到使某个人的境况变好而不使其他任何人的境况变差的结果。

帕累托效率：不可能通过资源的重新配置，达到使某个人的境况变好而不使其他任何人境况变差的结果。

排他性：指作为消费者，每个人只有在支付产品价格之后，才能获得消费这些产品的权利，从而存在将那些没有支付价格的人排除在消费之外的现实手段。

排污权交易制度：为了实现污染控制的最优水平，政府可以向企业拍卖污染许可证，并且允许排污权在企业之间进行交易，这种做法称为排污权交易制度。

配套补助：受补助者不仅需要按指定用途使用资金，而且需要提供一定数额或比例的配套资金。

骗税：企事业单位采取对所生产经营的商品假报出口等欺骗手段，骗取国家出口退税款。

贫困率：家庭收入低于贫困线的人口数量占总人口的百分比。

贫困线：一般以收入或消费支出为标准确定，那些收入水平低于收入标准，或者消费水平低于消费支出标准的人被界定为“穷人”。

平均税率：全部应纳税额占全部税基的比例。

起征点：税法规定的开始征税时征税对象应达到的一定数额。

契税：在房屋所有权转移登记时向不动产取得人征收的一种税。

前转/顺转：纳税人在经济交易过程中，按照课税商品的流转方向，通过提高价格的办法，将所纳税款向前转移给商品或要素的购买者，即由卖方向买方转稼。

欠税：纳税人拖欠税款，不按规定期限缴纳税款的违章行为。

强制性收入：基于国民的个人负担能力，作为强制履行的义务，向国民取得的收入，主要以税收为代表。

囚徒困境：一种思想实验，可用来解释一个群体中为什么无人采取行动，以使该群体中每个人的境况都得到改善。

全额累进税率：全部税基都按照与之相适应的那一档税率征税，随着税基的增加，税率逐步提高。

商业保险：个人向保险公司支付保险费，在受到某些损失时得到补偿。

社会保险：由国家依法强制实施，运用保险方式，对劳动者遭遇年老、疾病、失业、工伤等特定社会风险而暂时或永久失去工资收入的，提供一定程度的经济补偿，使他们仍能保证基本生活的一种制度。

社会保险税/工薪税：对纳税人的工资和薪金所得进行课征的一种税收。

社会福利主义：认为社会福利的高低取决于社会成员的个人效用。

社会贴现率：公共项目所耗费资源的机会成本，应反映等值资源在各种私人用途中所获得的回报。

社会统筹：指政府通过工薪税或社会保险税筹集资金，记入专门的社会统筹账户，作为公共养老基金，并由政府将这些资金用于退休职工的养老开支。在这一方式下，养老金的给付水平通常事先确定。

申报清缴：分期预缴和年终汇算相结合，由纳税人在纳税年度申报全年估算的总收入额，并按估算额分期预缴税款。

伸缩性价格：在长期中，价格能够对供给或需求的变动做出反应。

生产可能性曲线：反映具有生产效率的产量组合的曲线。

生产契约曲线：将埃奇沃斯框图中的等产量曲线的切点用光滑曲线连接起来所形成的曲线，该曲线上的任何一点都是帕累托效率点。

生产效率：在现有资源和技术条件的约束下，使产出最大。

生产型增值税：以企业的物品销售收入减去所耗用的外购物品支出的数额（资本品的折旧额不予扣除）作为增值额，并据以课税。

失业保险：指政府和社会对那些由于非本人原因而暂时失去工作的劳动者给予物质补偿的制度。

实际成本：公共项目实际发生的成本，反映了社会福利的减少。

实际收益：公共项目实际发生的收益，反映了社会福利的增加。

实际税率：纳税人实际缴纳的税额占征税对象数额或税基的比例。

实证分析：旨在描述各种经济因素的存在与经济运行的过程，并试图在各种经济变量或政策手段之间建立起联系。它主要涉及事实判断，重在回答研究对象“是什么”“会怎样”的问题。

实质自由：实现各种不同的生活方式的自由。

食品券：发行只能用来购买特定物品，如食物的凭证，使低收入者有权借助该凭证每月购买一定数量的食物。

使用费：政府按一定标准，对其所提供的特定公共设施或服务的使用者收取的费用，如水费、电费等。

市场功能缺失：因市场功能不完整而力不能及的经济现象。

市场失灵：经济中存在的一些经由市场机制和私人部门难以克服的缺陷或不足。

收入调查：只有那些人均收入低于当地城市贫困线（最低生活保障线）标准的家庭才能得到救助。

收入型增值税：以企业的物品销售收入减去所耗用的外购物品支出以及资本品的折旧的数额作为增值额，并据以课税。

受益原则：纳税人的负担取决于其在政府支出中的受益情况。

双峰偏好：如果投票人偏离自己最偏好的结果之后，效用先降后升，则称该偏好为双峰偏好。

税基/计税依据：征税对象在量上的具体化，它表明在具体征税过程中政府按什么计算税额。

税率：税额占征税对象数额或税基的比例。

税目：对征税对象在内容上的具体化，以明确征税的具体范围、界限和类别，并据以确定相应的税率。

税式支出：在所得税的课征中，仅就纳税人将规定的项目从所得总额中减掉之后的应税所得额进行征税，这相当于政府对纳税人的一种支出。

税收：政府为实现其职能，按照法律事先规定的标准，对私人部门强制课征所取得的收入。

税收的法定归宿：说明谁在法律上负责纳税。

税收的经济归宿：说明到底谁真正负担了税收，反映由征税引起的私人真实收入的变化。

税收管辖权：国家在处理税收事务方面的管理权。

税收楔子：税收引起的、消费者支付的价格与生产者收到的价格之间的差额。

税收制度/税制：指的是一国政府课征税收时所依据的各种法律、法规的总称。

税收转嫁：税法规定的纳税人将自己应当承担的税款全部或部分转嫁给他人的过程。

税收资本化：如果政府向资本品的收益征税，那么在这项资本品出售时，买主会将以后应纳的税款折成现值，从所购资本品价值中预先扣除，从而使资本品的价格下降，税收实际上将由资本所有者负担。此后，名义上虽由买主按期纳税，实际上税款是由卖主负担的。

顺周期：经济变量的变化与 GDP 的变化方向一致。

私人部门经济学：研究私人欲望如何经由市场机制得以满足的经济学。

私人产品：消费具有竞争性和排他性的产品。

私人欲望：个人希望独自拥有、独自享用的欲望。

所得课税/收益课税：对纳税人的所得额或收益额进行课税。

逃税：不缴纳法定应缴的税款。

特别课征：政府为新增或改良旧有公共设施，根据公众受益大小按比例征缴的收入，其目的是用以补充工程费用的全部或一部分。

特别消费税：只对部分消费品和消费行为课征的税收。

特殊利益集团：少数有共同经济利益的投票者联合起来形成的带有特定利益的团体。

特许金：政府赋予居民或企业某种行为或营业活动的特别权利而收取的一定金额。

特种财产税：就纳税人所有的某一类或几类财产，如土地、房屋、资本等单独或分别课征的税收。

梯度渐进增长理论：财政支出增长仅仅是偶然事件的结果。

贴现率：未来收入额除以一个数字，得到未来收入的折现值，该数字就是贴现率。

通货紧缩：一般价格水平在一定时期内持续下降。

通货膨胀：一般价格水平在一定时期内持续上涨。

偷税：纳税人有意识地采取非法手段不交或少交税款的违法行为。

投票悖论：在多数票规则下，即使每个人的偏好是一致的，但社会偏好可能不一致。

瓦格纳法则：政府支出比国民收入增长更快。

外部成本：项目在辖区范围外产生的成本。

外部收益：项目在辖区范围外产生的收益。

外部性：经济主体的行为以市场价格以外的方式影响他人的福利的情形。

外债：一国政府在境外举借的债务。

完全积累制：是一种以远期纵向收付平衡原则为指导的筹资方式，其特征是建立个人账户，使退休金直接来源于社会成员本身的储蓄积累。

完全竞争市场：满足清晰产权、价格接受者、产品同质、完全信息、自由进退等条件的市场。

完全信息：参与市场活动的买卖双方都可以自由地得到相关信息，也即买者知道自身的偏好、收入水平，以及产品的价格、质量和性能等；而卖者则清楚地知道产品的成本、价格和技术等信息。

无差异曲线：能给人们带来相同效用水平的不同产品组合的轨迹。

无关性定理：税收对价格和产出的效应，与对供给方征税还是对需求方征税无关。

无条件补助/收入分享/一般性补助：对补助金的用途不作限定，由受补助者自主决定和支配的总额补助。

无谓损失/超额负担：因课税而带来的净损失或额外负担。

无知之幕：在关于社会公正原则的思想实验中，参与确立原则的每个人除具备一定的关于社会的一般知识外，不知道任何有关个人的特殊信息，如种族、智力和财富等，而且也不清楚自身的生活前景。在这种情况下可以预期，人们将对公正原则的设计保持客观且不带个人偏见的评判态度。

稀缺性：资源的相对有限性。

辖区间外溢：一个辖区所从事的活动可以影响到另一个辖区居民的效用水平。

仙女模型：政治家集中于解决市场失灵问题，为社会成员提供公共服务，其结果是社会获得帕累托改善。

现收现付制：以近期横向收付平衡原则为指导，用一个时期正在工作的一代人的缴费来支付已经退休的一代人的养老金。

现值：未来一笔钱的现值，即为将来有权获得这笔钱而在今天所愿意支付的最高数额的货币。

相机抉择/斟酌使用的经济政策：依据经济运行的实际情况，选择在合适时机切入，以实现经济稳定的政策举措。

消费税：对消费品或消费行为课征的一种税收。

消费型增值税：以企业的物品销售收入减去其所耗用的外购商品和劳务支出的数额，再减去本期所购的资本品后的余额作为增值额，并据以课税。

消费者剩余：消费者为获得某种物品愿意支付的货币总额与实际支付的货币总额之差。

小额信贷：由金融机构实施的、以农户的信用为基础、在核定的额度和期限内向农户发放的不需抵押、担保的贷款。

信息不对称：交易中的一方拥有另一方得不到的信息的情形。

行政收入：政府为居民或企业提供特定服务所取得的收入，一般分为规费、特别课征、特许金和罚没收入。

需求管理政策：财政政策和货币政策是政府稳定经济的主要工具，由于它们着眼于对总需求的调节，因此也被称为需求管理政策。

寻利：企业在正常的市场秩序下，利用自己的资本、能力和机会，为利益最大化而努力。

寻租：企业追逐垄断租金的行为。

养老保险：在劳动者进入老年后由社会给予工资补偿的制度。

一般财产税：就某一时点纳税人所有的一切财产综合课征，课征时必须考虑对一定价值以下的财产和生活必需品实行免税，并允许负债的扣除。

一般均衡分析：对不同市场之间的相互关系的研究。

一般消费税：对全部消费品和消费行为征收的税种。

医疗保险：是指劳动者在患病后，由政府给予假期和收入补偿，提供医疗服务的制度。

遗产税：以财产所有人死亡时所遗留的财产为征税对象进行课征的税收。

影子价格：投入品的隐含社会成本。

优值品：即使人们不需要也应提供的物品。

有条件补助/专项补助：指附带条件的补助，受补助者必须按指定的条件使用补助金。

预算软约束：受保护的企业一旦出现亏损，政府便会以各种方式进行解救，或者提供补贴，或者允许延期还贷，或者免去债务。这种行为导致公共企业缺乏降低成本、提高生产率的动力。

增值税：对商品和劳务在流转过程中新增的价值课征的一种税收。

赠予税：以赠送的财产价值为征税对象而向赠予人或受赠人征收的税收。

债：按照约定的条件，在当事人之间产生的特定的权利义务关系，享有权利的人是债权人，负有义务的人是债务人。

黏性价格：在短期中，许多价格无法做出迅速而完全的调整，因而在某个以前决定的水平上是“黏性”的。

征税对象/课税客体：即对什么进行征税。征税对象规定征税的范围，是一种税区别于另一种税的主要标志。

正外部性：经济活动给他人产生积极影响、无偿给他人带来利益的情形。

政策性亏损补贴：针对因政府实行强制性政策导致公共企业亏损而提供的补贴。

政府采购：指各级政府及其所属单位以公开招投标为主要方式，从国内外市场上购买商品、劳务和工程的行为。

政府管制：政府通过许可、禁止等手段，对私人经济活动施加直接影响的行为。

政府失灵：政府机制中存在的低效率现象。

政府债务：政府作为债务人，与债权人发生的权利义务关系。

政府债务风险：政府债务与其资产在规模和结构上不匹配，使得政府债务的可持续性和经济社会发展受到损害的一种可能性。

政治均衡：在一定的规则下，全体成员就公共产品的供给量及相应税收的分摊达成协议的情形。

支付能力原则：纳税人的负担应根据其缴纳税收的能力来确定。

直接成本：与项目本身有着密切关系的成本。

直接收益：与项目本身有着密切关系的收益。

直接税：税负不易转嫁、直接由纳税人承担的税种。

直接债务：政府承担的现时义务。

中间投票人：在所有选民中偏好居中的那位投票人，即一半投票人对某公共产品的偏好比他强，另一半则比他弱。

中期公债：期限在1年以上10年以内的公债。

中央税：由中央政府征收、收入归中央政府支配的税种。

自动稳定器：现实经济的某些制度设计，主要是税制、失业保障津贴、贫困救助计划等一旦存在，就能够自动起到稳定经济的效果。

自然垄断：具有规模报酬递增特点的行业，即平均收益随行业规模的扩大而增长，或者说，平均成本递减。

自由进退：企业一旦看到盈利机会，就可以自由进入市场；而一旦出现亏损，就可以无障碍地退出市场。

自由至上主义：衡量公平的标准应当是权利的行使和对权利的尊重。在不考虑个人效用的水平和差别的情况下，这些权利包括生存权、获得个人劳动产品的权利以及自由选择权。同时，这些权利是基本的、绝对的和不可剥夺的，除了有义务尊重他人的基本权利之外，不受任何其他的约束，并且与社会组织的形式无关。

综合所得税：对纳税人在一定期间内的各种所得，综合计算征收所得税。

总额税：纳税义务不因纳税人经济行为的改变而改变的税收。

总供给曲线：反映在每一物价水平时，企业生产并销售的物品总量。

总替代率：职工的月退休金与退休前一年的月工资的比率。

总需求曲线：反映在每一物价水平时经济中需求的物品总量。

纵向公平：纳税能力较高的人缴纳较多的税，纳税能力较低的人缴纳较少的税。

最小最大化原则：致力于实现分配公平的政策应当努力使境况最差的社会成员的效用最大化。

最小最大遗憾策略：选民将不同策略下的不同结果所可能带来的最大遗憾进行比较，取其中最小者作为最优策略。

最优税收：能够带来最大社会福利水平的税收。

遵从成本：纳税人在保存记录、学习税法和规章、向税务征管机关提供必要信息方面所花费的金钱、时间和精力的价值。

参 考 文 献

1．[美]奥尔巴克，费尔德斯坦．公共经济学手册：第 1 卷[M]．匡小平，黄毅，译．北京：经济科学出版社，2005．

2．[美]布鲁斯．公共财政与美国经济[M]．隋晓，译．北京：中国财政经济出版社，2005．

3．胡曼筠．飓风的启示：自由市场并非万能[N]．参考消息，2005-09-08．

4．曹筱凡，等．财经观察：多支柱养老金体系助力破解全球养老难题[EB/OL]．[2018-03-12]．http://www.xinhuanet.com//world/2018-03/12/c_1122524684.htm．

5．财政部．2018 年政府收支分类科目[EB/OL]．[2017-07-18]．http://yss.mof.gov.cn/zaixianfuwuyss/xiazaizhongxin/201709/t20170920_2705338.html．

6．[荷]德尔，韦尔瑟芬．民主与福利经济学[M]．陈刚，等，译．北京：中国社会科学出版社，1993．

7．邓力平．优化税制理论与西方税制改革新动向[J]．税务研究，1998（2）：18-23．

8．邓子基．现代西方财政学[M]．北京：中国财政经济出版社，1994．

9．杜婷．中国经济周期波动的典型事实[J]．世界经济，2007（4）：3-12．

10．[美]费雪．州和地方财政学[M]．吴俊培，译．北京：中国人民大学出版社，2000．

11．冯华．一些贫者从暂时贫困走向跨代贫穷[N]．人民日报，2015-01-23．

12．冯玲玲．中央三公经费实现“六连降”，这些部门为何不降反增[EB/OL]．[2018-06-22]．http://baijiahao.baidu.com/s?id=1603929209644109989&wfr=spider&for=pc．

13．高培勇．公共经济学[M]．北京：中国人民大学出版社，2004．

14．程小慷，杜文．中国经济增长的波动分析[J]．西南交通大学学报，2002（3）：309-313．

15．[美]古扎拉蒂，波特．经济计量学精要：第 4 版[M]．张涛，译．北京：机械工业出版社，2010．

16．郭庆旺，赵志耘．财政学[M]．北京：中国人民大学出版社，2002．

17．国际货币基金组织．政府财政统计手册[M]．北京：中国金融出版社，1993．

18．国家统计局农村社会经济调查总队．中国农村贫困监测报告 2000[M]．北京：中国统计出版社，2000．

19．国家统计局．2002 年底全国农村绝对贫困人口 2 820 万[N]．人民日报，2003-03-13．

20．国家统计局．2004 年中国农村贫困状况监测公报[EB/OL]．[2005-04-21]．

http://www.stats.gov.cn/tjsj/tjgb/qttjgb/qgqttjgb/200504/t20050421_30614.html.

21．国家统计局．中国统计年鉴 2017[EB/OL]．[2018-06-06]．http://www.stats.gov.cn/tjsj/ndsj/2017/indexch.htm.

22．国家统计局住户调查办公室．中国农村贫困监测报告 2017[M]．北京：中国统计出版社，2017.

23．国务院新闻办公室．中国农村扶贫开发的新进展[EB/OL]．[2011-10-27]．http://www.scio.gov.cn/zfbps/ndhf/2011/Document/1048123/1048123_1.htm.

24．[美]海曼．财政学：理论在政策中的当代应用：第 8 版[M]．张进昌，译．北京：北京大学出版社，2006.

25．贺骁束．财政体系：基于政府收支、分税制及预决算管理的解读[R/OL]．[2017-05-23]．http://vip.stock.finance.sina.com.cn/q/go.php/vReport_Show/kind/lastest/rptid/3780509/index.phtml.

26．胡庆康，杜莉．现代公共财政学[M]．上海：复旦大学出版社，2001.

27．韩洁，等．个税法第七次修正，百姓获益几何[N]．新华社每日电讯，2018-06-20.

28．华民．公共经济学教程[M]．上海：复旦大学出版社，1996.

29．姜帆，柴骥程，徐寿松．长三角启动中国排污权交易[EB/OL]．[2005-07-21]．http://www.h2o-china.com/news/39081.html.

30．蒋洪，等．财政学教程[M]．上海：上海三联书店，1996.

31．李萍．中国政府间财政关系图解[M]．北京：中国财政经济出版社，2006.

32．林致远，张馨，等．财政政策与经济稳定[M]．厦门：厦门大学出版社，2011.

33．刘玲玲．公共财政学[M]．北京：清华大学出版社，2000.

34．刘宇飞．当代西方财政学[M]．北京：北京大学出版社，2003.

35．[美]罗尔斯．正义论[M]．何怀宏，等，译．北京：中国社会科学出版社，2001.

36．[美]罗森．财政学[M]．赵志耘，译．北京：中国人民大学出版社，2003.

37．李实．我国城市贫困的现状及其原因[N]．中国经济时报，2003-02-27.

38．刘旸辉，钱铮．国外公路收费“公道”[N]．北京晚报，2007-08-12.

39．刘怡．财政学[M]．北京：北京大学出版社，2004.

40．卢锋．经济学原理[M]．中国版．北京：北京大学出版社，2002.

41．[英]迈尔斯．公共经济学[M]．北京：中国人民大学出版社，2001.

42．马骏．论转移支付[M]．北京：中国财政经济出版社，1998.

43．马骏，郑康斌．西方财政实践[M]．北京：中国财政经济出版社，1997.

44．[德]马克思．资本论[M]．北京：人民出版社，2004.

45．[美]马斯格雷夫 R A，马斯格雷夫 P B．财政理论与实践[M]．邓子基，邓力平，译．北京：中国财政经济出版社，2003.

46．马胜杰，夏杰长，等．公共经济学[M]．北京：中国财政经济出版社，2003.

47．[英]迈尔斯．公共经济学[M]．匡小平，译．北京：中国人民大学出版社，2001．

48．[美]曼昆．宏观经济学[M]．北京：中国人民大学出版社，2000．

49．[美]曼昆．经济学原理[M]．梁小民，译．北京：北京大学出版社，2001．

50．民政部．2017 年社会服务发展统计报告[EB/OL]．[2018-08-12]．https://www.sohu.com/a/246727679_99959270．北京大学出版社，2001．

51．[美]缪勒．公共选择理论[M]．杨春学，译．北京：中国社会科学出版社，1999．

52．[美]诺齐克．无政府、国家与乌托邦[M]．何怀宏，等，译．北京：中国社会科学出版社，1991．

53．OECD．中国公共支出面临的挑战：通往更有效和公平之路[M]．北京：清华大学出版社，2006．

54．[美]平狄克，鲁宾费尔德．微观经济学[M]．张军，等，译．北京：中国人民大学出版社，2000．

55．[德]齐默尔曼．经济学前沿问题[M]．申其辉，等，译．北京：中国发展出版社，2004．

56．人力资源和社会保障部．2017 年度人力资源和社会保障事业发展统计公报[EB/OL]．[2018-05-21]．http://www.mohrss.gov.cn/SYrlzyhshbzb/zwgk/szrs/tjgb/201805/t20180521_294287.html．

57．[印]森．以自由看待发展[M]．任赜，于真，译．北京：中国人民大学出版社，2002．

58．[英]斯密．国民财富的性质及原因的研究[M]．王亚南，译．北京：商务印书馆，1981．

59．[美]斯蒂格利茨．公共部门经济学[M]．郭庆旺，译．北京：中国人民大学出版社，2005．

60．[美]斯蒂格利茨．三万亿美元的战争：伊拉克战争的真实成本[M]．卢昌崇，译．北京：中国人民出版社，2010．

61．[美]史蒂文斯．集体选择经济学[M]．杨晓维，等，译．上海：格致出版社，1999．

62．世界银行．世界发展报告[M]．北京：中国财政经济出版社，1991．

63．郑功成．中国社会保障制度变迁与评估[M]．北京：中国人民大学出版社，2002．

64．[美]伍德里奇．计量经济学导论：现代观点[M]．费剑平，林相森，译．北京：中国人民大学出版社，2003．

65．吴家声，张永河．财政学[M]．台北：五南图书出版公司，1996．

66．个税意见超 3 万条：我们到底要交多少税[EB/OL]．[2018-07-09]．http://www.fyepb.cn/news/qita/37669.html．

67．谢亚轩，周岳．一文看懂我国财政体制及核算机制[EB/OL]．[2017-07-05]．

http://www.sohu.com/a/140072138_481838.

68．[以色列]希尔曼．公共财政与公共政策[M]．王国华，译．北京：中国社会科学出版社，2006.

69．熊秉元．灯塔的故事[M]．北京：社会科学文献出版社，2002.

70．杨毅沉，杜放．“最赚钱”国企为啥还要拿政府补贴[N]．新华每日电讯，2014-11-19.

71．杨之刚．公共财政学：理论与实践[M]．上海：上海人民出版社，1999.

72．余永定．美国税改的基本内容[EB/OL]．[2018-05-22]．http://ex.cssn.cn/jjx/xk/jjx_lljjx/sjjjygjjjx/201805/t20180522_4275035.shtml.

73．张启春．公共财政学教程[M]．北京：中国经济出版社，2004.

74．张钟尹．首个细分基本公共服务领域央地财政事权和支出责任划分改革方案出炉：医保计生等支出责任央地按五档比例分担[N]．每日经济新闻，2018-08-13.

75．中商产业研究．2016 年世界各国军费开支排名（Top 10）[EB/OL]．[2017-03-06]．http://www.askci.com/news/finance/20170306/15122892622.shtml.

76．钟晓敏．地方财政学[M]．北京：中国人民大学出版社，2001.

77．朱柏铭．公共经济学[M]．杭州：浙江大学出版社，2002.

78．朱一天．波多黎各申请破产保护 700 亿美元违约规模创下美国市政债最高[EB/OL]．[2017-05-04]．http://mini.eastday.com/mobile/170504103136072.html.

79．Atkinson A B, Joseph E S. Lectures on Public Economic[M]. New York: McGraw-Hill, 1980.

80．Barro R J. Are Government Bonds Net Wealth[J]. Journal of Political Economy, 1974(82): 1095-1117.

81．Baumol W J, Bradford D F. Optimal Departure from Marginal Cost Pricing[J]. American Economic Review, 1970(60): 265-290.

82．Baumol W J, Jilda Baumol. Book Review[J]. Journal of Political Economy, 1981(89): 425-428.

83．Buchanan J M. An Economic Theory of Clubs[J]. Econometrica, 1965(32): 1-14.

84．Coase R H. The Problem of Social Cost[J]. Jounal of Law and Economics, 1960(3): 1-44.

85．Conda C V. An Enviroment for Reform[N]. Wall Street Journal, 1995-01-23.

86．Diamong P A, Mirrlees J A. Optimal Taxation and Public Production 1: Production Efficiency and 2: Tax Rules[J]. American Economic Review, 1971(61): 8-27.

87．Downs A. An Economic Theory of Democracy[M]. New York: Harper & Row, 1957.

88．Hyman David N. Public Finance: A Contemporary Application of Theory to Policy[M]. New York: Harcourt Brace College Publishers, 1999.

89．Mirrlees J A. An Exploration in the Theory of Optimum Income Taxation[J]. Review of Economic Studies, 1971(38): 175-208.

90. Niskanen W A, Jr. Bureaucracy and Representative Government[M]. Chicago: Aldine, 1971.

91. Peacock A T, Wiseman J. The Growth of Public Expenditure in the United Kingdom[M]. 2nd ed. London: Allen & Unwin, 1967.

92. Pigou A C. The Economics of Welfare[M]. New York: Macmillan, 1932.

93. Ramsey F P. A Contribution to the Theory of Taxation[J]. Economic Journal, 1927(37): 47-61.

94. Rosen Harvey S. Public Finance[M]. 6th edition, New York: McGraw-Hill, 2002.

95. Stern N H. On the Specification of Models of Optimum Income Taxation[J]. Journal of Public Economics, 1976(6): 123-162.

96. Sugg I C. Selling Hunting Rights Saves Animals[N]. Wall Street Journal, 1996-07-23.

97. Tiebout C. A Pure theory of public expenditure[J]. Journal of Political Economy, 1956(64):416-24.

98. Tullock G. The Welfare Costs of Tariffs, Monopolies, and Theft[J]. Economic Journal, 1967(5): 224-232.